suhrkamp taschenbuch
wissenschaft 2236

Pierre Bourdieu

Schriften

Herausgegeben von
Franz Schultheis und Stephan Egger

Band 10

Pierre Bourdieus in diesem Band versammelte Schriften zur Bildung sind entscheidende Etappen auf dem Weg zu einer neuen Kultursoziologie, die ihre ganze Sprengkraft schließlich in der epochemachenden Studie *Die feinen Unterschiede* beweist. Entfaltet wird ein Komplex von Motiven, die das enge Verhältnis von »Bildung« und »sozialer Reproduktion« in den Blick nehmen. Es ist ein Blick hinter die Kulissen der »Chancengleichheit«, auf die sozialen Dimensionen des Bildungsprivilegs – und eine bis heute aktuelle Bestandsaufnahme der symbolischen Machtverhältnisse unserer modernen Klassengesellschaften.

Pierre Bourdieu (1930-2002) hatte zuletzt einen Lehrstuhl für Soziologie am Collège de France inne. Im Suhrkamp Verlag sind u. a. erschienen: *Über den Staat* (2014) und *Manet. Eine symbolische Revolution* (2015). In der Reihe Schriften sind bisher erschienen: *Religion* (stw 1975), *Politik* (stw 2056), *Kunst und Kultur. Zur Ökonomie symbolischer Güter* (stw 2106), *Kunst und Kultur. Kunst und künstlerisches Feld* (stw 2126), *Kunst und Kultur. Kultur und kulturelle Praxis* (stw 2146) sowie *Sprache* (stw 2216).

Franz Schultheis ist Präsident der Fondation Bourdieu und Professor für Soziologie an der Universität St. Gallen.
Stephan Egger ist Lehrbeauftragter am Soziologischen Seminar ebendort.

Pierre Bourdieu

Bildung

Schriften zur Kultursoziologie 2

Herausgegeben von
Franz Schultheis und Stephan Egger

Aus dem Französischen von
Barbara und Robert Picht,
Jürgen Bolder, Franz Hector
und Michael Tillmann

Suhrkamp

In Zusammenarbeit mit der Fondation Bourdieu.

3. Auflage 2023

Erste Auflage 2018
suhrkamp taschenbuch wissenschaft 2236

Umschlag nach Entwürfen
von Willy Fleckhaus und Rolf Staudt
Druck und Bindung: C. H. Beck, Nördlingen
Printed in Germany
ISBN 978-3-518-29836-7

www.suhrkamp.de

Inhalt

Die konservative Schule

Soziale Ungleichheit gegenüber Schule und Kultur

Wahrscheinlich ist ein kultureller Trägheitseffekt dafür verantwortlich, dass das Schulsystem, der Ideologie von der »befreienden Schule« entsprechend, nach wie vor für einen Faktor sozialer Mobilität gehalten werden kann. Deutet doch im Gegenteil alles darauf hin, dass es einer der wirksamsten Faktoren der Aufrechterhaltung der bestehenden Ordnung ist, indem es der sozialen Ungleichheit den Anschein von Legitimität verleiht und dem kulturellen Erbe, dem als natürliche Gabe behandelten gesellschaftlichen Vermögen, seine Sanktion erteilt.

Weil die Ausschlussmechanismen die ganze schulische Laufbahn über wirksam sind, ist es legitim, ihre Auswirkungen auf deren höchsten Stufen zu verfolgen. Dann zeigt sich, dass die Zugangschancen zum Hochschulstudium Resultat einer direkten oder indirekten Auslese sind, von der die Angehörigen der verschiedenen gesellschaftlichen Klassen die gesamte Schulzeit über unterschiedlich hart betroffen sind. Die Chancen, die Universität zu besuchen, sind für das Kind eines höheren Angestellten achtzigmal größer als für das Kind eines Landarbeiters, vierzigmal größer als für ein Arbeiterkind und immer noch doppelt so groß wie für das Kind eines mittleren Angestellten.[1] Bemerkenswert ist, dass die ranghöchsten Einrichtungen auch das aristokratischste Publikum haben: So liegt der Anteil der Kinder von höheren Angestellten und Freiberuflern an der Polytechnique bei 57 Prozent, an der (häufig wegen ihrer »demokratischen« Rekrutierung angeführten) École Normale Supérieure bei 54 Prozent, an der École Centrale bei 47 Prozent und am Institut d'Études Politiques bei 44 Prozent.

Die Tatsachen der Ungleichheit gegenüber der Schule bloß festzustellen, genügt indes nicht. Vielmehr müssen die objektiven Mechanismen beschrieben werden, die den fortgesetzten Ausschluss

1 Vgl. P. Bourdieu, J.-C. Passeron, *Les héritiers. Les étudiants et la culture*, Paris: Minuit, 1964, S. 14-21.

der Kinder aus den am stärksten benachteiligten Klassen bewirken. In der Tat scheint sich für den unterschiedlichen Schulerfolg, den man zumeist der unterschiedlichen Begabung zurechnet, eine vollständige soziologische Erklärung zu finden. Meistens wird der Einfluss des kulturellen Privilegs nur in seinen augenfälligsten Formen wahrgenommen: Empfehlungen oder Beziehungen, Unterstützung bei den Schularbeiten, Nachhilfeunterricht, Informiertheit über das Bildungswesen und die Berufsmöglichkeiten. In Wirklichkeit jedoch vermittelt jede Familie ihren Kindern auf eher indirekten als direkten Wegen ein bestimmtes *kulturelles Kapital* und ein bestimmtes *Ethos*, ein System impliziter und tief verinnerlichter Werte, das unter anderem auch die Einstellungen zum kulturellen Kapital und zur schulischen Institution entscheidend beeinflusst. Das kulturelle Erbe, das unter beiden Aspekten nach sozialen Klassen variiert, ist für die ursprüngliche Ungleichheit der Kinder in Bezug auf die schulische Bewährungsprobe und damit die unterschiedlichen Erfolgsquoten verantwortlich.

Die Übertragung kulturellen Kapitals

Deutlich wird der Einfluss des kulturellen Kapitals an der vielfach konstatierten Beziehung zwischen dem allgemeinen Bildungsniveau der Familie und dem Schulerfolg der Kinder. Eine Stichprobe unter Schülern der Sexta hat ergeben, dass der Anteil der »guten Schüler« bei steigendem Einkommen ihrer Familie zunimmt. Paul Clerc konnte nun zeigen, dass das Einkommen, bei gleichem Abschluss, keinen eigenständigen Einfluss auf den Schulerfolg hat und dass, im Gegenteil, der Anteil der guten Schüler ganz signifikant variiert, je nachdem, ob der Vater Abitur hat oder nicht. Das legt den Schluss nahe, dass der Einfluss des familialen Milieus auf den Schulerfolg fast ausschließlich kultureller Art ist. In der engsten Beziehung zum Schulerfolg des Kindes steht – mehr noch als die vom Vater erzielten Abschlüsse und mehr als selbst die Art des von ihm absolvierten Ausbildungsgangs – das allgemeine Bildungsniveau der Eltern. Und während das Bildungsniveau des Vaters oder das der Mutter für den Schulerfolg von gleichem Gewicht zu sein scheint, lassen sich bei unterschiedlichem Bildungsniveau der Eltern signifikante Abweichungen im Schulerfolg der Kinder feststellen.[2] Bei der Untersuchung der Fälle mit unterschiedlichen Bildungsniveaus der Eltern darf man nicht übersehen, dass sie (aufgrund der Klassenhomogamie) meistens nahe beieinanderliegen und dass sich die mit dem Bildungsniveau der Eltern zusammenhängenden Bildungsvorsprünge kumulieren. Das lässt sich schon auf der Ebene der Sexta beobachten, wo die Erfolgsquote der Kinder von Eltern mit Abitur 77 Prozent gegenüber 67 Prozent der Kinder mit nur einem Elternteil mit Abitur beträgt, und auf einer höheren Stufe der Schullaufbahn zeigt sich das noch deutlicher. Eine genaue Evaluierung der mit dem familialen Milieu zusammenhängenden Vor- und Nachteile hätte nicht nur das Bildungsniveau des Vaters und der Mutter zu berücksichtigen, sondern auch das der Verwandten beider Zweige (und darüber hinaus des weiteren Familienkreises). So nehmen die Theaterkenntnisse der Literaturstudenten (an den im Durchschnitt besuchten Aufführungen gemessen) direkt proportional zur höheren sozioprofessionellen Position des Vaters bzw. des Großvaters oder den höheren Positionen beider zu; überdies aber tendiert, bei konstanter Größe einer jeden Variablen, die andere für sich genommen zu einer Staffelung der Ergebnisse.[3] Demnach trennen nach wie vor feine Unterschiede, die mit der in Anbetracht der Langsamkeit des Akkulturationsprozesses so belangvollen Dauer der Teilhabe an der Kultur zusammenhängen, Individuen, die im Hinblick auf den gesellschaftlichen und selbst den schulischen Erfolg anscheinend gleich sind. Auch der kulturelle Adel hat seine Ahnentafeln.

Wenn man weiß, dass der (eng mit der sozioprofessionellen Kategorie des Vaters verknüpfte) Wohnort gleichfalls mit kulturellen Vor- oder Nachteilen verbunden ist, deren Auswirkungen auf allen Gebieten zu beobachten sind, den früheren Schulergebnissen, den kulturellen Praktiken und Kenntnissen (Theater, Musik, Jazz oder Film), der sprachlichen Ungezwungenheit, dann wird deutlich, dass ein relativ begrenzter Set von Variablen, nämlich das Bildungsniveau der Eltern und Großeltern sowie der Wohnort, die

2 P. Clerc, La famille et l'orientation scolaire au niveau de la sixième. Enquête de juin 1963 dans l'agglomération parisienne, *Population*, 4, Juni-September, 1964, S. 637-644.

3 Vgl. P. Bourdieu, J.-C. Passeron, *Les étudiants et leurs études*, Cahiers du Centre de Sociologie Européenne, Paris, Den Haag: Mouton, 1964, S. 96f.

wichtigsten Unterschiede im Schulerfolg, selbst auf einer höheren Stufe der Schullaufbahn, zu erklären vermag.

Durch die Kombination dieser Merkmale ließen sich womöglich selbst die Unterschiede erklären, die innerhalb der, ihrer sozialen Herkunft nach, homogenen Gruppen zu beobachten sind. So erzielen die Söhne höherer Angestellter regelmäßig Ergebnisse, die sich bimodal verteilen: Was ihre kulturellen Praktiken und Kenntnisse, aber auch ihr Sprachverständnis und ihre aktive Sprachbeherrschung betrifft, unterscheidet sich ein Drittel von ihnen durch deutlich bessere Leistungen vom Rest der Kategorie. Eine multivariate Analyse, die nicht nur das Bildungsniveau des Vaters und der Mutter, das der Großväter väterlicher- und mütterlicherseits und den Wohnort während des Studiums und in der Jugendzeit, sondern auch die Merkmale berücksichtigt, die die schulische Vergangenheit definieren, in Bezug auf das höhere Schulwesen, zum Beispiel den Schulzweig (altsprachlich, neusprachlich oder anderes) und den Schultyp (Gymnasium oder Kolleg, öffentlich oder privat), vermöchte den unterschiedlichen Erfolg der verschiedenen durch diese Merkmalskombinationen definierten Untergruppen nahezu vollständig zu erklären, und zwar ohne auch nur im Entferntesten auf angeborene Unterschiede rekurrieren zu müssen. Ein unter Berücksichtigung dieser verschiedenen Variablen – und auch demographischer Merkmale der Familie, wie deren Größe – konstruiertes Modell gestattete dann eine genaue Einschätzung der schulischen Erfolgsaussichten.

Ebenso wie die Kinder höherer Angestellter Unterschiede aufweisen, die mit Unterschieden in der sozialen Lage in Verbindung gebracht werden können, scheinen die Kinder aus den Volksklassen, die studieren, aus Familien zu stammen, die sich durch ihr allgemeines Bildungsniveau wie durch ihre Größe vom Durchschnitt ihrer Kategorie unterscheiden. In Anbetracht dessen, dass die objektiven Chancen zu studieren für das Kind eines höheren Angestellten vierzigmal so groß sind wie für ein Arbeiterkind, hätte man erwarten müssen, in der Untersuchung über eine Studentenpopulation bei den Angehörigen der weiteren Familienkreise von studierenden Arbeiterkindern und studierenden Kindern höherer Angestellter auf dasselbe zahlenmäßige Verhältnis von Studierenden oder Studienabsolventen zu treffen.

Nun beträgt aber dieses Verhältnis nach einer Erhebung unter

Medizinstudenten nur vier zu eins; dieser Umstand aber, dass es im Familienkreis mindestens einen Verwandten gibt, der studiert oder studiert hat, verweist auf die besondere kulturelle Situation dieser Familien: Diese sind entweder vom sozialen Abstieg betroffen oder aber verfügen über eine Einstellung zum sozialen Aufstieg und zur Schule als Mittel zu diesem Aufstieg, die sie von der Gesamtheit ihrer sozialen Kategorie unterscheidet.

Einen indirekten Beweis dafür, dass die Chancen zum Besuch der höheren Schule oder der Universität, und das auch mit Erfolg, fundamental vom Bildungsniveau des familialen Milieus zu Beginn der Sexta abhängen, das heißt zu einem Zeitpunkt, wo der homogenisierende Einfluss der Schule und des Schulmilieus noch nicht von langer Dauer gewesen ist, liefert der Umstand, dass der unterschiedliche Erfolg von französischen Kindern und Ausländerkindern fast vollständig Unterschieden in der Sozialstruktur der beiden Familiengruppen zugeschrieben werden kann. Bei gleichem Sozialniveau sind die ausländischen Schüler in etwa genauso erfolgreich wie die französischen Schüler: In der Tat ist, wenn 45 Prozent der französischen Arbeiterkinder gegenüber 38 Prozent der Ausländerkinder die Sexta besuchen, ein Gutteil dieser (relativ geringfügigen) Differenz vermutlich darauf zurückzuführen, dass die ausländischen Arbeiter über eine niedrigere Qualifikation verfügen als die französischen Arbeiter.[4]

Aber das Schulbildungsniveau der näheren oder ferneren Familienangehörigen oder auch der Wohnort sind nur Indikatoren, mit denen das kulturelle Niveau einer jeden Familie bestimmt werden kann, ohne dass damit irgendeine Aussage, weder über den Inhalt des Erbes, das die gebildetsten Familien ihren Kindern übertragen, noch über die Übertragungswege, gemacht würde. Die Untersuchungen über die Studenten der philosophischen Fakultät zeigen, dass der im studentischen Leben unmittelbar rentabelste Teil des kulturellen Kapitals aus Informationen über die Welt der Universität und den Studienverlauf, aus sprachlicher Ungezwungenheit und der in außerschulischen Erfahrungen gewonnenen zweckfreien Bildung besteht.

Das unterschiedliche Ausmaß an Information ist zu offenkun-

4 P. Clerc, Nouvelles données sur l'orientation scolaire au moment de l'entrée en sixième. Les élèves de nationalité étrangère, *Population*, 5, Oktober-Dezember, 1964, S. 871.

dig und zu bekannt, um darauf näher eingehen zu müssen. Paul Clerc zufolge kennen 15 Prozent der Familien von Realschülern (die sich stärker als die Gymnasiasten aus Volksklassenangehörigen rekrutieren) den Namen des nächstgelegenen Gymnasiums nicht, und bei den Familien der Schüler aus den Hauptschulabschlussklassen sind es sogar 36 Prozent. Das Gymnasium ist kein Bestandteil der konkreten Erfahrungswelt der Volksklassenfamilien, und damit man überhaupt daran denkt, das Kind auf das Gymnasium zu schicken, bedarf es anhaltender außergewöhnlicher Erfolge und der Ratschläge des Lehrers oder eines Familienangehörigen. Im Gegensatz dazu investieren die Kinder der gebildeten Klassen in ihr Schulverhalten ein ganzes Kapital an Informationen über den schulischen Werdegang, die Tragweite der entscheidenden Wahlen in der Sexta, der vierten oder den Abschlussklassen, die zukünftigen Laufbahnen und die normalerweise zu ihnen führenden Orientierungen, über die Funktionsweise des Universitätssystems, die Bedeutung der Noten, die Sanktionen und die Belohnungen.

Die aus den privilegierten Milieus stammenden Kinder verdanken ihrem Umfeld nicht nur bei den schulischen Aufgaben unmittelbar nutzbare Gewohnheiten und antrainierte Verhaltensweisen sowie den, nicht einmal wichtigsten, Vorteil der direkten Unterstützung durch die Eltern.[5] Sie erben auch Kenntnisse und ein Know-how, Neigungen und einen »guten Geschmack«, deren schulische Rentabilität umso größer ist, als diese Imponderabilien der Einstellung zumeist auf das Konto der Begabung verbucht werden. Die »zweckfreie« Bildung, implizite Erfolgsbedingung bestimmter schulischer Laufbahnen, ist unter den Studenten der verschiedenen sozialen Klassen und *a fortiori* den Gymnasiasten und Realschülern in sehr unterschiedlichem Maße verteilt, da die ungleiche Auswahl und der homogenisierende Einfluss der Schule die Unterschiede nur zu verringern vermögen. Manifest wird das kulturelle Privileg, sobald es um die Vertrautheit mit den Werken geht, die nur aus dem regelmäßigen (und nicht bloß sporadischen oder von der Schule organisierten) Theater-, Museums- oder Konzertbesuch entsteht. Auf allen Gebieten der Kultur, dem Theater,

5 P. Clerc stellt fest, dass die Überwachung der Schularbeiten durch die Eltern umso häufiger ist, je höher der Rang in der sozialen Hierarchie ist, ohne dass ein unmittelbarer Zusammenhang zwischen der Häufigkeit der elterlichen Intervention und dem Schulerfolg bestünde (Clerc, La famille et l'orientation scolaire, S. 635 f.).

der Musik, der Malerei, dem Jazz, dem Film, haben die Studenten umso reichere und umfassendere Kenntnisse, je höher ihre soziale Herkunft ist. Der Unterschied zwischen den aus verschiedenen sozialen Milieus stammenden Studenten ist aber umso ausgeprägter, je weniger es sich um von der Schule selbst unterrichtete und kontrollierte Gebiete handelt, also um das Avantgarde- oder Boulevardtheater statt des klassischen Theaters oder auch die Malerei, welche nicht direkt zum Unterrichtsstoff zählt, oder den Jazz oder den Film.

Wenn bei den Übungen zum Verständnis und zur aktiven Beherrschung der Schulsprache nicht die für gewöhnlich auf anderen Gebieten zu beobachtende unmittelbare Beziehung zwischen Schulerfolg und sozialer Herkunft zutage tritt und es anscheinend sogar zu einer Umkehrung der Beziehung kommen kann, darf das nicht zu dem Schluss verleiten, das Handikap sei hier von geringerer Bedeutung als anderswo. Man muss sich nämlich stets vor Augen halten, dass die Philologiestudenten das Ergebnis einer kontinuierlichen Auslese nach dem Kriterium der sprachlichen Befähigung sind und dass die Überauslese der aus den benachteiligten Milieus kommenden Studenten das aus der kulturellen Atmosphäre ihres Herkunftsmilieus stammende Ausgangshandikap kompensieren kann. In der Tat ist der Erfolg beim Philologiestudium ganz eng mit der Fähigkeit zur Beherrschung der Schulsprache verknüpft, die nur für die Kinder der gebildeten Klassen Muttersprache ist. Von allen kulturellen Hindernissen sind die, die mit der im familialen Milieu gesprochenen Sprache zusammenhängen, gewiss die gravierendsten und tückischsten. Das gilt vor allem für die ersten Schuljahre, wo das Verständnis und die Beherrschung der Sprache den Hauptansatzpunkt für das Urteil der Lehrer bilden. Aber der Einfluss des sprachlichen Ursprungsmilieus lässt in seiner Wirkung niemals nach. Denn zum einen werden auf allen Stufen der schulischen Laufbahn, und, wenn auch in unterschiedlichem Ausmaß, in allen universitären Laufbahnen, selbst den wissenschaftlichsten, der Reichtum, die Differenziertheit und der Stil des Ausdrucks implizit oder explizit, bewusst oder unbewusst in Rechnung gestellt. Und zum anderen ist die Sprache kein bloßes, mehr oder weniger effektives, mehr oder weniger dem Gedanken adäquates Werkzeug: Vielmehr stellt sie – außer einem mehr oder weniger reichen Vokabular – eine Syntax, das heißt ein System mehr oder weniger komplexer Kategorien, bereit. Sodass die Fähigkeit zum Entziffern und Handhaben komplexer, logischer so gut wie ästhetischer Strukturen von der ursprünglich im familialen Milieu gesprochenen Sprache, die stets einen Teil ihrer Merkmale der in der Schule gesprochenen Sprache hinterlässt, abzuhängen scheint.[6]

Der bedeutendste und im Zusammenhang mit der Schule wirksamste Teil des kulturellen Erbes, die zweckfreie Bildung und die Sprache, wird auf osmotische Weise übertragen, ohne jedes methodische Bemühen und jede manifeste Einwirkung. Und gerade das trägt dazu bei, die Angehörigen der gebildeten Klasse in ihrer Überzeugung zu bestärken, dass sie diese Kenntnisse, diese Fähigkeiten und diese Einstellungen, die ihnen nie als das Resultat von Lernprozessen erscheinen, nur ihrer Begabung zu verdanken haben.

Die Wahl des Schicksals

Die Einstellungen der Angehörigen der verschiedenen Klassen, der Eltern wie der Kinder, insbesondere aber die Einstellungen zur Schule, zur Schulbildung und der durch die Ausbildung gebotenen Zukunft sind zu einem Großteil der Ausdruck des ihrer sozialen Zugehörigkeit entsprechenden Systems impliziter oder expliziter Werte. Um zu erklären, warum die Angehörigen der verschiedenen Klassen ihre Kinder, bei gleichem Schulerfolg, in so unterschiedlich großer Zahl in die Sexta gehen lassen, greift man zu so vagen Erklärungen wie dem »Willen der Eltern«. Kann man aber wirklich, außer in einem bloß metaphorischen Sinn, von »Willen« sprechen, wenn die Untersuchung zeigt, dass »es im Allgemeinen eine weitgehende Übereinstimmung zwischen den Wünschen der Eltern und der tatsächlich eingeschlagenen Richtung gibt«, dass, anders gesagt, die Familien meist den objektiven Chancen genau entsprechende Ambitionen haben.[7] In der Tat läuft alles so ab, als

6 Vgl. P. Bourdieu, J.-C. Passeron, M. de Saint Martin, »Les étudiants et la langue d'enseignement«, *Rapport pédagogique et communication*, Cahiers du Centre de Sociologie Européenne, Sociologie d'Éducation, N° 2, Paris, Den Haag: Mouton, 1963, S. 37-70.

7 Sehr oft gibt es eine Übereinstimmung zwischen den von den Eltern vor Abschluss des fünften Schuljahres zum Ausdruck gebrachten Wünschen, den rückblickend

beruhten die Einstellungen der Eltern zur Erziehung der Kinder – Einstellungen, die in der Entscheidung zum Ausdruck kommen, die Kinder auf eine weiterführende Schule zu schicken oder auf der Hauptschule zu belassen, sie an einem Gymnasium anzumelden (was ein langfristiges Ausbildungsprojekt, mindestens bis zum Abitur impliziert) oder an einer Realschule (was voraussetzt, dass man sich mit einer kurzen Ausbildung zufriedengibt) – vor allem auf der Verinnerlichung des Schicksals, das der sozialen Kategorie, der sie angehören, objektiv zugewiesen (und in *terms* statistischer Chancen messbar) ist. Unablässig gemahnen an dieses Schicksal die unmittelbare oder mittelbare Erfahrung und die intuitive Statistik des Scheiterns oder bloßer Teilerfolge der Kinder aus der Nachbarschaft. Und, indirekter, auch die Beurteilung des Lehrers, der, in seiner Rolle als Berater, die soziale Herkunft seiner Schüler bewusst oder unbewusst berücksichtigt und dadurch, ohne es zu wissen oder zu wollen, einer Prognose, die auf der Leistungsbewertung allein beruhen würde, ihre Abstraktheit nimmt. »Die Pläne der Familien«, schreiben Alain Girard und Henri Bastide, »reproduzieren gleichsam die soziale Stratifikation, die sich im Übrigen in den verschiedenen Schularten wiederfindet.«[8] Wenn die Angehörigen der Volks- und Mittelklassen *die Wirklichkeit für den Wunsch nehmen*, so liegt das daran, dass die Ansprüche und die Forderungen hier wie sonst auch in ihrer Form und ihrem Inhalt durch die objektiven Bedingungen bestimmt werden, die die Möglichkeit, das Unmögliche zu wünschen, ausschließen. Wenn es zum Beispiel von den klassischen Fächern am Gymnasium heißt: »das ist nichts für uns«, dann heißt das mehr als »dazu fehlen uns die Mittel«. Als Ausdruck der verinnerlichten Notwendigkeit steht diese Formel, wenn man so sagen kann, im Imperativ-Indikativ, weil sie zugleich eine Unmöglichkeit und ein Verbot zum Ausdruck bringt.

Dieselben objektiven Bedingungen, die die Einstellungen der

zur Wahl dieses oder jenes Schultyps geäußerten Meinungen und der tatsächlich getroffenen Entscheidung. »Der Ehrgeiz, das Kind aufs Gymnasium gehen zu lassen, wird bei Weitem nicht von allen Familien geteilt«, schreibt Paul Clerc. »Nur drei von zehn Familien, deren Kind die Grundschule beendet hat oder die Realschule besucht, äußern sich positiv«, und zwar unabhängig vom bisherigen Erfolg ihres Kindes (Clerc, La famille et l'orientation scolaire, S. 655-659).

8 A. Girard, H. Bastide, La stratification sociale et la démocratisation de l'enseignement, *Population*, 3, Juli-September, 1963, S. 43.

Eltern und die für die Schullaufbahn wichtigen Entscheidungen bestimmen, bestimmen auch die Einstellung der Kinder zu diesen Entscheidungen und in der Folge ihre gesamte Einstellung gegenüber der Schule. Und das so sehr, dass die Eltern als Grund dafür, warum sie das Kind nicht auf eine weiterführende Schule schicken, gleich nach den finanziellen Belastungen (42 bis 45 Prozent) den Wunsch des Kindes, nicht mehr zur Schule zu gehen, angeben können (16 bis 26 Prozent).[9] Grundlegender noch, weil der vernünftige Wunsch nach einem Aufstieg durch die Schule so lange gar nicht aufkommen kann, wie die objektiven Erfolgsaussichten äußerst gering sind, können die Arbeiter die objektive Statistik, der zufolge die Chancen eines Arbeiterkindes, zur Universität zu gehen, zwei zu hundert stehen, ignorieren. Ihr Verhalten richtet sich objektiv nach einer auf Erfahrung beruhenden Einschätzung dieser objektiven, für alle Individuen ihrer Kategorie bestehenden Chancen. Verständlich wird auch, warum die schulischen Werte für das Kleinbürgertum, eine Übergangsklasse, eine größere Bedeutung besitzen. Ihm bietet die Schule vernünftige Chancen, all seine Erwartungen zu erfüllen, indem sie die Werte des sozialen Erfolgs mit denen des kulturellen Prestiges verbindet. Im Unterschied zu den Volksklassenkindern, die doppelt benachteiligt sind, nämlich in Bezug auf die Leichtigkeit der Kulturassimilation und die Neigung zum Kulturerwerb, verdanken die Mittelklassekinder ihrer Familie nicht nur Ermunterung und Zureden bei ihren schulischen Anstrengungen. Sie verdanken ihr auch ein Ethos des sozialen Aufstiegs und des Strebens nach Erfolg in und durch die Schule, das ihnen die kulturelle Enteignung durch ein eifriges Aneignungsbestreben zu kompensieren gestattet. Es scheint dasselbe asketische Ethos sozialen Aufstiegs zu sein, das bei einem Teil der Mittelklassen dem Fortpflanzungsverhalten wie der Einstellung zur Schule zugrunde liegt.[10] Während bei den geburtenstärksten sozialen Kategorien, wie den Landarbeitern, den Bauern und den Arbeitern, die Chancen zum Besuch der Sexta bei einem Anwachsen der Familie um eine Einheit gleichmäßig deutlich sinken, fallen sie bei den geburtenschwächsten Kategorien, den Handwerkern und Kaufleuten, den kleinen und mittleren Angestellten, für die Fami-

9 Clerc, La famille et l'orientation scolaire, S. 666.

10 Vgl. P. Bourdieu, Alain Darbel, La fin d'un malthusianisme?, in: P. Bourdieu et al., *Le partage des bénéfices*, Paris: Minuit, 1966, S. 135-154.

lien mit vier und fünf (oder mehr) Kindern, das heißt denjenigen, welche sich von der Gesamtheit ihrer Gruppe durch ihre Geburtenhäufigkeit unterscheiden, abrupt ab. Vielleicht muss man darum, statt den abrupten Rückgang der Schulbesuchquote kausal mit der Kinderzahl zu erklären, den Willen zur Geburtenbeschränkung und den Willen, den Kindern eine Sekundarerziehung zu geben, auf eine asketische Disposition der Individuen, die beides wollen, zurückführen.[11]

Ganz allgemein entscheiden die Kinder und ihre Familien sich stets den Zwängen gemäß, denen sie unterworfen sind. Selbst wenn es für sie den Anschein hat, als seien ihre Entscheidungen nur von der nicht weiter ableitbaren Eingebung der Berufung oder des Geschmacks bestimmt, verraten diese gleichwohl den – transfigurierten – Einfluss der objektiven Bedingungen. Mit anderen Worten, die Struktur der objektiven Chancen sozialen Aufstiegs und, genauer, des Aufstiegs durch die Schule bestimmt die Einstellungen zur Schule und zum Aufstieg durch die Schule – Einstellungen, die einen entscheidenden Anteil haben an der Definition der Chancen, zur Schule zu gehen, sich deren Werte oder Normen zu eigen zu machen und sie erfolgreich zu absolvieren, also sozial aufzusteigen –, und das vermittelt durch die von allen Individuen mit der gleichen objektiven Zukunft geteilten und den Ordnungsrufen der Gruppe verstärkten subjektiven Erwartungen, die nur die intuitiv erfassten und fortschreitend verinnerlichten objektiven Chancen sind.[12]

11 Den nach Milieus unterschiedlichen Einfluss der Familiengröße auf den Besuch des Sekundarunterrichts analysierend, schreiben Alain Girard und Henri Bastide: »Zwei Drittel der Kinder von Angestellten oder Handwerkern und Kaufleuten gehen in die Sexta, und bei den Kindern aus kleinen Familien mit einem oder zwei Kindern liegt der Anteil noch höher. Von den Kindern kinderreicher Familien dieser Gruppen (vier und mehr Kinder) aber besuchen *nicht mehr Kinder die Sexta* als Kinder aus Arbeiterfamilien mit zwei oder drei Kindern« (Girard/Bastide, La stratification sociale, S. 458, Hervorhebung P. B.).

12 Dieses System einer Erklärung durch die allgemeine Wahrnehmung der objektiven und kollektiven Chancen beruht auf der Voraussetzung, dass die wahrgenommenen Vor- und Nachteile das funktionale Äquivalent der effektiv erfahrenen oder objektiv verifizierten Vor- und Nachteile sind, insofern sie auf das Verhalten den gleichen Einfluss ausüben. Was nicht heißt, dass die objektiven Chancen in ihrer Bedeutung unterschätzt würden. In der Tat zeigen alle wissenschaftlichen Beobachtungen in ganz verschiedenen sozialen und kulturellen

Man müsste die Logik des Verinnerlichungsprozesses beschreiben, nach dessen Abschluss die objektiven Chancen sich in subjektive Erwartungen, in Hoffnung oder Hoffnungslosigkeit, verwandelt haben. Was ist die Einstellung gegenüber der Zukunft, diese fundamentale Dimension des Klassenethos, anderes als die Verinnerlichung der objektiven Zukunft, die sich durch die Erfahrung von Erfolg und Scheitern stets aufs Neue aufzwingt. Die Psychologen machen die Beobachtung, dass das Anspruchsniveau sich nach den (intuitiv auf der Basis der früheren Erfolge oder Misserfolge eingeschätzten) Wahrscheinlichkeiten richtet, das gesteckte Ziel zu erreichen.

»Ein erfolgreicher Mensch«, schreibt Lewin, »setzt sich normalerweise sein nächstes Ziel etwas, aber nicht zu viel höher, als seine Leistung war. Auf diese Weise erhöht er ständig sein Anspruchsniveau [...]. Der erfolglose Mensch andererseits pflegt eine von zwei Verhaltensweisen zu zeigen: er setzt sein Ziel sehr niedrig an, vielfach unter seiner letzten Leistung, [...] oder er setzt sein Ziel über seiner Fähigkeit an.«[13]

Man sieht hier deutlich, »wie in einem zirkulären Prozess«, fährt Lewin fort, »eine unzulängliche Moral zu einer unzulänglichen Zeitperspektive [führt], die ihrerseits eine noch unzulänglichere Moral zur Folge hat«; wogegen »eine hohe Moral nicht nur hohe Ziele [setzt], sondern im Allgemeinen auch weiterführende Situationen [schafft], die einer noch besseren Moral dienlich sind«.[14] Wenn man überdies weiß, dass »sowohl die Ideale wie die Handlungsweise eines Menschen von der Gruppe [abhängen], der er angehört, und von deren Zielen und Aussichten«,[15] dann sieht man,

Situationen eine starke Korrelation zwischen den *subjektiven Erwartungen* und den *objektiven Chancen* und eine Tendenz der Letzteren, die Einstellungen und die Verhaltensweisen, vermittelt durch die Ersteren, effektiv zu verändern (vgl. P. Bourdieu, *Travail et travailleurs en Algérie*, Paris, Den Haag: Mouton, 1962, 2. Teil, S. 36-38; R. Cloward, L. Ohlin, *Delinquency and Opportunity: A Theory of Delinquant Gangs*, New York: Glencoe, 1960; C. Schrag, Delinquency and Opportunity: Analysis of a Theory, *Sociology and Social Research*, 46, January 1962, S. 167-175).

13 K. Lewin, Time Perspective and Morale, *Resolving Socials Conflicts*, New York: Harper & Bros., 1948, S. 113 [Zeitperspektive und Moral, *Die Lösung sozialer Konflikte*, Bad Nauheim: Christian, 1953, S. 166].

14 Ebd., S. 172.

15 Ebd., S. 167.

dass der Einfluss der in Bezug auf ihre soziale Herkunft stets relativ homogenen Peergroup – zum Beispiel steht ja die Verteilung der Kinder auf die Real-, Berufsfach- und höhere Schulen und an diesen auf die verschiedenen Zweige in ganz engem Zusammenhang mit ihrer Klassenzugehörigkeit – bei den am meisten Benachteiligten den Einfluss des familialen Milieus und des gesamten sozialen Umfelds noch verstärkt, die dazu neigen, die für überzogen erachteten und stets mehr oder weniger der Verleugnung der sozialen Herkunft verdächtigen Ambitionen zu dämpfen. So trägt alles dazu bei, diejenigen, die, wie man sagt, »keine Zukunft haben«, zu »vernünftigen« oder, wie Lewin sagt, »realistischen« Erwartungen, was sehr oft heißt, zum Verzicht auf das Hoffen anzuhalten.

Das kulturelle Kapital und das Ethos tragen, sich vermittelnd, dazu bei, die Einstellungen und Verhaltensweisen der Schule gegenüber zu bestimmen, die den Grund für den unterschiedlichen Ausschluss der Kinder der verschiedenen sozialen Klassen bilden. Obgleich der unmittelbar mit dem vom familialen Milieu vererbten kulturellen Kapital verknüpfte Schulerfolg bei den Richtungsentscheidungen eine Rolle spielt, scheint der ausschlaggebende Faktor für die Fortsetzung der schulischen Ausbildung die Einstellung der Familie zur Schule zu sein, die selbst, wie man gesehen hat, von den eine jede soziale Kategorie charakterisierenden objektiven Chancen auf einen Schulerfolg abhängt. Paul Clerc hat gezeigt, dass, obschon die Schulerfolgsquote und die Eintrittsquote in die Sexta in unmittelbarem Zusammenhang mit der Klassenzugehörigkeit stehen, die globale Ungleichheit der Eintrittsquoten in die Sexta mehr vom ungleichen Eintritt in die Sexta bei gleichem Erfolg als vom ungleichen Schulerfolg abhängt.[16] Das bedeutet faktisch, dass die Handikaps *sich kumulieren*, da die Kinder der Volks- und Mittelklassen, deren globale Erfolgsquote geringer ist, einen größeren Erfolg haben müssen, damit ihre Eltern und Lehrer eine Fortsetzung des Schulbesuchs in Erwägung ziehen. Derselbe Mechanismus der Überauslese folgt dem Alterskriterium: Die Kinder der Bauern- und Arbeiterklassen, generell älter als die Kinder aus den begünstigten Milieus, werden bei gleichem Alter häufiger ausgeschlossen als die Kinder aus diesen Milieus. Kurz, das allgemeine Prinzip, das zur Überauslese der Volks- und Mittelklassenkinder führt, lässt

16 Vgl. Clerc, La famille et l'orientation scolaire, S. 646.

sich so formulieren: Die Kinder dieser gesellschaftlichen Klassen, die, mangels kulturellen Kapitals, geringere Chancen haben als die anderen, einen außergewöhnlichen Schulerfolg zu erzielen, müssen gleichwohl einen außergewöhnlichen Erfolg vorweisen, um eine weiterführende Schule besuchen zu können.

Der Mechanismus der Überauslese wirkt sich indes stärker aus, je höher man in der Hierarchie der weiterführenden Schulen und der ihrer Zweige steigt. Bei gleichem Erfolg besuchen die Kinder aus den begünstigten Milieus weit häufiger als die anderen das Gymnasium, und zwar den klassischen Zweig. Und während die Kinder aus den benachteiligten Klassen zumeist ihren Eintritt in die Sexta mit ihrer späteren Verbannung in die Realschule bezahlen müssen, können die Kinder der wohlhabenden Klassen, denen wegen mangelnden Erfolgs der Zutritt zum Gymnasium verwehrt ist, Unterschlupf in einer Privatschule finden.

Wie man sieht, kumulieren sich auch hier die Vorteile und Nachteile, weil die anfangs getroffenen Wahlen (der Schule und des Zweiges) das schulische Schicksal *irreversibel* bestimmen. So hat eine Untersuchung gezeigt, dass die Ergebnisse, die Philologiestudenten bei Übungen zur Überprüfung des Sprachverständnisses und der aktiven Sprachbeherrschung und insbesondere der Unterrichtssprache erzielten, unmittelbar von dem auf der Sekundarstufe besuchten Schultyp und der Kenntnis des Lateinischen und Griechischen abhingen. Die Entscheidungen zum Zeitpunkt des Eintritts in die Sexta besiegeln demnach das schulische Schicksal ein für alle Mal, indem sie das kulturelle Erbe in schulische Vergangenheit verwandeln. In der Tat werden diese Wahlen, die über die ganze Zukunft entscheiden, unterschiedlichen Zukunftsvorstellungen entsprechend getroffen. 31 Prozent der Eltern von Gymnasiasten möchten, dass ihre Kinder studieren, 27 Prozent, dass sie Abitur machen, und nur ein verschwindend geringer Teil (4 Prozent bzw. 2 Prozent), dass sie einen Fachoberschulabschluss bzw. die mittlere Reife erwerben; demgegenüber möchten 27 Prozent der Eltern von Realschülern, dass ihre Kinder einen Fachoberschul-Berufsfachschulabschluss erlangen, 15 Prozent, dass sie die mittlere Reife, 14 Prozent, dass sie das Abitur machen, und 7 Prozent, dass sie studieren.[17] Demnach verdecken die Globalstatistiken, die ein Anwach-

17 Die individuellen Karriereperspektiven und damit die Einstellungen gegenüber der Schule werden anscheinend von einer *sozialen Definition* des vernünftiger-

sen der Schulbesuchquote im Sekundarunterricht ausweisen, dass die Volksklassenkinder den Zugang zu dieser Unterrichtsstufe mit einer empfindlichen Einengung des Feldes ihrer Zukunftsmöglichkeiten bezahlen müssen.

Die systematischen Zahlen, die die Studenten aus den verschiedenen sozialen Milieus noch am Ende der *Schullaufbahn* trennen, beruhen ihrer Form und ihrem Inhalt nach auf der unterschiedlich strengen Auslese sowie dem Umstand, dass die sozialen Vor- und Nachteile durch die frühzeitigen Richtungsentscheidungen, die unmittelbar mit der sozialen Herkunft zusammenhängen und deren Effekt noch verstärken, in schulische Vor- und Nachteile verwandelt werden. Die kompensatorische Leistung der Schule in den von ihr unterrichteten Fächern erklärt wohl zumindest teilweise, dass der Vorsprung der Studenten aus den höheren Klassen umso deutlicher ist, je weniger es sich um nicht von der Schule kontrollierte Bereiche der Kultur handelt. Aber nur der mit der Überauslese verknüpfte Kompensationseffekt kann erklären, warum die Unterschiede bei einer Praxis wie dem schulischen Gebrauch der Schulsprache die Tendenz haben, sich weitestgehend abzuschwächen, ja sogar umzukehren: Die stark ausgelesenen Studenten aus den Volksklassen erzielen in diesem Bereich ja Resultate, die denen der weniger stark ausgelesenen Studenten aus den gehobenen Klassen gleichwertig und denen der Mittelklassestudenten überlegen sind, die durch das sprachliche Milieu ihrer Familien gleichermaßen benachteiligt, aber weniger stark ausgelesen sind.[18] Desgleichen sind

weise zu erreichenden Abschlusses bestimmt. Offensichtlich variiert diese soziale Definition der Klassenzugehörigkeit entsprechend. Für die Angehörigen der unteren Schichten der Mittelklassen scheint das Abitur auch heute noch der normale Schulabschluss zu sein – infolge eines kulturellen Trägheitseffektes und eines Informationsmangels, aber wohl auch, weil die unteren und mittleren Angestellten mehr als alle anderen Gelegenheit zu der Erfahrung haben, welch eine wirksame Aufstiegsbarriere ein fehlendes Abitur ist. Für die oberen Schichten der Mittelklassen und die Oberklassen hingegen wird es anscheinend immer mehr zu einer Art Zulassungsprüfung fürs Studium. Diese Vorstellung von der schulischen Laufbahn mag eine Erklärung dafür sein, warum die Kinder von unteren und mittleren Angestellten in besonders hohem Maße auf eine Fortsetzung der Ausbildung über das Abitur hinaus verzichten.

18 Vgl. Bourdieu, Passeron, de Saint Martin, Les étudiants et la langue d'enseignement. Um den Einfluss des sprachlichen Kapitals vollständig zu erfassen, müsste man durch experimentelle Untersuchungen, analog den Bersteinschen, feststellen, ob signifikante Zusammenhänge bestehen zwischen der Syntax der gespro-

die Merkmale der Schullaufbahn, Schularten oder Zweige Indizes für den unmittelbaren Einfluss des familialen Milieus, den sie in die schuleigene Logik übertragen. Zum Beispiel wird beim aktuellen Stand der pädagogischen Traditionen und Techniken eine bessere Beherrschung der Sprache stets bei den Philologiestudenten angetroffen, die die alten Sprachen gelernt haben. Der Grund dafür ist, dass die klassische Bildung das Moment der Vermittlung darstellt, durch die andere Einflüsse ausgeübt und ausgedrückt werden, wie die Informiertheit der Eltern über die Zweige und Laufbahnen, der Erfolg auf den ersten Etappen der schulischen Laufbahn oder auch der Vorteil, den der Besuch von Klassen darstellt, wo das System seine Elite erkennt und anerkennt. Bei dem Versuch, die Logik zu erfassen, nach der sich in den verschiedenen Klassensituationen die Verwandlung des sozialen in kulturelles Erbe vollzieht, wird man feststellen, dass die Wahl der Schule oder des Zweigs und die in den ersten Jahren auf der weiterführenden Schule erzielten (mit dieser Wahl zusammenhängenden) Resultate darüber befinden, welchen Gebrauch die Kinder aus den verschiedenen sozialen Milieus von ihrem, positiven oder negativen, Erbe machen können. Gewiss wäre es unvorsichtig, in dem System von Beziehungen, das die Schullaufbahnen darstellen, ausschlaggebende Faktoren oder *a fortiori* einen vorherrschenden Faktor isolieren zu wollen. Wenn aber noch der Erfolg auf der höchsten Stufe der Schullaufbahn in ganz engem Zusammenhang mit der fernsten Schulvergangenheit steht, dann muss man davon ausgehen, dass sehr früh getroffene Wahlen weitgehend über die Chancen entscheiden, in diesen oder jenen Zweig des Hochschulwesens zu gelangen und dort erfolgreich zu sein: dass, kurzum, die Würfel schon ganz früh gefallen sind.

Die Funktionsweise der Schule und ihre Funktion der Erhaltung des Bestehenden

All dies wird man gerne, vielleicht nur allzu gerne zugeben. Es aber dabei bewenden zu lassen, das hieße, sich der Frage nach der Verantwortung der Schule für das Fortbestehen der sozialen Un-

chenen Sprache (zum Beispiel ihrer Komplexität) und dem Erfolg auf anderen Gebieten als dem des Philologiestudiums (wo der Zusammenhang belegt ist), wie etwa der Mathematik.

gleichheit zu entziehen. Diese Frage wird deshalb so selten gestellt, weil die jakobinische Ideologie, von der der Großteil der Kritik am Universitätssystem ihre Impulse empfängt, aufgrund ihres Festhaltens an einer formalen Definition schulischer Gerechtigkeit in Wirklichkeit verhindert, die Ungleichheit zur Kenntnis zu nehmen. Nimmt man aber die gesellschaftlich bedingte Ungleichheit in Bezug auf Schule und Kultur wirklich ernst, dann muss man zu dem Schluss gelangen, dass die formale Gleichheit, das Prinzip des ganzen Bildungssystems, in der Tat ungerecht ist und dass sie in jeder auf demokratische Ideale eingeschworenen Gesellschaft die Privilegien besser schützt, als es deren offene Übertragung vermöchte.

Damit die am meisten Begünstigten begünstigt und die am meisten Benachteiligten benachteiligt werden, ist es notwendig und hinreichend, dass die Schule beim vermittelten Unterrichtsstoff, bei den Vermittlungsmethoden und -techniken und bei den Beurteilungskriterien die kulturelle Ungleichheit der Kinder der verschiedenen gesellschaftlichen Klassen ignoriert. Anders gesagt, indem das Schulsystem alle Schüler, wie ungleich sie auch in Wirklichkeit sein mögen, in ihren Rechten wie Pflichten gleich behandelt, sanktioniert es faktisch die ursprüngliche Ungleichheit gegenüber der Kultur.

Die formale Gleichheit, die die pädagogische Praxis bestimmt, dient in Wirklichkeit als Verschleierung und Rechtfertigung der Gleichgültigkeit gegenüber der wirklichen Ungleichheit in Bezug auf den Unterricht und die im Unterricht vermittelte oder, genauer gesagt, verlangte Kultur. So erscheint zum Beispiel die im höheren Schul- und im Hochschulunterricht gängige »Pädagogik« objektiv als eine »Erweckungspädagogik«, wie Weber sagt, die die in einigen Ausnahmeindividuen schlummernden »Talente« durch Verzauberungstechniken wie das verbale Bravourstück des Meisters wecken will. Eine rationale und wirklich universale Pädagogik würde, da sie nicht für erworben hält, was einige wenige nur ererbt haben, sich von Beginn an nichts schenken und sich zu einem methodischen Vorgehen im Hinblick auf das explizite Ziel verpflichten, allen die Mittel an die Hand zu geben, all das zu erwerben, was unter dem Anschein der »natürlichen« Begabung nur den Kindern der gebildeten Klassen gegeben ist. Im Gegensatz dazu wendet die pädagogische Tradition sich im untadeligen Gewand der Gleichheit und Universalität in der Tat nur an die Schüler oder Studenten, die in der besonderen Situation sind, ein den kulturellen Anforderungen der Schule entsprechendes kulturelles Erbe zu besitzen. Nicht nur lässt sie die Frage außer Acht, wie allen das Wissen und das Know-how am effektivsten zu vermitteln wäre, das sie von allen verlangt und das die verschiedenen Klassen nur in sehr ungleichem Maße vermitteln. Sie neigt auch noch dazu, die auf dieses Ziel gerichteten pädagogischen Praktiken als primitiv und vulgär, ja paradoxerweise »schulmäßig« abzutun. Es ist kein Zufall, dass die Mittelschule, die, als sie zum klassischen Gymnasium in Konkurrenz trat, die Kinder aus den Volksklassen weniger ihrer Tradition entfremdete, sich die Geringschätzung der Elite ebendeshalb zuzog, weil sie expliziter und methodischer »schulmäßig« verfuhr. Es sind auch zwei Auffassungen von Kultur und Techniken der Kulturvermittlung, die in Gestalt korporativer Interessen heute noch in den Konflikten zwischen den aus dem Grundschulwesen und den aus dem höheren Schulwesen hervorgegangenen traditionellen Lehrern zum Ausdruck kommen.[19] Man müsste sich auch nach den Funktionen fragen, die der heilige Schrecken vor dem Pauken, im Unterschied zur »Allgemeinbildung«, für die Gymnasiallehrer und die Angehörigen der gebildeten Klasse erfüllt. Das Pauken ist nicht das Übel schlechthin, wenn man sich bloß eingesteht, dass man die Schüler aufs Abitur vorbereitet und sie dadurch dazu bringt, sich einzugestehen, dass sie sich aufs Abitur vorbereiten. Die Abwertung der Techniken ist nur die Kehrseite der Verherrlichung der intellektuellen Virtuosität, die den Werten der kulturell privilegierten Klassen strukturell affin ist. Die statusmäßigen Besitzer der richtigen *Art und Weise* sind stets geneigt, die Qualitäten als schwerfällige und mühselig erworbene abzuwerten, die nur als angeborene zählen.

Als Produkte eines Systems, das zur Vermittlung einer ihrem Inhalt wie ihrem Geist nach aristokratischen Kultur bestimmt ist, neigen die Lehrkräfte dazu, sich dessen Werte wohl mit umso größerem Eifer zu eigen zu machen, je vollständiger sie ihm ihren universitären und gesellschaftlichen Erfolg verdanken. Wie sollten sie da, auch und vor allem ohne es zu wissen, die Werte ihres Herkunfts- oder Zugehörigkeitsmilieus nicht in ihre Art der Beurteilung und des Unterrichtens einbringen? So wird der den Volks- oder Mittelklassen entstammende Student nach den Wert-

19 Vgl. V. Isambert-Jamati, *La rigidité d'une institution: structure scolaire et systèmes de valeurs*, Cahiers du Centre de Sociologie Européenne, No. 2, 1965, S. 306.

maßstäben der gebildeten Klassen beurteilt werden, die zahlreiche Lehrkräfte ihrer sozialen Herkunft verdanken und denen sie sich vielleicht dann ganz besonders verpflichtet fühlen, wenn sie erst seit ihrem Eintritt in »Amt und Würden« zur Elite gehören. Zu einer Umkehrung der Wertetafel, die durch eine Änderung des Vorzeichens Ernsthaftigkeit in Strebertum verwandelt und die im Allgemeinen positiv gewertete Anstrengung in kleinliche Plackerei, der Kompensation nicht vorhandener Begabung verdächtig, abwertet, kommt es immer dann, wenn das kleinbürgerliche *Ethos* vom Standpunkt des *Ethos* der Elite aus beurteilt, das heißt am Dilettantismus des Gebildeten und Hochgeborenen gemessen wird. Ganz im Gegensatz dazu entsprechen der so manches Mal in Erscheinung tretende Dilettantismus der Studenten aus den begünstigten Klassen und die Art ihrer Beziehung zu einer Kultur, die sie niemals vollständig der Schule verdanken, den oft unbewussten Erwartungen der Lehrkräfte und mehr noch den objektiv in die Institution eingeschriebenen Anforderungen. Kein Indiz der sozialen Zugehörigkeit, sei es die Haltung oder die Kleidung, die Ausdrucksweise oder der Akzent, das nicht Gegenstand der »petites perceptions« der sozialen Klasse würde und einen, zumeist unbewussten, Einfluss auf das Urteil der Lehrer hätte.[20] Der Lehrer, der, unter dem Anschein, die »natürliche Begabung« zu beurteilen, die Verhaltensweisen, die von einem asketischen *Ethos* fleißig und mühsam vollbrachter Arbeit bestimmt sind, an den Kriterien des *Ethos* der kultivierten Elite misst, konfrontiert zwei Arten der Beziehung zur Kultur miteinander, zu der die Individuen aus den verschiedenen Milieus durch ihre Geburt in ungleichem Maße bestimmt sind. Die Kultur der Elite steht der Kultur der Schule so nah, dass die Kinder aus einem kleinbürgerlichen (oder, *a fortiori*, aus bäuerlichem bzw. Arbeiter-)Milieu das nur mühsam erwerben können, was den Kindern der gebildeten Klasse gegeben ist: den Stil, den Geschmack, die Gesinnung, kurzum: die Einstellungen und Fähigkeiten, die den Angehörigen der kulturellen Klasse nur deshalb als natürlich und selbstverständlich einforderbar erscheinen, weil sie die Kultur (im ethnologischen Sinn) dieser Klasse ausmachen. Von

20 Desgleichen berücksichtigen die Beurteilungen der Schüler durch die Lehrer, die durchdrungen sind von den Werten der Mittelklassen, denen sie angehören und denen sie immer häufiger entstammen, stets die ethische Färbung der Einstellung und des Verhaltens der Schüler ihnen und den Fächern gegenüber.

ihrer Familie mit nichts versehen, was ihnen in der Schule dienlich sein könnte, außer einer Art inhaltsleerer Bildungsbeflissenheit, sind die Kinder der Mittelklasse gezwungen, alles von der Schule zu erwarten und zu erhalten, selbst auf die Gefahr hin, dass die Schule sie allzu »schulmäßiger« Verhaltensweisen zeiht.

Eine aristokratische Kultur, und vor allem ein aristokratisches Verhältnis zu dieser Kultur, ist das, was das Bildungssystem vermittelt und verlangt.[21] Besonders deutlich wird das am Verhältnis der Lehrer zur Sprache. Zwischen einem charismatischen Gebrauch der Sprache, die den Schüler durch verbale Verzauberung in den Stand der Gnade versetzen soll, und einem traditionellen Gebrauch der Universitätssprache als geweihtem Medium einer geweihten Kultur schwankend, gehen die Lehrer von der Voraussetzung aus, dass zwischen dem Lehrenden und dem Lernenden eine Gemeinsamkeit der Sprache und der Kultur und ein vorgängiges Einverständnis in Bezug auf die Werte existiert, was aber nur dann der Fall ist, wenn das Schulsystem es mit seinen eigenen Erben zu tun hat.

Indem die Lehrkräfte so tun, als ob die Unterrichtssprache, eine Sprache der Anspielungen und des Einverständnisses, die natürliche Sprache aller »intelligenten« und »begabten« Subjekte sei, können sie sich die Mühe einer technischen Kontrolle ihres eigenen Gebrauchs und des studentischen Verständnisses dieser Sprache ersparen und auch die schulischen Beurteilungen für völlig gerecht halten, die doch in Wirklichkeit das kulturelle Privileg sanktionieren.

21 Im Zentrum der allertraditionellsten Definition von Kultur steht gewiss die Unterscheidung zwischen dem Inhalt der Kultur (im Sinne von verinnerlichter objektiver Kultur) oder, wenn man so will, dem *Wissen* und der charakteristischen Form des Besitzes dieses Wissens, die ihm erst seine volle Bedeutung und seinen ganzen Wert verleiht. Was das Kind eines kultivierten Milieus erbt, ist nicht nur Kultur (im objektiven Sinne), sondern ein bestimmter *Stil* der Beziehung zur Kultur, der gerade aus dem *Erwerbsmodus* dieser Kultur resultiert. Die Beziehung eines Individuums zu den kulturellen Werken (und die Modalität all seiner kulturellen Erfahrungen) ist deshalb mehr oder weniger »ungezwungen«, »brillant«, »natürlich« bzw. »schwerfällig«, »angestrengt«, »angespannt«, je nachdem, unter welchen Bedingungen es eine Kultur erworben hat. Das osmotische Lernen in der Familie begünstigt eine Erfahrung der »Vertrautheit« (die Quellen der charismatischen Illusion), die das schulische Lernen niemals in gleichem Maße vermitteln kann. Man sieht, dass die Schule, indem sie den Akzent auf die Beziehung zur Kultur setzt und den aristokratischen Stil dieser Beziehung (die Ungezwungenheit und die Brillanz) besonders hoch bewertet, die am meisten Begünstigten begünstigt.

Einerseits ist die Sprache der effektivste Teil des kulturellen Erbes, weil sie qua Syntax ein System übertragbarer Geisteshaltungen liefert, die ihrerseits mit Werten verknüpft sind, die die ganze Erfahrung bestimmen. Andererseits ist die Universitätssprache von der Sprache, die die verschiedenen sozialen Klassen tatsächlich sprechen, unterschiedlich weit entfernt. In Anbetracht dessen kann man die Lernenden in Bezug auf die universitäre Sprache und den universitären Gebrauch der Sprache nicht als ihren Rechten wie ihren Pflichten nach gleich fingieren, ohne gezwungen zu sein, zahlreiche Ungleichheiten, die vor allem anderen soziale Ungleichheiten sind, der Begabung zuzuschreiben. Außer einem Wortschatz und einer Syntax erbt jedes Individuum von seinem Milieu eine bestimmte Einstellung zu den Wörtern und dem Wortgebrauch; und diese Einstellung bereitet es mehr oder weniger gut auf die schulischen Spiele vor, die, in der französischen Tradition des Literaturunterrichts, stets zu einem Teil Spiele mit den Wörtern sind.

Diese Beziehung zu den Wörtern, ehrfurchtsvoll oder unbefangen, unbeholfen oder ungezwungen, sparsam oder übermäßig, zeigt sich nirgends so deutlich wie in den Prüfungen. Die Professoren machen, bewusst oder unbewusst, einen Unterschied zwischen der »natürlichen« Ungezwungenheit, der Gewandtheit des Ausdrucks und eleganten Lässigkeit, und der »angestrengten« Ungezwungenheit, die bei den Studenten aus den Volks- oder Mittelklassen häufig anzutreffen ist und die das Bemühen verrät, sich um den Preis von Missklängen und eines »falschen« Tons den Normen des universitären Diskurses anzupassen. Diese aufgesetzte Ungezwungenheit erscheint nur allzu leicht als ein Überspielen eines angstbesetzten Selbstbehauptungsstrebens, um nicht vulgärer Interessenbestimmtheit verdächtig zu sein. Kurzum, die *certitudo sui* der Professoren, die nirgends so klar zum Ausdruck kommt wie in den virtuosen Darbietungen der Großen Vorlesung, lebt von einem »Klassenethnozentrismus«, der zu einem bestimmten Gebrauch der professoralen Sprache ebenso autorisiert wie zu einer bestimmten Einstellung hinsichtlich des Gebrauchs, den die Studenten von der Sprache und zumal der Sprache der Professoren machen.

Implikationen dieser Beziehung zur Sprache sind einmal die entscheidende Bedeutung, die die gebildeten Klassen der Gelehrtenkultur und den mit deren Bewahrung und Vermittlung betrauten Institutionen beimessen. Zum anderen die latenten Funktionen, die sie der Institution Schule zuerkennen, nämlich den Kult einer Kultur zu organisieren, die nur deshalb allen angeboten werden kann, weil sie in Wirklichkeit den Angehörigen der Klassen, deren Kultur sie immer schon ist, vorbehalten bleibt. Des Weiteren die Hierarchie der geistigen Werte, die den glänzenden Manipulatoren der Wörter und Gedanken den Vorrang vor den bescheidenen Dienern der Techniken gibt, und schließlich die Logik eines Systems, dessen objektive Funktion die *Bewahrung* der Werte ist, auf denen die soziale Ordnung basiert.

Tief greifender: Weil der traditionelle Unterricht sich *objektiv* an die wendet, die von ihrem Milieu her über das sprachliche und kulturelle Kapital verfügen, das er *objektiv* verlangt, kann er seine Anforderungen nicht explizit stellen und es sich zur Aufgabe machen, allen die Mittel zu liefern, diesen Anforderungen zu genügen. In der Art eines Gewohnheitsrechts sieht die universitäre Tradition stets nur besondere Sanktionen für besondere Verstöße vor, ohne die Prinzipien, auf denen sie basieren, jemals explizit zu machen. Deshalb kann die Wahrheit eines solchen Systems nur in seinen impliziten Anforderungen und dem impliziten Charakter seiner Anforderungen gefunden werden. Am Beispiel des Examens wird es ganz deutlich, dass die Begünstigten umso mehr begünstigt sind, je vager die Anforderungen, ob in Bezug auf die Kenntnisse oder die Form ihrer Präsentation, formuliert werden und je unbestimmter die Urteilskriterien der Professoren sind. Bei den schriftlichen Prüfungen zeigen sich zwischen den Kandidaten unterschiedlicher sozialer Herkunft desto ausgeprägtere Unterschiede, je mehr die gestellten Aufgaben sich der traditionellsten Form der rhetorischen Übung nähern, der (die literarischen *grands cours* beherrschenden und in den wissenschaftlichen *concours* immer noch eine Rolle spielenden) *dissertatio de omni re scibili*, die, sowohl was den Stil bzw. die Syntax der Gedankenführung als auch was das inhaltliche Wissen betrifft, der Zurschaustellung unwägbarer Qualitäten besonders günstig ist. Nach derselben Logik sind die Erben im Mündlichen mehr begünstigt als im Schriftlichen, und das ganz besonders dann, wenn das Mündliche explizit zum Text der kultivierten und distinguierten Art wird, was es implizit immer ist.[22]

22 Der Widerstand der Professoren gegen jeden Versuch einer rationaleren Prüfungsgestaltung und die zu diesem Zweck vorgeschlagenen Untersuchungen (man denke an den indignierten Protest, hervorgerufen durch die Befragung

Es ist klar, dass ein solches Bildungssystem nur so lange perfekt funktionieren kann, wie ihm die Rekrutierung und Auslese von Schülern gelingt, die den von ihm objektiv gestellten Anforderungen zu genügen vermögen, das heißt so lange, wie es sich an Individuen wenden kann, die mit ebendem kulturellen Kapital (und der Fähigkeit, es gewinnbringend anzulegen) ausgestattet sind, das von ihm vorausgesetzt und sanktioniert wird, ohne explizit verlangt und vermittelt zu werden. In die einzige spürbare Bedrängnis geriete es, wie man sieht, nicht durch die Zahl, sondern durch die Qualität der Schüler. Der »Massenbetrieb«, von dem heute so viel die Rede ist, ist sowohl mit der kleinen Zahl von Erben der von der Schule verlangten Kultur wie mit dem einer kleinen Zahl *beliebiger* Individuen vorbehaltenen Unterricht unvereinbar. Tatsächlich kann das Bildungssystem eine immer größere Zahl von Schülern verkraften, wie es das während der ersten Hälfte des 20. Jahrhunderts auch getan hat, ohne sich tiefgreifend wandeln zu müssen, vorausgesetzt, auch die Neuankömmlinge verfügen über die gesellschaftlich erworbenen Fähigkeiten, die die Schule traditionell verlangt. In eine als »Niveauverlust« erlebte Krise gerät es erst, sobald es eine immer größere Zahl von Schülern aufnehmen muss, die entweder nicht mehr im gleichen Maße über das kulturelle Erbe ihrer sozialen Klassen gebieten wie ihre Vorgänger (wie es der Fall ist, wenn die Verschulungsquote der traditionell beschulten Klassen im höheren Schul- und im Hochschulbereich kontinuierlich wächst, bei gleichzeitigem Sinken des Auslesegrades) oder die, als Angehörige der kulturell benachteiligten sozialen Klassen, über kein kulturelles Kapital verfügen. Zahlreiche Veränderungen, die das heutige Bildungssystem erfährt, können wohl rein morphologischen Faktoren zugerechnet werden. Aber das Wesentliche tangieren sie nicht, und man versteht, warum in den Reformprogrammen wie in den Forderungen der lehrenden und der lernenden Klasse von dem, was die Besonderheit des traditionellen Schulsystems und seiner Funktionsweise ausmacht, kaum die Rede ist. Sicherlich wäre die Demokratisierung des Zugangs zur Sexta für das Bildungssystem eine entscheidende Belastungsprobe, die zu einer tiefgreifenden Ver-

mittels geschlossener Fragebögen) speist sich unbewusst aus demselben aristokratischen Ethos wie die Ablehnung der Pädagogik, wiewohl er in der rituellen Anprangerung einer drohenden Technokratisierung sein »demokratisches« Alibi findet.

änderung seiner spezifischen Funktionsweise führen könnte. Die Segregation der Kinder nach hierarchisch geordneten Schultypen und -zweigen (von der Berufsfachschule oder der Realschule bis hin zum klassischen Zweig des Gymnasiums) bietet indes dem System einen der Logik des Systems entsprechenden Schutz. Die Kinder der Volksklassen, die weder die Bildungsbeflissenheit der Mittelklassenkinder noch das kulturelle Kapital der Kinder der höheren Klassen mitbringen, flüchten sich in eine Art ungeordneten Rückzug, die die Lehrer aus der Fassung bringt und bislang unbekannte chaotische Formen annimmt. Es versteht sich von selbst, dass es in diesem Fall genügt, dem »laisser faire« Raum zu geben, damit sich die Handikaps mit der größtmöglichen Härte auswirken und schließlich alles wieder in geordneten Bahnen verläuft. Um dieser Herausforderung wirksam zu begegnen, müsste das Schulsystem sich mit geeigneten Mitteln versehen, um eine systematische und allgemeine Akkulturation in Angriff zu nehmen, die es sich so lange ersparen kann, wie es sich an die Kinder der begünstigten Klassen wendet.[23]

Folglich wäre die Erwartung naiv, aus der Funktionsweise eines Systems, das durch implizite und deshalb wohl umso wirksamere Anforderungen seine Rekrutierung selbst bestimmt, könnten die Widersprüche entstehen, die zu einer tiefgreifenden Veränderung der Logik, nach der dieses System funktioniert, zu führen und die mit der Wahrung und Vermittlung der legitimen Kultur betraute Institution an der Ausübung ihrer Funktionen der Aufrechterhaltung der sozialen Ordnung zu hindern vermöchten. Indem die Schule den Individuen nur deren Position in der sozialen Hierarchie genau entsprechende Erwartungen an die Schule zugesteht und unter ihnen eine Auswahl trifft, die unter dem Anschein der formalen Gleichheit die existierenden Unterschiede sanktioniert

23 Kann der Druck der wirtschaftlichen Nachfrage entscheidende Veränderungen erzwingen? Vorstellbar wäre, dass es den Industriegesellschaften gelänge, ihren Bedarf an Führungskräften zu decken, ohne die Rekrutierungsbasis des höheren Schul- und vor allem des Hochschulwesens beträchtlich zu erweitern. In der Tat mag es, wenn man nur in Begriffen von Kosten oder, wenn man so will, der formalen Rationalität argumentiert, vorzuziehen sein, sich bei der Rekrutierung, den Imperativen schulischer Gerechtigkeit zuwider, auf die Klassen zu beschränken, deren soziale Kultur der Schulkultur am nächsten steht, und sich auf diese Weise das Unterfangen einer allgemeinen Akkulturation zu ersparen.

und konsekriert, trägt sie gleichzeitig zur Perpetuierung wie zur Legitimierung der Ungleichheit bei. Indem sie gesellschaftlich bedingten, von ihr aber auf Begabungsunterschiede zurückgeführten Fähigkeiten eine sich »unparteiisch« gebende und als solche weithin anerkannte Sanktion erteilt, verwandelt sie faktische Gleichheiten in rechtmäßige Ungleichheiten, wirtschaftliche und gesellschaftliche Unterschiede in eine qualitative Differenz und legitimiert die Übertragung des kulturellen Erbes. Dadurch übt sie eine mystifizierende Funktion aus. Die Begabungsideologie, Grundvoraussetzung des Schul- und Gesellschaftssystems, bietet nicht nur der Elite die Möglichkeit, sich in ihrem Dasein gerechtfertigt zu sehen, sie trägt auch dazu bei, den Angehörigen der benachteiligten Klassen das Schicksal, das ihnen die Gesellschaft beschieden hat, als unentrinnbar erscheinen zu lassen. Denn sie bringt sie dazu, das als naturbedingte Unfähigkeit wahrzunehmen, was nur die Folge einer inferioren Lage ist, und redet ihnen ein, dass ihr soziales Los (das mit fortschreitender Rationalisierung der Gesellschaft immer enger mit ihrem schulischen Schicksal verknüpft ist) ihrer individuellen Natur, ihrem Mangel an Begabung geschuldet ist. Die seltenen Erfolge der wenigen, die dem kollektiven Schicksal entgehen, verleihen der schulischen Auslese einen Anschein von Legitimität und dem Mythos von der befreienden Schule Glaubwürdigkeit selbst bei den von ihr Ausgeschlossenen, da sie sie glauben machen, Erfolg sei nur eine Sache der Arbeit und der Begabung. Schließlich stellen diejenigen, die die Schule »befreit« hat, die Lehrer oder Professoren, ihren Glauben an die befreiende Schule in den Dienst der konservativen Schule, die dem Mythos von der befreienden Schule einen Teil ihrer Kraft zur Bewahrung verdankt. So vermag das Erziehungssystem durch die ihm eigene Logik der Perpetuierung der kulturellen Privilegien zu dienen, ohne dass die Privilegierten sich seiner bedienen müssten. Indem es den kulturellen Ungleichheiten eine formell mit den demokratischen Idealen übereinstimmende Sanktion erteilt, liefert es die beste Rechtfertigung für diese Ungleichheiten.

Schule und kulturelle Praxis

Einer intellektuellen Modeerscheinung entsprechend, die allenthalben die Anzeichen einer sozialen Homogenisierung erkennt, behaupten zahlreiche Autoren, dass sich die kulturellen Abstände zwischen den Klassen zunehmend verringern. Dieser Legendenbildung von der kulturellen Homogenisierung entgegen, die unter anderem eine Folge der Verringerung der wirtschaftlichen Unterschiede und des Abbaus der Klassenschranken einerseits sowie des Einflusses der modernen Kommunikationsmittel andererseits sein soll – wobei eine Gewichtung der einzelnen Faktoren stets unterbleibt –, kommt die wissenschaftliche Erfahrung zu dem Ergebnis, dass der Zugang zu den kulturellen Werken das Privileg der gebildeten Klasse bleibt. So hängt zum Beispiel der Museumsbesuch (der im Übrigen, wie man weiß, mit anderen Arten kultureller Praxis wie dem Theater- oder Konzertbesuch eng verknüpft ist) unmittelbar vom Bildungsniveau ab. 9 Prozent der Besucher haben gar keinen Abschluss, 11 Prozent einen Volksschulabschluss, 17 Prozent einen Gesellenbrief oder die mittlere Reife, 31 Prozent haben Abitur und 21 Prozent einen Hochschulabschluss, das heißt, die Besucher mit Abitur oder einem Hochschulexamen machen mehr als die Hälfte des gesamten Publikums aus.[24] Dieser enge Zusammenhang zwischen Schulbildung und Museumsbesuch zeigt, dass allein die Schule kulturelle Neigungen, und selbst die am wenigsten schulischen, entstehen lassen (oder, je nach Lage des Falles, entfalten) kann.[25] Von »kulturellen Bedürfnissen« zu sprechen, ohne darauf

24 Das Theaterpublikum weist eine ganz ähnliche Struktur auf, und auch das Kino wird, wiewohl der Film als eher populäre Kunst gilt, je nach Klassenzugehörigkeit unterschiedlich häufig besucht. So sind 82 Prozent der leitenden Angestellten und Freiberufler, 74 Prozent der Angestellten, 67 Prozent der Arbeiter und 64 Prozent der Kleinunternehmer regelmäßige Kinobesucher (vgl. P. Guetta, Le cinéma, moribond ou malade, *L'expansion de la recherche scientifique*, 21, Dezember 1964, S. 3).

25 Das Spiel der verbalen Analogien lässt einige von »Neigungen«, dieses oder jenes Kulturgut zu »konsumieren«, sprechen, wie sie von »Kulturkonsum« sprechen. Die Aspirationen (wie die Erhebung sie erfasst) von den sie prägenden wirtschaftlichen und sozialen Konditionierungen trennen heißt, den Stand der Dinge zu sanktionieren und, indem man sich das Angeben und das Anprangern der Ursachen versagt, sich das Erforschen der wirtschaftlichen und sozialen Bedingungen eines anderen Typs von Aspirationen zu versagen.

hinzuweisen, dass diese im Unterschied zu den »primären Bedürfnissen« Produkt der Erziehung sind, ist in der Tat das beste Mittel, zu verschleiern (indem man einmal mehr zum Rekurs auf die Begabungsideologie gezwungen ist), dass die Ungleichheit vor den Werken der Kultur nur ein Aspekt und ein Effekt der Ungleichheit im Hinblick auf die Schule ist, die das kulturelle Bedürfnis hervorbringt und zugleich die Mittel seiner Befriedigung bestimmt und liefert. Im Hinblick auf die Kultur wird der Mangel nicht notwendigerweise als solcher wahrgenommen, da das Ausmaß des Mangels und der Grad seiner Bewusstheit in umgekehrtem Verhältnis zueinander stehen. Das Privileg hat darum allen Anschein der Legitimität für sich. Nichts ist leichter zugänglich als das Museum, und die wirtschaftlichen Hindernisse, die auf anderen Gebieten eine Rolle spielen, sind hier gering, so dass man sich nirgendwo mit mehr Recht auf die natürliche Ungleichheit zu berufen scheint als hier. Der selbstzerstörerische Charakter dieser Ideologie ist nicht weniger evident als ihre Rechtfertigungsfunktion.

Ein weiteres Mal bestätigt es sich, dass die Vor- und Nachteile sich kumulieren. So sind es dieselben, die auf Urlaubsreisen am meisten und ausführlichsten die Gelegenheit zu Museumsbesuchen haben und die zugleich über die Bildung verfügen, ohne die Urlaubsreisen nichts (oder bloß anfällig und nicht dauerhaft) zu einer Erweiterung der kulturellen Praxis beitragen. Genauso sind, wie die vorausgegangenen Analysen gezeigt haben, die Individuen mit der besten Schulbildung diejenigen, die mit der größten Wahrscheinlichkeit in einem kultivierten Milieu aufgewachsen sind. Nun sind die diffusen Anreize im familialen Milieu auf diesem Gebiet ganz entscheidend; der Großteil der Besucher hat vor dem 16. Lebensjahr zum ersten Mal ein Museum besucht, und der relative Anteil der frühzeitigen Besucher nimmt gleichmäßig in dem Maße zu, wie man in der sozialen Hierarchie steigt.

Während der indirekte Einfluss der Schule (als Herstellerin der allgemeinen Disposition gegenüber jeder Art von Kulturgut, die die kultivierte Haltung definiert) entscheidend ist, bleibt der unmittelbare Einfluss in Form des Kunstunterrichts oder der verschiedenen Anregungen zur Praxis (organisierte Besuche usw.) schwach. Indem die Schule es unterlässt, durch eine methodische Unterweisung allen das zu vermitteln, was einige ihrem familialen Milieu verdanken, sanktioniert sie die Ungleichheit, die alleine sie verringern könnte. Allein eine Institution, deren spezifische Funktion es ist, im Lernen und Üben der größten Zahl die Einstellungen und Fähigkeiten zu vermitteln, die den Gebildeten ausmachen, könnte (zumindest partiell) die Nachteile derjenigen kompensieren, die in ihrem familialen Milieu keine Anregung zur kulturellen Praxis finden.

Wenn die Ungleichheiten auch nirgends so ausgeprägt sind wie im Hinblick auf die Werke der Gelehrtenkultur, so bleiben sie bei den kulturellen Praktiken doch sehr groß, die eine bestimmte Ideologie für universeller, weil leichter zugänglich ausgibt; zum Beispiel zeigen die Untersuchungen zum Hörer- und Zuschauerverhalten zunächst einmal eine sehr ungleiche Verteilung der Radio- und Fernsehgeräte auf die verschiedenen sozialen Milieus. Sodann gestatten zahlreiche Indizien die Schlussfolgerung, dass die Ungleichheit sich nicht nur an der Auswahl der Sendungen zeigt, die im Übrigen genauso stark vom Bildungsniveau abhängt wie der Museums- oder Konzertbesuch, sondern auch und vor allem an der Art der Aufmerksamkeit. Es versteht sich in der Tat von selbst, dass, um es in der Sprache der Kommunikationstheorie zu sagen, die adäquate Rezeption der Botschaft eine Übereinstimmung zwischen den Fähigkeiten des Empfängers (was wir grob gesagt seine Bildung nennen) und der mehr oder weniger originellen oder redundanten Natur der Botschaft voraussetzt. Zu dieser Übereinstimmung kann es selbstverständlich auf allen Ebenen kommen, aber es ist nicht weniger selbstverständlich, dass der informative und ästhetische Gehalt der effektiv rezipierten Botschaft desto geringer ist, je geringer die »Bildung« des Empfängers ist.

Da jede Botschaft der Gegenstand einer, entsprechend den sozialen und kulturellen Merkmalen des Empfängers, unterschiedlichen Rezeption ist, kann man von der Vereinheitlichung der gesendeten Botschaften nicht auf die der empfangenen Botschaften und noch weniger auf die der Empfänger schließen. Man muss sich von der Fiktion lösen, der zufolge die »Massenkommunikationsmittel« imstande seien, die sozialen Gruppen durch die Vermittlung einer für alle identischen und von allen als identisch wahrgenommenen »Massenkultur« zu vereinheitlichen. Auch den Erfolg all der Techniken unmittelbarer Kulturvermittlung von den Kulturhäusern bis zu den Volksbildungseinrichtungen muss man in Zweifel ziehen. Worauf auch immer das Kulturhaus sich stützen mag, ob auf ein

Museum wie in Le Havre oder ein Theater wie in Caen, stets hat es diejenigen angezogen – und das rechtfertigt bereits seine Existenz –, die durch ihre Schulbildung oder ihr soziales Milieu für eine kulturelle Praxis gerüstet waren. Wenn schon vorher existierende Berufs-, Sport- oder ähnliche Organisationen einen Teil der Mittelklassen und eine Minderheit der Volksklassen zu einer ihnen nicht vertrauten kulturellen Praxis anregen konnten, so ähnelte das Kulturhaus von vornherein Institutionen wie dem Theater oder dem Museum, die es zu ergänzen oder zu ersetzen beanspruchte. Die Angehörigen der gebildeten Klasse fühlen sich berechtigt und verpflichtet, diese Hochburgen der Kultur zu besuchen, von denen sich die anderen, mangels entsprechender Bildung, ausgeschlossen fühlen. Weit entfernt, die Funktion zu erfüllen, die eine bestimmte Mystik der »Volkskultur« ihm zuweist, bleibt das Kulturhaus das Haus der Gebildeten.

Wie könnte es auch anders sein? Wenn das Interesse eines Empfängers an einer wie auch immer gearteten Botschaft und mehr noch das Verständnis derselben unmittelbar von seiner »Bildung«, das heißt von seiner Erziehung und seinem kulturellen Milieu, abhängt, kann man die Einflussmöglichkeit aller Techniken der unmittelbaren Kulturvermittlung von den Kulturhäusern bis hin zu den Volksbildungseinrichtungen nur bezweifeln. Sie können, solange die Ungleichheit in Bezug auf die Schule andauert, die allein die kultivierte Haltung hervorzubringen vermag, nur ein *Palliativ,* ein Notbehelf gegen die kulturelle Ungleichheit sein, die sie nicht wirklich und vor allem nicht dauerhaft abbauen können. Es gibt keine Abkürzung des Weges, der zu den kulturellen Werken führt, und alle künstlich arrangierten und vermittelt herbeigeführten Formen der Begegnung müssen auf die Dauer folgenlos bleiben.

Muss noch ausdrücklich betont werden, dass diese Unternehmen einen gewissen Erfolg nur bei Einsatz der Mittel erzielen, über die die Schule verfügt? Abgesehen davon, dass jeder Versuch, den marginalen Organisationen der Kulturvermittlung schulische Aufgaben zuzuteilen, auf den ideologischen Widerstand der Verantwortlichen stieße, kann man sich schon nach der Funktion einer Politik fragen, die diese wenig effektiven Organisationen fördert. Eine Frage, die sich so lange zu Recht stellt, wie nicht alles unternommen wurde, die Institution Schule zur Erfüllung der Funktion zu zwingen und zu autorisieren, die ihr faktisch und von Rechts wegen zukommt, nämlich unterschiedslos allen Mitgliedern der Gesellschaft die Befähigung zu den kulturellen Praktiken zu geben, die der Gesellschaft als die nobelsten gelten. Umso mehr, als wissenschaftlich erwiesen ist, dass eine Verlängerung der Schulzeit oder eine eingehendere Berücksichtigung des Kunstunterrichts in den Lehrplänen auf lange Sicht den Museen, Theatern und Konzerten eine ungleich größere Zahl von Besuchern brächte, bei gleichen Etatkosten, als alle Techniken der unmittelbaren Einflussnahme, von der Organisation kultureller Veranstaltungen bis hin zur Werbung in Presse, Funk und Fernsehen zusammengenommen.[26]

Weil das Entziffern eines Werks der Gelehrtenkultur den Besitz des Kodes voraussetzt, nach dem es verschlüsselt ist, kann man Phänomene der Kulturverbreitung als einen Sonderfall der Kommunikationstheorie verstehen. Aber die Beherrschung des Kodes kann nur um den Preis eines methodischen Lernens, das eine eigens zu diesem Zweck errichtete Institution organisiert, erworben werden. Nun ist es um die pädagogische Kommunikation nicht anders bestellt als um die zwischen einem Werk der Gelehrtenkultur und seinem Betrachter. Wie diese in ihrer Intensität wie ihrer Modalität von der Kultur (im subjektiven Sinne) des Betrachters abhängt, genauso hängt die pädagogische Kommunikation unmittelbar von der Kultur ab, die der Empfänger in diesem Fall seinem familialen Milieu verdankt, dem Besitzer und Vermittler einer Kultur (im ethnologischen Sinn), die, ihrem Inhalt wie den ihr impliziten Werten nach, der von der Schule vermittelten Gelehrtenkultur sowie den sprachlichen und kulturellen Mustern der schulischen Vermittlungstätigkeit mehr oder weniger nahe steht.

Wenn es richtig ist, dass die Erfahrung der kulturellen Werke und der institutionalisierte Erwerb der Kultur, die von dieser Erfahrung vorausgesetzt wird, als Kommunikationsphänomene derselben Logik gehorchen, dann versteht man, wie schwierig es ist, den zirkulären Prozess zu durchbrechen, der die Tendenz hat, die Ungleichheit gegenüber der legitimen Kultur zu verewigen.

Platon berichtet am Ende des »Staates«, dass die Seelen, die zu einem neuen Leben auf die Erde zurückkehren müssen, unter allen möglichen »Lebensmustern«, unter den »Lebensweisen von allen

26 P. Bourdieu, A. Darbel, *L'amour de l'art. Les musées et leur public*, Paris: Minuit, 1966.

Tieren und auch allen menschlichen«, ihr Geschick selbst zu wählen hatten und dass sie, nach getroffener Wahl, Wasser aus dem Fluss Ameles, das Wasser des Vergessens, trinken mussten.

»Sie hätten nun, nachdem sie angekommen seien, alsbald sich zur Lachesis begeben. Da habe eine Art von Prophet sie in eine Reihe gestellt; er habe hierauf aus dem Schoße der Lachesis Lose und Lebensmuster genommen, sei damit auf eine hohe Bühne gestiegen und habe also geredet: ›Es spricht die Jungfrau Lachesis, die Tochter der Notwendigkeit: Eintägige Seelen! Es beginnt mit euch eine andere Periode eines sterblichen und todbringenden Geschlechts; nicht euch erlost das Lebensverhängnis, sondern ihr wählt euch das Geschick. Sobald einer gelost hat, so wähle er sich eine Lebensbahn, womit er nach dem Gesetze der Notwendigkeit vermählt bleiben wird. Die Schuld liegt an dem, der gewählt hat. Gott ist daran schuldlos.‹«[27]

Die Funktion einer Theodizee, die Platon dem Mythos zuweist, fällt in unseren Gesellschaften dem universitären Tribunal zu. Damit sich das Schicksal in freie Wahl verwandelt, genügt es, dass es der Schule, dieser »Art von Prophet« der Notwendigkeit, gelingt, die Individuen davon zu überzeugen, dass sie sich auf ihr Urteil verlassen können, und ihnen einzureden, dass sie ihr Geschick, das ihnen im Voraus bestimmt war, selbst gewählt haben. Von da an ist der soziale Gott schuldlos.

Dem platonischen Mythos von der ursprünglichen Wahl des Loses könnte man den von Campanella im »Sonnenstaat« präsentierten gegenüberstellen. Um eine Situation vollkommener Mobilität zu schaffen und eine vollkommene Unabhängigkeit zwischen den Positionen des Vaters und des Sohnes zu garantieren, indem die Weitergabe des kulturellen Kapitals unterbunden wird, ist es notwendig und hinreichend, die Kinder von Geburt an von ihren Eltern zu trennen.[28] Implizit stützen die Statistiken sich auf den Mythos vollkommener Mobilität, wenn sie Indizes sozialer Mobilität konstruieren, indem sie die empirisch beobachtete Situation auf eine Situation völliger Unabhängigkeit zwischen der sozialen

27 Platon, *La république*, Livre X, 517e [*Sämtliche Werke*, Band II, Heidelberg: Lambert Schneider, S. 402].

28 Vgl. M. Skodak, Children in Foster Homes. A Study of Mental Development, *University of Iowa Studies in Childwelfare*, 16, 1, 1939, S. 1-156; B. Wellman, The Fickle IQ, *Sigma Xi Quarterly*, 28, 2, 1940, S. 52-60.

Position der Erben und derjenigen der Eltern beziehen. Gewiss muss man diesem Mythos und den Indizes, die er zu konstruieren gestattet, eine kritische Funktion zugestehen, weil sie dazu beitragen, die Diskrepanz zwischen den demokratischen Idealen und der gesellschaftlichen Wirklichkeit offenzulegen. Aber schon die oberflächlichste Prüfung würde verdeutlichen, dass diese Abstraktionen nur in Betracht kommen können, wenn die gesellschaftlichen Kosten und die gesellschaftlichen Möglichkeitsbedingungen einer hochgradigen Mobilität ignoriert werden.[29]

Bestünde nicht auch die beste Weise zu prüfen, inwieweit die Wirklichkeit einer »demokratischen« Gesellschaft mit deren Idealen übereinstimmt, im Messen der Zugangschancen zu den institutionalisierten Mitteln des sozialen Aufstiegs und des kulturellen Heils, die sie den Mitgliedern der verschiedenen sozialen Klassen einräumt?[30] Dann ist man gezwungen, auf die extreme »Rigidität« einer gesellschaftlichen Ordnung zu schließen, die die am meisten begünstigten Klassen autorisiert, die Nutzung der schulischen Institution zu monopolisieren, der Inhaberin, um es wie Max Weber zu sagen, des Monopols auf die Spendung von Kulturgütern und institutionellen kulturellen Heilszeichen.

29 Ohne von den Schwierigkeiten einer präzisen Messung der Mobilität zu reden und ohne an die Diskussionen um die Wahl des Ausgangspunktes der Laufbahn des Vaters und des Sohnes zu erinnern, den es zu berücksichtigen gilt, wenn der Vergleich zutreffend sein soll, muss man zumindest darauf hinweisen, dass, wie Bendix und Lipset bemerken, »vollkommene Mobilität« (im Sinne einer vollkommenen Angleichung der Mobilitätschancen) und »maximale Mobilität« nicht notwendig miteinander zusammenhängen und dass man zwischen erzwungener »Rigidität« oder »Mobilität« und gewollter »Rigidität« oder »Mobilität« unterscheiden muss.

30 Man müsste auch die unterschiedlichen Chancen zu sozialem Aufstieg bei identischer Nutzung der institutionellen Mittel in Rechnung stellen. Man weiß nämlich, dass bei gleichem Ausbildungsniveau Individuen mit Herkunft aus unterschiedlichen sozialen Klassen mehr oder weniger hohe Niveaus der sozialen Hierarchie erreichen.

Auslese und Gnadenwahl

Bildungsprivileg und Bildungschancen an der Hochschule

> Bei den Indianern Nordamerikas war das Verhalten des Visionärs hoch stilisiert. Der junge Mann, der »noch keine Vision gesucht hatte«, bekam regelmäßig Gelegenheit, die zahlreichen Berichte der anderen Männer über ihre Visionen anzuhören. Diese schilderten genau die Art der Erfahrungen, die als »echte Vision« angesehen werden durften, und die besondere Situation [...], die eine übernatürliche Begegnung als solche auswies und aufgrund deren der Visionär Macht hatte zu jagen, Krieg zu führen usw. Bei den Omaha jedoch enthielten die Berichte keinerlei Details über das Geschehene. Eine eingehendere Untersuchung ergab, dass die Vision nicht eine mystische Erfahrung darstellte, die jedem, der sie nachvollziehen wollte, auf demokratische Weise zugänglich war, sondern ein eifersüchtig gehütetes Verfahren, um das Erbe der Zugehörigkeit zur Gesellschaft der Zaubermänner gewissen Familien vorzubehalten. Prinzipiell konnte man in die Gesellschaft mit einer frei gesuchten Vision aufgenommen werden, aber das Dogma, dem zufolge eine Vision eine nicht näher bestimmte mystische Erfahrung sei, die jeder junge Mann suchen und finden könne, wurde durch das sorgsam gehütete Geheimnis, das die »echte Vision« umgab, aufgehoben. Junge Männer, die der mächtigen Gesellschaft beitreten wollten, mussten sich in die Einsamkeit zurückziehen und fasten, dann zurückkehren und den Alten ihre Visionen berichten; und das, um sich, sofern sie nicht den Elitefamilien angehörten, sagen zu lassen, ihre Vision sei nicht authentisch.
>
> *Margaret Mead, Continuities in Cultural Evolution*

Ist mit der bedauernden Feststellung, die verschiedenen sozialen Klassen seien in der Hochschule ungleich vertreten, die Frage der Ungleichheit der Bildungschancen ein für alle Mal erledigt? Soll aus der immer wieder betonten Tatsache, dass nur sechs Prozent aller Arbeiterkinder studieren, der Schluss gezogen werden, das Studentenmilieu sei ein bürgerliches Milieu? Oder will man sich einreden, eine Gruppe, die fähig sei, gegen ihre eigenen Privilegien zu protestieren, sei keine privilegierte Gruppe mehr, wobei man durch den Protest gegen die Tatsache von der Tatsache selbst ablenkt?

Zweifellos drückt sich auf Hochschulniveau die ursprüngliche Ungleichheit der Bildungschancen vor allem in der Tatsache aus, dass die verschiedenen sozialen Klassen sehr ungleich vertreten sind. Es muss hinzugefügt werden, dass der relative Studentenanteil diese Ungleichheit nur partiell widerspiegelt, da die an der Hochschule am stärksten vertretenen Klassen in der aktiven Bevölkerung am schwächsten vertreten sind. Eine Schätzung der Chancen für den Hochschulbesuch ergibt, dass diese je nach dem Beruf des Vaters von knapp einem Prozent für Landarbeiterkinder bis zu siebzig Prozent für Industriellenkinder und bis zu über achtzig Prozent für die Kinder von Freiberuflichen ansteigen. Diese Statistik zeigt, dass das Schulsystem objektiv eine umso totalere Eliminierung vornimmt, je unterprivilegierter die Klassen sind. Seltener dagegen werden die verborgeneren Formen zur Kenntnis genommen, in denen sich die Ungleichheit der Bildungschancen manifestiert, wie beispielsweise die Abdrängung der Kinder aus den unteren und mittleren Klassen auf bestimmte Fakultäten und die Verlängerung oder Unsicherheit im Studiengang.

Die Chancen für den Hochschulbesuch sind das Ergebnis einer Auslese, die die gesamte Schulzeit hindurch mit einer je nach der sozialen Herkunft der Schüler unterschiedlichen Strenge gehandhabt wird; bei den unterprivilegierten Klassen führt dies ganz einfach zu *Eliminierung.*[1] Die Aussichten auf Hochschulbesuch sind für den Sohn einer Führungskraft achtzigmal größer als für den eines Landarbeiters und vierzigmal größer als für den eines Arbeiters; dabei sind sie immer noch doppelt so groß wie die für Söhne mittlerer Angestellter. Aufgrund der Statistiken lassen sich für den Hochschulbesuch vier Kategorien erkennen: Für die Kinder der unterprivilegierten Klassen besteht heute nur eine symbolische Chance zum Hochschulbesuch (weniger als fünf Prozent); die Chancen für bestimmte mittlere Schichten (Angestellte, Handwerker, Kaufleute), deren Anteil in den letzten Jahren gestiegen ist, betragen zehn bis fünfzehn Prozent; für die mittleren Angestellten haben sich die Chancen demgegenüber verdoppelt (etwa dreißig Prozent), für die Führungskräfte und freien Berufe liegen sie wiederum doppelt so hoch (bis zu sechzig Prozent). Ein derartiges Gefälle der objektiven Bildungschancen wirkt sich, selbst wenn es den Betroffenen nicht klar zu Bewusstsein kommt, doch tausendfach im täglichen Erfahrungsbereich aus. Auf diese Weise entsteht, entsprechend dem sozialen Milieu, die Vorstellung vom Studium als einer »unerreichbaren«, »möglichen« oder »normalen« Zukunftsaussicht, wonach sich wiederum die Wahl des Ausbildungsganges richtet. Die Bil-

1 Siehe Tabelle 1 und Graphik 1 und 2. Im Anhang befinden sich Statistiken über die Studentenpopulation, eine methodische Erläuterung zur Berechnung der Bildungschancen und der Wahrscheinlichkeit für die Wahl des Studienfaches je nach Herkunft und Geschlecht.

Tabelle 1: Studienchancen nach sozialer Herkunft (1961/62)

Sozioprofessionelle Kategorie der Eltern		Objektive Chancen (Wahrscheinlichkeiten des Hochschulbesuchs)	Bedingte Wahrscheinlichkeiten				
			Jura & Wirtschaft	Naturwissen-schaften	Geisteswissen-schaften	Medizin	Pharmazie
Landarbeiter	m	0.8	15.5	44.0	36.9	3.6	0
	w	0.6	7.8	26.6	65.6	0	0
	gesamt	**0.7**	**12.5**	**34.7**	**50.0**	**2.8**	**0**
Landwirte*	m	4.0	18.8	44.6	27.2	7.4	2.0
	w	3.1	12.9	27.5	51.8	2.9	4.9
	gesamt	**3.6**	**16.2**	**37.0**	**38.1**	**5.6**	**3.1**
Dienstleistungspersonal	m	2.7	18.64	48.0	25.3	7.4	0.7
	w	1.9	10.5	31.1	52.6	4.7	1.1
	gesamt	**2.4**	**15.3**	**41.3**	**37.0**	**5.5**	**0.9**
Arbeiter	m	1.6	14.4	52.5	27.5	5.0	0.6
	w	1.2	10.4	29.3	56.0	2.6	1.7
	gesamt	**1.4**	**12.3**	**42.8**	**39.9**	**3.6**	**1.4**
Einfache Angestellte	m	10.9	24.6	46.0	17.6	10.1	1.7
	w	8.1	16.0	30.4	44.0	6.1	3.5
	gesamt	**9.5**	**21.1**	**39.4**	**28.6**	**8.6**	**2.3**
Selbstständige in Industrie und Handel*	m	17.3	20.5	40.3	24.9	11.0	3.3
	w	15.4	11.7	21.8	55.7	4.8	6.0
	gesamt	**16.4**	**16.4**	**31.8**	**39.1**	**8.1**	**4.6**
Mittlere Angestellte	m	29.1	21.0	38.3	30.2	8.5	2.0
	w	29.9	9.1	22.2	61.9	3.4	3.4
	gesamt	**29.6**	**15.2**	**30.5**	**45.6**	**6.0**	**2.7**
Freie Berufe und Führungskräfte	m	58.8	21.8	40.0	19.3	14.7	4.2
	w	57.9	11.6	25.7	48.6	6.5	7.6
	gesamt	**58.5**	**16.9**	**33.3**	**33.2**	**10.8**	**5.8**

* In beiden Fällen handelt es sich um rein statistische Kategorien, die sehr unterschiedliche soziale Gruppen umfassen. Die Kategorie der Landwirte umfasst alle Agrarwirtschaften ohne Rücksicht auf die Größe des Betriebes; die Kategorie der Selbstständigen in Industrie und Handel umfasst neben Handwerkern und Kaufleuten auch Unternehmer, die in den Berechnungen nicht gesondert behandelt werden konnten, auch wenn sich an anderer Stelle zeigen lässt, dass sie zu den stärksten Hochschulnutzern gehören. Eine vorsichtige Interpretation der Tabelle sollte sich also vor allem an die homogeneren Gruppen halten.

dungserwartung sieht für das Kind einer Führungskraft zwangsläufig anders aus als für ein Arbeiterkind; die Chancen des ersteren für den Hochschulbesuch betragen mehr als *fünfzig Prozent*, es erlebt in seiner Umgebung und der eigenen Familie das Studium als einen gewöhnlichen, alltäglichen Weg, wogegen das letztere, mit knapp *zwei Prozent* der Chancen, Studium und Studenten indirekt nur aus anderen Milieus kennt. Bedenkt man, dass die außerfamiliären Beziehungen mit dem Aufstieg in der sozialen Hierarchie zunehmen und dennoch gesellschaftlich homogen bleiben, wird deutlich, dass die subjektiven Chancen zum Hochschulbesuch für die Unterprivilegierten noch weit geringer sind als die objektiven Chancen.

Innerhalb dieser herkunftsbedingten ungleichen Verteilung der Bildungschancen sind Jungen und Mädchen im Großen und Ganzen gleichgestellt. Die leichte Benachteiligung der Mädchen ist jedoch in den unteren Klassen spürbarer: Die Chancen der Mädchen zum Hochschulbesuch betragen, allgemein gerechnet, etwas mehr als acht Prozent, die der Jungen zehn Prozent; auf den unteren Stufen der gesellschaftlichen Hierarchie ist der Unterschied größer, bei Führungskräften und mittleren Angestellten verringert er sich oder gleicht sich ganz aus.

Die Ungleichheit der Bildungschancen zeigt sich außerdem in der *Einschränkung der Studienwahl*. Darum darf angesichts der Tatsache, dass Jungen und Mädchen gleicher sozialer Herkunft annähernd gleiche Chancen zum Hochschulbesuch haben, nicht übersehen werden, dass sie bei Beginn ihres Studiums wahrscheinlich nicht die gleichen Fächer wählen. Ganz allgemein werden die Mädchen, unabhängig von ihrer sozialen Herkunft, mit großer Wahrscheinlichkeit in die Philosophische Fakultät gehen, die Jungen in die Naturwissenschaftliche Fakultät: Die traditionellen Modelle der Arbeits- und Begabungsteilung zwischen den Geschlechtern wirken sich hier aus. Die Mehrzahl der Mädchen ist verurteilt, sich in der Philosophischen und Naturwissenschaftlichen Fakultät auf einen Lehrberuf vorzubereiten: Töchter von Landarbeitern, die die Hochschule erreichen, haben 92,2 Prozent Chancen – gegenüber 80,9 Prozent bei Jungen gleicher Herkunft –, in eine der beiden Fakultäten zu gelangen; die Zahlen betragen für Arbeitertöchter und -söhne 85,3 Prozent und 80 Prozent, für die Töchter und Söhne von einfachen Angestellten 74,4 Prozent und 63,3 Prozent, für die Töchter und Söhne mittlerer Angestellter 84,1 Prozent und 68,5 Prozent und für die Töchter und Söhne von leitenden Angestellten 74,3 Prozent und 58,3 Prozent.

Die Studentinnen aus sozial unterprivilegierten Klassen sind in dem Maß ihrer Unterprivilegierung in der Wahl ihrer Studienfächer eingeschränkt. Das Beispiel der Töchter von mittleren und leitenden Angestellten illustriert diese Logik, die will, dass man den Eintritt in die Hochschule mit einer entsprechend der sozialen Herkunft mehr oder weniger eingeengten Fächerwahl bezahlt. Töchter mittlerer Angestellter haben annähernd gleiche Chancen wie Jungen, wobei sie jedoch stärker auf die Philosophische Fakultät abgedrängt werden (61,9 Prozent), als dies in den übrigen Schichten (mit Ausnahme der Landarbeiter) der Fall ist; für die Töchter der Oberschicht lässt dieser Zwang bei deutlicher Gleichheit der Zugangschancen nach (48,6 Prozent).

Ganz allgemein unterliegt die Studienwahl der unteren Klassen einer größeren Beschränkung als die der Privilegierten, die der Studentinnen einer größeren als die der Studenten, wobei sich die Benachteiligung der Mädchen umso deutlicher zeigt, je niedriger ihre Herkunft ist. Während sich die geschlechtsbedingte Benachteiligung vor allem in einer Abdrängung auf die Philosophische Fakultät auswirkt, hat die herkunftsbedingte insgesamt viel schwerwiegendere Folgen. Die Kinder der unterprivilegierten Klassen werden unmittelbar eliminiert; die wenigen übrig gebliebenen sind in ihren Wahlmöglichkeiten stark eingeengt.[2] Diese Studenten bezahlen den Besuch der Hochschule, die ihnen nicht fünf, sondern nur zwei Pforten öffnet, mit der Unfreiwilligkeit ihrer Entscheidung für die Philosophische oder die Naturwissenschaftliche Fakultät. Die Aussichten der Söhne und Töchter von leitenden Angestellten zum Jura-, Medizin- oder Pharmaziestudium betragen 33,5 Prozent, die der Kinder mittlerer Angestellter 23,9 Prozent, die der Arbeiterkinder 17,3 Prozent, die der Landarbeiterkinder 15,3 Prozent.

Die bedingten Chancen einer Einschreibung in die Philosophische Fakultät für Studenten einer bestimmten sozialen Kategorie zeigen aber nur unvollständig, in welcher Weise die Kinder aus unterprivilegierten Schichten *abgedrängt* werden. Es handelt sich hier um zwei interferierende Phänomene: Die Philosophische Fakultät, und in ihrem Rahmen Fächer wie Soziologie, Psychologie oder Sprachen, kann auch als *Refugium* für Studenten aus den Oberschichten mit der stärksten Bildungsbeteiligung dienen; sozial zum Studium »verpflichtet«, wenden sie sich mangels wirklicher Berufung Fächern zu, die wenigstens den Schein gesellschaftlicher Legitimation verbürgen. Dem relativen Studentenanteil einer bestimmten sozialen Schicht kommt also kein eindeutiger Aussagewert zu, da die Philosophische Fakultät für die einen Zwang, für die anderen Refugium bedeutet.

2 Diese Interpretation versucht die Tendenzen zu rekonstruieren, die sich aus der bedingten Wahrscheinlichkeit ablesen lassen, wobei die Chancenverteilung hierarchisch der sozialen Herkunft folgt. Es muss aber betont werden, dass die Kategorie der Angestellten häufig auch völlig eindeutige Tendenzen durchbricht: Kinder aus Familien einfacher Angestellter haben größere Chancen zum Medizinstudium als Kinder mittlerer Angestellter; analog sind die bedingten Chancen der Söhne und Töchter von einfachen Angestellten zum Jurastudium größer. Offenbar wirkt sich hier die Einstellung des Kleinbürgertums zu Studium und sozialen Aufstiegsmöglichkeiten aus.

Graphik 1:
Darstellung der Bildungschancen nach sozialer Herkunft

	Erwerbstätige (in Millionen)	**Studenten** (in Tausend)	**Studenten** (auf 1000 Erwerbstätige)	**Studenten** auf 100 vor 20 Jahren geborene Kinder	
Landarbeiter	0.83	1.2	1.4	0.7	M 0.8 F 0.6
Arbeiter	7	13.6	1.9	1.4	M 1.6 F 1.2
Dienstleistungspersonal	1	1.9	1.7	2.4	M 2.7 F 1.9
Landwirte	3	11.8	3.9	3.6	M 4.0 F 3.1
Einfache Angestellte	2.42	18.7	6.8	9.5	M 10.9 F 8.1
Selbstständige in Industrie, Handwerk, Handel	2	37.5	18	16.4	M 17.3 F 15.4
Mittlere Angestellte	1.5	37.9	25.4	29.6	M 29.1 F 29.9
Freiberufliche und Führungskräfte	0.76	60.4	79.3	58.5	M 58.8 57.9
Ohne Beruf		14.8			
Andere Kategorien	0.6	16.4	27		
(Industrielle)	0.08	8.4	106		

Graphik 2:
Fakultäten nach sozialer Herkunft und Geschlecht

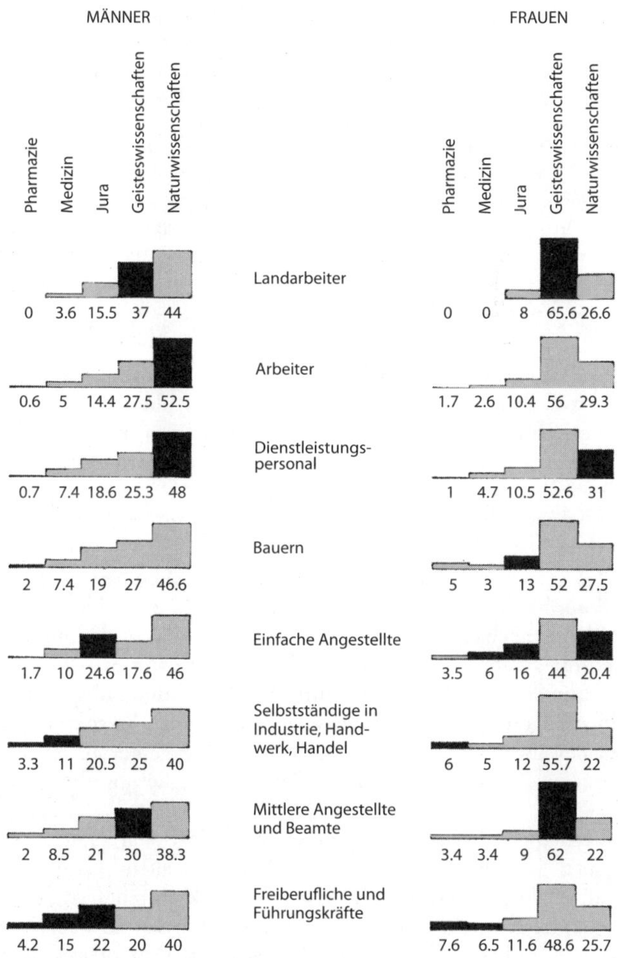

Schwarz hervorgehoben sind in jeder Fachrichtung die beiden stärksten Tendenzen. Die Fachrichtungen sind nach der Zahl der immatrikulierten Studenten, die Berufsgruppen nach der Wahrscheinlichkeit des Hochschulbesuchs gegliedert.

Wenn die ungleichen Zugangschancen zu den verschiedenen Disziplinen mit dem Phänomen der Abdrängung verbunden sind, ist zu erwarten, dass bei dem bestehenden Prestigegefälle zwischen den Bildungsinstitutionen die angesehensten unter ihnen von den Privilegiertesten mit Beschlag belegt werden. Tatsächlich ist der Anteil der Studenten aus privilegierten Klassen an der École Normale Supérieure und der École Polytechnique am höchsten: 57 und 51 Prozent Söhne von Führungskräften und Freiberuflern, 26 Prozent und 15 Prozent Söhne mittlerer Angestellter.[3]

Schließlich zeigt sich die Ungleichheit der Bildungschancen in der auf allen Stufen feststellbaren *Verlängerung und Unsicherheit* des Studienganges bei Studenten aus unterprivilegierten Schichten: Der Prozentsatz der Studenten im modalen Alter (das heißt dem auf der jeweiligen Stufe häufigsten Alter) nimmt ab, je näher man den unterprivilegierten Klassen kommt. Der Prozentsatz der Studenten aus den unteren Klassen ist bei den ältesten Jahrgängen am höchsten.[4]

Wenn sich in der unfreiwilligen Wahl der Philosophischen oder Naturwissenschaftlichen Fakultät die Ungleichheit der Bildungschancen für die unteren und mittleren Klassen ausdrückt (und auch dann, wenn dieses Schicksal subjektiv als Berufung empfunden wird), wenn das Studium der Naturwissenschaften in geringerem Maß an die soziale Herkunft gebunden zu sein scheint[5] und wenn es wahr ist, dass der Einfluss der sozialen Herkunft in der Philosophischen Fakultät am stärksten ist, erscheint es legitim, die Philosophische Fakultät als das geeignete Feld zu wählen, um die bei der Ungleichheit der Bildungschancen wirksamen kulturellen Faktoren zu analysieren: Die Synchronschnitte der Statistik zeigen hier nur die Endergebnisse: Eliminierung, Abdrängung, Studienzeitverlängerung. Paradoxerweise leiden die am stärksten kulturell Benachteiligten unter dieser Benachteiligung gerade in jenen Fächern, in die sie aufgrund ihrer Benachteiligung abgedrängt werden.

Dass die »Sterblichkeitsrate« im Bildungswesen so stark nach sozialen Schichten variiert, erklärt sich nicht allein aus den wirtschaftlichen Hindernissen. Die Größe der kulturellen Hindernisse, die die Kinder aus unterprivilegierten Klassen zu überwinden haben, wird bereits daran deutlich, dass noch auf Hochschulebene

3 Siehe Tabelle 2.

4 Vgl. Anhang, Tabelle 2.11.

5 Vgl. Anhang, Tabelle 2.51 bis 2.53.

signifikante Unterschiede im Verhalten und in den Fähigkeiten zwischen Studenten verschiedener sozialer Herkunft bestehen, obwohl sie sämtlich fünfzehn bis zwanzig Jahre lang der homogenisierenden Wirkung der Schule ausgesetzt waren. Hinzu kommen die vielfältigen und oft indirekten Wege, auf denen das Bildungswesen die Kinder aus unterprivilegierten Klassen eliminiert. Wer doch bis auf die Hochschule gelangt, verdankt dies besonderer Anpassungsfähigkeit oder einem ungewöhnlich günstigen Familienmilieu.

Die soziale Herkunft ist zweifellos unter allen Differenzierungsfaktoren derjenige, der sich im Studentenmilieu am stärksten auswirkt, stärker jedenfalls als Geschlecht und Alter, vor allem aber stärker als ein so manifester Faktor wie die Religion beispielsweise.

Obwohl die Angaben zur Religion eines der markantesten Unterscheidungsmerkmale bilden und die Trennung in »Praktizierende«, »Indifferente« und »Kirchenfeindliche« eine wichtige Klassifizierungsfunktion besitzt, bedingen Religionszugehörigkeit und selbst eifriges Praktizieren keinerlei relevante Unterschiede in der Einstellung zur Universität und zum Bildungssystem. Gewiss ermöglicht die Zugehörigkeit zu konfessionellen Gruppen und (besonders katholischen) Bewegungen den Studenten und vor allem den Studentinnen organisierte und regelmäßige Kontakte im Rahmen verhältnismäßig integrierter Sekundärgruppen, wie zum Beispiel »Kreise«, »Häuser« und »Gemeinschaften«, die die Funktion des Elternhauses übernehmen; gewiss kommen katholische Studenten häufiger von Privatschulen (51 Prozent gegenüber 7 Prozent der Nichtkatholiken); gewiss steht das ideologische oder philosophische Engagement in eindeutiger Beziehung zur Konfession und dem Grad des Praktizierens: Von 43 Prozent der Katholiken, die sich mit einer philosophischen Richtung identifizieren, geben den Personalismus 10 und nur 9 Prozent den Kommunismus an, 48 Prozent tendieren zum Existentialismus, wohingegen bei den Nichtkatholiken sich 53 Prozent für den Marxismus, nur 7 Prozent für den Personalismus und 40 Prozent für den Existentialismus aussprechen; offenbar verbinden die katholischen Studenten mit ihrem Studium und Berufsbild eine Ethik des guten Willens und des Dienstes am Nächsten, die bei den Mädchen ihren lyrischsten Ausdruck findet. Im eigentlichen Studienverhalten aber ergibt die Religionszugehörigkeit keine statistisch signifikanten Unterschiede.

In einem sich alljährlich erneuernden Milieu, in einem System, das frühen Abschlüssen besonderes Prestige beimisst, spielt das Alter oder genauer die Altershierarchie nicht die übliche Rolle. Selbstverständlich gibt es altersbedingte Verhaltensweisen und Vorstellungen: Politisches und hochschulpolitisches Engagement nehmen mit dem Alter ebenso zu wie das Wohnen

Tabelle 2: Soziale Herkunft der Studenten an den Grandes Écoles (1961/62

Beruf der Eltern (Beruf des Familienvorstands oder andernfalls der Mutter oder des Vormunds)*	Écoles				Écoles		Écol
	Polytechnique	Centrale	Des Mines	Sup. Aéro.	Sup. Elec.	Chimie ENSI	Conservatoire National Art et Métier
Landwirte	**1**	**2**	**5**	**5**	**4**	**5**	**5**
Hofbesitzer	1	2	3	4	3	3	5
Pächter, Halbpächter, Verwalter	–	–	2	1	1	2	–
Landarbeiter	**–**	**–**	**–**	**–**	**–**	**–**	**1**
Selbstständige in Gewerbe und Handel	**13**	**12**	**13**	**31**	**19**	**19**	**19**
Gewerbetreibende	5	3	4	18	6	5	4
Handwerker	2	2	3	4	3	4	9
Kaufleute	6	7	6	9	10	10	6
Freiberufliche und Führungskräfte	**57**	**47**	**41**	**33**	**42**	**30**	**19**
Freiberufliche	16	7	} 9	13	11	7	3
Gymnasial- und Hochschullehrer (privates Bildungswesen)	} 8	–		–	–	–	–
Gymnasial- und Hochschullehrer (öffentliches Bildungswesen)		4	10	4	3	3	2
Führungskräfte (Privatwirtschaft)	14	20	11	5	11	10	8
Führungskräfte (Staatsverwaltung)	19	16	11	11	17	10	6
Mittlere Angestellte und Beamte	**15**	**18**	**18**	**19**	**17**	**19**	**19**
Volksschullehrer (Privatschulen)	2	} 5	–	–	–	–	–
Volksschullehrer (Staatliche Schulen)	7		4	4	4	5	5
Mittlere Angestellte (Staatsverwaltung)	3	} 13	8	11	5	7	6
Mittlere Angestellte (Privatwirtschaft)	3		6	4	8	7	8
Einfache Angestellte	**8**	**9**	**12**	**8**	**8**	**11**	**10**
Büroangestellte	5		11	7	6	7	7
Kaufmännische Angestellte	3		1	1	2	4	3
Arbeiter	**2**	**2**	**5**	**2**	**7**	**7**	**17**
Vorarbeiter	2	1	1	1	2	2	5
Arbeiter		} 1	4	1	} 5	} 5	11
Hilfsarbeiter			–	–			1
Dienstleistungspersonal	**–**	**–**	**–**	**–**	**1**	**1**	**2**
Andere Kategorien	**3**	**4**	**1**	**1**	**–**	**3**	**3**
Rentiers, ohne Beruf	**1**	**6**	**5**	**1**	**2**	**5**	**5**
Gesamt	100	100	100	100	100	100	100

* Falls die Eltern pensioniert oder verstorben sind, ist der zuletzt ausgeübte Beruf angegeben.

École	ENS		Écoles			Landwirtschaft				
INSA Lyon	Ulm & Sèvres	St. Cloud & Fontenay	Institut Études Politiques	HEC	École Supérieure de Commerce	Institut National d'Agronomie	École Nationale d'Agronomie	École Nationale Vétérinaire	Prozentsatz der Erwerbsbevölkerung 1954	Zum Vergleich: Herkunft von 100 Studenten an den Universitäten (alle Fakultäten)
6	**1**	**7**	**8**		**4**	**20**	**28**	**15**	**20.8**	**6**
2		5	7		3	} 20	26	} 15		4
4	1	2	1		1		2			2
1	**–**	**1**	**–**		**–**	**–**	**–**	**–**	**6**	**–**
18	**9**	**14**	**19**		**32**	**37**	**15**	**19**	**12**	**18**
2	2	–	8		12	} 18	3	2		5
7	2	7	3		3		2	2		4
9	5	7	8		17	19	10	15		9
19	**51**	**18**	**44**		**34**	**29**	**22**	**30**	**2.9**	**20**
4	7	–	15		8	9	4	14		10
} 3	7	–	1		–	} 8	3	4		1
	26	9	2		1		3	4		5
5	4	3	15		17	} 12	8	3		7
7	7	6	11		8		7	9		6
16	**26**	**24**	**13**		**14**	**–**	**18**	**10**	**5.9**	**18**
–	1	–	3		–		} 4	–		1
6	13	14	3		2			5		5
4	5	6	7		6		6	4		5
6	7	4	3		6		8	1		7
16	**5**	**10**	**8**		**5**	**7**	**4**	**11**	**10.9**	**8**
13	3	7	5		3	} 7	3	9		5
3	2	3	3		2		8	1		7
14	**3**	**15**	**2**		**5**	**–**	**5**	**2**	**33.8**	**6**
2	1	3	1		2		1	–		2
11	2	12	1		3		4	2		3
1	–	–	–		–		–	–		1
2	**–**	**2**	**1**		**–**	**–**	**1**	**–**	**} 3.6**	**1**
5	**1**	**4**	**2**		**1**	**–**	**2**	**8**		**8**
3	**4**	**5**	**3**		**5**	**7**	**5**	**5**	**4.5**	**6**
100	100	100	100		100	100	100	100	100	100

Quelle: La documentation française Nr. 45, 1964.

außerhalb des Elternhauses und die Arbeit neben dem Studium. Dagegen scheinen gewisse Phänomene an das sogenannte *Studienalter* gebunden zu sein, das heißt an das Verhältnis zwischen tatsächlichem und modalem Alter der Studenten, die die gleiche Stufe erreicht haben. Verhaltensweisen, die durch einfaches Älter- oder Reiferwerden und den Drang nach Unabhängigkeit bedingt sind, lassen sich leicht isolieren; weit schwieriger dagegen ist es, Bedeutung und Einfluss der *Studienüberalterung* zu erfassen, da alte Studenten nicht nur alt gewordene Studenten sind, sondern eine Studentenkategorie bilden, die in allen Altersklassen (und allen Gesellschaftsschichten in verschiedenem Maße) auftritt und durch gewisse Bildungscharakteristika zur Studienzeitverlängerung ausersehen zu sein scheint.[6] Außerdem ist die Bedeutung des Alters für die verschiedenen Lebensbereiche, vor allem bei Studenten aus unterschiedlichem sozialen Milieu und mit verschiedenen Studienrichtungen, nicht eindeutig definierbar, da, wie wir gesehen haben, hohes »Studienalter« sich einerseits als ein Aspekt sozialen Handikaps und andererseits als Privileg des »ewigen Studenten« erweist.

Die soziale Herkunft ist mit den durch sie bedingten unterschiedlichen Chancen, Lebens- und Arbeitsverhältnissen unter allen Determinanten diejenige, deren Einfluss sich auf sämtliche Gebiete und alle Stufen des studentischen Erfahrungsbereichs, vor allem aber auf die Existenzbedingungen erstreckt. Die Wohnverhältnisse und die damit verbundene Lebensführung, die Höhe der finanziellen Mittel und ihre Verteilung auf die verschiedenen Budgetposten, Stärke und Art des Abhängigkeitsgefühls, das nach der Quelle der finanziellen Mittel variiert, wie die Art der Erfahrung und die mit ihrem Erwerb verbundenen Wertvorstellungen hängen unmittelbar von der sozialen Herkunft ab, deren unmittelbare Wirkung sie gleichzeitig ablösen.

Kann man bei einem Milieu, in dem nur 14 Prozent der Kinder von Landarbeitern, Angestellten und niederen Kadern, aber mehr als 57 Prozent der Kinder von Führungskadern und Freiberuflichen von der Familie unterstützt werden, dabei aber 36 Prozent der ersten Kategorie und nur 11 Prozent der zweiten neben dem Studium arbeiten müssen, sei es auch nur vereinfachend, von einer einheitlichen Studentensituation sprechen? Art und Höhe der Finanzierung – und damit der Abhängigkeitsgrad von der Familie – unterscheiden die Studenten radikal nach ihrer Herkunft: Ganz abgesehen davon, dass die Mittel zwischen weniger als 200 Franc und 900 Franc monatlich schwanken, haben sie eine unterschiedliche Bedeutung, je nachdem,

6 Vgl. Anhang, Tabelle 2.21 bis 2.28.

ob zusätzliche Erleichterungen damit verbunden sind (ob zum Beispiel die Kleidung von der Familie gestellt wird oder nicht), und je nachdem, wo das Geld herkommt. Studenten, die zu Hause wohnen, sind ja nur teilweise Studenten. Auch wenn sie wirklich bemüht sind, am Studentenleben teilzuhaben, identifizieren sie sich doch eher mit einem faszinierenden Bild als mit der wirklichen Situation und ihren Erfordernissen, denn sie können ihre Entscheidung jederzeit rückgängig machen. Die Zahl der zu Hause lebenden Studenten schwankt (je nach Studienrichtung) zwischen zehn und zwanzig Prozent bei Arbeiter- und Bauernkindern, zwischen fünfzig und sechzig Prozent bei Studenten (und vor allem Studentinnen) der oberen Klassen.[7]

Diese Unterschiede sind zu evident, um in Zweifel gezogen zu werden. Daher sucht man im Allgemeinen im Studium selbst nach dem Definitionsprinzip, um die Vorstellung von der Einheitlichkeit und vereinheitlichenden Wirkung der Studentensituation aufrechtzuerhalten. Wie verschieden die Studenten sonst auch sein mögen, eine Rolle ist ihnen gemeinsam, das Studentsein, das heißt, sie sind, selbst wenn ihnen aller Eifer und alle Übung mangeln, im Hinblick auf ihre berufliche Zukunft objektiv und subjektiv einer Institution unterworfen, die mit dem Examen ein wesentliches Mittel zum gesellschaftlichen Erfolg monopolisiert. Aber dass die Studenten sich in der gleichen Situation befinden, bedeutet nicht, dass sie sie auch in der gleichen Art und vor allem kollektiv erfahren.

Als Benutzer des Bildungswesens sind die Studenten zugleich dessen Produkt, und keine andere soziale Kategorie ist so stark in ihren aktuellen Verhaltensweisen und Fähigkeiten durch das früher Erworbene geprägt. Die soziale Herkunft ist, wie eine beträchtliche Anzahl von Untersuchungen ergeben hat, für den gesamten Bildungsgang und besonders an dessen großen Wendepunkten ausschlaggebend: Das Bewusstsein, dass ein Studium (besonders in manchen Fächern) teuer ist und verschiedene Berufe ein Vermögen voraussetzen, die ungleiche Information über Studien- und Berufsmöglichkeiten, kulturelle Vorbilder, die bestimmte Berufe und Fächer (Latein zum Beispiel) mit einem bestimmten sozialen Milieu verbinden, und endlich die gesellschaftlich bedingte Fähigkeit, sich den im Bildungswesen herrschenden Vorbildern, Regeln und Wertvorstellungen anzupassen, bilden eine Gesamtheit von Faktoren, aufgrund deren man sich »am richtigen Platz« oder »fehl am Platz«

7 Vgl. Anhang, Tabelle 2.1 bis 2.5.

fühlt und entsprechend beurteilt wird. Sie bewirken bei gleicher Befähigung eine nach Gesellschaftsklassen ungleiche Erfolgsquote, vor allem in jenen Fächern, die schon vorhandenes intellektuelles Handwerkszeug, kulturelle Gewohnheiten oder finanzielle Möglichkeiten voraussetzen. So ist zum Beispiel erwiesen, dass der Studienerfolg eng mit der (wirklichen oder scheinbaren) Fähigkeit zusammenhängt, die dem Bildungswesen spezifische Sprache zu beherrschen, und dass diejenigen, die eine humanistische Bildung genossen haben, besonders erfolgreich sind.[8] Daran wird deutlich, dass die aktuellen Erfolge oder Misserfolge, die von Studenten und Professoren (die nur in der Kategorie von Studienjahren denken) gerne der unmittelbaren Vergangenheit, wenn nicht überhaupt der Begabung oder der Persönlichkeit zugeschrieben werden, in Wirklichkeit von frühzeitigen Orientierungen abhängig sind, die unweigerlich durch das familiäre Milieu bestimmt werden. Die unmittelbare Wirkung der aus dem Herkunftsmilieu übernommenen

8 Die Studien von Bernstein haben gezeigt, welche Bedeutung der Struktur der in Arbeiterfamilien gesprochenen Sprache als kulturellem Handikap zukommt (vgl. B. Bernstein, Social Structure, Language and Learning, *Educational Research*, 3, 1961, S. 163-176). Ein Sprachtest mit Philosophie- und Soziologiestudenten zur Ermittlung der Faktoren, von denen der Erfolg in der Beherrschung verschiedener Typen des Sprachgebrauchs abhängt – angefangen von der Definition, der Synonymbildung bis hin zur klaren Analyse vieldeutiger Begriffe –, hat ergeben, dass eine vollhumanistische Schulbildung (Latein und Griechisch) die Grundvariable für sprachliche Gewandtheit darstellt. Dieser Zusammenhang ist umso evidenter, je schulmäßiger die geforderte Übung ist; das wurde bei der Definitionsübung am deutlichsten (vgl. P. Bourdieu, J.-C. Passeron, M. de Saint Martin, *Rapport pédagogique et communication,* Cahiers du Centre de Sociologie Européenne, No. 2, Paris, Den Haag: Mouton, 1965, erster Teil). Das durch die soziale Herkunft bedingte Handikap wird also hauptsächlich über die Orientierung während der Schulzeit vermittelt, da sich noch auf Hochschulniveau der Erfolg aus der weit zurückliegenden schulischen Vergangenheit herleitet. Eine detaillierte Analyse der Testergebnisse zeigt außerdem, dass der Erfolg der Studenten unterschiedlicher sozialer Herkunft erst verständlich wird, wenn man den Mechanismus berücksichtigt, aufgrund dessen soziales in schulisches Erbe umgewandelt wird. Bei Kindern von Führungskadern zum Beispiel zeigt sich eine Tendenz zu bimodaler Erfolgsstreuung: In dieser statistischen Kategorie sind also zwei durch kulturelle Orientierung und sekundäre Sozialcharakteristika unterschiedene Gruppen enthalten. Aus der Analyse geht weiter hervor, dass Studenten der unteren Klassen, die Latein gelernt haben, alle anderen Gruppen übertreffen, da für diese Kategorie die Seltenheit dieser Studienrichtung eine relative Überselektion mit sich bringt (vgl. Anhang, Tabelle 2.44).

kulturellen Gewohnheiten und Möglichkeiten wird also verstärkt und multipliziert durch die frühzeitigen Orientierungen (welche ihrerseits durch die Primärdeterminanten bestimmt sind). Sie lösen eine Kettenreaktion weiterer Determinanten aus, die deshalb so wirksam sind, weil sie der inneren Logik des Bildungswesens zu gehorchen scheinen, dessen Sanktionen die soziale Ungleichheit gerade dann verschärfen, wenn sie sie scheinbar ignorieren.

In einer Studentenpopulation ist nur noch das Endergebnis einer Gesamtheit von seit langer Zeit wirksamen, herkunftsbedingten Einflüssen greifbar. Die ursprünglichen Nachteile von Studenten aus den unteren Klassen, die der Eliminierung entgangen sind, haben sich aufgrund verfrühter und durch mangelhafte Information entstandener Orientierungen, aufgrund unfreiwilliger Fächerwahl und Studienzeitverlängerung in einen Bildungsrückstand verwandelt. So beträgt zum Beispiel bei einer Gruppe von Studenten der Philosophischen Fakultät der Prozentsatz derer, die in der höheren Schule Latein gelernt haben, bei Arbeiter- und Bauernkindern 41 Prozent und steigt bei Kindern von Führungskadern und Freiberuflichen bis zu 83 Prozent, womit *a fortiori* (da es sich um Studenten der Philosophischen Fakultät handelt) der Zusammenhang zwischen sozialer Herkunft und humanistischer Bildung mit all ihren Studienvorteilen evident wird. Ein anderes Indiz für den Einfluss des Familienmilieus liefert die Tatsache, dass die Anzahl der Studenten, die nach eigener Angabe die Fächer für den ersten und zweiten Teil des *baccalauréat* auf Anraten ihrer Familie gewählt haben, mit der gesellschaftlichen Herkunft steigt, während parallel dazu der Einfluss des Lehrers geringer wird.

Analoge Unterschiede lassen sich in der Einstellung zum Studium beobachten.[9] Studenten bürgerlicher Herkunft vertreten entschiedener die Begabungsideologie und sind stärker von ihrer eigenen Begabung überzeugt (was zusammengehört), sie kennen, wie alle anderen Studenten auch, die Techniken der intellektuellen Arbeit, bringen aber jenen Arbeitsmethoden, die im Allgemeinen mit dem romantischen Bild vom intellektuellen Abenteuer als unvereinbar gelten (eine Kartei führen, ein fester Stundenplan usw.), größere Verachtung entgegen. Der willkürliche Charakter des intellektuellen Engagements bei Studenten aus den oberen Klassen

9 Vgl. Tabelle 3 und Anhang, Tabelle 2.6 bis 2.13.

zeigt sich noch in den subtilen Modalitäten der Berufswahl und des Studienverhaltens. Während diese Studenten von ihrer Berufung und ihren Fähigkeiten überzeugter sind und ihr vorgegebener oder wirklicher Eklektizismus und mehr oder minder ergiebiger Dilettantismus sich in einer größeren Vielfalt kultureller Interessen ausdrücken, ist bei Studenten anderer Klassen eine stärkere Abhängigkeit von der Universität festzustellen. Fragt man Soziologiestudenten, ob sie lieber ihre eigene Gesellschaft, die der Entwicklungsländer oder Ethnologie studieren wollen, so ergibt sich, dass die Vorliebe für »exotische« Themen und Gebiete parallel zur gesellschaftlichen Herkunft steigt. Legt die Tatsache, dass die privilegiertesten unter den Studenten schneller Mode-Ideen aufgreifen (indem sie zum Beispiel das Studium der »Mythologien« als das eigentliche Thema der Soziologie betrachten) nicht die Vermutung nahe, dass ihr bisheriges behütetes Dasein sie darauf vorbereitet, mehr dem Lustprinzip als dem Realitätsprinzip zu gehorchen? Bilden intellektueller Exotismus und abstrakter guter Wille nicht ein symbolisches, das heißt zugleich demonstratives und folgenloses Mittel, um die bürgerlichen Einstellungen zu liquidieren, denen man doch gerade gehorcht? Müssen, damit solche intellektuellen Mechanismen entstehen können, die wirtschaftlichen und sozialen Bedingungen für Freiheit und willkürliche Entscheidungen nicht schon lange gegeben sein?

Dass vor allem bei Studenten bürgerlicher Herkunft Dilettantismus das Studienverhalten kennzeichnet, kommt daher, dass diese Studenten sicher sein können, zumindest in einem der Zufluchtsfächer einen Platz zu bekommen, sei er auch fiktiv, und sie deshalb ohne großes Risiko jene Distanz zur Schau stellen können, die größere Sicherheit voraussetzt: Sie lesen weniger vorgeschriebene Literatur und Lehrbücher; sie stellen das Gros der Studenten, deren Studium vielseitig ausgerichtet ist, weit auseinander liegende Disziplinen und verschiedene Fakultäten umspannt; sie sind in der Eigenbeurteilung immer optimistisch, und diese, wie die Statistik der Examensergebnisse zeigt, keineswegs berechtigte Selbstgefälligkeit verhilft ihnen in vielen Situationen, wie zum Beispiel der mündlichen Prüfung, zu einem beachtlichen Vorteil.[10] Man muss sich

10 Studenten bürgerlicher Herkunft, aufgefordert, die Qualität der eigenen Leistungen durch Klassifizierung auf einer Tabelle zu beurteilen, scheuen mehr als Studenten der Unterschicht die mittleren Kategorien (75 Prozent gegenüber 88

elle 3: Soziale Herkunft und studentisches Leben

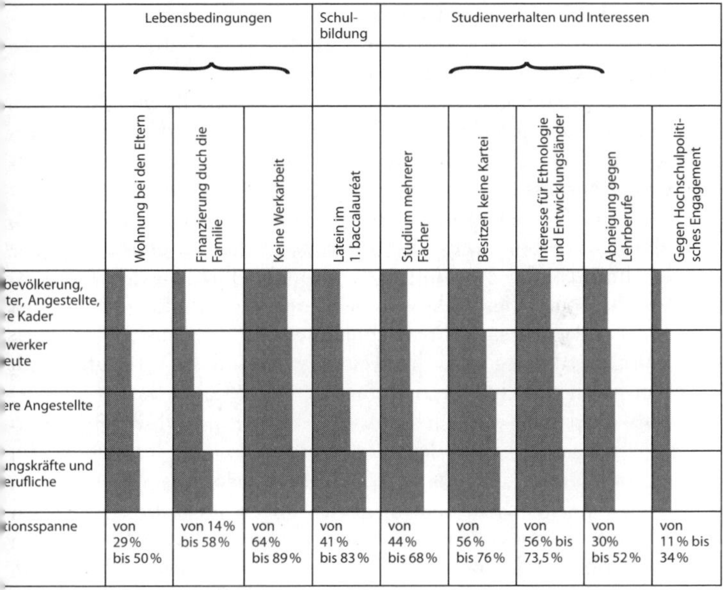

	Lebensbedingungen			Schulbildung	Studienverhalten und Interessen				
	Wohnung bei den Eltern	Finanzierung duch die Familie	Keine Werkarbeit	Latein im 1. baccalauréat	Studium mehrerer Fächer	Besitzen keine Kartei	Interesse für Ethnologie und Entwicklungsländer	Abneigung gegen Lehrberufe	Gegen Hochschulpolitisches Engagement
bevölkerung, ter, Angestellte, ›e Kader									
werker eute									
›re Angestellte									
ıngskräfte und erufliche									
:ionsspanne	von 29% bis 50%	von 14% bis 58%	von 64% bis 89%	von 41% bis 83%	von 44% bis 68%	von 56% bis 76%	von 56% bis 73,5%	von 30% bis 52%	von 11% bis 34%

in der Tat hüten, in der distanzierteren Einstellung bürgerlicher Studenten zum Studium nur einen Nachteil zu sehen, der andere Privilegien aufheben könnte: Intelligenter Eklektizismus gestattet vielmehr gerade, den größten Nutzen aus dem Angebot der Universität zu ziehen. Nichts hindert einen Teil (ungefähr ein Drittel)

Prozent) und stufen sich mit Vorliebe in die Kategorie »gut« und »sehr gut« ein (18 Prozent gegenüber 10 Prozent), während Studenten aus den mittleren Klassen immer eine Zwischenstellung einnehmen. Nun erzielen in der gleichen Gruppe die Studenten der unteren Klassen regelmäßig bessere Examensergebnisse als die der oberen Klassen: 58 Prozent von ihnen hatten in vorangegangenen Examina mindestens ein Prädikat, von den Studenten der oberen Klassen dagegen nur 39 Prozent; noch deutlicher wird die Differenz in der Gruppe der Studenten mit mindestens zwei Prädikaten, da die Studenten der unteren Klassen hier proportional doppelt so stark vertreten sind, das heißt mit 33,5 Prozent gegenüber 18 Prozent.

der privilegierten Studenten, das, was für andere ein Nachteil sein kann, in ein Privileg zu verwandeln, da die Universität paradoxerweise – wie wir sehen werden – die Kunst, zu ihren Werten und Fächern Distanz zu wahren, besonders honoriert.

Die privilegiertesten Studenten verdanken ihrem Herkunftsmilieu nicht nur Gewohnheiten, Fähigkeiten und Einstellungen, die für das Studium unmittelbar nützlich sind; sie haben auch andere Kenntnisse, Verhaltensweisen, Interessen und einen »guten Geschmack« ererbt, die dem Studium indirekt zugutekommen. »Freie« Interessen, implizite Bedingung für einen Studienerfolg in bestimmten Fächern, sind ganz unterschiedlich auf die Studenten verschiedener Herkunft verteilt; dieses Gefälle lässt sich jedoch nicht einfach aus der Ungleichheit des Einkommens erklären. Das kulturelle Privileg ist nachzuweisen, wo es um die Vertrautheit mit Kunstwerken geht, die nur durch regelmäßigen Theater-, Museums- oder Konzertbesuch entstehen kann (die Schule organisiert solche Besuche nicht oder nur sporadisch). Dies gilt besonders für die modernsten und am wenigsten »schulmäßigen« Werke.[11]

Auf welchem kulturellen Gebiet auch immer, Theater, Musik, Malerei, Jazz oder Film, die Kenntnisse der Studenten sind umso vielfältiger und umfassender, je höher ihre soziale Herkunft ist. Es ist nicht verwunderlich, dass in der Häufigkeit eigenen Musizierens, in der Kenntnis von Stücken durch Theaterbesuche, von klassischer Musik durch Konzertbesuche erhebliche Unterschiede bestehen, da sich hier kulturelle Klassengewohnheiten und wirtschaftliche Faktoren in ihrer Wirkung kumulieren; bemerkenswerter ist, dass sich die Studenten auch dort noch eindeutig nach ihrer Herkunft unterscheiden, wo es um Museumsbesuche oder selbst die Kenntnis der Jazz- und Filmgeschichte geht, das heißt um die sogenannten »Massenkünste«. Im Fall der Malerei, die nicht unmittelbar zum Lehrstoff gehört, bestehen Unterschiede in der Kenntnis der großen Meister, die für die modernen Maler noch zunehmen: Die Beschlagenheit auf dem Gebiet des Films oder des Jazz (seltener als bei den traditionellen Künsten) variiert stark entsprechend der sozialen Herkunft. Die Ungleichheit der Bildungschancen tritt also nirgends so stark hervor wie auf den Gebieten, wo das kulturelle Verhalten mangels eines organisierten Unterrichts

11 Vgl. Tabelle 4 und Anhang, Tabelle 2.14 bis 2.20.

den sozialen Determinanten stärker gehorcht als der Logik individueller Neigungen oder Vorlieben.[12]

belle 4: Soziale Herkunft und kulturelle Vorlieben der Studenten

	Direkte Berührung mit Kunstwerken			Kenntnis der Zeitgenössischen Kunst			Kulturelles Engagement		Filmkenntnisse	
	Theater Kenntnisse durch Theaterbesuch	Musik Kenntnisse durch Konzerte	Malerei Kenntnisse durch Messen, Ausstellungen, Sammlungen	Avantgardetheater	Moderne Musik	Moderne Malerei	Spielen eines Musikinstruments	Besitzen von Kunstbüchern	Film Kenntnis der Regisseure	Filmklub Regelmäßiger Besuch
ere Klassen										
lere Klassen										
ere Klassen										
ationsspanne	von 26 % bis 61 %	von 20 % bis 34 %	von 21 % bis 39 %	von 30 % bis 72 %	von 41 % bis 68 %	von 15 % bis 30 %	von 15 % bis 39 %	von 54 % bis 80 %	von 52 % bis 64 %	von 25 % bis 13 %

Ebenso unterscheiden sich die Studenten aus verschiedenen Milieus in ihren künstlerischen Vorlieben. Gewiss lassen sich die markantesten Folgen sozialer Differenzierungsfaktoren gelegentlich ausgleichen, kann kleinbürgerliche Strebsamkeit die Vorteile kompensieren, die der gewohnte Umgang mit Bildung für die Studenten der oberen Klassen mit sich bringt. Aber die ähnlichen Verhaltensweisen können auf unterschiedlichen Wertvorstellungen beruhen, die sich indirekt in subtileren Unterschieden niederschlagen. Das gilt besonders für das Theater, welches anders als Malerei oder Musik teilweise im Schulunterricht behandelt wird und

12 Privilegierte Herkunft begünstigt nicht jeden automatisch und in gleichem Maße. In Bezug auf Theater- und Konzertbesuche scheiden sich die Kinder von Führungskadern in zwei Gruppen: Ein Teil der Population (ungefähr ein Drittel) unterscheidet sich eindeutig vom Rest dieser Kategorie und zugleich vom Rest der gesamten Studentenpopulation, vgl. Anhang, Tabelle 2.14 und 2.19.

zugleich in den Bereich der freien und frei erworbenen Bildung gehört. Bauern- und Arbeiterkinder, Kinder mittlerer Kader oder Führungskader können ähnliche Kenntnisse im klassischen Theater besitzen, haben damit aber nicht einmal in diesem einen Bereich eine gemeinsame Kultur, da ihre kulturelle Erfahrung eine andere ist. Gleiches Wissen impliziert nicht notwendig gleiche Einstellung und gleiche Werte: Während für die einen die Schule der einzige Wissensvermittler ist (da ihr Wissen zum größten Teil durch freie oder Pflichtlektüre, selten durch Theaterbesuche erworben ist), ist bei den anderen die hauptsächlich im Familienmilieu erworbene Kultur mindestens ebenso ausschlaggebend wie der Gehorsam gegenüber schulischen Anforderungen. Wenn man mittels eines Tests oder Examens die zu einem bestimmten Zeitpunkt vorhandenen Interessen und Kenntnisse ermittelt, schneidet man an diesem einen Punkt eine Vielzahl unterschiedlicher Bahnen.

Außerdem bedeutet die Vertrautheit mit dem klassischen Theater bei Kindern Pariser Führungskräfte, die das Avantgarde- ebenso wie das Boulevardtheater kennen, nicht das Gleiche wie bei Arbeiterkindern aus Lille oder Clermont-Ferrand, die, auch wenn sie sich ebenso gut im klassischen Theater auskennen, doch vom Avantgarde- oder Boulevardtheater keine Ahnung haben. Es wird augenfällig, dass die reine Schulbildung als kultureller Teilbereich nicht nur eine partielle Bildung darstellt, sondern eine Bildung geringeren Werts, da die Elemente, aus denen sie besteht, nicht die Bedeutung haben, die sie in einem größeren kulturellen Rahmen hätten. Preist die Schule in der »Allgemeinbildung« nicht gerade das Gegenteil dessen, was sie als Schulbildung an jenen praktiziert, die aufgrund ihrer sozialen Herkunft auf ebendiese Bildung angewiesen sind? Alle Einzelkenntnisse müssen also zugleich als Teil einer Konstellation und als Moment des Bildungsgangs in seiner Totalität betrachtet werden, da jeder Punkt der Bahn die ganze Bahn voraussetzt. Letzten Endes gilt die Individualität im Verhalten gegenüber den Bildungsinstanzen als das, was die Qualität der Bildung in diesem Verhalten ausmacht: Ironische Nonchalance, gekünstelte Eleganz oder Sicherheit des Auftretens, tatsächliche oder vorgebliche Ungezwungenheit kennzeichnen fast immer Studenten der oberen Klassen, denen sie als Zeichen ihrer Elitezugehörigkeit dienen.

Die Wirkung des Privilegs wird meist nur in ihren brutalsten

Formen, Empfehlungen, Beziehungen, Hilfe bei den Schularbeiten, Nachhilfeunterricht, Information über Bildungs- und Berufsmöglichkeiten, zur Kenntnis genommen. Im Wesentlichen wird das kulturelle Erbe aber diskreter, indirekter und vielfach ohne methodische Bemühungen und greifbare Maßnahmen vermittelt. Gerade in den »kultiviertesten« Klassen sind Ermahnungen und eine bewusste Einführung in die Kultur fast überflüssig. Im Gegensatz zum kleinbürgerlichen Milieu, wo die Eltern meist nur den guten Willen zur Bildung weitergeben können, gehen von einem kultivierten Milieu diffuse Reize aus, durch deren geheime Überzeugungskraft das kulturelle Interesse mühelos geweckt wird.

So ist der Horizont bei Schülern aus der Pariser Bourgeoisie vielfach weitgespannt, da sie sich die Bildung ohne Vorsatz oder Mühe wie durch Osmose aneignen. Sie versichern, das Elternhaus übe dabei keinerlei Druck aus: »Gehen Sie ins Museum?« – »Nicht sehr oft. Mit der Schule sind wir selten in Ausstellungen, öfter in historische Museen gegangen. Meine Eltern nehmen mich meistens ins Theater mit. Ins Museum gehen wir selten.« – »Welches sind Ihre Lieblingsmaler?« – »Van Gogh, Braque, Picasso, Monet, Gauguin, Cézanne. Ich kenne sie nicht im Original, nur durch Bücher, die ich zu Hause ansehe. Ich spiele ein bisschen Klavier, sonst nichts. Am liebsten höre ich Musik, selber musiziere ich nicht so gerne. Wir haben viel Bach, Mozart, Schubert, Schumann.« – »Empfehlen Ihnen Ihre Eltern Bücher?« – »Ich lese, was ich will. Bei uns gibt es so viele Bücher. Ich hole mir, was mir gefällt« (Lehrerstochter, 13 Jahre, 4. Klasse humanistisch, Lycée de Sèvres).

Die Unterschiede in den kulturellen Interessen und Möglichkeiten, die sich immer auf Privilegien oder soziale Nachteile zurückführen lassen, wirken sich im Hinblick auf konkrete Studienanforderungen nicht immer gleich aus: Die unterprivilegierten Studenten können mangels anderer Möglichkeiten durch schulmäßigen Eifer, indem sie beispielsweise Theaterstücke lesen, ihre Benachteiligung kompensieren. Während die cineastische Bildung gemäß der Logik des Privilegs auftritt, der zufolge Studenten aus gutsituiertem Milieu Lust und Muße genug haben, ihre kulturellen Gepflogenheiten auf außerschulische Bereiche auszudehnen, werden die Filmklubs, eine zugleich sparsame, kompensatorische und quasi schulische Einrichtung, vor allem von Studenten der mittleren Klassen frequentiert. Für die Angehörigen der unterprivilegierten Klassen bleibt schulmäßiges Lernen auf allen Stufen des Bildungsganges der einzig mögliche Zugang zur Kultur; das Erziehungswesen könnte infolgedessen der

Königsweg zur Demokratisierung der Bildung sein, wenn es die ursprünglichen Unterschiede im Bildungsniveau nicht dadurch, dass es sie ignoriert, perpetuieren würde; indem es Schularbeiten als zu »schulmäßig« verwirft, wertet es die von ihm vermittelte Bildung zugunsten der ererbten Kultur ab, welche ohne die Spuren vulgärer Anstrengung durch die Attribute der Leichtigkeit und Grazie besticht.

Da sich die Studenten durch ein ganzes System milieubedingter Einstellungen, Fähigkeiten und Vorkenntnisse unterscheiden, sind sie im Studium nur *formal* gleichgestellt. Die Unterschiede sind nicht immer statistisch greifbar und eindeutig differenzierbar; sie sind durch Systeme kultureller Besonderheiten bedingt, welche die Studenten zum Teil mit ihrer Herkunftsschicht gemein haben, auch wenn sie es nicht wahrhaben wollen. Sowohl Inhalt und Form der Berufspläne als auch die Art, wie das Studium betrieben wird, und ebenso die freie Wahl der künstlerischen Interessen, kurz, alles, was die Beziehung einer Studentengruppe zum Studium ausmacht, lässt das Grundverhältnis der jeweiligen Herkunftsschicht zur Gesamtgesellschaft, zum sozialen Erfolg und zur Kultur erkennen.[13]

Jeder Unterricht, besonders in den Bildungsfächern (aber auch in den Naturwissenschaften), setzt implizit gewisse Grundkenntnisse, Techniken und vor allem Ausdrucksmöglichkeiten voraus, die das Privileg der gebildeten Klassen sind. Als Erziehung *ad usum delphini* vermittelt die humanistische Schulbildung ein Wissen zweiten Grades, das auf einem ganzen Schatz von Erfahrungen ersten Grades aufbaut, auf Lektüre, die durch die väterliche Bibliothek angeregt und ermöglicht wird, auf Theaterbesuch, bei dem einem die Wahl abgenommen ist, auf Reisen in Form kultureller Wallfahrten, auf Gesprächen voll von Andeutungen, die nur der bereits Gebildete versteht. Muss daraus nicht eine fundamentale Chancenungleichheit entstehen, da alle ein Spiel mitspielen müssen, das unter dem Vorwand der Allgemeinbildung eigentlich nur für Privilegierte bestimmt ist? Dass Kinder aus unterprivilegierten Klassen den Unterricht häufig als Schule der Unaufrichtigkeit und von »dem Lehrer nach dem Munde reden« empfinden, liegt genau daran, dass in ihrem Fall das angelernte Wissen den unmittelbaren Erfahrungen vorausgehen muss. Sie müssen den Grundriss des Par-

13 Die empirische Untersuchung kann diese Totalitäten nur in sukzessiven Profilen erfassen, da sie auf Indikatoren angewiesen ist, die den zu analysierenden Gegenstand in partielle Bereiche aufteilen.

thenons bis ins kleinste Detail auswendig lernen, ohne je aus ihrer Provinz herausgekommen zu sein, und sich ihr ganzes Studium hindurch mit der gleichen aufgezwungenen Unaufrichtigkeit über das *je ne sais quoi* und die Litotes und Tiefen klassischer Leidenschaft oder die uferlosen Nuancen des guten Geschmacks verbreiten. Wenn man nur immer wiederholt, der traditionelle Unterricht entziehe allem, was er vermittelt, die Realität, bleibt unausgesprochen, dass die Studenten diese Irrealität je nach Herkunft verschieden stark empfinden.

Zu meinen, wenn man allen gleiche wirtschaftliche Mittel bereitstelle, gebe man auch allen, sofern sie die unerlässliche »Begabung« mitbrächten, gleiche Chancen für den Aufstieg in die höchsten Stufen der Bildungshierarchie, hieße in der Analyse der Hindernisse auf halbem Wege stehenbleiben und übersehen, dass die an Prüfungskriterien gemessenen Fähigkeiten weit mehr als durch natürliche »Begabung« (die hypothetisch bleibt, solange sich der unterschiedliche schulische Erfolg auf andere Ursachen zurückführen lässt) durch die mehr oder minder große Affinität zwischen den kulturellen Gewohnheiten einer Klasse und den Anforderungen des Bildungswesens oder dessen Erfolgskriterien bedingt sind. Für die sogenannten Bildungsfächer, von denen zu einem großen Teil die Chancen für ein Elitestudium (École Nationale d'Administration, Polytechnique, aber auch die *agrégation* in der Philosophischen Fakultät) abhängen, müssen sich die Schüler Kenntnisse und Techniken aneignen, die niemals ganz frei von gesellschaftlichen Wertvorstellungen sind und oftmals im Gegensatz zu denen der eigenen Herkunftsklasse stehen. Für Kinder von Arbeitern, Bauern, Angestellten und Einzelhändlern bedeutet Schulbildung immer zugleich Akkulturation.

Dass die Betroffenen selbst ihre Ausbildung selten als Verzicht oder Verleugnung empfinden, liegt daran, dass das zu erringende Wissen in der Gesamtgesellschaft ein hohes Prestige genießt und den Zugang zur Elite symbolisiert. Es besteht ein entscheidender Unterschied zwischen der Leichtigkeit beim Erwerb der Schulbildung (umso größer, je höher die soziale Herkunft) und der Lernwilligkeit (am größten in den Mittelschichten). Obwohl der Wunsch nach Aufstieg durch Bildung in den unteren Klassen ebenso stark ist wie in den mittleren Klassen, muss er illusionär und abstrakt bleiben, solange die objektiven Chancen für seine Verwirklichung minimal sind. Ohne eine Ahnung von der Statistik, die feststellt, dass nur zwei von hundert Arbeiterkindern die Hochschule erreichen, verhalten die Arbeiter sich so, wie es die empirische Einschätzung der realen Chancen nahelegt. Das Kleinbürgertum dagegen ist als Übergangsklasse am stärksten schulisch orientiert, da ihm das Bildungswesen Erfüllung all seiner Erwartungen verheißt, indem es die Werte des Sozialaufstiegs und des kulturellen Prestiges verbindet. Der Unterschied zwischen mittleren und unteren Klassen (auf den die ersteren Wert legen) besteht darin, dass die mittleren Klassen der Elitekultur, von der auch sie häufig nur einen vagen Begriff haben, eine entschiedene Anerkennung zollen. Diese zeugt von ihrer Bildungswilligkeit, dem unbestimmten Wunsch, an der Kultur teilzuhaben. Die Bauern- und Arbeiterkinder sind sowohl in Bezug auf leichtes Lernen als auch in Bezug auf ihre Bildungsbereitschaft doppelt benachteiligt: Bis vor Kurzem unterstützte das Familienmilieu noch nicht einmal jenen Lerneifer, der es den mittleren Klassen ermöglicht, Besitzlosigkeit durch Besitzwillen zu kompensieren; es bedurfte einer kontinuierlichen Erfolgsserie (und außerdem eines hartnäckigen Volksschullehrers), bis das Kind die höhere Schule besuchen durfte, usw.

Wenn überhaupt an solche Selbstverständlichkeiten erinnert werden muss, dann, weil der Erfolg einiger weniger zu oft vergessen lässt, dass diese das kulturelle Handikap nur aufgrund außergewöhnlicher Fähigkeiten und eines ungewöhnlichen familiären Milieus überwinden konnten. Da manche Studenten den Hochschulbesuch einzig einer nicht abreißenden Kette von Wundern und Anstrengungen verdanken, kann es geschehen, dass die relative Gleichheit unter den mit ganz unterschiedlicher Strenge ausgelesenen Studenten die fundamentale Ungleichheit verbirgt. Selbst wenn der Schulerfolg sich gleichmäßig auf die Kinder der mittleren Klassen und die Kinder der gebildeten Klassen verteilte, blieben sie durch subtile Unterschiede im kulturellen Verhalten getrennt. Es kann vorkommen, dass ein Lehrer, der einen »brillanten« oder »begabten« Schüler einem »fleißigen« vorzieht, vielfach nur die sozial bedingte Einstellung zur Bildung beurteilt. Ein Student aus den mittleren Klassen, der dazu neigt, die Schulpflichten ernst zu nehmen und das seinem Milieu spezifische Berufsethos (beispielsweise den Kult gewissenhafter und mühseliger Arbeit) auf das Lernen zu übertragen, wird nach den Bildungskriterien der Elite beurteilt, die von vielen Lehrern umso bereitwilliger übernommen werden, als sie ihr selbst erst seit ihrer »Bestallung« angehören. Die aristokratische Vorstellung von Bildung und intellektueller Arbeit deckt sich so weitgehend mit dem, was allgemein als vollendete Bildung angesehen wird, dass ihr selbst jene erliegen, die Elitetheorien ablehnen und dadurch gehindert werden, über die Forderung nach formaler Gleichheit hinauszugehen.

Sobald jedoch kleinbürgerliches Ethos den Kriterien der Elite standhalten muss und am Dilettantismus des kultivierten Sohns aus gutem Hause gemessen wird, der sein Wissen mühelos erworben hat und, seines Heute und Morgen gewiss, mit distanzierter Eleganz auftreten und das Risiko der Virtuosität eingehen kann, kehrt sich das Wertsystem um, indem es durch eine Bedeutungsverschiebung Ernsthaftigkeit in Sturheit und Arbeitsethos in spitzfindige und kleinliche Strebsamkeit abwertet. Die Schulbildung orientiert sich aber so stark an der Elitekultur, dass ein Kind aus kleinbürgerlichem und mehr noch aus bäuerlichem oder Arbeitermilieu mühsam erwerben muss, was Kinder der gebildeten Klasse mitbekommen: Stil, Geschmack, Esprit, kurz, die Leichtigkeit und Lebensart, die dieser Klasse, da es ihre eigene Kultur ist, natürlich sind.[14] Für die einen bedeutet Elitekultur eine teuer erkaufte Eroberung, für die anderen ein Erbe, das durch seinen mühelosen Erwerb auch Versuchungen in sich birgt.

Der Einfluss sozialer Privilegien oder sozialer Handikaps auf den Bildungsgang und, ganz allgemein, auf das kulturelle Verhalten, ist deshalb so groß, weil diese, bewusst oder unbewusst, kumulativ wirken. Statistisch ist die Stellung des Vaters in der sozialen Hierarchie zum Beispiel eng mit einer entsprechenden Stellung anderer Familienmitglieder verbunden. Ähnliches gilt für die Chancen, die höhere Schule in einer Groß- oder Kleinstadt zu besuchen; erfahrungsgemäß werden hierdurch Art und Intensität der künstlerischen Interessen entscheidend bestimmt. Es ist dies nur eine der indirekten Wirkungsweisen des geographischen Faktors, der sich vor allem in der Ungleichheit der Chancen für den Besuch der höheren Schule und Universität ausdrückt: Die Schülerzahlen in der

14 Hieraus erklären sich die Widersprüche und die psychologischen und intellektuellen Dramen, in die jene geraten, die sich die »Begabung« mühsam erobern müssen und damit Opfer des Wunders werden; hat Péguy das unglückliche Bewusstsein des Auserwählten nur überwinden können, indem er es in seinen Werken verklärte – eine mythische Lösung für ein soziales Drama?

Altersklasse von 11 bis 17 Jahren schwanken, je nach Département, zwischen knapp zwanzig und sechzig Prozent, die Studentenzahlen in der Altersklasse von 19 bis 24 Jahren zwischen knapp zwei und zehn Prozent. Diese Differenzen ergeben sich zugleich aus dem Anteil der in der Landwirtschaft tätigen aktiven Bevölkerung und der Siedlungsstreuung. Geographische und soziale Faktoren der Bildungsungleichheit wirken immer zusammen, da, wie wir gesehen haben, die Chancen, in einer Großstadt mit ihren weit größeren Möglichkeiten für Bildung und Kultur zu leben, von der Stellung in der sozialen Hierarchie abhängig sind. So stehen sich im Bereich der künstlerischen Interessen zwei extreme Gruppen gegenüber; die eine: in Paris aufgewachsene Söhne und Enkel von Führungskadern, die andere: Söhne und Enkel von Landarbeitern und Bauern aus Orten mit weniger als 50 000 Einwohnern.

Der Einfluss sozialer Differenzierungsfaktoren macht sich also, auch wenn er verkannt oder verdrängt wird, im Studentenmilieu geltend, allerdings nicht in Form eines mechanischen Determinismus. Man muss sich zum Beispiel vor der Annahme hüten, das kulturelle Erbe begünstige alle, die seiner teilhaftig werden, automatisch in gleicher Weise. Tatsächlich lassen sich zumindest zwei Arten der Einstellung zum Privileg und zwei verschiedene Wirkungsweisen desselben beobachten. Die Gefahr einer Vergeudung bringt das Erbe als solches mit sich, besonders wenn es sich um kulturelles Erbe handelt, also um einen Besitz, bei dem die Art des Erwerbs das Erworbene selbst konstituiert. Wird das Erbe nur zum oberflächlichen Zeitvertreib der guten Gesellschaft genutzt, ist es auf den verschiedenen Stufen des Bildungsgangs weniger rentabel als das unerlässliche Bemühen der Studenten aus den unteren Klassen um die sichersten Investitionen. Wird das kulturelle Erbe dagegen rational eingesetzt, begünstigt es den Erfolg, ohne dabei an die mehr oder minder begrenzten reinen Studienanforderungen zu fesseln; ein gebildetes Milieu kann durch seine Vertrautheit mit den eigentlichen intellektuellen und wissenschaftlichen Werten den Einfluss der Lehrer relativieren, der auf den anderen mit zu großer Autorität und übermäßigem Prestige lastet. Ebenso leicht ließe sich nachweisen, dass Kinder aus unterprivilegierten Klassen – obwohl sie mit großer Gewissheit durch die Macht ihres sozialen Schicksals erdrückt werden – in Ausnahmefällen gerade in ihrer extremen Benachteiligung einen Ansporn sehen können, um ihre

Lage zu überwinden: Würden Arbeiter- oder Kleinbürgerkinder, denen es gelingt, die Hochschule zu erreichen, so häufig und mit einer solchen Intensität die Energie eines Julien Sorel und den Ehrgeiz eines Rastignac entwickeln, wenn sie nicht gerade dank dieser Eigenschaften dem Schicksal ihrer Klasse entgangen wären?

Diese Ausnahmefälle müssten noch genauer analysiert werden, aber alles deutet darauf hin, dass die Ursachen in einem außergewöhnlichen Familienmilieu zu suchen sind. Da die objektiven Chancen zum Hochschulbesuch für Kinder von Führungskadern, wie wir gesehen haben, *vierzigmal* größer sind als für Arbeiterkinder, könnte man erwarten, dass auch bei den Familien annähernd die gleiche Relation zwischen den beiden Klassen besteht. Es zeigt sich aber, dass bei einer Gruppe von Medizinstudenten die Durchschnittszahl der Studenten und ehemaligen Studenten in der weiteren Familie nur im Verhältnis 1:4 zwischen unteren Klassen und Führungskadern schwankt.[15] Die Studenten aus unterprivilegierten Klassen, die die Hochschule erreichen, unterscheiden sich also zumindest in dieser Hinsicht radikal von ihrer sozialen Klasse. Wenn es in der Familie einen Verwandten gibt, der studiert oder studiert hat, besteht in dieser Familie offenbar eine besondere kulturelle Situation, und sei es nur insofern, als subjektiv eine größere Hoffnung für den Hochschulbesuch besteht. Man darf also annehmen, dass, auch wenn es noch einer Verifizierung bedarf, eine relative Unkenntnis der Benachteiligung (die durch die intuitive Statistik der Bildungschancen gegeben ist) diese Studenten von einem der mächtigsten Handikaps ihrer sozialen Schicht befreit: dem resignierten Verzicht auf eine Fortführung »unmöglicher« Studien. Vielleicht nimmt die Zahl der Studenten aus den unteren Klassen deshalb nicht unbegrenzt zu, weil diese Studenten in Wahrheit der am wenigsten benachteiligten Gruppe der unterprivilegierten Klassen angehören und diese Ausnahmekategorie erschöpft ist: So stagniert beispielsweise der Prozentsatz der Arbeiterkinder an höheren Schulen, nachdem er zunächst regelmäßig zugenommen hatte, heute bei rund 15 Prozent.

Dass Privilegien ganz unterschiedlicher Art – in Paris leben, der gebildeten Klasse angehören – meist in eine gleiche Einstellung ge-

15 Wir übernehmen diesen Hinweis auf die Bildungschancen im Rahmen des Familienverbandes (das heißt jene Chancen, die der Einzelne konkret vor Augen hat) vom ungarischen Zentralamt für Statistik. Die weitere Familie umfasst hier Großeltern, Eltern, Geschwister, Onkel, Tanten, Vettern und Kusinen ersten Grades. Der Unterschied zwischen den Chancen zum Hochschulbesuch einer bestimmten Gesellschaftsschicht und der tatsächlichen Zahl der Akademiker in der weiteren Familie eines Studenten dieser Kategorie ist umso relevanter, als der Akademikeranteil von Generation zu Generation regelmäßig zunimmt.

genüber der Hochschule und der Bildung einmünden, liegt daran, dass sie faktisch miteinander zusammenhängen und Wertvorstellungen begünstigen, die ihre gemeinsame Wurzel in ebender Tatsache des Privilegs haben. Das kulturelle Erbe ist so ausschlaggebend, dass auch ohne ausdrückliche Diskriminierungsmaßnahmen die Exklusivität garantiert bleibt, da hier nur ausgeschlossen scheint, wer sich selbst ausschließt. Die Einstellung der Einzelnen zu ihrer Situation und den sie bestimmenden sozialen Determinanten ist ein integrierender Bestandteil dieser Situation und ihrerseits eine der Determinanten. Auch wenn sie nicht bewusst wahrgenommen werden, zwingen sie den Einzelnen, sich nach ihnen, das heißt nach der *objektiven Zukunft* der betreffenden gesellschaftlichen Klasse, auszurichten. Es ist sogar möglich, dass ganz allgemein Determinanten umso zwangsläufiger wirken, je unerkannter ihre Tragweite ist.

Deshalb leistet man dem System, das man zu bekämpfen meint, den besten Dienst, wenn man die ganze Ungleichheit der Bildungschancen auf wirtschaftliche Ungleichheit oder auf einen politischen Willen zurückführt. Die Fortdauer der Privilegien ist aufgrund der immanenten Logik des Erziehungssystems gesichert. Sie werden auch ohne das Zutun der Privilegierten gefördert: Jede Forderung, die einen bestimmten Teil des Bildungswesens isoliert – sei es das Hochschulwesen als Ganzes, sei es, in einer Abstraktion zweiten Grades, diesen oder jenen Aspekt desselben –, dient objektiv dem System und seinen Zwecken, da die fortgesetzte Wirkung der sozialen Ungleichheitsfaktoren, vom Kindergarten bis zur Hochschule, ausreicht, um die sozialen Privilegien zu perpetuieren. Die Mechanismen, die zur Eliminierung der Kinder aus den unteren und mittleren Klassen führen, wären bei einer systematischen Stipendien- und Studienbeihilfepolitik, die alle Gesellschaftsklassen formal gleichstellen würde, fast ebenso (nur diskreter) wirksam; dass die verschiedenen Gesellschaftsklassen auf den verschiedenen Stufen des Bildungswesens ungleich vertreten sind, ließe sich dann mit noch besserem Gewissen auf ungleiche Begabung und ungleichen Bildungseifer zurückführen. Kurz, die Tragweite der sozialen Ungleichheitsfaktoren ist so groß, dass auch eine wirtschaftliche Angleichung nicht viel ändern würde, da das Bildungssystem immer weiter soziales Privileg in Begabung oder individuelles Verdienst umdeuten und die Ungleichheit dadurch legitimieren würde.

Anhang
Dokumente und Befragungsergebnisse*

* Die hier verwendeten Befragungsergebnisse sind Auszüge aus einem von P. Bourdieu und J.-C. Passeron unter dem Titel *Les étudiants et leurs études* veröffentlichten Gesamtbericht. In Tabelle 2.1 bis 2.10 und Tabelle 2.21 bis 2.30 sind die stärksten Tendenzen fett gedruckt.

Soziale Herkunft und studentisches Leben
Tabellen 2.1 bis 2.5

2.1 und 2.2 Lebensunterhalt

Philosophiestudenten

Studienfinanzierung / Sozioprofessionelle Kategorie des Vaters	Stipendien (%)	Familie (%)	Arbeit (%)	Stipendien und Familie (%)	Arbeit und Familie (%)	Gesamt (%)	
Landbevölkerung, Arbeiter, einfache Angestellte und Beamte	**27**	14.5	**21**	**21**	16.5	100	(48)
Handwerker und Kaufleute	22	22	11	6	**39**	100	(18)
Mittlere Angestellte und Beamte	12.5	37.5	12.5	15	22.5	100	(40)
Führungskräfte und Freiberufliche	11.5	**58**	1.5	11	18	100	(71)
	(30)	(67)	(18)	(25)	(37)		(177)

Soziologiestudenten

Studienfinanzierung / Sozioprofessionelle Kategorie des Vaters	Stipendien (%)	Familie (%)	Arbeit (%)	Stipendien und Familie (%)	Arbeit und Familie (%)	Gesamt (%)	
Landbevölkerung, Arbeiter, einfache Angestellte und Beamte	**23**	10	**43.5**	**13.5**	10	100	(30)
Handwerker und Kaufleute	15	45	20	7.5	**12.5**	100	(40)
Mittlere Angestellte und Beamte	15	39	22	**15**	9	100	(46)
Führungskräfte und Freiberufliche	13.5	**50**	10	7	**19.5**	100	(98)
	(33)	(88)	(41)	(21)	(31)		(214)

Aus den Tabellen 2.1 und 2.2 wird ersichtlich, dass der Teil der Studenten, die ihren Lebensunterhalt mit einem Stipendium oder eigener Arbeit bestreiten (im Gegensatz zu denen, die von ihrer Familie unterstützt werden), eng mit der sozialen Herkunft verknüpft ist. Dieser Zusammenhang scheint allerdings bei den Philosophiestudenten stärker ausgeprägt als bei den Soziologiestudenten.

2.3 Wohnen

Philosophie- und Soziologiestudenten

Sozioprofessionelle Kategorie des Vaters / Art der Wohnung	Bei den Eltern (%)	Studentenwohnheim (%)	Untermiete (%)	Gesamt (%)	
Landbevölkerung, Arbeiter, einfache Angestellte und Beamte	29.5	56	**14.5**	100	(96)
Handwerker und Kaufleute	34	57	9	100	(65)
Mittlere Angestellte und Beamte	35	53	12	100	(91)
Führungskräfte und Freiberufliche	**50**	37	13	100	(189)
	(177)	(208)	(55)		(440)

Das Wohnen bei den Eltern, also eine ganz besondere Erfahrung des täglichen Lebens und Arbeitens, wird umso häufiger, desto gehobener die soziale Herkunft der Studenten ist. Diese nicht mehr völlig hingenommene oder umso stärker empfundene Abhängigkeit führt zu ganz besonderen Haltungen und Ansichten.

2.4 und 2.5 Arbeit neben dem Studium

Philosophiestudenten

Sozioprofessionelle Kategorie des Vaters	Arbeit (%)	Keine Arbeit (%)	Gesamt (%)
Landbevölkerung, Arbeiter, einfache Angestellte und Beamte	**36**	64	100
Handwerker und Kaufleute	25	75	100
Mittlere Angestellte und Beamte	25	75	100
Führungskräfte und Freiberufliche	11	**89**	100

Soziologiestudenten

Sozioprofessionelle Kategorie des Vaters	Arbeit (%)	Keine Arbeit (%)	Gesamt (%)
Landbevölkerung, Arbeiter, einfache Angestellte und Beamte	**53.5**	46.5	100
Handwerker und Kaufleute	28	72	100
Mittlere Angestellte und Beamte	24.5	**75.5**	100
Führungskräfte und Freiberufliche	25.5	**74.5**	100

Der Prozentsatz an Studenten, die neben dem Studium arbeiten müssen, nimmt in sämtlichen Fächern mit steigender sozialer Herkunft ab. Wie man aber beim Vergleich der Studenten der Soziologie mit denen der Philosophie sieht, ist diese Tendenz, ungeachtet der sozialen Herkunft, umso schwächer, desto »traditioneller« die Fachrichtung wird.

Soziale Herkunft, Studienverhalten und Studienhaltung[1]

Tabellen 2.6 bis 2.13

2.6 Fächerwahl im ersten Abiturabschnitt

Philosophie- und Soziologiestudenten

Sekundarbildung / Sozioprofessionelle Kategorie des Vaters	Berufsabitur mit Aufnahmeprüfung (%)	Latein Griechisch (%)	Latein Neue Sprachen (%)	Latein Naturwissenschaften (%)	Neue Sprachen oder Technik (%)	Gesamt (%)
Landbevölkerung und Arbeiter	6.8	20.5	16	4.2	**52**	100
Einfache Angestellte und Beamte		20	33	6	41	100
Handwerker und Kaufleute	**1.5**	12.5	**48.5**	7.8	20.5	100
Mittlere Angestellte und Beamte		24	35	13	28	100
Führungskräfte und Freiberufliche		**26**	41	**17**	17	100

1 Die nachfolgend verwendeten Indikatoren für den Einfluss der sozialen Herkunft könnten zweifelhaft oder willkürlich erscheinen, weil es sich um eine begrenzte Auswahl handelt, deren Beweiskraft tatsächlich auf einem ganzen System von Abweichungen beruht, die alle in dieselbe Richtung weisen.

2.7 Mehrfachstudium

Soziologiestudenten

Sozioprofessionelle Kategorie des Vaters	Ja (%)	Nein (%)	Gesamt (%)
Landbevölkerung, Arbeiter, einfache Angestellte und Beamte	**56**	44	100
Handwerker und Kaufleute	45	55	100
Mittlere Angestellte und Beamte	42	58	100
Führungskräfte und Freiberufliche	32	**68**	100

Ein Fach wie die Soziologie, das als Ergänzung sehr verschiedener Studienprogramme auftreten kann, zeigt, dass der »Dilettantismus« im Studium vor allem bei Studenten aus den gehobenen Klassen verbreitet ist. In der Soziologie steigt der Anteil der Studenten, die im gleichen Studienjahr mehrere Fächer belegen,[2] gleichmäßig mit der sozialen Herkunft.

2.8 Studienvorstellung

Soziologiestudenten

Sozioprofessionelle Kategorie des Vaters	Europa (%)	Entwicklungsländer oder Ethnologie (%)	Gesamt (%)
Landbevölkerung, Arbeiter, einfache Angestellte und Beamte	**44**	56	100
Handwerker, Kaufleute, mittlere Angestellte und Beamte	42	58	100
Führungskräfte und Freiberufliche	26.5	**73.5**	100

Fragt man Soziologiestudenten, ob sie sich eher mit ihrer eigenen Gesellschaft beschäftigen oder Ländern der Dritten Welt oder der Ethnologie widmen möchten, sieht man »exotische« Nennungen umso häufiger, je höher die soziale Herkunft ist.

[2] Dabei gibt es bestimmte klassische Fächerkombinationen wie Recht und Soziologie, andere sind eher ungewöhnlich, wie Sprachen (oder Literatur) und Soziologie. Es kommt sogar häufig vor, dass Studenten aus gehobenen sozialen Schichten mehrere Fächer an mehreren Fakultäten oder Instituten miteinander verbinden.

2.9 und 2.10 Mitgliedschaft in Studentenverbänden

Studentinnen

Sozioprofessionelle Kategorie des Vaters	Mitglieder (%)	Gleichgültig oder dagegen (%)	Gesamt (%)
Landbevölkerung, Arbeiter, einfache Angestellte und Beamte	**70.7**	29.3	100
Handwerker und Kaufleute	60.8	39.2	100
Mittlere Angestellte und Beamte	60.6	39.4	100
Führungskräfte und Freiberufliche	53.1	**46.9**	100

Soziologiestudenten

Sozioprofessionelle Kategorie des Vaters	Verantwortliche (%)	Einfache Mitglieder (%)	Gleichgültig oder dagegen (%)	Gesamt (%)
Landbevölkerung, Arbeiter, einfache Angestellte und Beamte	18	**71**	11	100
Handwerker, Kaufleute, mittlere Angestellte, Führungskräfte, Freiberufliche	16	50	**34**	100

Hier sieht man, dass bei den Soziologiestudenten und den Studentinnen die Mitgliedschaft in studentischen Vereinigungen deutlich höher ausfällt, wenn sie aus den unteren Klassen stammen. Dieser Unterschied scheint sich aber einzuebnen, wenn es um *verantwortliche* Tätigkeiten in den Verbänden geht: Studenten aus den höheren und mittleren Schichten sind hier, gemessen an ihrer schwächeren Vertretung, überrepräsentiert.

2.11 Studienalter und soziale Herkunft

Die Altersverteilung der Studenten aus verschiedenen sozialen Klassen zeigt von Beginn des Studiums an, dass der Anteil der Studenten im Durchschnittsalter (der Gesamtheit der Studenten dieser Klasse) mit zunehmend gehobener sozialer Herkunft ansteigt oder, was auf dasselbe hinausläuft, dass die Verteilung mit steigender sozialer Herkunft regelmäßiger wird (vgl. untenstehende Graphik). Die Altersverteilung der Studenten aus den unteren Klassen ist sogar leicht bimodal. Je weiter man im Verlauf des Studiums kommt, desto stärker variiert die Altersverteilung, wobei das Mindestalter bei Studenten aus den unteren Klassen früher herausfällt. In den letzten Jahren scheint sich diese Tendenz zu verstärken. Hier sieht man eine weitere Benachteiligung dieser Studenten, eine Verzögerung des Studiengangs, die ihnen, aufgrund dieses Verhängnisses, in der allgemeinen Statistik zur sozialen Herkunft ein größeres Gewicht verleiht und so ihre faktische Beseitigung zum Teil verbirgt.

Um die verlängerten Studienzeiten der Studenten aus höheren Klassen (also des verhältnismäßig zunehmenden Durchschnittsalters dieser Studenten) zu erklären, ist auf dieselben Begründungen zu verweisen, die auch bei der Erklärung der Vertretung der Studenten in den randständigen Fächern angeführt wurden.

	Modalwert		Medianwert		Mittelwert		Spannweite	
Sozioprofessionelle Kategorie des Vaters	1. Studienjahr	2. Studienjahr	1. Studienjahr	2. Studienjahr	1. Studienjahr	2. Studienjahr	1. Studienjahr	2. Studienjahr
Untere Klassen	19	20	20	21	20-5*	21-8	1.88	2.10
Mittlere Klassen	19	20	19	21	19-10	21-1	1.72	1.69
Höhere Klassen	19	21	19	20	19-7	20-10	1.48	1.58
Gesamt	19	20	19	21	20	21-2	1.72	1.74

* 20-5 zu lesen als: 20 Jahre 5 Monate.

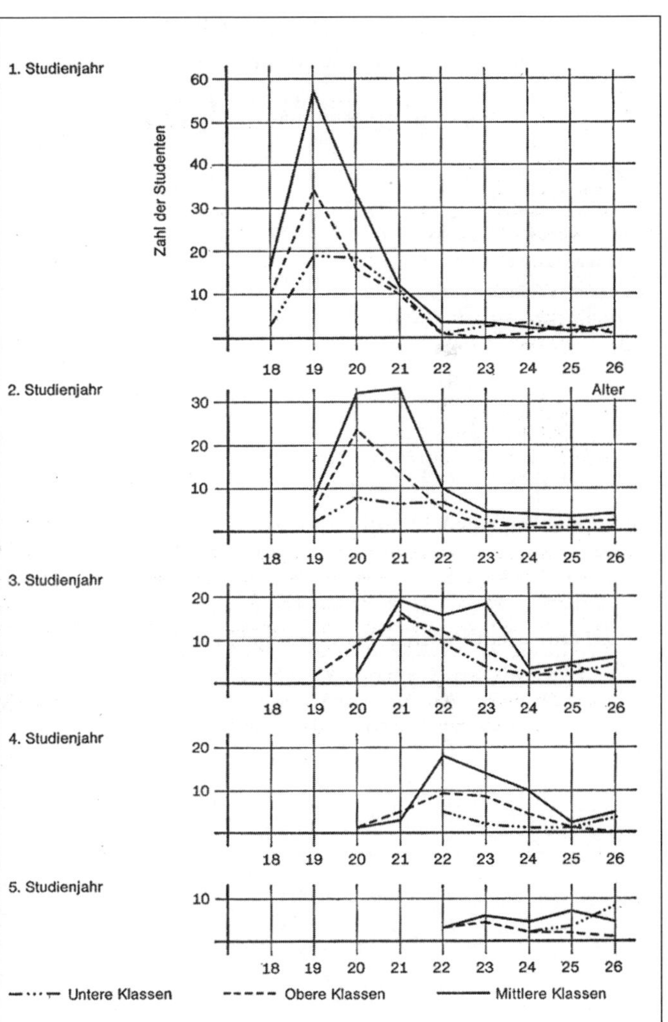
1. Studienjahr
Zahl der Studenten
60
50
40
30
20
10
18 19 20 21 22 23 24 25 26
2. Studienjahr
Alter
30
20
10
18 19 20 21 22 23 24 25 26
3. Studienjahr
20
10
18 19 20 21 22 23 24 25 26
4. Studienjahr
20
10
18 19 20 21 22 23 24 25 26
5. Studienjahr
10
18 19 20 21 22 23 24 25 26
Untere Klassen
Obere Klassen
Mittlere Klassen

2.12 Studentische Kontakte (Durchschnittliche Anzahl der bekannten Kommilitonen)

Grad der Bekanntheit / Sozioprofessionelle Kategorie des Vaters	B*	B oder G*	B oder G oder N* oder S*
Landbevölkerung und Arbeiter	2.2	6.5	14.4
Einfache Angestellte	2.8	8.5	18
Mittlere Angestellte und Beamte	3	7.1	15
Selbstständige in Gewerbe und Handel	4	9.1	21
Führungskräfte und Freiberufliche	4.3	9.6	19
Gesamt	3.2	8.4	19

* B: durch regelmäßige gemeinsame Betätigung
G: durch mindestens ein Gespräch
N: nur dem Namen nach bekannt
S: nur vom Sehen bekannt

Hier wird ersichtlich, dass die durchschnittliche Anzahl der bekannten Kommilitonen mit der sozialen Herkunft zunehmend steigt. Außerdem scheint der studentische Bekanntenkreis umso größer, je intensiver sich die Bekanntschaften gestalten: Ist die Art der Bekanntschaft beliebig, liegt die Zahl der Kommilitonen zwischen 14 und 19, wenn man das bloße Gespräch nimmt, zwischen 6 und 9, beim intensiven Kontakt wie der gemeinsamen Arbeit liegt die Zahl aber zwischen 2 und 4, ist also doppelt so hoch.

2.13 Studentische Kontakte nach Platz im Hörsaal (Durchschnittliche Anzahl der bekannten Kommilitonen)

Grad der Bekanntheit Platz	B*	B oder G*	B oder G oder N* oder S*
Erstes Drittel	5.1	9.7	23
Zweites Drittel	3.4	8.6	17
Drittes Drittel	2.3	7.1	15
Gesamt	3.2	8.4	19

* B: durch regelmäßige gemeinsame Betätigung
G: durch mindestens ein Gespräch
N: nur dem Namen nach bekannt
S: nur vom Sehen bekannt

Es zeigt sich, dass für alle Arten der Bekanntschaft die durchschnittliche Zahl der Kommilitonen systematisch abnimmt, je weiter man von den vorderen Rängen des Hörsaals nach hinten kommt. Leichtes oder sicheres Auftreten in Bildungsinstitutionen, das in einer solchen Wahl des Sitzplatzes zum Ausdruck kommt, gehört also durchaus zu den Techniken der Geselligkeit gebildeter Studenten.

Soziale Herkunft und Theaterkenntnisse

Tabellen 2.14 bis 2.18

2.14 und 2.15 Theaterkenntnisse nach sozioprofessioneller Kategorie des Vaters und Art des Kenntniserwerbs

Studenten im Examensjahr

Art des Kenntniserwerbs	Theaterbesuch							Radio oder Fernsehen							Lektüre						
Sozioprofessionelle Kategorie des Vaters	0	1 bis 3	4 bis 6	9 bis 14	15 bis 18	Gesamt	**Medianwerte**	0	1 bis 3	4 bis 6	9 bis 14	15 bis 18	Gesamt	**Medianwerte**	0	1 bis 3	4 bis 6	9 bis 14	15 bis 18	Gesamt	**Medianwerte**
Landbevölkerung und Arbeiter	5	8	11			24	**1 bis 3**	9	10	5			24	**1 bis 3**	1	2	7	13	1	24	**9 bis 14**
Einfache Angestellte und Beamte	9	21	24	2		56	**1 bis 3**	14	22	12	8		56	**1 bis 3**	2	1	28	22	3	56	**4 bis 8**
Handwerker und Kaufleute	4	16	17	4		41	**4 bis 8**	12	18	9	2		41	**1 bis 3**		5	19	14	3	41	**4 bis 8**
Mittlere Angestellte und Beamte	7	21	23	7		58	**4 bis 8**	13	22	20	3		56	**1 bis 3**	1	3	23	29	2	56	**9 bis 14**
Führungskräfte	9	21	58	25	3	116	**4 bis 8**	40	38	33	5		116	**1 bis 3**	3	6	48	54	5	116	**9 bis 14**
Gesamt	34	87	133	38	3	295	**4 bis 8**	88	110	79	18		295	**1 bis 3**	7	17	125	132	14	295	**4 bis 8**
Keine Angabe	1	8	7	3		19		6	8	5			19				11	8		19	
Gesamt	35	95	140	41	3	314	**4 bis 8**	94	118	84	18		314	**1 bis 3**	7	17	136	140	14	314	**4 bis 8**

Schon der einfache Vergleich der Medianwerte zeigt, dass die Zahl der tatsächlich auf der Bühne gesehenen Theaterstücke von den unteren zu den mittleren und oberen Klassen zunimmt. In allen Fällen liegt der Durchschnittswert zwischen 4 und 8, aber mehr als ein Viertel der Kinder von leitenden Angestellten erzielen hier höhere Ergebnisse als der Durchschnitt der eigenen Gruppe und der Gesamtpopulation. Im Hinblick auf Radio und Fernsehen gibt es keine deutlichen Unterschiede,

Gesamte Stichprobe

	Theaterbesuch			Radio oder Fernsehen			Lektüre		
Sozioprofessionelle Kategorie des Vaters	Weniger als 3 Autoren (%)	Mehr als 3 Autoren (%)	Befragte	Weniger als 3 Autoren (%)	Mehr als 3 Autoren (%)	Befragte	Weniger als 3 Autoren (%)	Mehr als 3 Autoren (%)	Befragte
Landbevölkerung	66	34	42	78	22	42	54	46	42
Arbeiter	82	18	29	41	59	29	68	32	29
Einfache Angestellte und Beamte	66	34	144	55	45	144	59	41	144
Handwerker und Kaufleute	62	38	98	63	37	98	61	39	98
Mittlere Angestellte und Beamte	58	42	117	56	44	117	50	50	117
Führungskräfte	39	61	251	59	42	251	52	48	251
Gesamt	374	307	681	404	277	681	378	303	681

Bei der Bühnenkenntnis von Stücken sind die Ergebnisse nach sozialer Herkunft abgestuft. Weil hier das Gefälle zwischen Kindern leitender Angestellter und den anderen Studenten am größten ist, wurde die Stichprobe noch einmal nach diesen beiden Gruppen aufgeteilt. Dabei zeigte sich ein statistisch markanter Unterschied (x2 = 31,2).

2.15. Theaterkenntnisse verschiedener Gattungen nach sozialer Herkunft

Studenten im Examensjahr

Gattungen / Sozioprofessionelle Kategorie des Vaters	A*		B*		C*		D*		Gesamt
	Befragte	Prozentsatz mit guten Kenntnissen	Befragte	Prozentsatz mit guten Kenntnissen	Befragte	Prozentsatz mit guten Kenntnissen	Befragte	Prozentsatz mit guten Kenntnissen	
Landbevölkerung und Arbeiter	22	92	20	83	8	30	13	54	24
Einfache Angestellte und Beamte, Handwerker und Kaufleute, mittlere Angestellte und Beamte	148	94	137	88	88	57	89	57	155
Führungskräfte	111	96	106	91	84	72	78	67	116

* A: Klassiker (Hugo, Marivaux, Shakespeare, Sophokles)
B: Anerkannte Moderne (Camus, Claudel, Ibsen, Montherlant, Sartre)
C: Avantgarde (Beckett, Brecht, Ionesco, Pirandello)
D: Boulevard (Achard, Aymé, Feydeau, Roussin)

Die Kenntnis der (vor allem durch das Bildungswesen) am stärksten kanonisierten Kunstformen ist, unabhängig von der sozialen Herkunft, am weitesten verbreitet. Allerdings variiert die Struktur der Kenntnisse in einzelnen Bereichen erheblich nach sozialer Herkunft: Bei den unteren Klassen (Kindern von Landbevölkerung und Arbeitern) gibt es markante Unterschiede zwischen den Vorlieben im Hinblick auf kanonisierte Kunstwerke (Klassiker und anerkannte Moderne) und den durch das Bildungswesen nicht geförderten Interessen. Dieser Unterschied wird mit steigender sozialer Herkunft immer geringer und ist bei Kindern von leitenden Angestellten kaum noch auszumachen.

Man sieht hier die Richtung der Verschiebungen dieser Konstellationen: Weil die Studenten aus den unteren und den Mittelklassen nur durch die Schule und die von ihr geforderte Lektüre Zugang zum Theater finden können, ist es nur verständlich, dass sie vor allem die kanonisierten Werke kennen, eine Tendenz, die durch die spezifisch milieubedingte Einstellung zur Bildung nur verstärkt

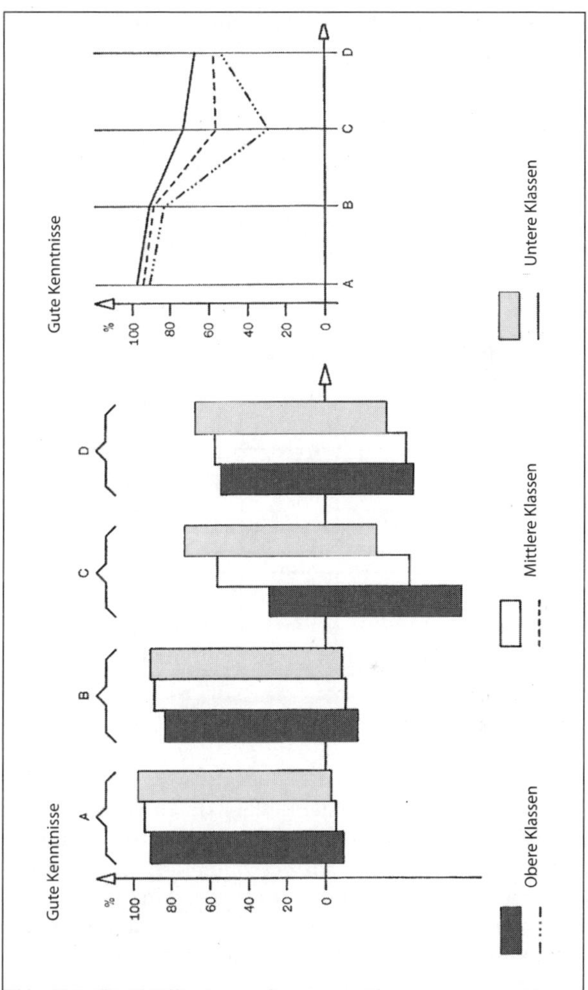

werden kann. Deshalb erreicht die bestehende Diskrepanz im Hinblick auf die soziale Herkunft beim Avantgarde-Theater auch ihre höchsten Werte ($x2 = 15$).

2.17 Mittelwert auf der Bühne gesehener Stücke nach sozioprofessioneller Kategorie des Vaters und Großvaters

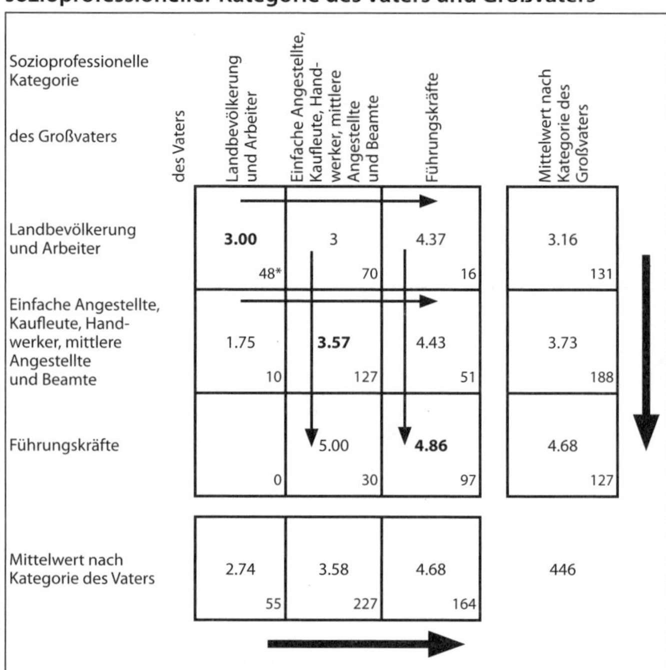

Sozioprofessionelle Kategorie des Großvaters / des Vaters	Landbevölkerung und Arbeiter	Einfache Angestellte, Kaufleute, Handwerker, mittlere Angestellte und Beamte	Führungskräfte	Mittelwert nach Kategorie des Großvaters
Landbevölkerung und Arbeiter	**3.00** (48*)	3 (70)	4.37 (16)	3.16 (131)
Einfache Angestellte, Kaufleute, Handwerker, mittlere Angestellte und Beamte	1.75 (10)	**3.57** (127)	4.43 (51)	3.73 (188)
Führungskräfte	(0)	5.00 (30)	**4.86** (97)	4.68 (127)
Mittelwert nach Kategorie des Vaters	2.74 (55)	3.58 (227)	4.68 (164)	446

* Befragte der Kategorie

Man sieht hier, wie deutlich der Einfluss des sozialen Herkunftsmilieus auf das kulturelle Verhalten der Studenten ist. Nicht nur steigt der Durchschnittswert der auf der Bühne gesehenen Stücke mit Höhe der sozialen Herkunft des Vaters oder Großvaters (dicke Pfeile) oder beider (fett gedruckte Diagonale), sondern es führt, auch bei Konstanz einer der beiden Variablen, jede *einzelne* zur Abstufung der Scores: Mit anderen Worten sind die Werte bei *gleichrangigem Großvater* umso höher, je gehobener die Stellung des Vaters (waagerecht gelesen), und bei *gleichrangigem Vater*, je gehobener die Stellung des Großvaters (senkrecht gelesen) ist.

2.18 Mittelwert gelesener Stücke nach sozioprofessioneller Kategorie des Vaters und Großvaters

Sozioprofessionelle Kategorie des Großvaters / des Vaters	Landbevölkerung und Arbeiter	Einfache Angestellte, Kaufleute, Handwerker, mittlere Angestellte und Beamte	Führungskräfte	Mittelwert nach Kategorie des Großvaters
Landbevölkerung und Arbeiter	**7.93** 48*	7.75 70	9.12 16	7.98 131
Einfache Angestellte, Kaufleute, Handwerker, mittlere Angestellte und Beamte	8.87 10	**8.12** 127	8.37 51	8.28 188
Führungskräfte	0	9.23 30	**8.55** 97	8.83 127
Mittelwert nach Kategorie des Vaters	8.38 55	8.20 227	8.50 164	446

* Befragte der Kategorie

Dieselbe Tendenz lässt sich auch bei der Lektüre von Theaterstücken beobachten, allerdings ist sie sehr viel weniger ausgeprägt, weil das Lesen hier eine kompensatorische Funktion erfüllt, wenn es keinen unmittelbaren Zugang zum Theater gibt.

Soziale Herkunft und Musikkenntnisse

Tabellen 2.19 und 2.20

2.19. Musikkenntnisse nach sozioprofessioneller Gruppe des Vaters und Art des Kenntniserwerbs

Studenten im ersten Studienjahr und im Examensjahr

Art des Kenntniserwerbs / Sozioprofessionelle Kategorie des Vaters	Konzertbesuch			**Medianwerte**	Radio oder Fernsehen				**Medianwerte**	Schallplatten				**Medianwerte**	
	0	1 bis 3	4 bis 10		0	1 bis 3	4 bis 7	8 bis 10		0	1 bis 3	4 bis 7	8 bis 10		gesamt
Landbevölkerung und Arbeiter	46	12	14	**0**	9	13	40	9	**4 bis 7**	4	14	44	9	**4 bis 7**	71
Einfache Angestellte und Beamte	73	40	31	**0**	22	21	77	24	**4 bis 7**	12	15	99	18	**4 bis 7**	144
Handwerker und Kaufleute, mittlere Angestellte und Beamte	98	66	51	**1 bis 3**	35	46	100	34	**4 bis 7**	10	26	157	22	**4 bis 7**	215
Führungskräfte	103	63	85	**1 bis 3**	37	46	122	46	**4 bis 7**	5	21	195	30	**4 bis 7**	251
Gesamt	319	181	181	**1 bis 3**	103	126	339	113	**4 bis 7**	31	76	495	79	**4 bis 7**	681
Keine Angabe	35	16	7		10	8	32	8		7	13	28	10		58
Gesamt	354	197	188	**1 bis 3**	113	134	371	121	**4 bis 7**	38	89	523	89	**4 bis 7**	739

Auch hier ergibt der einfache Vergleich der Medianwerte, dass die Zahl der im Konzert gehörten Werke ansteigt, wenn man von den Kindern der unteren und Mittelklassen zu Kindern von leitenden Angestellten kommt. Der Vergleich der Mediane zeigt überdies, dass der direkte Zugang aufgrund von Konzertbesuchen seltener ist als der indirekte Zugang, den das Hören von Schallplatten bedeutet. Auf der anderen Seite ist hier die Verteilung bei Kindern von leitenden Angestellten im Hinblick auf den Konzertbesuch eindeutig bimodal, zwischen der Gruppe »0« und der Gruppe »4 bis 10« (ein Drittel der Befragten weist den gleichen oder einen höheren als den Modalwert auf). Dies zeigt eine für die Kinder von Führungskräften typische Tendenz: Ein beachtlicher Teil dieser Gruppe (ein Drittel oder Viertel) unterscheidet sich durch eine hohe Performanz sowohl von den anderen Mitgliedern ihrer Gruppe als auch der studentischen Population insgesamt. Dies scheint darauf hinzuweisen, dass die mit einer gehobenen sozialen Herkunft zusammenhängenden Bildungsprivilegien nicht in allen Fällen zur Geltung kommen.

2.20 Kenntnisse von Komponisten* nach sozioprofessioneller Kategorie des Vaters (Nennhäufigkeit)

Komponisten / Sozioprofessionelle Kategorie des Vaters	Mozart	Beethoven	Bach	Brahms	Debussy	Strawinsky	Chabrier	Palestrina	Weber	Boulez	Gesamt nach Kategorie
Landbevölkerung und Arbeiter	62	66	60	54	38	29	21	7	8	1	71
Einfache Angestellte und Beamte	127	129	122	105	91	78	57	20	13	1	142
Handwerker und Kaufleute	91	88	86	74	62	56	31	21	9	2	118
Mittlere Angestellte und Beamte	107	11	104	100	85	80	38	14	19	3	118
Führungskräfte	240	232	221	205	191	167	83	42	33	9	245
Gesamt	627	626	593	538	467	410	230	104	82	16	673

* Kenntnis durch Schallplatte oder Konzert

Allgemein liegen die Klassiker vor den Modernen. Dabei sind Mozart (627), Beethoven (626), Bach (593) und Brahms (538) die Einzigen, über die eindeutiger Konsens besteht (über 500 Nennungen). Bestimmte Namen scheinen dagegen eng mit den kulturellen Gepflogenheiten einer Klasse verbunden, weil hier die Nennungen mit der sozialen Herkunft erheblich schwanken. Das ist vor allem bei Strawinsky (x2 = 17.2) und Debussy (x2 = 17.7) der Fall.

Einfluss des Alters

Tabellen 2.21 bis 2.28

2.21 und 2.22 Politische Orientierung

Philosophie			
Alter	Extreme Linke Linke (%)	Mitte (%)	Rechte extreme Rechte (%)
Unter 21	**68.5**	22.5	9
21 bis 25	**69**	15.5	15.5
Über 25	44	50	6

Soziologie			
Alter	Extreme Linke Linke (%)	Mitte (%)	Rechte extreme Rechte (%)
Unter 21	51	29	20
21 bis 25	60	24.5	15.5
Über 25	**76**	22	2

2.23 und 2.24 Religiöses Bekenntnis

Philosophie		
Alter	Katholisch (%)	Nicht katholisch (%)
Unter 21	68.5	**31.5**
21 bis 25	81.5	18.5
Über 25	**91**	9

Soziologie		
Alter	Katholisch (%)	Nicht katholisch (%)
Unter 21	**84**	16
21 bis 25	80	20
Über 25	67.5	**32.5**

An dieser Stelle ist festzuhalten, dass altersbedingte Unterschiede bei Soziologie- und Philosophiestudenten häufig in gegenläufiger Richtung auftreten. Während die religiöse Bindung bei den Philosophiestudenten von den jüngeren zu den älteren Jahrgängen steigt, sinkt sie bei den Soziologen ab. Umgekehrt gehen linksextreme Positionen bei Ersteren zurück, während sie bei Letzteren zunehmen. Um dieses seltsame Bild zu erklären, ist zunächst daran zu erinnern, dass die Soziologie im Gegensatz zur Philosophie als einem Lehrfach an höheren Schulen sehr ungewisse Zukunftsperspektiven bietet. Außerdem ist sie ein Rückzugsgebiet für Studenten aus klassischeren Fächern. Wenn man auf der anderen Seite bedenkt, dass ein fortgeschrittenes Studienalter als Zeichen von Misserfolg oder ungenügender Anpassung an universitäre Anforderungen gesehen werden kann, lässt sich schließen, dass diese Überalterung eine tendenzielle Wahrheit, sogar eine gewisse Pathologie dieser Gruppe enthüllt. Schließlich deutet vieles darauf hin, dass sich die Soziologen mehr als anderen Studenten den Werten der Intelligenzija verpflichtet fühlen, und man versteht, dass gerade die ältesten Jahrgänge dieser Gruppe den Typus des »Intellektuellen« in besonders prägnanter Form verkörpern.

2.25 Wohnverhältnisse

Alter	Eltern (%)	Untermiete (%)	Studentenwohnheim (%)
Unter 21	**57**	30	13
21 bis 25	30	58	12
Über 25	10	**78**	12

2.26 Nebentätigkeiten

Alter	Arbeiten (%)	Arbeiten nicht (%)
Unter 21	18	**82**
21 bis 25	32.5	67.5
Über 25	**62**	38

2.27 Partizipation am politischen Leben

Alter	Aktive oder einfache Parteimitglieder (%)	Sympathisanten (%)	Gleichgültige (%)
Unter 21	15	58	**27**
21 bis 25	**27**	49	**24**
Über 25	**21**	69	10

2.28 Partizipation in Studentenverbänden

Alter	Verantwortliche (%)	Einfache Mitglieder (%)	Gleichgültig oder dagegen (%)
Unter 21	12.5	57	**30.5**
21 bis 25	**16**	53	**31**
Über 25	**27**	62	11

Studenten und Studentinnen

Tabellen 2.29 bis 2.38

2.29 Wohnverhältnisse

Geschlecht	Eltern (%)	Untermiete (%)	Studentenwohnheim (%)
Männer	34	**52**	14
Frauen	**46**	43	11

2.30 Nebentätigkeiten

Geschlecht	Arbeiten (%)	Arbeiten nicht (%)
Männer	**31**	69
Frauen	22	**78**

2.31 Berufsabsichten

Geschlecht	Forschung (%)	Lehre (%)	Nichtuniversitärer Beruf (%)
Männer	**20.9**	61.5	**17.6**
Frauen	13	**80.5**	6.5

2.32 Selbsteinschätzung der Studienleistungen

Geschlecht	Schwach bis passabel (%)	Gut bis sehr gut (%)
Männer	36	**64**
Frauen	**53**	47

2.33 Art der Lektüre

Geschlecht	Studienliteratur (%)	Andere Literatur(%)
Männer	54	**46**
Frauen	**66**	34

2.34 Kenntnis von Titeln

Geschlecht	Gesehene Theaterstücke (%)	Gesehene Filme (%)	Besuchte Konzerte (%)	Besuchte Ausstellungen (%)
Männer	10	17	5	5
Frauen	**19**	**27**	**9**	**8**

2.35 Studentenverbände

Geschlecht	Verantwortliche (%)	Einfache Mitglieder (%)	Gleichgültig oder dagegen (%)
Männer	**23**	54	23
Frauen	7	**58**	**35**

2.36 Politisches Leben

Geschlecht	Aktive oder einfache Parteimitglieder (%)	Sympathisanten (%)	Gleichgültige (%)
Männer	**29**	51	20
Frauen	12	**60**	**28**

Während der Unterschied zwischen Studentinnen und Studenten im Hinblick auf eine einfache Mitgliedschaft in studentischen oder politischen Vereinigungen gering ist, wird bei verantwortlichen Tätigkeiten ein deutliches Gefälle sichtbar.

2.37 Politische Partizipation nach Art der Wohnverhältnisse

Wohnverhältnisse	Parteimitgliedschaft (%)	Sympathisant (%)	Gleichgültig oder dagegen (%)
Eltern	19.5	**49.5**	31
Untermiete	32	38.5	29.5
Wohnheim	**46**	25	29

2.38 Partizipation in Studentenverbänden nach Art der Wohnverhältnisse

Wohnverhältnisse	Mitgliedschaft (%)	Keine Mitgliedschaft (%)
Eltern	53	**47**
Untermiete	60	40
Wohnheim	**83**	17

Soziale Herkunft der Studenten in Polen

2.39 Soziale Herkunft der für das erste Studienjahr zugelassenen Kandidaten (1951-52 bis 1961-62)*

Studienjahr / Soziale Herkunft	1951-52 %		1952-53 %		1953-54 %		1954-55 %		1955-56 %		1956-57 %		1957-58 %		1958-59 %		1959-60 %		1960-61 %		1961-62 %	
	Kandidaten	Zugelassen[1]	Kandidaten	Zugelassen	Kandidaten	Zugelassen	Kandidaten	Zugelassen	Kandidaten	Zugelassen	Kandidaten	Zugelassen	Kandidaten	Zugelassen	Kandidaten	Zugelassen	Kandidaten	Zugelassen	Kandidaten	Zugelassen	Kandidaten	Zugelassen
Arbeiter	31.7	39.1	32.8	35.9	31.5	33.9	32.0	34.6	32.5	32.2	34.3	30.7	26.2	25.0	27.3	27.8	26.9	20.2	26.4	27.0	27.6	27.9
Bauern	22.2	24.9	23.8	25.1	24.9	25.9	24.4	24.4	25.0	24.0	25.1	22.0	21.6	21.1	21.0	21.3	20.1	20.1	19.0	19.3	18.9	19.4
Gebildete	46.1	36.0	43.4	39.0	43.6	40.2	43.6	41.0	42.5	43.8	40.6	47.3	52.2	53.9	51.7	50.9	53.0	51.7	54.6	53.7	53.5	52.7

Hier sieht man, dass ab 1957 der relative Anteil der *zugelassenen* Studenten aus Arbeiter- und Bauernfamilien nicht mehr systematisch über dem relativen Anteil der *Kandidaten* aus der gleichen sozialen Gruppe liegt. Es zeigt sich sogar eine leicht rückläufige Tendenz des Hochschulbesuchs: von 30 auf 27 Prozent bei den Arbeitern und von 24 auf 19 Prozent bei den Bauern. Auf der anderen Seite lässt sich feststellen, dass trotz einer staatlichen Bildungsförderung für das einfache Volk die Landbevölkerung gegenüber den Arbeitern relativ benachteiligt bleibt: Der Anteil der zum Studium zugelassenen Arbeiterkinder liegt regelmäßig über dem der Bauernkinder, obwohl Industrie- und Bauarbeiter nur 28 Prozent und Landarbeiter 48 Prozent der Erwerbsbevölkerung stellen.[2]

* Nach Jan Szczepansk, *Socjologiczne zagadnienia wyzszego wykształcenia*, 1963.

1 Die erste Zahl gibt den Prozentsatz der Kandidaten, die zweite den der Zugelassenen der jeweiligen Gruppe an.

2 Quelle: *Rocznik statystyczny*, 1962: Aufteilung der Erwerbsbevölkerung in Polen.

Soziale Herkunft und Bildungschancen in Ungarn

Tabellen 2.40 bis 2.43

2.40 Anteil der Oberschüler und Studenten nach sozioprofessioneller Kategorie des Vaters*

Sozioprofessionelle Kategorie des Haushaltsvorstands	pro 1000 Haushalte			
	Gymnasiasten	Schüler an Technischen Schulen	Gesamt	Universitätsstudenten
Führungskräfte und Studierte	142	24	166	31
Andere höhere Fachkräfte	108	32	140	25
Alle Fachkräfte	**121**	**29**	**150**	**28**
Gelernte Arbeiter	59	55	114	9
Facharbeiter	44	52	96	7
Hilfsarbeiter	33	47	81	5
Alle Arbeiter	**48**	**52**	**100**	**7**
Gesamt	69	46	115	13

* Nach einer Umfrage im Jahr 1960, Ferge Sandorne, *Statisztikai szemle*, Oktober 1962.

Auch in Ungarn sieht man, dass die Bildungschancen für die Kinder von leitenden Angestellten regelmäßig besser sind und das Gefälle umso größer wird, desto höher der Bildungsstand ist: Die Chance, auf ein Gymnasium zu kommen, fällt bei Kindern von leitenden Angestellten *zweieinhalb Mal* größer aus als bei Arbeiterkindern und ist *vierfach* höher bei der Studienwahrscheinlichkeit. Auch die Art der weiterführenden Schule ist von der sozialen Herkunft abhängig: Wenn Arbeiterkinder höhere Schulen besuchen, dann sind es im Wesentlichen Technische Schulen.

2.41 Schulnoten und soziale Herkunft

Schultyp	Notendurchschnitte[1]		Gymnasium
	Kinder von Fachkräften	Kinder von Arbeitern	Ergebnisse Kinder von Fachkräften im Verhältnis zu Kindern von Arbeitern (%)
Grundschule Klassen 1-4	4.01	3.40	117.9
Volksschule Klassen 5-8	3.72	3.16	117.7
Gymnasium	3.47	3.19	108.8

2.42 Schulerfolg und sozioprofessionelle Kategorie des Vaters[2]

Sozioprofessionelle Kategorie des Vaters oder der Mutter	Volksschule				Gymnasium	
	Klassen 1-4		Klassen 5-8		Klassen 5-7	
	Beste Noten	Schlechteste Noten	Beste Noten	Schlechteste Noten	Beste Noten	Schlechteste Noten
Führungskräfte und Studierte	49	3	34	6	20	15
Andere höhere Fachkräfte	34	4	24	12	17	15
Alle Fachkräfte	**40**	**4**	**28**	**10**	**18**	**14**
Gelernte Arbeiter	21	10	13	17	9	19
Facharbeiter	17	16	11	23	7	19
Hilfsarbeiter	8	24	6	29	14	20
Alle Arbeiter	**17**	**15**	**11**	**21**	**10**	**19**

1 Die Noten reichen von 1 bis 5.

2 Prozentsatz der Schüler aus einer sozialen Gruppe, die bessere oder schlechtere Noten im Verhältnis zur Gesamtheit der Schüler dieser Gruppe erhalten haben.

2.43 Schulerfolg und Bildungsabschluss der Eltern[1]

Höchster Bildungsabschluss von Vater oder Mutter	Volksschule				Gymnasium	
	Klassen 1-4		Klassen 5-8		Klassen 5-7	
	Beste Noten	Schlechteste Noten	Beste Noten	Schlechteste Noten	Beste Noten	Schlechteste Noten
Universitätsabschluss	49	2	41	2	22	10
Abitur	40	1	29	7	16	8
Volksschule	25	8	16	14	13	17
Ohne Abschluss	13	19	8	26	9	20

Von den ersten Grundschulklassen bis zur höheren Schule bestimmt die soziale Herkunft (gleichgültig, ob man als Indikator die sozioprofessionelle Kategorie oder den höchsten von den Eltern erreichten Bildungsabschluss nimmt) die schulischen Erfolgschancen: Sie wachsen mit der Zugehörigkeit zu sozial bessergestellten Schichten stetig an. Wenn allerdings diese Ungleichverteilung in den höheren Bildungsstufen abnimmt (bei Kindern von mittleren und höheren Angestellten von 117 Prozent auf 108 Prozent zwischen Grundschule und Gymnasium), dann deshalb, weil die fortgesetzte Eliminierung der Kinder aus den benachteiligten Schichten im Gymnasium Angestelltenkinder solchen Arbeiterkindern gegenüberstellt, die mit ungleich härteren Maßstäben ausgesiebt worden sind.

1 Prozentsatz der Schüler aus einer sozialen Gruppe, die bessere oder schlechtere Noten im Verhältnis zur Gesamtheit der Schüler dieser Gruppe erhalten haben.

Studenten und Unterrichtssprache

Tabellen 2.44 bis 2.49

Um die Fähigkeit der Studenten abzuschätzen, die gebildete Sprache verstehen und anwenden zu können, wurde ein Vokabeltest durchgeführt: Ausgehend von der objektiv beobachtbaren professoralen Diktion haben verschiedene Übungen zwei Aspekte des Sprachgebrauchs zu ermitteln versucht: auf der einen Seite mehrere *Bereiche* des Wortschatzes, vom typischen Schuljargon über die tatsächliche Umgangssprache bis hin zur »kultivierten« Ausdrucksweise; auf der anderen Seite mehrere *Ebenen* der Sprachverhaltens, vom Verständnis eines Ausdrucks innerhalb eines bestimmten Kontextes bis zu selbstständigeren Formen der Wortverwendung, wie sie sich in dem Wissen um sprachliche Mehrdeutigkeiten oder etwa der Fähigkeit ausdrückt, eine vollständige Definition zu liefern.

Diese Untersuchung hat zwei grundlegende Tatsachen offengelegt: das Ausmaß des Unverständnisses der Unterrichtssprache an den Hochschulen und den entscheidenden Einfluss des sprachlichen Erbes. Allerdings würde man es sich versagen, allen Unterschieden der sozialen Herkunft, des Geschlechts oder dieser oder jener Besonderheit des Bildungswegs systematisch nachzugehen, wenn man nicht in Rechnung stellte, dass die derart eingeteilten Populationen Ergebnis einer im Verlauf ihrer Bildungslaufbahn durchgesetzten, ungleichen *Selektion* sind. Deshalb bestehen auch, entgegen allem Anschein, die von der Statistik aufgewiesenen Beziehungen nicht zwischen einer Gruppe, die ausschließlich von sie selbst abgrenzenden Kriterien bestimmt wird, und dem Ausmaß des Bildungserfolges. So beschreiben etwa die Ergebnisse einer Sprachprüfung niemals Studenten, die nur durch ihre Vorbildung, ihre soziale Herkunft und ihr Geschlecht charakterisiert wären oder selbst durch eine Kombination dieser Merkmale, sondern eine Gruppe, die, ebendadurch, dass sie diese Charakteristiken aufweist, nicht in derselben Weise durch schulischen Misserfolg eliminiert wurde wie eine Gruppe, die sich durch andere Merkmale auszeichnet. Mit anderen Worten, es heißt, einem Fehlschluss aufzusitzen, wenn man glaubt, unmittelbare und ausschließliche oder auch gemeinsame Einflüsse von sozialer Herkunft oder Geschlecht in Beziehungen entdecken zu können, die, weil es sich um eine durch eine bestimmte Vergangenheit charakterisierte, selbst durch den unausgesetzten Einfluss dieser Faktoren bestimmte Population handelt, ihren Sinn nur im Kontext einer *Laufbahn* als konkrete Totalität erhalten.

2.44 Sprachbeherrschung nach sozialer Herkunft und Art der Schulbildung

	Weder Griechisch noch Latein			Latein			Latein und Griechisch			Gesamt		
	Untere Klassen	Mittlere Klassen	Höhere Klassen	Untere Klassen	Mittlere Klassen	Höhere Klassen	Untere Klassen	Mittlere Klassen	Höhere Klassen	Untere Klassen	Mittlere Klassen	Höhere Klassen
Unter 12	52	54	39	48	58	52	38,5	55	26,5	46	55	57.5
Über 12	48	46	61	52	42	48	61.5	45	73.5	54	45	42.5

Wenn die mit der sozialen Herkunft zusammenhängenden Nachteile entscheidend über schulische Orientierungen vermittelt sind, dann ist es nur selbstverständlich, dass Kinder von Führungskräften die besseren Ergebnisse erzielen, ob sie nun eine klassische Schulbildung erhalten haben oder nicht. Demgegenüber schneiden Studenten aus dem einfachen Volk in der Untergruppe der Lateiner am besten ab, weil sich die Tatsache, Latein gelernt zu haben, hier ganz zweifellos einer Besonderheit ihres familiären Milieus verdankt und die Zugehörigkeit zu einer Gruppe, in der solche Orientierungen derart selten sind, besondere Charakteristika voraussetzt, um sie auszubilden und weiterzuverfolgen. Es ist dies ein Phänomen analog zu jenem, das sich in der Untergruppe mit einer ganz klassischen Ausbildung beobachten lässt, wo die Studenten aus den einfachen Schichten die gleichen Ergebnisse erzielen wie die Gesamtheit der Studenten, die Latein und Griechisch gelernt haben (61,5 Prozent gegenüber 62 Prozent) und nur leicht unter denen der Studenten aus höheren Klassen (73,5 Prozent) liegen. Hier wird deutlich, dass in dieser Untergruppe die bessergestellten Studenten ihr Privileg vollständig ummünzen konnten, das ihnen die tausendfachen Vorteile ihrer Zugehörigkeit zu den gebildeten Kreisen verschaffen.

2.45 und 2.46 Sprachbeherrschung nach sozialer Herkunft und Wohnort

Wenn man dieser Logik auf den Grund gehen will, ist zu erwarten, dass sich das Verhältnis zwischen der Hierarchie der Ergebnisse bei den Sprachprüfungen und der Hierarchie der sozialen Herkunft desto stärker umkehrt, je strenger die Auslese der benachteiligten Klassen wird. Und tatsächlich ist, wenn in allen sozialen Schichten die Pariser Studenten bessere Ergebnisse erzielen als Studenten aus der Provinz, dieser Unterschied bei den Studenten aus dem einfachen Volk am ausgeprägtesten (91 Prozent gegenüber 46 Prozent statt 65 Prozent und 59 Prozent bei den gehobenen Klassen). Dabei erreichen Studenten aus den unteren Schichten in Paris die besten Ergebnisse, gefolgt von Studenten aus den Mittelklassen und dann erst den höheren Schichten. Um diese Umkehrung des üblichen Verhältnisses zu erklären, muss man bedenken, dass die kulturelle Atmosphäre im Zusammenhang mit dem Wohnort Paris auf der einen Seite mit sprachlichen Vorteilen, auf der anderen Seite einer rigoroseren Selektion verbunden ist. Wenn man den relativen Wert (+ oder –) der Begünstigungen aufgrund des familiären Milieus und die Strenge der Auslese in den unterschiedlichen Fällen festlegt, sieht man schnell, dass es genügt, diese Werte aufzurechnen, um die Ergebnisverteilung bei den Prüfungen zu erklären (vgl. folgende Seite).

	Paris			Provinz			Gesamt		
	Untere Klassen	Mittlere Klassen	Höhere Klassen	Untere Klassen	Mittlere Klassen	Höhere Klassen	Untere Klassen	Mittlere Klassen	Höhere Klassen
Unter 12	9	31	**35**	54	**60**	41	46	**55**	42.5
Über 12	**91**	69	65	46	40	**59**	54	45	**57.5**

		Sprachliche Vorteile	Auslese beim Hochschulzugang		Sprachliches Niveau
Untere Klassen	Paris	–	+ +	→	+
	Provinz	– –	+	→	–
Mittlere Klassen	Paris	–	+	→	0 (+)
	Provinz	– –	0	→	– –
Höhere Klassen	Paris	+ +	– –	→	0
	Provinz	+	–	→	0

+ und – bezeichnen relative Werte, die für das betrachtete Phänomen die entsprechende Position der drei Gruppen in einer Spalte festlegen. Die 0 bezeich-

2.47 Sprachbeherrschung nach Geschlecht und Art der Schulbildung

	Weder Griechisch noch Latein		Latein		Latein und Griechisch		Gesamt	
	Männer	Frauen	Männer	Frauen	Männer	Frauen	Männer	Frauen
Unter 12	34	**60**	39	**58.5**	**41.5**	96	38	**54**
Über 12	**66**	40	**61**	41.5	58.5	**64**	**62**	46

Die Prozentuierung ist nach Spalten vorgenommen, die stärkste Tendenz innerhalb der jeweiligen Konstellation nach Zeilen hervorgehoben.

Auch hier wird die Logik des Verhältnisses zwischen dem Maß der Auslese und dem Maß des Erfolges erst bei scheinbaren Ausnahmen deutlich. Während die Studenten, die weder Latein noch Griechisch oder nur Latein belegt haben, noch bessere Ergebnisse erzielen als die Studentinnen in derselben Konstellation, sind es die Frauen, die in der Gruppe der Gräzisten bessere Resultate erreichen (64 Prozent von ihnen gegenüber 50,5 Prozent der Männer liegen über dem Median). Diese Umkehrung der normalerweise beobachtbaren Differenz erklärt sich ohne jeden Zweifel durch die Tatsache, dass Mädchen weniger Chancen haben, eine derartige Schulbildung zu bekommen, sodass, wenn dies geschieht, sie ungleich stärker ausgelesen sind als Jungen, die denselben Bildungsweg einschlagen.

2.48 und 2.49 Sprachbeherrschung nach Geschlecht und sozialer Herkunft

Wenn man hier wiederum die relativen Werte der Sprachbegünstigung durch die soziale Herkunft und der durch sie verhängten Selektionseffekte für Geschlecht und soziale Klasse im Hinblick auf den Zugang zur Universität und dann zur Philosophischen Fakultät bestimmt, dann sieht man, dass nur diese Werte aufgerechnet werden müssen, um die Verteilung der Ergebnisse jeder der Gruppen bei der Definitionsübung zu erklären.

		Sprachliche Vorteile	Auslese beim Hochschulzugang	Auslese beim Zugang zur Philosophischen Fakultät		Sprachliches Niveau
Untere Klassen	Männer	–	+	+	→	+
	Frauen	–	++	– –	→	–
Mittlere Klassen	Männer	–	0	+	→	0
	Frauen	–	0	–	→	– –
Höhere Klassen	Männer	++	– –	++	→	++
	Frauen	++	– –	–	→	–

	Untere Klassen		Mittlere Klassen		Höhere Klassen		Gesamt	
	Männer	Frauen	Männer	Frauen	Männer	Frauen	Männer	Frauen
Unter 12	**35.5**	53.5	**43**	60.5	**33**	47	**38**	54
Über 12	64.5	**46.5**	57	**39.5**	67	**53**	62	**46**

* Die Kennzeichnung des jeweiligen Selektionsgrades durch + und – ist eine näherungsweise Übersetzung der berechneten Zugangswahrscheinlichkeiten zur Universität und philosophischen Fakultät für die verschiedenen Untergruppen.

Renditen des universitären Erbes

2.50 Kinder von Lehrkräften in verschiedenen Fakultäten

	Geisteswissenschaften	Naturwissenschaften	Medizin	Pharmazie	Jura	Gesamt	Erwerbsbevölkerung
Relation I	1:3.2	1:7.4	1:8.6	1:11.7	1:12.8	1:6.0	1:7.4
Relation II	1:2.8	1:3.2	1:3.2	1:3.7	1:3.7	1:3.1	1:5.3

Um den besonderen Vorteil der Zugehörigkeit zu einer Lehrerfamilie in den verschiedenen Fakultäten einzuschätzen, sind hier jeweils die Zahlenverhältnisse zwischen den Kindern von Lehrkräften an höheren Schulen und Hochschulen und Kindern von leitenden Angestellten in Beziehung gesetzt worden (Relation I) und die Kinder von Volksschullehrern und vergleichbaren Lehrkräften zu den Kindern mittlerer Angestellter (Relation II). Wenn man die jeweiligen Studentenzahlen mit den Zahlen der entsprechenden Gruppen innerhalb der Erwerbsbevölkerung ins Verhältnis setzt (1:7 und 1:5), dann zeigt sich, dass in beiden Fällen die Kinder von Lehrkräften nur in der philosophischen Fakultät deutlich überrepräsentiert sind.

Verdrängung in die naturwissenschaftlichen Fakultäten

Tabellen 2.51 bis 2.53

Arbeiterkinder sind in der naturwissenschaftlichen Fakultät stärker vertreten als in den Geisteswissenschaften, und die Naturwissenschaften haben auch am meisten von der zwischen 1960 und 1965 beobachtbaren – relativen – Demokratisierung des höheren Bildungswesens profitiert: Der Anteil der Arbeiterkinder ist hier von 8,5 Prozent auf 15 Prozent gestiegen, an den Hochschulen insgesamt aber nur von 7 Prozent auf 11 Prozent. Man kann dieses Phänomen allerdings nicht richtig einschätzen, solange andere mögliche Studienwege für Naturwissenschaftler, etwa die Vorbereitungsklassen für die Grandes Écoles, nicht berücksichtigt werden. Die Tatsache, dass mehr als die Hälfte der Arbeiterkinder, deren Chancen auf eine Hochschulausbildung insgesamt sehr gering sind, wenn sie einmal an die Universität gelangt sind, einen naturwissenschaftlichen Studiengang wählen, darf nicht darüber hinwegtäuschen, dass sie nur in Ausnahmefällen in die Vorbereitungsklassen der Grandes Écoles vordringen, wo sie nur 6 Prozent der Schüler stellen. Und in den Grandes Écoles selbst ist ihre Zahl noch geringer: 1,9 Prozent an der École Normale Supérieure und 2 Prozent an der École Polytechnique. Demnach verschleiert der scheinbar demokratischere Charakter der naturwissenschaftlichen Fakultäten in Wirklichkeit nur einen Verdrängungseffekt.

2.51 Studenten in den Naturwissenschaften nach sozialer Herkunft und Hochschulart

Sozioprofessionelle Kategorie des Vaters	Naturwissenschaftliche Fakultäten (1964-65) %	Vorbereitungsklassen ENS (1963-64) %	ENS Naturwissenschaften (1965-66) %
Landwirte	**8.5**	3.4	2.9
Arbeiter	**13.5**	6.0	1.9
Einfache Angestellte und Beamte	**9.5**	6.2	2.9
Handwerker und Kaufleute	**13.5**	7.2	8.9
Mittlere Angestellte und Beamte	**22.0**	16.0	16.0
Führungskräfte und Freiberufliche	33.0	**61.2**	**67.4**
Gesamt	100	100	100

2.52 Schulart und Fachrichtung in der Sexta nach sozialer Herkunft

Sozioprofessionelle Kategorie des Vaters	CEG %	Private Schule %	Gymnasium %	Modern %	Klassisch %
Landwirte	**51.5**	20.0	28.5	**73.0**	27.0
Arbeiter	**59.0**	5.5	35.5	**80.0**	20.0
Einfache Angestellte und Beamte	46.0	11.5	42.5	68.5	31.5
Handwerker und Kaufleute	40.0	17.5	42.5	68.0	32.0
Volksschullehrer	35.0	10.5	54.5	63.0	37.0
Mittlere Angestellte und Beamte	33.5	3.5	**63.0**	49.0	51.0
Führungskräfte	14.0	**24.0**	**62.0**	31.5	**68.5**
Wissenschaftliche Fachkräfte	15.5	**28.5**	56.0	36.5	**63.5**
Gymnasial- und Hochschullehrer	7.5	12.0	**80.5**	16.5	**83.5**

Zudem setzt der Mechanismus, der zur Verdrängung von Studenten aus den unteren Klassen an die naturwissenschaftlichen Fakultäten führt, schon an den höheren Schulen ein: Sie sind meist zum Collège d'enseignement général, und das bedeutet mehr oder weniger automatisch zum neusprachlich-naturwissenschaftlichen Zweig, verurteilt und haben dann kaum eine andere Möglichkeit, als diese erzwungene Wahl als Berufung zu erleben.

2.53 Naturwissenschaftliche Sektion nach sozialer Herkunft

Sozioprofessionelle Kategorie des Vaters	SPCN (sciences physiques, chimiques et naturelles) %	MPC (mathématique, physique, chimie) %	MGP (mathématique générale et physique) %
Landwirte	**31**	45	24
Arbeiter	23	**49**	28
Einfache Angestellte und Beamte	24	**49**	27
Handwerker und Kaufleute	24	47	29
Volksschullehrer	25	41	34
Mittlere Angestellte und Beamte	23	40	37
Führungskräfte	24	39	37
Wissenschaftliche Fachkräfte	21	31	**48**
Gymnasial- und Hochschullehrer	21	23	**56**

Der gleiche Verdrängungseffekt ist auch innerhalb der naturwissenschaftlichen Fakultät zu beobachten: Die Hierarchie des Prestiges, das den einzelnen Fachrichtungen durch den akademischen Konsens zugeteilt wird, entspricht im Großen und Ganzen der Hierarchie der sozialen Herkunft in der Art, dass man Studenten aus den unteren Klassen umso häufiger antrifft, je geringer das Prestige der einzelnen Fachrichtung ausfällt. Diese wenigen Beispiele zeigen hinreichend, dass sich die Mechanismen der Weitergabe des kulturellen Erbes auch hier nicht grundsätzlich von denen unterscheiden, die für die Geisteswissenschaften beschrieben wurden, selbst wenn sie eine besondere Form annehmen.[1]

1 Vgl. P. Bourdieu, M. de Saint-Martin, L. Boltanski, R. Castel, M. Lemaire, *Les étudiants en science du premier cycle*, Paris: Centre de sociologie européenne, 1966.

Gegner und Komplizen

Das Missverständnis in der pädagogischen Kommunikation

Charles L. Dodgson an Henrietta und Edwin Dodgson, zwei jüngere Geschwister.

Christ Church College, Oxford, 31. Januar 1855

Meine liebe Henrietta,
Mein lieber Edwin,
mein einer Schüler hat bereits mit mir zu arbeiten angefangen, und ich möchte Euch eine Beschreibung geben, wie die Stunde verläuft. Am wichtigsten ist es, wisst Ihr, dass der Tutor würdevoll ist und gehörigen Abstand vom Schüler wahrt und dass der Schüler so klein wie möglich gemacht wird. Sonst ist er nicht demütig genug, wisst Ihr.
So sitze ich also in der äußersten Ecke des Zimmers; vor der Tür (die geschlossen ist) sitzt der Diener; vor der äußeren Tür (ebenfalls geschlossen) sitzt der Unter-Diener; eine halbe Treppe tiefer sitzt der Unter-Unter-Diener; und draußen im Hof sitzt der Schüler.
Die Fragen werden von einem zum anderen gebrüllt, und die Antworten kommen genauso zurück – es ist ziemlich verwirrend, bis man sich daran gewöhnt hat. Die Stunde verläuft etwa so:
Lehrer: Was ist drei mal vier?
Diener: Was ist Bleiklavier?
Unter-Diener: Wo ist mein Saphir?
Unter-Unter-Diener: Was ist dein Souvenir?
Schüler (schüchtern): Nur ein Stück Papier!
Unter-Unter-Diener: Lass doch das Geschmier!
Unter-Diener: Grüß den Kavalier!
Diener: Sei kein dummes Tier!
Lehrer (schaut beleidigt, versucht's aber mit einer neuen)
Frage: Teile einhundert durch zehn!
Diener: Eile die Hunde zu sehn!
Unter-Diener: Eh sie das Gras niedermähn!
Unter-Unter-Diener: Und sich im Grab herumdrehn!
Schüler (überrascht): Wen meinst du?
Unter-Unter-Diener: Die Schein-Kuh!
Unter-Diener: Rot ist mein Schuh!
Diener: Passepartout!
Und so geht die Stunde weiter.
So ist das Leben.
Sehr herzlich Euer Bruder Charles L. Dodgson

Lewis Carroll, Briefe an kleine Mädchen

Die beherrschende Rolle des Missverständnisses in der pädagogischen Kommunikation, die Toleranz aller Beteiligten gegenüber dem Missverständnis und die entscheidende Bedeutung des sprachlichen Erbes für den Bildungserfolg – all das verlangt nach einer Erklärung. Begreiflich wird es erst, wenn man annimmt, dass das Missverständnis deshalb so reibungslos toleriert wird, weil es eine Funktion für die Perpetuierung der Struktur der Klassenbeziehungen hat: Könnte sich ein derart paradoxes Kommunikationssystem halten, wenn die funktional voneinander abhängigen Verhaltensweisen seiner verschiedenen Träger nicht in einem Verhältnis wechselseitiger Kausalität zur Bildungsorganisation und der in ihr geforderten Einstellung zu Sprache und Bildung und das so gebildete System nicht seinerseits im Verhältnis wechselseitiger Kausalität zur Struktur der Klassenbeziehungen ständen?

Experimentelle Tests hinsichtlich der linguistischen Kompetenz der Studenten (das heißt ihrer Fähigkeit, in gegebenen Vorlesungen verwendete Termini zu verstehen) zeigen, dass die entscheidende und dabei nur selten bemerkte Ursache des pädagogischen Missverständnisses in der verwendeten Sprache und vor allem in der Art des Sprachgebrauchs liegt. Die ruhige Selbstsicherheit der Professoren, die trotz vorgeblicher Illusionslosigkeit doch immer weiter so tun, als werde die in der akademischen Tradition ausgebildete Begriffssprache, da sie widerstandslos akzeptiert wird, auch verstanden, sollte hierdurch erheblich erschüttert werden.

Viele Studenten, gezwungen, eine kaum verstandene und beherrschte Sprache zu schreiben, sind, wie die Untersuchung von Vokabular und Syntax der *dissertations* zeigen, auf eine Rhetorik der Verzweiflung angewiesen, die sich nur durch ihre Beruhigungsfunktion erklärt. In einer Art Beschwörungs- oder Versöhnungshaltung versuchen sie mit einer Hartnäckigkeit, die nicht einfach als Servilität gedeutet werden darf, jene Metaphern, Formeln oder Worte einzusetzen und zu reproduzieren, die ihnen für die Sprache des Meisters am charakteristischsten erscheinen. Dabei entstehen Vereinfachungen, Verstümmelungen und logische Umstrukturierungen, wie Linguisten sie bei der Analyse »kreolisierter« Sprachen beobachtet haben.

Wenn sich der Lehrende nur über die Informationsquantität, die der Student aufnehmen und behalten kann, täuschte, würde seine Gleichgültigkeit die Wirksamkeit seines Unterrichts nicht so unmittelbar beeinträchtigen, wie jene Prämisse es tut, nach der der Student den Kode der professoralen Botschaft beherrscht, weil er ihn beherrschen soll. Es ließe sich einwenden, schließlich gebe es keine Kommunikation ohne »Geräusch«, und wahrscheinlich müsse es gerade in der idealtypischen Kommunikation zwischen Wissenden und Nichtwissenden (unabhängig von der statusgemäßen Autorität des Senders) am stärksten sein. In der Tat heißt lernen immer zugleich Kenntnisse und die Kenntnis des Kodes erwerben, aufgrund dessen die Wissensvermittlung erfolgen soll. Weil der Kode einer pädagogischen Botschaft vom Empfänger nur in dem Maße aufgenommen werden kann, wie dieser in der Lage ist, die Botschaften immer vollständiger zu dechiffrieren, liegt der Unterschied zwischen den verschiedenen Unterrichtsformen darin, wieweit der Kode der Botschaft selbst mitgeliefert wird. Es besteht also ein radikaler Gegensatz zwischen einem rationalen Unterricht, der durch die ausdrückliche Absicht gekennzeichnet ist, das Missverständnis des Kodes durch kontinuierliche und methodische Erläuterungen auf ein Minimum zu reduzieren, und den charismatischen oder traditionellen Unterrichtsformen (und ihren verschiedenen Mischtypen), die das eine gemeinsam haben, den Kode der Botschaft nicht ausdrücklich lehren zu müssen, da sie in einer Art Fundamentalimplikation ein Publikum voraussetzen, das durch permanente und unbewusste Assimilierung in der Lage ist, ihre Anspielungen zu verstehen.

Die Frage nach dem Ertrag der pädagogischen Kommunikation verlangt also die vollständige und präzise Analyse jener technischen und soziologischen Probleme, die vom traditionellen System und seiner Einstellung zur Sprache gerne verdrängt werden. Ein pädagogisches Verfahren, das methodisch ausdrücklich volle Effizienz anstrebt, müsste deshalb versuchen, das Gefälle zwischen Emissions- und Rezeptionsniveau bewusst zu verringern. Entweder müsste das Rezeptionsniveau gehoben werden, indem gleichzeitig mit der Botschaft der Kode zu ihrer Entzifferung in Form eines sprachlichen, gestischen oder graphischen Ausdrucks geliefert würde, dessen Kode dem Empfänger bereits vertraut ist, oder es müsste *provisorisch* das Emissionsniveau gesenkt werden. Die Botschaft müsste so programmiert sein, dass sie in einer kontrollierten Progression die Funktion erfüllt, den Empfang der Botschaft des nächsthöheren Niveaus vorzubereiten.

Ein solches Verfahren zielte also darauf ab, methodisch eine kontinuierliche Steigerung des Rezeptionsniveaus herbeizuführen. Es sollte den Empfängern die Möglichkeit geben, den Kode durch Wiederholung der Botschaft und durch Übung vollständig beherrschen zu lernen. Daraus geht hervor, dass sich eine rationale Pädagogik dadurch auszeichnet, dass sie alle ihre Handlungen auf der Stufe des Emissionsniveaus dem ausdrücklichen Ziel einer Steigerung des Rezeptionsniveaus unterwirft: Das eigentlich pädagogische Vorgehen auf Emissionsniveau unterscheidet sich also von einer bloßen Senkung des Emissionsniveaus, wie sie, von wenigen Ausnahmen abgesehen, bei allen Vulgarisierungsversuchen und noch stärker bei den demagogischen Konzessionen eines Unterrichts (oder jeder anderen Form kultureller Vermittlung) vorgenommen wird, der sich alle *pädagogische Arbeit* ersparen will, indem er ein für alle Mal das Emissionsniveau auf ein gegebenes Rezeptionsniveau festlegt. Jedes Bildungssystem hat immer mit gesellschaftlich vorgegebenen Anforderungen an die von ihm produzierte technische Qualifikation zu rechnen und muss unter allen Umständen für die Vermittlung und Assimilierung eines Minimums an unerlässlichen Kenntnissen und Fähigkeiten sorgen. Daraus folgt, dass man die Quantität an gesendeter Information nicht unendlich senken kann, bloß um den Ausfall möglichst klein zu halten, wie dies in einer bestimmten Form nichtdirektiven Unterrichts geschieht, der zwar einen sehr hohen Assimilationsgrad für sich beanspruchen kann, jedoch auf Kosten einer erheblichen Senkung der assimilierten Informationsquantität. Pädagogische Kommunikation ist deshalb nur dann sowohl absolut wie relativ rentabel, wenn sie zugleich zwei widersprüchlichen Anforderungen genügt, die beide nicht völlig geopfert werden dürfen. Erstens muss die absolute Menge an gesendeter Information maximiert werden, und das kann die Minimierung der Redundanz zur Folge haben, die Bemühung um Bündigkeit und Dichte (nicht zu verwechseln mit den durch Auslassung entstandenen Ellipsen und den Anspielungen des traditionellen Unterrichts). Zweitens muss der Ausfall möglichst klein gehalten werden, was neben der Verwendung anderer Techniken eine Steigerung der Redundanz als bewusste und kalkulierte Wiederholung erfordern kann (nicht zu verwechseln mit der traditionellen Redundanz als musikalischer Variation einiger Themen). Bei der Suche nach einer optimalen Verwendung der Sprache müssten außerdem das Gefälle zwischen Sender und Empfänger und dessen Kodekenntnis (die zum Beispiel durch seine soziale Herkunft oder seine Vorbildung bestimmt sein kann) von vornherein mit einkalkuliert werden.

Wenn der Idealtypus einer pädagogischen Relation, die zu einem gegebenen Zeitpunkt alle verfügbaren Mittel einsetzt, um das durch ungenügende Kodekenntnis verursachte Geräusch zu vermindern und den Kode der Kommunikation möglichst vollständig und in möglichst kurzer Zeit zu explizieren, utopisch scheint, besitzt er doch gerade deshalb eine heuristische Funktion. Er zeigt zunächst, dass das Bewusstsein des Missverständnisses und ein gezielter und rationaler Wille, es zu vermindern, niemals explizit geäußert werden und dass Studenten und Professoren sich meist darin einig sind, es als notwendiges Übel hinzunehmen, sofern sie es nicht überhaupt als Zeichen der Meisterschaft ansehen. Außerdem zwingt er zu der Frage, ob nicht bereits die Absicht, den Ertrag der Kommunikation durch Empfangs- und Sendekontrolle zu maximieren (welche, um regelmäßig zu sein, institutionell geregelt sein müsste), im Widerspruch zur traditionellen Einstellung zur Sprache stände, und das heißt letztlich zu den Anforderungen eines Bildungssystems, das seine Tätigkeit und seine Rekrutierung nicht selbst bestimmt.

Einverständnis im Missverständnis

Die sprachliche Selbstsicherheit der Professoren ist ebenso wenig zufällig wie die Toleranz der Studenten gegenüber semantischem Nebel. Abgesehen davon, dass die ungenügend oder überhaupt nicht bekannten Wörter immer in Konstellationen auftreten, die den Eindruck des Vertrauten oder zumindest des schon einmal Gehörten hervorrufen, steht die akademische Sprache als Ganzes in einem Kontext, der nichts anderes ist als die pädagogische Situation mit ihren Raum- und Zeitverhältnissen, ihrem Ritual und dem ihr eigenen Normsystem. Dass isolierte und willkürliche Versuche, die pädagogische Fiktion zu durchbrechen, gleichgültig von wem sie ausgehen, beim Partner nur wenig Anklang finden, liegt daran, dass die entscheidenden Ursachen des Missverständnisses und seines Fortbestehens in der Institution selbst liegen. Die gesamte heutige Organisation des Lehrbetriebes, von der Gestalt, Aufteilung und Größe der Hörsäle bis zum Prüfungssystem und seinen Kriterien, den vorbereitenden Übungen oder der Festlegung der Studiengänge, schafft und erhält zwischen Professor und Student eine Distanz, die, unter anderem auch durch das Missverständnis bedingt, eine der Voraussetzungen für das Fortbestehen einer Institution darstellt, welche auf der Quasi-Institutionalisierung des Missverständnisses beruht.

Wollte man die pädagogische Beziehung allein auf die Kommunikationsbeziehung reduzieren, so würde man sich verbieten, den spezifischen gesellschaftlichen Aspekt der pädagogischen Autoritätsbeziehung zwischen Sender und Empfänger zu begreifen: also zum Beispiel die gesellschaftliche Definition des Kommunikationsinhalts, des Kodes, in dem die Botschaft vermittelt werden soll, der Personen, die zur Vermittlung berechtigt sind, oder besser: die den Empfang erzwingen können, der Empfangsberechtigten oder vielmehr zum Empfang Gezwungenen; schließlich die Bestimmung der sozialen Situation, in der die Kommunikation stattfindet und die der übermittelten Interpretation ihre soziale Bedeutung und ihren ganzen Sinn gibt. Das Missverständnis und die Fiktion, es gebe kein Missverständnis, sind untrennbar miteinander verknüpft, weil dieses beim gegenwärtigen Stand der sozialen Rekrutierung von Studenten und Professoren und der Richtlinien und pädagogischen Methoden in der Logik der Institution liegt und ihr Fortbestehen ermöglicht. Dem Professor sind durch die Besonderheiten des Raumes, in den er durch die Institution gestellt ist (das Podium und das Pult im Brennpunkt der Blicke), die materiellen Bedingungen gegeben, die es ihm erlauben, die Studenten auf Distanz und Respekt zu halten, und die ihn, ob er es will oder nicht, sogar dazu zwingen. Erhöht und in den Raum eingeschlossen, der ihm die Weihe des Redners verleiht, vom Auditorium, sofern es die Hörerzahl gestattet, durch einige leere Reihen getrennt, die materiell die scheue Distanz des Profanen vor dem Manna des Wortes bekunden und höchstens von den frommsten Dienern des Meisters besetzt werden, steht der Professor, fern und unberührbar. Er ist eine Art *deus absconditus*, umgeben von vagen und schrecklichen Gerüchten, die ihn zur mythischen Figur erheben. Durch die objektive Situation, die einen stärkeren Zwang ausübt als die strengsten Vorschriften, ist er zum Theatermonolog und zur virtuosen Schau verurteilt.[1] Das Pult bestimmt für jeden, der hinter ihm steht, Intonation, Diktion, Sprachrhythmus und die gesamte Redeweise: Ein Student, der an dieser Stelle ein Referat hält, übernimmt die Redegewohnheiten des Professors. Ein solcher Kontext bestimmt das Verhalten von Professoren und Studenten so unerbittlich, dass alle Versuche, einen Dialog herzustellen, sich sofort in Fiktion und Lächerlichkeit verkehren. Der Professor kann die Studenten zu Teilnahme und Widerspruch aufrufen, ohne jemals ein ernsthaftes Risiko einzugehen: Die Fragen aus dem Publikum sind oft nichts weiter als rhetorische Fragen, die vor allem die Teilnahme der Gläubigen an der Liturgie bekunden sollen, die Antworten meistens bloße Responsorien.[2]

Von allen Distanzierungstechniken ist Sprache zweifellos die wirksamste und subtilste: Im Gegensatz zur räumlich markierten oder durch Vorschriften fixierten Distanz scheint die durch die Sprache geschaffene Distanz von der Institution ganz unabhängig. Das Wort des Meisters, ein Statussymbol, das den größten Teil seiner Wirkung der Institution verdankt und das untrennbar mit der Bildungssituation verbunden ist, scheint spezifischer Ausdruck der Person, während es in Wahrheit nur den Vorteil der Funktion zugunsten der Person ihres Trägers ummünzt. Der traditionelle Professor konnte auf Hermelin und Talar verzichten, er kann vom Podium herabsteigen und sich unter die Menge mischen, seinen letzten Schutzwall jedoch, den professoralen Gebrauch einer professoralen Sprache, kann er nicht aufgeben.[3] Das Bildungswesen

1 Hat das überhöhte Pult der traditionellen Hörsäle nicht ebenso sehr die Funktion, den Professor zu »verbergen« als ihn zu erhöhen? Nur seine Büste wird sichtbar, als habe man es so eingerichtet, dass die Blicke sich auf sein Gesicht, besser noch auf den Mund als Organ des Wortes konzentrieren.

2 Der Raum hat nur deshalb eine so starke Prägekraft, weil er mit der gesamten akademischen Institution übereinstimmt: Die Trägheit der Modelle ist so stark, dass die traditionelle Form der pädagogischen Beziehung auch dann auftritt, wenn der Raum anders organisiert ist und gewissermaßen ein virtueller Raum entsteht, der stärkere Realität besitzt als der reale Raum. So ändert das um einen runden Tisch gruppierte Seminar in einer Universität, die sich sonst in jeder Hinsicht gleich geblieben ist, nichts daran, dass Erwartung und Aufmerksamkeit auf jenen einen konvergieren, der alle Insignien des Professorenstatus behält, angefangen vom Privileg des Wortes, das die Kontrolle über das Wort der anderen mit einschließt.

3 Es ist kein Zufall, dass man Professoren häufig zuerst am *Ton* und dann erst an ihrer Sprache erkennt. Dies wird selbstverständlich nie so deutlich wie in der Öf-

ist eine Sprachwelt, und vom Professor könnte man mit Platon sagen: »Er ist nicht Mensch, er ist Wort.« Er spricht *über* die Dinge, statt *von* ihnen zu sprechen. Es gibt darum auch vom Klassenkampf bis zum Inzest nichts, worüber er nicht sprechen könnte, da die »Neutralisierung« seiner Äußerungen in seiner Situation, seiner Person und seiner Rolle impliziert ist. Die für eine derartige Funktion geeignete Sprache ist untrennbar mit einem gewissen Typ der pädagogischen Beziehung, der traditionellen beziehungsweise charismatischen oder, vor allem in den geisteswissenschaftlichen Disziplinen, der zugleich traditionellen und charismatischen Beziehung, verbunden. Im charismatischen Unterricht, einem »Erweckungsunterricht« magischer Initiation, ist die Sprache vor allem blendende Beschwörung, deren ganze Berechtigung darin liegt, den Neuling für die Gnade empfänglich zu machen, indem sie bezeugt, dass der Meister ihrer teilhaftig ist. Im traditionellen Unterricht besitzt das Wort eine Verführungsfunktion, durch die eine etablierte Kultur wie durch Osmose vermittelt und die Übernahme ihrer Werte erleichtert werden soll: Gewisse akademische Feiern und manche Vorlesungen im Collège de France sind ein gutes Beispiel für diese Funktionsverschiebung einer Sprache, deren Sinn mehr in ihr selbst als in den Gegenständen liegt, die sie bezeichnet, und die Redner wie Zuhörer vom Inhalt der Rede ablenkt. Während ein rationaler Gebrauch der Sprache alle Anspielungen und Doppelsinnigkeiten vermeidet und an der Vermittlung des Sendungskodes arbeitet, setzt die Technik der Anspielung das beste Verfahren zur Erzeugung von professoralen Charismen, eine sprachliche Gemeinsamkeit zwischen Meister und Schüler und ein vorgegebenes Einverständnis in der Einstellung zur Sprache voraus, die nur dann vorhanden sind, wenn sich das Bildungswesen an die bestausgestatteten Erben der privilegierten Klassen mit ihrer Einstellung zur Kultur wendet.

Die anderen jedoch, die darauf angewiesen sind, sich mit Worten in einem Kampf zu verteidigen, in dem nicht alle Worte gestattet sind, kennen meist keine andere Zuflucht als die Rhetorik der Verzweiflung, die Regression auf den magischen Gebrauch der Sprache, auf mechanische Wiedergabe jener Ideen, die angeblich dem Professor besonders lieb sind, oder auf eine chaotische Re-

fentlichkeit, wo die Professoren häufig so auftreten, als würden sie sich an ihr gewohntes Schülerauditorium wenden.

konstruktion des gelehrten Vortrages, der auf seine Klischees oder Schlagworte reduziert wird. Den Erfordernissen dieses Zauberrituals dienen auch die Zitate, die nichts anderes als Beschwörungsformeln sind, und jene großen Worte, die wie ein »Sesam, öffne dich« gebraucht werden. Die objektiven Anforderungen des traditionellen Systems nötigen also den Studenten, sich hinter Schutzmaßnahmen und der Vorsicht eines stereotypen Relativismus, hinter fiktiven Beispielen und Semiabstraktionen zu verschanzen (der sicherste Weg, in den Beurteilungen der Korrektoren wenigstens ein »nicht ganz falsch« zu erreichen) und Zuflucht in einer Ausweichtechnik zu suchen, die durch mangelnde Präzision den Unterschied zwischen Wahrheit und Irrtum aufhebt. Die verzweifelte Nachahmung der Professorensprache führt, wo die sozialen Vorbedingungen für ihre Assimilation nicht gegeben sind, zu einer Karikatur der Virtuosität: Statt frei und sinnvoll gewählter Variationen trifft man, wie in den *nativistic movements*, mechanische und chaotische Verballhornungen.

Weil Studenten und Professoren immer dem System verhaftet bleiben, besteht die Gefahr, dass ihre Ausbruchsversuche vom System sanktioniert werden. Der Professor kann auf den Monolog der Vorlesung nur auf Kosten eines Teils seiner Sicherheit verzichten und hat nicht einmal die Garantie, eine andere, noch nicht bestehende rationale Organisationsform zu finden; analog ist es für den Studenten immer noch am sichersten, wenn er den Monolog verbal zu reproduzieren sucht. So überschätzen nach der Logik des Systems Lehrer wie Schüler wechselseitig die Informationsquantität, die in der pädagogischen Kommunikation tatsächlich umläuft. In gegenseitiger Abhängigkeit benutzen sie jene Techniken, die am ehesten geeignet scheinen, das Missverständnis, in dem sie leben, zu verhüllen und es damit zu erhalten. Sie verzichten auf das rationale Ziel, die Leistung der pädagogischen Kommunikation zu maximieren, nicht weil sie es nicht wollten (wie die ideologische Sehnsucht nach dem Sokratismus beweist), sondern weil ein geregelter Austausch eine institutionalisierte Ausbildung im Gebrauch der Sprachtechniken oder besser, der Techniken des Umgangs mit der eigenen Sprache und der des Partners und eine regelmäßige Kontrolle voraussetzen würde. Die Vorlesung *ex cathedra* und die *dissertation* bilden ein funktionales Paar, wie das Solo des Professors und die einsame Leistung beim Examen, wie der Vortrag *de omni re scibili*, der Meisterschaft bezeugt, und die wortreichen Allgemeinheiten studentischer Rhetorik. Setzte man an die Stelle ufer- und grenzenloser Programme begrenzte explizite Anforderungen, an die Stelle von Aufsätzen strengere und präzisere Übungen und an die Stelle der Beurteilung kultureller Verhaltensweisen nach diffusen Kriterien dozimologisch kontrollierte Messungen (alles funktional miteinander verbundene Neuerungen), bräche die Fiktion, die Vorlesungen in ihrer heutigen Form seien verständlich und rentabel, mit einem Schlag zusammen. Die Institution ist nur deshalb vor dieser Katastrophe sicher, weil Studenten und Professoren, die beide langfristig theoretisch Interesse daran hätten, sie infrage zu stellen, zugleich kurzfristig und unmittelbar praktisch daran interessiert sind, eine Fiktion aufrechtzuerhalten, die für sie in der Situation, in der sie sich bewegen müssen und deren Produkte sie sind, lebenswichtig ist. Wenn der Professor genau den Grad messen wollte, in dem seine Sprache von den Studenten verstanden wird, müsste er sich selbst als Professor an rationalen Anforderungen messen, auf die er nicht methodisch durch eine besondere Ausbildung vorbereitet ist; die Studenten dagegen würden unweigerlich jeden Versuch, die Anforderungen zu präzisieren und ihre Leistungen mit größerer Genauigkeit zu beurteilen, als weitere Verschärfung empfinden.[4]

Zugleich liefe der Professor, der sich seines sprachlichen Prestiges beraubte und sich zu methodischen Hilfen und Erläuterungen herabließe, Gefahr, gerade dann, wenn sein Vorgehen einem realen Bedarf oder verdrängten Erwartungen entspricht, in den Augen seiner Studenten als an die Hochschule verirrter Volksschullehrer zu gelten. Es könnte aber auch sein, dass ihm dieser ausgefallene und ungewohnte Versuch den Ruf des Nonkonformismus eintrüge, wo-

4 Ein Professor, der sich bemüht, das Examen zu rationalisieren, indem er seine Anforderungen benennt, die Kriterien erläutert und die Prüfung so organisiert, dass sie ein präziseres Urteil ermöglicht, stößt zunächst auf Unverständnis und Widerstände, die darauf zurückzuführen sind, dass die Neuerung, nach der Logik des Systems interpretiert, wie eine Falle erscheint. Dennoch kann die durch das gegenwärtige System bedingte Examensangst die Studenten veranlassen, den in einer ausdrücklich getroffenen *Abmachung* zwischen Lehrenden und Lernenden gegebenen Vorteil wahrzunehmen (und dies umso mehr, wenn sie einer unterprivilegierten Klasse oder Gruppe angehören), die explizite Formulierung der Anforderungen von einer Steigerung der Anforderungen zu unterscheiden und dabei zugleich zu erkennen, dass Rationalisierung vor Willkür schützt.

durch sich die Institution wiederum behauptet hätte.[5] Ein Student, der beim augenblicklichen Prüfungsstil die Sicherheit und Tarnung aufgeben würde, die die Verwendung einer der Professorensprache nachempfundenen Rhetorik oder der Techniken professoraler Distanzierung durch Einsetzen falscher Allgemeinheiten oder vorsichtiger Annäherungen von der Art des »nicht ganz falsch« gewähren, kurz, der das Risiko einginge, den genauen Stand seines Verständnisses und seiner Kenntnisse nach einem möglichst klaren Kode darzulegen, müsste darauf verzichten, sich, wie es heißt, »eine Note zwischen neun und elf« zu sichern, und hätte, von Ausnahmefällen abgesehen, unweigerlich den Preis für seine Klarheit zu zahlen.[6]

Selbst jene Studenten, die am wenigsten in der Lage sind, die akademische Sprache zu entschlüsseln, können zumindest zum Gebrauch des Professors das Scheinbild eines kohärenten Textes reproduzieren, das niemals absoluten Unsinn enthält, da die vom System geforderte Aufsatzform der *dissertation* die Ausübung einer *ars combinatoria* erlaubt, welche, zweitrangig und aus zweiter Hand, im Allgemeinen nur mit einem begrenzten Quantum semantischer Atome mechanisch verbundener Wortketten manipuliert.

Die Aufsatzrhetorik vermittelt dem Professor den vagen Eindruck, er sei im Großen und Ganzen verstanden worden, weil die

5 Es ist oft darauf hingewiesen worden, dass die beiden Gesellschaften, die dem Wissen allerhöchstes Prestige einräumen, die des klassischen China und die der osteuropäischen Juden, die Rolle des Schulmeisters verachten. Bei uns besteht die gleiche Tendenz, jedes »pädagogische« Bemühen auf der höheren Schule wie auf der Hochschule als »Verschulung« abzuwerten.

6 Die Maximen dieser Vorsichtsmoral werden in den Vorbereitungsklassen zu den Grandes Écoles fast explizit weitergegeben, sodass die »höhere Rhetorik« und die »Rhetorik der Verzweiflung« schließlich den gleichen Werten gehorchen. So weiß man zum Beispiel, dass es himmelschreiende Naivität wäre, »nichts zu schreiben, weil man nichts weiß«, und dass »man nicht viel wissen muss, um in Geschichte den Durchschnitt zu erreichen«, wenn man sich nur der Chronologie zu bedienen versteht und nicht allzu große Lücken erkennen lässt. Selbstverständlich ist solch eine schlaue Berechnung auch nicht ohne Risiko, wie der Fall jenes Studenten beweist, der in der Chronologie »Krach an der Wiener Börse« las und einen Aufsatz über den Börsianer Krach verfasste. Die Professoren vergessen, wenn sie sich über solche Blüten lustig machen, dass derartige Fehlleistungen des Systems seine Wahrheit offenbaren. Bedenkt man, dass die »akademische Elite« durch diese Schule mit allen ihren ethischen Implikationen hindurchgegangen ist, wird eine bestimmte Seite des *homo academicus* und seiner intellektuellen Produktion verständlich.

dissertation aufgrund ihrer inneren Logik einen Stil verlangt, der klare Entscheidungen umgeht und den Korrektor infolgedessen auch zu einem Urteil nötigt, das ebenso vorsichtig sein muss wie das beurteilte Produkt. Unermüdlich wiederholen die Professoren, wie schwer es ist, die »Masse« mittelmäßiger und durchschnittlicher Arbeiten zu benoten, die sich jeder klaren Beurteilung entziehen und Gegenstand langwieriger und mühevoller Erwägungen sind, bis es schließlich zu einer verzweifelten und verächtlichen Gefälligkeit kommt: »Geben wir ihm den Durchschnitt« oder »Soll er bestehen«. Die Berichte der Prüfungskommissionen bei der *agrégation* beklagen jene Wirkungen, die im Prinzip der Prüfung und ihrer Korrekturkriterien selbst liegen, stets als naturgegebenes Übel: »Es gibt wenige sehr schlechte Arbeiten; aber es gibt noch weniger gute; der Rest, das heißt 75 Prozent, ist trübes Mittelmaß zwischen 6 und 11.«[7] Die Sprache dieser Berichte tut sich nie genug, die angeborene »Durchschnittlichkeit« der »Masse der Kandidaten«, die »Trübheit« »stumpfer«, »blasser« oder »glatter« Arbeiten anzuprangern, aus denen die wenigen »kultivierten« oder »brillanten« »vorteilhaft hervorstechen«, die »die Existenz einer solchen Prüfung rechtfertigen«.[8] Kann man daraus schließen, dass die Lehrenden über ihre eigenen Beurteilungs- und Wertungskategorien und die Normen der Gattung reflektieren, welche die beklagte Wirkung wesentlich herbeiführen? Die Annalen der geisteswissenschaftlichen Prüfungen beweisen, dass die Lehrenden der Tradition treu geblieben sind, sehr allgemeine Themen zu stellen, die angeblich geeignet sind, allgemeine und authentische und das heißt persönliche Qualitäten zu messen. Eine solche Ideologie erlaubt es den Professoren, vor sich selbst die Widersprüche ihrer Einstellung zu den Studenten und durch diese hindurch zu dem Studenten, der sie selbst einst gewesen sind, zu verschleiern, da einzig eine pessimistische Philosophie der Universitätsgeschichte als unweigerlichem

7 *Rapport de l'agrégation masculine de grammaire*, 1957, S. 9.

8 Die Professoren stellen staunend fest, dass sich die Kandidaten »ganz natürlich« nach Kategorien gruppieren, die das Produkt der professoralen Urteilskategorien sind; entsprechend dem ewig gleichen elitären Schema, das sich selbst bestätigen muss, da es hervorbringt, was zu seiner Bestätigung dient, tauchen aus der »durchschnittlichen Masse« nur »wenige Hochbegabte« auf, *rari nantes in gurgite vasto*, wie es in den Kommissionsberichten heißen könnte: »Die Prüfung war insofern zufriedenstellend, als sie Talent oder fehlendes Talent offenbart hat« (*Agrégation féminine de lettres classiques*, 1959, S. 23).

Niedergang ihnen gestattet, die »Niveausenkung« zu beklagen, ohne sich dabei daran erinnern zu müssen, dass sie selbst einmal Gegenstand derartig enttäuschter Klagen waren. Niemals jedoch wird die widersprüchliche Einstellung zu ihrem eigenen Beruf so deutlich wie in jenem Doppelspiel, zu dem sie gezwungen sind, wenn sie als Korrektoren verlangen, ein Aufsatz, der dazu bestimmt ist, künftige Lehrer zu beurteilen, solle mehr und anderes sein als ein Lehrer- oder, noch schlimmer, Lehramtskandidatenaufsatz; »individuelle Haltung« und »Originalität« werden prämiert, »schulmäßige Rezepte« und »schematische Darstellung« dagegen getadelt, ohne dass deswegen darauf verzichtet würde, auch die kleinste Abweichung von den streng definierten Schulnormen zu bestrafen. In den Kommissionsberichten wird gelegentlich der Widerspruch zwischen ideologischer Vorstellung und objektiver Realität, zwischen dem charismatischen Bild eines über Begabung entscheidenden Gottesurteils und der prosaischen Wirklichkeit einer Rekrutierungsprüfung für Lehrer an höheren Schulen manifest: »Vielleicht wäre die richtige Methode nicht etwa, einen Augenblick lang zu vergessen, dass man im *concours* steht (denn das ist natürlich unmöglich), sondern, immer eingedenk zu sein, dass die behandelten Texte nicht als künftige Examensthemen, sondern als Appell von Mensch zu Mensch angelegt sind.«[9]

Es sieht also ganz so aus, als bestünde die verborgene Funktion der Referate und *dissertations,* der einzigen Instrumente, die die Institution Studenten und Professoren zur Rückkoppelung gewährt, gerade darin, eine genaue Kontrolle des Verständnisses und damit zugleich die Entlarvung des das Missverständnis überdeckenden Nachplapperns zu verhindern. Die Unfähigkeit der meisten Studenten, die in der akademischen Sprache häufigsten Termini zu definieren, beweist, dass die Illusion, verstanden zu werden, die Illusion, zu verstehen, und die Illusion, immer schon verstanden zu

9 *Rapport de l'agrégation masculine de grammaire*, 1962, S. 21. Andere, ähnlich lautende Zitate: »Es wäre schön, wenn die Darstellung weniger streng didaktisch wäre« (*Agrégation féminine de grammaire*, 1959, S. 25). »Es gibt Kandidaten, die offenbar der Meinung sind, dass eine Darstellung nur gut sein kann, wenn sie in drei Teile gegliedert ist« (*Agrégation masculine de lettres*, 1959, S. 23), »Sie (die Kandidaten) wenden einfach die altüberlieferten Schulrezepte mit ihren seit Generationen eingefahrenen Automatismen an, die jede eigene Denkanstrengung überflüssig machen« (ebd., S. 6).

haben, einander wechselseitig bekräftigen und sich zugleich gegenseitig als Alibi dienen. Das Verständnis des Studenten beschränkt sich leicht auf ein allgemeines Gefühl der Vertrautheit: Konstellationen semantischer Eindrücke im Verhältnis wechselseitiger Konsonanz und Resonanz schaffen jenes vage Gefühl des Gewohnten. Dass ihrer Bedeutung nach so schwierige Begriffe wie »Epistemologie« oder »Methodologie«, wenn sie sich innerhalb eines Satzes gegenseitig stützen, nur selten das Verlangen nach Erläuterung wecken, liegt daran, dass das Forderungssystem des Empfängers nicht analytisch ist, es nicht sein kann und oft auch nicht sein soll. Der gleiche Mechanismus ermöglicht dem Studenten andererseits, mit verhältnismäßig geringem Absurditätsrisiko einen Aufsatz zu verfassen, der scheinbar in der gleichen Begriffssprache geschrieben ist. Dabei ist der Satz »Descartes hat die Epistemologie und die Methodologie erneuert« (oder, analog, in einer Mathematikarbeit »Denn die Konvergenz ist uniform«) oft eine bloß impressionistische Restitution, da sich viele Studenten außerhalb dieses Satzes unter dem Begriff »Epistemologie« nichts vorstellen können.[10]

Bei der Analyse der Aufsatzrhetorik zeigen sich pathologische Restitutionsformen, die mit ihrer Verflachung, Umdeutung oder Inkohärenz eher der Logik der Akkulturation als der der intellektuellen Lehrzeit gehorchen. Die in den meisten Aufsätzen häufi-

10 Der Begriff »Epistemologie« wird zu Recht oder Unrecht im geisteswissenschaftlichen oder philosophischen Unterricht häufig gebraucht, und die Professoren tun dies im Allgemeinen mit umso besserem Gewissen, als er ihnen aus den Aufsätzen der Studenten wieder entgegenkommt. Man sieht daran, wie das »Vorgeben, verstanden worden zu sein« beim Studenten nicht nur das »Vorgeben, verstanden zu haben« erzeugt, sondern auch die subjektive Gewissheit, verstanden zu haben, sozusagen aus Achtung vor dem Professor und der Lehrsituation. Ahnt der Professor, wenn er »epistemologisch« sagt oder diesem Begriff in der Arbeit eines Studenten begegnet, dass in der Gruppe seiner Hörer, mit der er in Kommunikation zu stehen glaubt, mit großer Wahrscheinlichkeit 45 Prozent der Studenten für diesen Begriff entweder gar nichts oder nur abwegige Bedeutungen einzusetzen wagen und dass nur 11 Prozent zu einer korrekten Definition imstande sind? Hier einige besonders monströse Beispiele: »Epi, äußerlich, oberflächlich. Epiphänomen.« – »Das ist die Untersuchung der Beziehung zwischen den verschiedenen Wörtern des Satzes: Prädikat und Attribut.« – »Philosophischer Terminus. Epistemologisches Problem, wenn es zu sehr verschiedenen Thesen führt und schriftliche Postulate hervorruft.« – »Gesamtheit der Gesetze, die zu verifizieren erlauben, ob die gemachten Hypothesen experimentell so eintreten, wie man es vorher annimmt.«

gen Anspielungen und Ellipsen setzen die sich in der traditionellen pädagogischen Beziehung immer neu erzeugende Komplizenschaft im Missverständnis voraus: Der Professor, der in einer Sprache sendet, die nicht oder kaum verstanden wird, dürfte strenggenommen nicht verstehen, was die Studenten zurücksenden; ein Lehrer, der ahnt, wie begrenzt das Verständnis der Studenten ist, es sich aber nicht eingesteht und nicht alle Konsequenzen daraus zieht, hält sich zugleich aufgrund seines Status für berechtigt, allein die Studenten dafür verantwortlich zu machen, dass er ihre Äußerungen nicht versteht. Warum sollte er auch versuchen, wirklich zu verstehen, was sie sagen und sagen wollen, wenn er nicht erwartet, dass sie tatsächlich etwas aussagen könnten, und sie selbst auch nicht hoffen, wirklich etwas zu sagen zu haben? Er verlangt von den Studenten nur »Schritte« in Richtung einer möglichen Aussage, das wahre Geheimnis der behandelten Autoren und ihrer Interpretation besitzt er allein; die Studenten passen sich diesem Stil umso lieber an, als sie es bei halben Aussagen bewenden lassen können, da die andere Hälfte ja ohnehin beim Professor liegt.[11]

Der Professor legt so zwei logisch widersprüchliche und doch soziologisch kohärente Haltungen an den Tag. Zunächst wendet er sich mit der Lehre an fiktive Hörer und umgeht auf diese Weise die Risiken und Anstrengungen einer Selbstüberprüfung; die ganze Leistung wird vom Studenten erwartet, und wenn es diesem nicht gelingt, das Soll, das in Wahrheit nichts als ein »Soll für den Professor« ist, zu erreichen, liegt die Schuld immer ausschließlich bei ihm, gleichgültig, ob sie als Irrtum oder Böswilligkeit gedeutet wird. Der Professor wendet sich aber darüber hinaus an ideale Studenten und entmutigt den Studenten, sein Recht geltend zu machen, nur das zu sein, was er wirklich ist; damit autorisiert der Professor sich selbst, den realen Studenten zu verachten, da er sich ja auf den fiktiven Studenten eingestellt hat, den er aufgrund der Existenz einiger »Hochbegabter« für einen realen Studenten hält. Als ehemaliger guter Student wendet er sich nur an gute Studenten

11 »Ich verstehe nicht«, so ein Dozent, »was die Studenten schreiben. Oder vielmehr, ich habe das Gefühl, ich sollte es nicht verstehen. In Wirklichkeit verstehe ich es doch, weil ich den Schlüssel zu der Geschichte habe und es außerdem eine Geschichte ist, die ich ihnen selbst erzählt habe. Der willkürliche Gebrauch der Fachsprache ist besonders verwirrend; aber ungefähr kann man es doch rekonstruieren.«

und wünscht sich als Schüler nur künftige Professoren.[12] Bringt sich die studentische Wirklichkeit bei den wenigen Gelegenheiten, wo die Kommunikation kontrolliert wird, in Erinnerung, können die Professoren das Missverständnis jederzeit entschärfen, indem sie es rituell beklagen und damit allen Konsequenzen aus dem Weg gehen, die zu ziehen wären, wenn es rational und ohne Emotionen zur Kenntnis genommen würde: »Im Mund der Kandidaten«, wie es oft in Kommissionsberichten heißt, werden die brillantesten Theorien zu logischen Ungeheuerlichkeiten, als seien die Studenten unfähig zu verstehen, was man sie lehrt, und hätten keine andere Rolle, als die Vergeblichkeit der Bemühungen zu bezeugen, die der Lehrer illusionslos und aus Berufsethos an sie verschwendet und immer weiter verschwenden wird, wodurch seine Haltung immer verdienstvoller wird.[13] Da per definitionem feststeht, dass der Lehrende das Richtige auf die richtige Weise lehrt, müssten ihn die kläglichen Resultate mit permanenter Erbitterung gegen die seiner Lehre unwürdigen Studenten erfüllen, betrachtete er sie und ihre »natürliche« Unfähigkeit nicht mit der gleichen Resignation wie ein »guter Kolonist« seine »Eingeborenen«, von denen er nichts anderes erwarten kann.[14] Dass sich die Professoren so selten

12 Die meisten Professoren der geisteswissenschaftlichen und naturwissenschaftlichen Fakultät, weitgehend ehemalige Schüler der Grandes Écoles, orientieren sich am Bild des Studenten, der sie selbst gewesen sind, sie erreichen also aller Wahrscheinlichkeit nach nicht das Auditorium, in dem die »Elite« der Studenten (zumindest nach rein akademischen Kriterien) nicht vertreten ist. Die Situation ist pädagogisch paradox: Die am stärksten forschungsorientierten Professoren wenden sich an die am wenigsten ausgelesenen Studenten, während an den Grandes Écoles und in den Vorbereitungsklassen vor den ehrgeizigsten und erfolgreichsten Studenten Lehrkräfte unterrichten, die weitgehend an schulmäßigen Zielen und Modellen orientiert sind. Eine pädagogische Einstellung, genauer das Bemühen, explizit die Techniken der intellektuellen Arbeit zu vermitteln, sind darum so selten, weil die Professoren oft in dem Glauben befangen sind, immer schon gewusst zu haben, was ihre Studenten nicht wissen. Da sie ihre Techniken nicht mehr auf einen bestimmten Lehrer zurückführen können, vergessen sie, dass sie sie oft in »Zusammenarbeit mit ihresgleichen« erworben haben.

13 »Jedes Jahr hat seine eigene Mode, in der das deformierte Bild der von einem bestimmten Professor gegebenen Hinweise und Lehren als schlechte Karikatur wiederkehrt« (*Agrégation masculine de lettres*, 1950, S. 10).

14 »Bei Durchsicht der Arbeiten stellt man eher resigniert als empört fest …« Zur Beschreibung der zerstörerischen Arbeit, die die Studenten an allem leisten, was sie berühren, schwanken die professoralen Metaphern zwischen Bildern von Bar-

bemühen, dem Missverständnis entgegenzutreten, liegt zweifellos zum Teil daran, dass es ihnen für eine Situation konstitutiv zu sein scheint, in der die schlechte Aufnahme optimaler Sendungen durch miserable Empfänger gleichsam naturgegeben ist.

Die Existenz »schlechter Studenten«, die sich wie das Böse in der Theodizee immer wieder in Erinnerung ruft, macht unmöglich, sich im Bildungswesen wie in der besten aller Welten zu fühlen; zugleich dient sie dazu, pädagogische Gewohnheiten zu rechtfertigen, die sich als die bestmöglichen ausgeben, da sie die einzige unabweisbare Entschuldigung für den pädagogischen Misserfolg liefert, indem sie ihn als naturnotwendig erscheinen lässt. Infolgedessen kommt den professoralen Verdammungsurteilen vielleicht vor allem apologetische Funktion zu: Die Empörung über die »Unfähigkeit« der Studenten (in der Sprache der Theologen wäre es das »Nichts« oder das »Böse«) verbirgt und rechtfertigt zugleich die Resignation angesichts einer ewig gleich bleibenden Naturnotwendigkeit, die jedes rationale oder vernünftige Eingreifen von vornherein zu verurteilen scheint: »Die schlechten Schüler«, die im Bildungssystem der »Hölle« geweiht sind, bilden zugleich dessen Wahrheit und Rechtfertigung. Das Missverständnis bloß schmerzlich zur Kenntnis nehmen und es demonstrativ beklagen hat letztlich die gleiche Funktion und die gleiche Wirkung wie das bloße Nicht-zur-Kenntnis-Nehmen. Die bekümmerte Feststellung, das Niveau der Studenten sinke immer weiter, in der nachklingt, was jeder Professor bei gleicher Gelegenheit schon immer gesagt und gehört hat, und die die Dauer im Wandel bestätigt, bekommt durch ihren stereotypen Charakter die Funktion eines Selbstbestätigungsritus.

Die Studenten befinden sich objektiv in einer Situation, die sie selbst dann zwingt, auf das Spiel der fiktiven Kommunikation einzugehen, wenn sie damit eine akademische Weltanschauung übernehmen müssen, die sie in die Rolle der Verachteten drängt. Wie im melanesischen Kula-Zyklus, wo die Armbänder immer nur in einer, die Halsketten nur in der anderen Richtung umlaufen dürfen, kommt alles Gute und Richtige (oder die Bonmots) immer vom Professor zum Studenten und alles Falsche und Dumme (oder

barei und Naturkatastrophen: Der Student »verwüstet«, »wirft durcheinander«, »verdreht«, »verdirbt«, »zerstört« die Sprache oder die Ideen. »Wie oft wird dieser zarte Text in erschreckender Weise misshandelt, vergewaltigt« (*Agrégation masculine de lettres modernes*, 1965, S. 22).

die schlechten Witze) immer vom Studenten zum Professor. Die Studenten denken selbst dann nicht daran, den professoralen Monolog zu unterbrechen, wenn sie ihn nicht verstehen, weil jener Teil ihrer selbst, der der Logik der Situation gehorcht, sie immer daran erinnert, dass sie eigentlich gar nicht da sein dürften, wenn sie nicht verstehen. Der statusgegebene Verzicht auf ein mehr als approximatives Verständnis ist zugleich Produkt und Bedingung ihrer Anpassung an ein Bildungssystem, das von der Sexta an vor allem von ihnen verlangt, nicht die Fiktion zu widerlegen, die es zu seinem Funktionieren braucht: Da von vornherein angenommen wird, die Schüler hätten verstanden, da sie verstanden haben müssen, ist der Gedanke an ein Recht auf Verständnis von Anfang an ausgeschlossen, und sie müssen sich infolgedessen damit begnügen, die eigenen Anforderungen im Verstehenwollen zu senken. Würden sie zugeben, dass sie nicht oder nur halb verstehen, müssten sie darauf verzichten, sich selbst in dem schmeichelhaften Licht jenes Sein-Sollens zu sehen, das der Professor durch die Höhe seines Stils vorauszusetzen und die guten Schüler auch tatsächlich zu erreichen scheinen. Da die anonyme Gruppe der Kommilitonen wie eine Zensurinstanz wirkt, vor der jeder aus Furcht, naiv oder lächerlich zu erscheinen, seine Fragen unterdrückt, kann jeder alle anderen imitieren, ohne jemals eine bestimmte Person zu imitieren, sodass gerade die am meisten amorphe und am wenigsten integrierte Hörerschaft in besonderer Weise gegenseitige Hemmung hervorruft; sie beruht auf gegenseitiger Mystifikation und verhindert, obwohl sie das *Ethos* der Konkurrenz voraussetzt, jeden wahren Wettstreit. Aus Furcht, das studentische Sein-Sollen nicht zu erreichen, das jeder Kommilitone, neben dem man in der Anonymität des Hörsaals sitzt, möglicherweise bedrohlich verkörpert, muss sich jeder an diesem Sein-Sollen messen, ohne zu verraten, dass er es nicht verwirklicht. Wenn der Professor durch die stereotype Rhetorik des Kollektivtadels scharfe persönliche Wendungen vermeidet, die das studentische Scheinbild zerstören würden, erspart er dem Studenten durch eine solche Diskretion die persönliche Bloßstellung; der Student zahlt in Form tiefer Unsicherheit für diesen provisorischen und fiktiven Schutz, der die Offenbarung des Misserfolges nur um den Preis verschärfter Angst um das Heil verhindert. Die gegenseitige Distanzierung gewährt darum dem Studenten ebenso viel Schutz wie dem Professor. Der Professor ist in seinem Monolog über ein Thema, das er selbst gewählt, abgegrenzt und vorbereitet hat, vor allen Zufällen der Improvisation, überraschenden Unterbrechungen und plötzlichem Widerspruch gesichert; hinter seinem Podium verbarrikadiert, ist er aber auch isoliert und kann, da er die Hörer niemals individuell anspricht, niemand persönlich zur Rechenschaft ziehen, sodass die diffuse Verantwortlichkeit mangels kollektiver Strafen zur Unverantwortlichkeit jedes Einzelnen führt.

Die Autorität der Institution ermutigt Professoren und Studenten geradezu, sich immer weiter mit dem bloßen Austausch von Vorlesungen und Aufsätzen zu begnügen, obwohl dieser Wortumlauf mit einem zunehmenden Informationsschwund verbunden ist; zugleich berechtigt sie die Professoren, im Reden ihre eigentliche Berufsverpflichtung zu sehen.[15] Studenten und Professoren sind als Gefangene des Systems, selbst wenn sie es infrage zu stellen versuchen, an die Alternative Erhaltung oder Umkehrung der gegenwärtigen Struktur der pädagogischen Beziehung gebunden: Die brutalen Dichotomien einer manichäischen Vorstellung, die das objektive System der wechselseitigen Abhängigkeiten einfach auf einen Antagonismus zwischen den Partnern reduziert, erlauben ihnen, sich gegenseitig ohne Ende Lob und Tadel zu spenden, und zwar nach dem Mechanismus der komplementären Bezogenheit von Meinungen und Verhaltensweisen, der von außen gesehen nur als *Komplizenschaft* gedeutet werden kann. Diese Komplizenschaft ist das objektive Resultat eines Verhaltens, das sie gerade zu leugnen sucht. In der Vermeidung jeglicher Kommunikation, die nie ein Abkommen, sei es auch nur ein unbewusstes, voraussetzt, widerspricht sie den Absichten der Partner nur scheinbar. Sie ist die notwendige Folge der verzerrten Einstellung, die beide Partner zur eigenen Funktion im System haben: Da jeder weiß, dass ein Missverständnis vorliegt und dass er zugleich so tun muss, als wisse er es nicht, um nicht den Preis für die Offenbarung zahlen zu müssen, die es aufheben könnte, sucht er in der Einstellung des

15 Der Wortradikalismus gewisser Angriffe auf das System überträgt so das Modell des realitätsentziehenden Sprachgebrauchs, zu dem das traditionelle System verlockt, auf die Kritik an der pädagogischen Beziehung und dem in ihr üblichen Sprachgebrauch. Selbst der Versuch eines radikalen Umsturzes der pädagogischen Verhältnisse unterliegt immer noch dem traditionellen Bild vom Professor als *Guru*, als Weisheitslehrer, von dessen Seite man nicht weicht und der auf die letzten Fragen der Menschheit zu antworten weiß.

Anderen zum Missverständnis das geeignete Mittel, um sich selbst die bequeme Duldsamkeit gegenüber der eigenen Einstellung zum Missverständnis zu erhalten. Nur Komplizenschaft im gegenseitigen Unverständnis kann dazu führen, dass die Polemik gegen das Verhalten des Partners die ideologische Einstellung jedes der Partner zur objektiven Wahrheit des eigenen Verhaltens impliziert: Der Student kann gefahrlos Forderungen zum pädagogischen Ideal erheben, die das Ende seines Dilettantismus bedeuten müssten, während ein traditionalistischer Professor das Recht, Forderungen zu stellen, in tatsächliche Anforderungen umdeuten kann, zu deren Erfüllung er jedoch keinerlei Hilfestellung gibt.

Diese objektive Komplizenschaft als geometrischer Ort der Komplizenschaft jedes der Partner mit sich selbst ist deshalb möglich, weil sich die ideologische Einstellung beider Partner zum eigenen Verhalten an Zielen orientiert, in denen sie sich so lange einig sein können, wie diese unbewusst oder unklar bleiben. Als Produkte eines traditionellen Systems, das seiner Natur nach der Logik größtmöglicher Sicherheit gehorcht, als Mitglieder einer Gesellschaft und Gesellschaftsschicht, in der man sich mühelos und ohne wirkliches Risiko auf Rationalitätswerte einigen kann, begegnen sich Professoren und Studenten notwendig in einem System fundamentaler Erwartungen; beide sind nicht bereit, dem Wunsch nach *Leistungssteigerung* das Opfer eines *Sicherheitsverlustes* zu bringen. Nur ein Beispiel: Die Professoren können sich die Annehmlichkeiten und das Prestige der Vorlesung *ex cathedra* erhalten und doch zugleich ihre Studenten zu größerer Beteiligung ermahnen, während die Studenten sich die Sicherheit der Anonymität und die Freuden des Dilettantismus erhalten und doch mit größter Heftigkeit eine totale pädagogische Revolution fordern können. Professoren und Studenten, die sich in einem bedrohten System befinden und von dem System, das dieses bedroht, fasziniert sind, verhalten sich ebenso widersprüchlich wie jene akkulturierten Bauern, die alle Vorteile beider wirtschaftlichen Systeme, zwischen denen sie stehen, den Ertrag des Traktors und das geringe Risiko des Holzpflugs, nutzen wollen. Sie suchen zugleich den Schutz der Distanz und den fruchtbaren Austausch des Round-Table-Gesprächs.

Muttersprache und Bildungsstil

Das Einverständnis im Missverständnis verbirgt noch etwas anderes. Zum Zeichen dessen, dass sie ihrem eigenen Tun gegenüber Distanz wahren, begegnen sich Studenten und Professoren in respektvoller Entfernung, denn die Bildungsinstitution, die sich auf die traditionelle Einstellung zur Kultur bezieht, hält den spielerischen Umgang mit der Kultur als konstitutiv für echte Bildung. Die an den Hochschulen gesprochene Sprache ist für keinen, nicht einmal für die Kinder aus den privilegierten Klassen, Muttersprache, sie ist jedoch, als achronisches Amalgam älterer Sprachstufen, von der in den verschiedenen sozialen Klassen gesprochenen Sprache unterschiedlich weit entfernt. Zweifellos wäre es willkürlich, wollte man »eine genaue Zahl verschiedener, den verschiedenen Gesellschaftsschichten entsprechender französischer ›Sprachen‹ unterscheiden. Dennoch lassen sich an den beiden Extremen der Stufenleiter zwei deutlich greifbare ›Sprachen‹ unterscheiden: die *bürgerliche* Sprache und die *Vulgärsprache.«*[16] Die bürgerliche Sprache weist einen erheblichen Anteil lexikalischer und syntaktischer Übernahmen aus dem Lateinischen auf, die, da sie nur von den Gebildeten eingeführt, verwendet und durchgesetzt wurden, nicht durch Umformung und Umdeutung an das Durchschnittsfranzösisch assimiliert worden sind; sie wird außerdem in ihrer Entwicklung durch den normalisierenden und stabilisierenden Einfluss akademischer und mondäner Legitimierungsinstanzen unaufhörlich kontrolliert und gebremst. Deshalb wird sie nur von denen vollkommen beherrscht, die ihre durch Assimilierung im Familienmilieu erworbene Ausdrucksfähigkeit in der Schule in eine quasi-gelehrte Sprachbeherrschung zweiten Grades umwandeln konnten. Da aber die technische Empfangsqualität für die Botschaft des Lehrers und der schulische Wert der Rückkoppelung als einzig fassbares Kriterium für die Empfangsqualität graduell immer durch die linguistische Kompetenz der Empfänger bedingt sind, bildet die ungleiche Verteilung des *bildungstechnisch rentablen sprachlichen Kapitals* auf die verschiedenen sozialen Klassen eine der verborgensten Vermittlungen für die (statistisch greifbare) Abhängigkeit zwischen sozialer Herkunft und Bildungserfolg, auch dann, wenn dieser Faktor, je

16 J. Damourette, E. Pichon, *Des mots à la pensée. Essai de grammaire de la langue française*, Paris 1931, Bd. 1, S. 50.

nach der Konstellation, in der er steht, und infolgedessen je nach den verschiedenen Schultypen und Stufen des Studienganges, ein unterschiedliches Gewicht hat.

Der soziale Wert der in einer gegebenen Gesellschaft zu einem gegebenen Zeitpunkt verfügbaren sprachlichen Kodes hängt immer von ihrer Nähe zu der sprachlichen Norm ab, die das Bildungswesen unmittelbar durch die schulische Auslese und mittelbar durch die Festlegung der gesellschaftlich als »korrekt« anerkannten Sprachformen durchsetzt. Genauer noch, der Wert des bildungstechnisch rentablen sprachlichen Kapitals, über das jeder Einzelne verfügt, hängt von der Distanz zwischen den sprachlichen Anforderungen des Bildungswesens und der (nicht nur durch den lexikalischen Umfang, sondern durch ihre syntaktische Komplexität gekennzeichneten) Sprache seiner Herkunftsklasse ab. Die syntaktische Komplexität der Sprache zählt nicht nur bei der unmittelbaren und ausdrücklichen Beurteilung formaler Qualitäten, wie sie bei sprachlichen Übungen, beispielsweise Aufsätzen, benotet werden sollen, sondern auch bei der Bewertung der verschiedensten intellektuellen Operationen (bei einem mathematischen Beweis ebenso wie bei der Entzifferung eines Kunstwerks), die den Umgang mit komplexen Schemata voraussetzen und auf die die Einzelnen je nach der ungleichen Komplexität der ihnen mitgegebenen Sprache in ungleichem Maße vorbereitet sind.

Man kann jedoch keine Sprache übernehmen, ohne damit gleichzeitig eine *Einstellung zur Sprache* zu übernehmen: Auf kulturellem Gebiet perpetuiert sich die Art des Erwerbs im Gebrauch, der vom Erworbenen gemacht wird. Die Art des Erwerbs ist selbst durch die objektiven Relationen zwischen den Sozialcharakteristika des Erwerbenden und der sozialen Qualität des Erworbenen bedingt. Der offenbarste Unterschied zwischen bürgerlicher Sprache und Vulgärsprache liegt deshalb auch in der Einstellung zur Sprache: In der oft beschriebenen Tendenz der bürgerlichen Sprache zu Abstraktion und Formalismus, zu Intellektualismus und euphemistischer Dämpfung drückt sich vor allem eine sozial bedingte Haltung zur Sprache, das heißt zum Gesprächspartner und zum Gegenstand der Unterhaltung aus. Vornehme Distanz, zurückhaltende Sicherheit und gesuchte Natürlichkeit, die jedem Kodex »guten« Benehmens zugrunde liegen, stehen in radikalem Gegensatz zur Expressivität oder, besser noch, zum Expressionismus der

Vulgärsprache, die unmittelbar von Einzelfall zu Einzelfall, von Illustration zu Parabel springt oder aber in Spott, Anzüglichkeiten und Obszönitäten ausweicht, um der Emphase großer Reden und geschwollener Gefühlsäußerungen zu entgehen: Diese Verhaltens- und Sprechweisen sind charakteristisch für Klassen, die nicht über die sozialen Voraussetzungen verfügen, um die objektive Bezeichnung vom subjektiven Kontext, das Gesehene von der Perspektive, die es prägt, unterscheiden zu können.[17]

In der Distanz zwischen der Muttersprache und der durch die

17 Um den Gegensatz zwischen bürgerlicher Sprache und Vulgärsprache genauer zu beschreiben, könnte man auf die empirischen Analysen zurückgreifen, die Basil Bernstein und seine Schule den Unterschieden zwischen der *formal language* der »middle classes« und der *public language* der Arbeiterklasse gewidmet haben. Da Bernstein es aber unterlässt, die impliziten Voraussetzungen der theoretischen Tradition, in der seine Analysen stehen (die anthropologische von Sapir und Whorf und die philosophische von Kant über Humboldt zu Cassirer), zu reflektieren, läuft er Gefahr, Unterschiede auf immanente Sprachcharakteristika, wie beispielsweise syntaktische Komplexität, zurückzuführen, die in Wahrheit durch eine unterschiedliche Einstellung zur Sprache erzeugt werden: Letztere beruht wiederum auf unterschiedlichen Systemen von Einstellungen zur Welt und zu den Mitmenschen. Der *modus operandi* ist nirgends so objektiv greifbar wie im *opus operatum*, und man muss sich hüten, den Produktionshabitus (in diesem Fall die Einstellung zur Sprache) auf sein Produkt (hier eine bestimmte Sprachstruktur) zu reduzieren, da man sonst in der Sprache das determinierende Prinzip für die Einstellungen suchen oder, einfacher, das linguistische Produkt für den Produzenten der Einstellungen halten muss, die es produzieren. Der *Strukturrealismus* einer solchen Sprachsoziologie hat die Tendenz, die Frage nach den sozialen Produktionsbedingungen, welche dem System von Einstellungen zugrunde liegen, das unter anderem die Sprachstruktur bedingt, aus der Untersuchung auszuklammern: Die typischen Kennzeichen der Sprache der Mittelklassen, wie zum Beispiel fehlerhafte Überkorrektheit und demonstrative grammatikalische Präzision, sind nur einige der Symptome für eine Einstellung zur Sprache, die durch ängstliche Fixiertheit auf die anerkannte Norm und schulmäßige Korrektheit charakterisiert ist. Die Sorge um guten Stil, die die kleinbürgerliche Sprache prägt, verrät sich noch deutlicher in der krampfhaften Suche nach Mitteln wie Anstandsfibeln und Etikettehandbüchern, mit denen man sich die Umgangsformen der angestrebten Gesellschaftsschicht, gutes Benehmen und Tischsitten aneignen kann. Diese Einstellung zur Sprache ist, wie man sieht, integrierender Bestandteil eines Systems von Einstellungen zur Kultur, das auf der Entschlossenheit zu Befolgung oder pedantischer Imitation von kulturellen Regeln beruht, die man mehr anerkennt als kennt. Dieser verbissene Wille zur Kultur leitet das ganze Verhalten und entspricht der objektiven Situation und Position der Mittelklassen in der Struktur der Klassenbeziehungen.

Schule geforderten Sprache und gleichzeitig in den sozialen Bedingungen des (mehr oder weniger vollständigen) Erwerbs dieser Sprache liegt also die Wurzel für die unterschiedlichen Einstellungen zur Bildungssprache, die ehrfürchtig oder frei, verkrampft oder lässig, unbeholfen oder familiär, emphatisch oder beherrscht, angeberisch oder reserviert sein können. Sie bilden eines der eindeutigsten Kennzeichen für die soziale Stellung des Sprechenden. So ist beispielsweise bekannt, dass die Bereitschaft und Fähigkeit, Empfindungen und Gedanken verbal auszudrücken, mit der Stellung in der sozialen Hierarchie wachsen. Das ist aber nur eine Dimension der Fähigkeit und Bereitschaft – die mit steigender Stellung in der Bildungs- und Berufshierarchie immer notwendiger wird –, in der Ausübung einer Tätigkeit die Distanz zu dieser Tätigkeit und ihren Regeln zu bewahren. Die rhetorischen Formeln, die Art des Ausdrucks, die Nuancen der Aussprache, die Sprachmelodie, der lexikalische Reichtum oder die Phraseologie entsprechen keineswegs, wie eine flüchtige Deutung des Gegensatzes zwischen allgemeiner und individueller Sprache vermuten lässt, nur der bewussten Entscheidung eines um Originalität bemühten Sprechers; alle diese stilistischen Eigenheiten verraten in der Sprache selbst immer eine Einstellung zur Sprache, die das gemeinsame Kennzeichen einer ganzen Kategorie von Sprechenden ist, weil sie das Produkt der sozialen Bedingungen des Erwerbs und des Gebrauchs der Sprache ist. Die Einstellung zur Sprache, die für die professionell Schreibenden charakteristisch ist, Vermeidung des gewöhnlichen Ausdrucks, Suche nach ausgefallenen Formeln, ist nur der Grenzfall des literarischen Verhältnisses zur Sprache bei den privilegierten Klassen, die aus der benutzten Sprache und der Art ihrer Benutzung ein Instrument der Unterscheidung von der Masse machen.

Obwohl sich die Einstellung zur Sprache, wie alles, was zur Verhaltensmodalität gehört, nur schwer experimentell messen lässt, jedenfalls mit den Methoden einer empirischen Forschung, die häufig in der Aufstellung von Fragebögen genauso routinemäßig verfährt wie in der Interpretation der Resultate, erhält man doch Hinweise auf die Modalität des Sprachverhaltens in den objektiven Befunden zur linguistischen Kompetenz, die in einem Vokabulartest zu messen sind.[18] Sicherer Hinweis auf unterschiedliche Ein-

18 Wenn man sich durch mechanischen Gebrauch von Umfragen dazu verleiten lässt, den Unterschied zwischen Verhalten und Verhaltensmodalität zu vernach-

stellung zur Sprache ist beispielsweise, dass die Studenten an der Sorbonne oder die Studenten aus privilegierten Klassen und erst recht die Studenten aus privilegierten Klassen an der Sorbonne in größerer Zahl bereit sind, eine Definition für ein Wort vorzuschlagen, das es gar nicht gibt und das absichtlich in einen Vokabulartest eingesetzt worden war (Gerophagie), als Provinzstudenten oder Studenten aus den unteren Klassen oder sogar Studenten, die beides zugleich sind. Nimmt man hinzu, dass die Studenten mit der »brillantesten« Vorbildung (humanistisches Gymnasium, Prädikate im *baccalauréat* usw.) seltener als die anderen zögern, in die Falle zu gehen und den angegebenen Begriff zu definieren, und die in jeder Hinsicht am stärksten privilegierte Kategorie die weitschweifigsten Definitionen für diesen ethnologisch klingenden Begriff anbietet, kann man daraus schließen, dass die Leichtigkeit des Sprachgebrauchs bis zur Frechheit oder Arroganz gehen kann, wenn sie mit jener Selbstsicherheit verbunden ist, die die Zugehörigkeit zu einer privilegierten Klasse garantiert.[19] Ebenso erlaubt die methodische

lässigen, setzt man Verhaltensweisen und Meinungen einfach gleich, die nur durch ihre Modalität unterschieden sind: so zum Beispiel auf politischem Gebiet die nach der sozialen Herkunft unterschiedlichen Arten, »links« zu sein oder sich selbst so zu bezeichnen, in denen doch unter anderem der ganze Unterschied des politischen Verhaltens liegt; oder auf dem Gebiet der Kunst die verschiedenen Arten der Bewunderung für das gleiche Werk, die sich erst in der Konstellation der gleichzeitig bewunderten Werke oder in der Art, wie sich diese Bewunderung äußert, offenbaren. All das, was man als Kultur bezeichnet, hängt an diesen winzigen Nuancen zwischen kultivierter Anspielung und schulmäßigem Kommentar oder, subtiler noch, an den verschiedenen Bedeutungen, die ein Ausruf oder die Mimik haben, je nachdem, ob sie ein Eingeständnis der Sprachlosigkeit oder aber, auf einer anderen Ebene der kulturellen Gewohnheiten, den höchsten Ausdruck für das Unaussprechbare darstellen. Wer in diesen Unterschieden nur irrelevante Subtilitäten sehen will, vergisst, dass die Modalitäten eines »Engagements« die Wahrscheinlichkeit praktischer Verwirklichung mit sehr viel größerer Sicherheit anzeigen als der ausdrückliche Inhalt der Ansichten, da hier unmittelbar der *Habitus* zum Ausdruck kommt, der die Verhaltensweisen produziert, und auf diese Weise eine sicherere Voraussage selbst für längere Zeiträume möglich wird.

19 In den Erklärungen des Begriffs *Gerophagie* lassen sich deutlich zwei Gruppen unterscheiden, die für zwei unterschiedliche Einstellungen zur Sprache charakteristisch sind: »Ich weiß keine Definition« (J. Pr. U.). – »Sagt mir nichts« (M. Pr. Mi.). – »Gero (vielleicht alt?); phagie: der Akt des Essens; also: wer Alte isst? (mit Vorbehalt)« (J. Pr. Mi.). – »Aus der Etymologie könnte man schließen: Greise essen« (J. Pr. Mi.). Diesen Äußerungen, in denen entweder Ehrlichkeit

Beobachtung von Sprechweise und Gestik der Kandidaten in der mündlichen Prüfung die Erfassung einiger der sozialen Merkmale, an denen sich das Urteil des Prüfers unbewusst orientiert; zu ihnen gehört die Modalität des Sprachgebrauchs (Korrektheit, Akzent, Ton, Sprachrhythmus usw.), welche ihrerseits mit der in Haltung, Gesten, Kleidung, Aufmachung und Mimik zum Ausdruck kommenden Modalität der Einstellung zum Professor und zur Examenssituation zusammenhängt.[20] Die durch die Bedingungen des Experiments bestimmte Analyse zeigt, dass selbst die Beurteilung rein technischer Kenntnisse und Fähigkeiten von dem System konvergierender oder, genauer, redundanter Eindrücke beeinflusst

oder schulische Vorsicht oder, genauer, die Absicht zum Ausdruck kommt, das Beste zu leisten, um seine Kenntnisse im Rahmen der gebotenen Vorsicht zur Geltung zu bringen, steht eine vorschnelle, arrogante oder manierierte Phraseologie gegenüber: »Die Etymologie ist folgende [...]. Gerophagie ist also die Gewohnheit, Greise zu essen, die bei gewissen nicht-prometheischen Stämmen anzutreffen ist« (M. P. O.). – »Wenn *gero* von *geras* der Greis kommt, bezeichnet Gerophagie eine Form der Menschenfresserei, die sich mit Vorliebe auf die älteren Elemente einer Population X richtet« (M. P. O.). – »Gebildet mit dem Aorist des Verbs ›sich ernähren‹: die Tatsache, Greise zu essen, Sitte, die man bei gewissen primitiven Völkerschaften antrifft« (M. P. Mi.). – »*Gero* fressen, wie man *Anthropo* frisst« (J. P. O.). – (J. = Junge; M. = Mädchen; Pr. = Provinz; P. = Paris; U. = Untere Klassen; Mi. = Mittlere Klassen; O. = Obere Klassen.)

20 Aus ersten Beobachtungen an rund vierzig Studenten ergibt sich zum Beispiel, dass die positiven oder negativen Zeichen der Sicherheit im Ausdruck oder Auftreten (die Vortragsart, körperliche Symptome für Unsicherheit oder Angst, also Händezittern oder Erröten, die Art, improvisiert oder mit Notizen zu sprechen, Verhaltensformen, die die Beziehung zum Prüfenden offenbaren, wie beispielsweise das Bemühen um Zustimmung oder vornehme Distanz usw.) anscheinend eng miteinander und zugleich mit der sozialen Herkunft zusammenhängen. Diese Beobachtungen verlangen vom Prüfenden eine ungewohnte analytische Haltung und zeigen wenigstens einige der sozialen Faktoren der Benotung sowie die Umwege, auf denen sie trotz ihrer Tabuisierung wirksam sind: So dürfen beispielsweise die Verlegenheit und Ungeschicklichkeit der Studenten aus den unteren Klassen oder der betonte gute Wille der Studenten aus den mittleren Klassen in den ausdrücklichen Begründungen der Korrektoren nur als psychologische Eigenheiten, als »Schüchternheit« oder »Nervosität« verkleidet, erwähnt werden. Allein eine experimentelle Messung dieser Kennzeichen, an denen sich die Beurteilung der Kandidaten tatsächlich orientiert, könnte die Tragweite jener akademischen Beurteilungskriterien erfassen, die in der Terminologie professoraler Urteile, den Berichten der Prüfungskommissionen der *concours* oder den Randbemerkungen an Arbeiten und Zeugnissen auftauchen.

wird und man die Gesamtperson, das heißt die für eine soziale Position charakteristischen *Verhaltensnormen*, global wertet.[21]

Im Gegensatz zu der häufig »forcierten« Sicherheit der Studenten aus den unteren und mittleren Klassen, die sich durch aufgesetzte Beredsamkeit, nicht immer ohne Misstöne, den akademischen Sprachnormen anzupassen trachten, bekundet die »ungezwungene« Sicherheit eine beherrschte Ausdrucksfähigkeit, welche in der Mühelosigkeit des Vortrags, der Gleichmäßigkeit des Tons und dem Stilprinzip der Untertreibung – alles zugleich Spielarten der Kunst, die Kunst zu verbergen –, durch Enthaltsamkeit gegenüber den Versuchungen sprachlicher Virtuosität gerade Virtuosität suggeriert. Ein angestrengter Stil lässt immer die Absicht erkennen, etwas und zugleich sich selbst durchzusetzen. Er wird unbewusst als Armeleuteprotz oder als Statussymbol der Neureichen empfunden, weil die Funktion des Zur-Geltung-Bringens zu deutlich wird, um nicht in den Augen der Lehrenden, die an der edlen Fiktion eines selbst im Examen reiner Selbstzweck bleibenden Gespräches festhalten, als vulgäre Anbiederung zu erscheinen.

Diesen beiden Typen der Einstellung zur Sprache entsprechen zwei gegensätzliche Typen der Spracherfahrung und des Verhältnisses von Mutter- und Bildungssprache: Der eine Typus ist durch den Zwang eines ausschließlich schulmäßigen Erlernens der Bildungssprache bestimmt, in dem anderen kommt die Leichtigkeit unmerklicher Assimilation der kultivierten Anspielungs- und Gesellschaftssprache im Familienmilieu zum Ausdruck. Zwischen der Einstellung der privilegierten Klassen zur Sprache und dem Bildungswesen besteht eine eindeutige Affinität: Das Bildungswesen verlangt die Verbalisierung der Erfahrung und damit genau die Einstellung zur Kultur, zu den Erfahrungen und der sie ausdrückenden Sprache, die für den Bildungsbegriff jener Klassen kon-

21 Die soziale Definition des »Geistes« dieser oder jener Gruppe beruht auf einem solchen System von Verhaltensformen als Summe infinitesimaler, immer zugleich intellektueller und moralischer »Qualitäten«: »Im Priesterseminar«, sagte Stendhal, »gibt es eine bestimmte Art, sein weiches Ei zu essen, die den Fortschritt der Frömmigkeit anzeigt.« Nichts anderes versucht die Erbauungsliteratur der Verbände von »ehemaligen Schülern« in häufig verzweifelten magischen Formeln zu beschwören: »Der HEC-Geist ist eine Denkweise, eine Geisteshaltung [...], eine Art, sich in der Welt zu bewegen.« Ähnliche Beispiele aus Paradeaufsätzen oder lehrhaften Feuilletons über den Stil des *normalien* oder die Tugenden des *polytechnicien* ließen sich ad libitum zitieren.

stitutiv ist. Die in der Volkssprache besonders häufige Gewohnheit, verbale Information ganz oder teilweise durch gestische Hinweise auf die Situation zu ersetzen, die man mit Bally als *Ellipse* durch *Deixis* bezeichnen könnte, steht in diametralem Gegensatz zur literarischen Ellipse, die auf den Kontext der gesamten Bildung verweist. Es ist Sartre nicht entgangen, dass ihn das Aufwachsen in einem Milieu, in dem Wörter die Wirklichkeit der Dinge ausmachten, auf den Eintritt in eine intellektuelle Welt vorbereitete, die vom Prinzip der Allmacht der Ideen beherrscht wird. Nichts steht in größerem Gegensatz zu diesem Wort- und Ideenrealismus als die Irrealitätserfahrung der Kinder aus den unteren Klassen beim Erlernen einer Sprache, die besonders geeignet ist, alles, wovon sie spricht, unwirklich zu machen, da sie für sich selbst alle Realität beansprucht. Die »korrekte«, und das heißt »korrigierte« Sprache des Unterrichts unterscheidet sich radikal von jener Sprache, die in den Randbemerkungen der Korrektoren als »Umgangssprache« oder »vulgär« bezeichnet wird, und mehr noch von der Antisprache des Internats, wo den Landkindern angesichts der doppelten Erfahrung erzwungener Akkulturation und geheimer Antiakkulturation nur noch die Wahl zwischen dem »So-tun-als-ob« und der Resignation des Ausgeschlossenen bleibt.

Von Renan bis Durkheim ist oft darauf hingewiesen worden, wie stark ein Bildungswesen, das so großen Wert darauf legt, einen Stil, also eine bestimmte Einstellung zur Sprache, zu tradieren, von der Tradition der Jesuitenkollegs geprägt ist, die die mondänen Anforderungen der Aristokratie in ein christliches Bildungssystem übertrugen: Der Vorrang der literarischen vor den naturwissenschaftlichen Werten, die Vorliebe für verbale Virtuosität und rhetorischen Prunk, die vornehme Distanzierung vom Beruf, die ganze französische Tendenz, das literarische und gelegentlich sogar das naturwissenschaftliche Leben nach mondänen Pariser Spielregeln zu gestalten, blieben unverständlich, wenn jene ererbten intellektuellen Traditionen nicht noch heute für das Bildungssystem, sein Verhältnis zum intellektuellen Milieu und zu den sozialen Klassen eine soziale Funktion besäßen.[22]

22 Man könnte der Tradition des ως ει μη, des »Als-ob-nicht«, die in den von der Gegenreformation geprägten Ländern tief verwurzelt ist, die calvinistische Tradition des *Berufs* entgegenstellen, die keinen inneren Vorbehalt oder keine verbale Distanz gegenüber der als Berufung und Mission empfundenen Tätigkeit kennt.

Die objektive Funktion der Hochschule wird nirgends so deutlich wie in der Einstellung zur Sprache, die sie objektiv anerkennt, indem sie der mündlichen Mitteilung auf Kosten aller anderen pädagogischen Verfahren den absoluten Vorrang gibt, auf Kosten der systematischen pädagogischen Bemühung, die durch wiederholte Übungen und ständige Kontrolle der Rezeption die tatsächliche Assimilierung der mitgeteilten Kenntnisse und Fertigkeiten und vor allem der Information sowie der Techniken, die notwendig sind, um Information zu empfangen, bezweckt.[23]

Das Missverhältnis zwischen dem für Hörsäle und dem für Seminar- und Leseräume zur Verfügung stehenden Platz und der Mangel an zugänglichen Instrumenten für die selbstständige Arbeit – Büchern oder Apparaten – offenbaren das fundamentale Missverhältnis zwischen dem Lernen durch Hörensagen und einer systematischen Schulung durch Anschauung mittels geregelter Diskussionen, Übungen, Versuchen, Lektüre oder schriftlicher Arbeiten.

Die Hierarchie der pädagogischen Aufgaben, wie sie in der Organisation der Institution und der Ideologie ihrer Träger objektiv zum Ausdruck kommt, ist nicht weniger symptomatisch. Von allen Lehraufgaben wird einzig die Vermittlung durch das Wort als unbedingte Notwendigkeit angesehen; sie erhält den Vorzug vor allen anderen Funktionen: vor der Anleitung und Kontrolle der

Selbstverständlich steht hinter diesen beiden historischen Einstellungen zur professionellen Rolle eine allgemeinere Relation zwischen der Position innerhalb einer sozialen Hierarchie (sei es die Hierarchie einer Institution oder die Struktur der Klassenbeziehungen) und der mehr oder weniger deutlichen Bereitschaft ihrer Träger, sich vom eigenen Tun zu distanzieren, wobei Verspieltheit, Lässigkeit, Eleganz und Dilettantismus nur verschiedene Formen sind, mit den Regeln und dem Reglement zu spielen und sie doch zu befolgen.

23 Man wird einwenden, dass die Ausbildung in den Vorbereitungsklassen zu den geistes- und naturwissenschaftlichen Grandes Écoles großes Gewicht auf Übungen und deren Kontrolle legt und auch rein schulmäßige Techniken, beispielsweise die diktierte Vorlesung in gewissen *taupes* und das Auswendiglernen klassischer Texte in gewissen *khâgnes*, nicht verschmäht werden. Dennoch darf man nicht übersehen, dass der Gegensatz zwischen Vorbereitungsklassen und Fakultäten nicht wesentlich im Unterschied zwischen intensiver Ausbildung und den Techniken der eigenen Weiterbildung oder Forschung einerseits und der Erlernung kultivierter Verhaltensweisen andererseits begründet liegt: Hinsichtlich der vorliegenden Fragestellung unterscheiden sich die beiden Institutionen vielmehr einzig durch mehr oder weniger großen Erfolg bei der Vermittlung der gleichen kulturellen Einstellungen.

Studenten und der Korrektur der Arbeiten, die im Allgemeinen als ruhmlose Schattenseite des Dozierens den Assistenten überlassen bleiben – mit Ausnahme der großen *concours*, die den Jurymitgliedern die Befriedigung souveräner Machtausübung gewähren.

Die Bezeichnungen für die verschiedenen Rangstufen des Lehrkörpers drücken aus, dass man umso legitimer sprechen darf, je höher man in der Hierarchie aufsteigt: Der Assistent veranstaltet immer *travaux pratiques*, auch wenn er nur redet; der *chargé d'enseignement* lehrt, und der *maître de conférences*, der im Grunde das Gleiche tut wie der Vorige, hält immerhin Vorträge, und nur der Ordinarius ist berechtigt, vorgeblich meisterhafte *cours magistraux* vorzutragen. Dieses System von »Diensträngen« verbirgt hinter dem Anschein technischer Arbeitsteilung eine Prestigehierarchie im Rahmen der einen, immer gleich bleibenden Funktion, die ideologisch als unteilbar gilt, obgleich die Zeit- und Arbeitseinteilung die Ordinarien dazu nötigt, zahlreiche Funktionen der wachsenden Heerschar nur mit den niederen Weihen ausgestatteten Hilfskräften zu übertragen.[24]

24 Der Zuwachs des Lehrkörpers betrug zwischen 1965/66 und 1966/67 10,7 Prozent bei den Assistenten, 16,4 Prozent bei den *maîtres-assistants* und *chefs-de-traveaux* und nur 5,9 Prozent bei den Professoren und *maîtres de conférences*, wobei der Zuwachs dieser letzten Kategorie, zumindest in der Philosophischen Fakultät, auf die Erhöhung der Zahl der *chargés d'enseignement* zurückzuführen ist, die als Nichthabilitierte nach den traditionellen Kriterien des jeweiligen Stands der Habilitationsschrift (zumeist gemessen an der Seitenzahl) rekrutiert werden und Ordinarienfunktionen ausüben (gelegentlich sogar als Institutionsdirektoren), ohne jedoch den entsprechenden Titel und die entsprechende Bezahlung zu erhalten. Die Schaffung einer neuen Kategorie, wie die der *maîtres-assistants*, und die allgemeine Erweiterung der unteren und mittleren Kategorien führten jedoch nicht in allen Fakultäten in gleichem Maße zu einer technischen Differenzierung der Aufgaben. Dies wird unter anderem an einem Vergleich der relativen Zunahme der verschiedenen Kategorien und des Zahlenverhältnisses zwischen Lehrenden und Lernenden in den verschiedenen Fakultäten deutlich, dem zufolge sich vor allem die Juristische (1/75) und Philosophische (1/60) auf der einen, die Naturwissenschaftliche (1/17) und Medizinische (1/10) Fakultät auf der anderen Seite erheblich voneinander unterscheiden. Während in der Juristischen und Medizinischen Fakultät die dichotomische Struktur zwischen Professoren und Assistenten weitgehend fortbesteht (es gibt jeweils 44,1 und 34 Prozent Professoren, 37,7 und 56,3 Prozent Assistenten gegenüber nur 18,2 und 9,7 Prozent *maîtres-assistants*), hat die Zunahme unterer und mittlerer Ränge in der Philosophischen und Naturwissenschaftlichen Fakultät (jeweils 68,4 und 79,6 Prozent) eine ganz andere Bedeutung. Im ersten Fall wird durch das sehr

Die Rekrutierungspolitik, die seit ungefähr 1960 die Zahl der unteren und kommissarischen Lehrkräfte immer mehr erhöhte, während die Habilitationsvorschriften unverändert blieben, hätte sich nicht so reibungslos durchsetzen können, wenn die akademischen Potentaten bei einer solchen billigen Expansion, die ihren Herrschaftsbereich ausdehnte, ohne ihn zu gefährden, nicht auf ihre Kosten gekommen wären. Sie hätte sich vor allem nicht durchsetzen können, wenn sich nicht die, auf deren Kosten die Sparmaßnahmen gingen, aufgrund des traditionellen Modells des Aufstiegs durch Anciennität antizipierend als potentielle Nachfolger gesehen und sich illusionär mit dem unzugänglichen Meister identifiziert hätten (wofür die bereitwillige und gelegentlich fanatische Unterwerfung unter die Selbstentsagung der Habilitation nur ein Symptom ist). Beiden gibt eine Hochschulorganisation, die wie eine mittelalterliche Korporation kein anderes Prinzip der Arbeitsteilung als die hierarchische Unterscheidung der Stufen eines *gradus* kennt, die Möglichkeit, die endlose Verzögerung der sich in einer Vielzahl von Schritten hinziehenden Karriere als natürlich anzusehen und zu akzeptieren.[25]

Die Einstellung zur Sprache und zum Wissen, die im Primat des

ungünstige Zahlenverhältnis zwischen Lehrenden und Lernenden die traditionelle Arbeitsteilung mit dem Primat der Vorlesung perpetuiert, wodurch die traditionelle Rekrutierungsweise von Assistenten, die auf der Kooptierung von *agréges* und ehemaligen Schülern von Grandes Écoles beruht, als Ursache und Wirkung der mangelnden Arbeitsteilung aufrechterhalten wird. Im zweiten Fall führt das Zahlenverhältnis zwischen Lehrenden und Lernenden und die damit verbundene Rekrutierungsweise, angesichts der mit dem Lehrberuf konkurrierenden Berufsangebote, in den unteren Rängen zur Herausbildung einer Schicht akademischer Hilfskräfte. Diese besitzen weder die Aufstiegschancen der traditionellen Berufsstruktur noch die statusmäßigen und materiellen Garantien, die mit einer ausdrücklichen Anerkennung der Arbeitsteilung und der unterschiedlichen akademischen Karrieren verbunden sind.

25 Es ist nicht erstaunlich, dass jene Studenten, die dank ihrer sozialen Herkunft Selbstsicherheit und vornehme Lässigkeit an den Tag legen können, den vorgeblich subalternen Aufgaben so häufig nur aristokratische Verachtung entgegenbringen. Diese Haltung entspricht der akademischen Antithese zwischen der über alle Technik erhabenen Vollkommenheit des intellektuellen Aktes und den Mühen pädagogischer Arbeit: Das Bildungswesen räumt der methodischen Einübung, den zur geistigen Arbeit erforderlichen materiellen und intellektuellen Techniken und einer technischen Einstellung zu denselben in seiner Hierarchie objektiv den niedrigsten Platz ein.

gesprochenen Wortes über alle anderen pädagogischen Verfahren impliziert ist, ermöglicht dem Professor auch die Anpassung an die Erfordernisse der Institution, vor allem aber an die Morphologie des pädagogischen Raums und die Sozialstruktur des Publikums:

Zweimal pro Woche musste der Professor je eine Stunde vor ein Publikum treten, dessen Zusammensetzung rein zufällig war und sich häufig von einer Stunde zur anderen änderte. Er musste ohne Rücksicht auf die besonderen Bedürfnisse der Studenten und ohne Kenntnis ihres Wissens und ihrer Lücken vor ihnen sprechen [...]. Ausführliche wissenschaftliche Deduktionen, die eine lange wissenschaftliche Argumentationskette voraussetzen, waren ausgeschlossen [...]. Für alle zugänglich, Schauplatz einer Art Konkurrenzkampf um das Publikum, sind die Vorlesungen zu brillanten Vorführungen, zu ›Rezitationen‹, in der Art der römischen Deklamatoren der Dekadenzperiode geworden [...]. Die sich während der Vorlesung unablässig öffnende und schließende Tür, das dauernde Kommen und Gehen, die zerstreut dreinblickenden Hörer, der kaum jemals didaktische, meist deklamatorische Ton des Professors, die Virtuosität klingender Gemeinplätze, die nichts Neues bringen, aber die Zustimmung des Publikums ernten, sind in der Tat befremdlich.[26]

Überhaupt werden die typischsten Eigenheiten des französischen Bildungssystems und Geisteslebens nur dann verständlich, wenn man ihre Abhängigkeit von jener Art der pädagogischen Vermittlung berücksichtigt, die die Lehre tendenziell auf verbale Verzauberung oder Paradevorführungen reduziert und damit verrät, dass sie auf einer Pädagogik der Familiarisierung, das heißt auf einer Pädagogik der Nichtpädagogik, beruht, deren Prinzip der Spontanpädagogik der Familie entspricht. Die Vorlesung kann zweifellos auch ganz andere, dem traditionellen System entgegengesetzte Funktionen erfüllen, wenn sie zum Beispiel in einer Einführungsphase dazu dient, auf die zeitsparendste Weise die Voraussetzungen für die pädagogische Kommunikation und die künftige Arbeit zu schaffen oder, in der Forschungsausbildung, eine theoretische Synthese beziehungsweise Problemstellung vorzulegen, oder wenn sie, auf Band aufgenommen, einfach zum technischen Hilfsmittel der Wiederholung von Übungen wird; die Vorlesung *à la française* aber dient aufgrund ihres disproportionalen Gewichtes im System der

26 E. Renan, *Questions contemporaines*, Paris: Calmann-Lévy, 1876, S. 90f.

pädagogischen Verfahren und aufgrund der mit ihr verbundenen Einstellung zur Sprache und zum Wissen notwendig traditionellen Funktionen: Die »Pedanterie der Leichtigkeit«, die für die konventionelle Vorlesung typisch ist, jenes wohltemperierte Gleichgewicht zwischen gefälliger Kompilation und gemäßigter Originalität, ermöglicht bis in ihre Imitationen hinein ein Doppelspiel mit den Normen, denen sie vorgeblich entspricht. Die Forderung nach pädagogischer Klarheit dispensiert vom Detail gelehrter Verweise; der Anschein der Gelehrsamkeit dispensiert von eigener Forschungsleistung, und die vorgeblich kreative Improvisation dispensiert gleichzeitig von Klarheit und Gelehrsamkeit. Selbst wenn es niemals verwirklicht würde oder realisierbar wäre, rechtfertigt das Ideal der totalen Vorlesung doch sämtliche realen Vorlesungen, die es suggerieren und voraussetzen, dank jenes Spiels mit dem Zirkel sich ergänzender Alibis, die vorzüglich geeignet sind, die Illusion zu nähren, sämtliche denkbaren pädagogischen Ziele seien vereinbar.[27]

Man begreift, warum diese Form der pädagogischen Kommunikation die Ausübung professoralen Charismas begünstigt, vor allem dann, wenn die Vorlesung an die Stelle der Werke tritt, in die sie einführen wollte, und jene akademischen *Summen* entstehen, die für die Zeit der Herrschaft eines Professors oder einer Schuldynastie an die Stelle all jenes Wissens treten, das sie zu bewahren und weiterzuentwickeln vorgeben.[28] Zugleich wird verständ-

27 Die große Bedeutung der mündlichen Mitteilung zeigt sich auch in dem Vorrang, den die Vorlesung – in unterschiedlichem Maße je nach Studentenkategorie (gemäß der allgemeinen Regel der Verhaltensunterschiede je nach Geschlecht, Wohnort und sozialer Herkunft) – vor allen anderen Lernverfahren einschließlich der Lektüre besitzt. Dies beweist auch der Wert, der den Vorlesungsnotizen zugeschrieben wird, die immer wieder gelesen, getauscht und verliehen werden.

28 Kant, der historisch Gelegenheit hatte, die ersten Anzeichen der romantischen Revolte gegen den Rationalismus der Aufklärung und vor allem gegen ihr Vertrauen in die Möglichkeiten der Erziehung zu beobachten, beschreibt eindrücklich die Wirkungen jenes *institutionalisierten Charismas*, das auf der Ideologie der Inspiration und des schöpferischen Genies beruht: »Aber ein Schlag von ihnen, *Geniemänner* (besser, Genieaffen) genannt, hat sich unter jenem Aushängeschilde mit eingedrängt, welches die Sprache außerordentlich von der Natur begünstigter Köpfe führt, das mühsame Lernen und Forschen für stümperhaft erklärt, nur den Geist aller Wissenschaft mit einem Griffe gehascht zu haben, ihn aber in kleinen Gaben konzentriert und kraftvoll zu reichen vorgibt. Dieser Schlag ist, wie der der Quacksalber und Marktschreier, den Fortschritten in wissenschaftlicher und sittlicher Bildung sehr nachteilig, wenn er über Religion,

lich, weshalb so viele echte oder vorgebliche Intellektuelle bis in scheinbar außerakademische Verhaltensweisen hinein getreulich dem Konformismus der herrschenden Einstellung zu Sprache und Kultur folgen. Es ist nur scheinbar paradox, dass die Wahrheit der Schulbildung gerade außerhalb ihres eigentlichen Bereiches am deutlichsten zum Ausdruck kommt. In den am wenigsten schulmäßigen Reden der von Schulzwängen am besten emanzipierten Intellektuellen zeigt sich jene selbstgefällige Einstellung zur Kultur, welche von einem Bildungswesen gefördert und anerkannt wird, das aufgrund seiner Abhängigkeit verurteilt ist, seinerseits all das verächtlich zu machen, was schulmäßig wirkt, angefangen von der schulmäßigen Einstellung zur Bildung. Die Bildung nach Pariser Manier, diese Vulgata zum Zweck mondäner Konversation oder bohemehafter Diskussion, löst sich in Wohlgefallen auf, sobald man sie der Probe einer Wissensprüfung unterzieht. Dies liegt nicht nur an den Bedingungen ihres Erwerbs, den flüchtigen Kontakten mit Menschen, Werken und jenen, die über sie sprechen, oder der allwöchentlichen Lektüre von Nachrichtenmagazinen, sondern vor allem daran, dass die Einstellung zu einer Kultur, die durch Familiarisierung erworben ist, sich nirgends so leicht aktualisiert wie in der ungezwungenen Salonkonversation, wo totale Willkür herrscht und mit einem Augenzwinkern oder einer abwertenden Grimasse Etiketten verteilt werden und schließlich nach einem Primitivschema von rechts und links alles aufs Gleiche hinausläuft: Politik, Kunst oder Philosophie. »Was bleibt, wenn man alles vergessen hat«, ist eine Einstellung zur Kultur, die durch das Recht zu vergessen definiert ist. Es kommt nur darauf an, einmal etwas gewusst zu haben oder als jemand zu gelten, der gewusst hat: Denn was bleibt schließlich von dem langen Umgang mit antiken Texten oder klassischen Autoren als das Recht, bei geläufigen Zitaten nicht erröten zu müssen oder, wenn die Weihen höher sind, jene Sicherheit und Vertrautheit herauszukehren, die Giraudoux als

Staatsverhältnisse und Moral, gleich dem Eingeweihten, oder Machthaber, vom Weisheitssitze herab im entscheidenden Tone abspricht und so die Armseligkeit des Geistes zu verdecken weiß. Was ist hiewider anderes zu tun, als zu lachen, und seinen Gang mit Fleiß, Ordnung und Klarheit geduldig fortzusetzen, ohne auf jene Gaukler Rücksicht zu nehmen?«; vgl. Kant, *Anthropologie*, Paris: Vrin, 1964, S. 89 f. [*Anthropologie in pragmatischer Hinsicht, Werke*, Bd. 6, Darmstadt 1964, S. 545].

das »Verhältnis zwischen berühmten Vätern und Söhnen oder Neffen« den *normaliens* zuschreibt, die »mit den großen Morallehren, den großen Ästhetiken, den großen Autoren vertrauten Umgang pflegen«. Im äußersten Fall könnte ein zur Vermittlung von Informationen bestimmtes System, selbst wenn es keinerlei messbare Information mehr vermittelte, immer noch eine soziale Funktion erfüllen, sofern es erreichte, dass Kommunikation überhaupt und die in ihr implizierte Einstellung zur Bildung als Wert anerkannt werden, und sei es in Form der Anerkennung der mit der Kommunikation betrauten Lehrer. Auch wenn die Sendung nur aufgrund der Autorität der Institution angehört und nicht einmal empfangen würde, könnte sie noch immer die Autorität der Institution vermitteln. Dieser Grenzfall eines Bildungssystems, das keine andere technische Funktion mehr besäße als seine soziale Funktion, die Kultur und die Einstellung zur Kultur der privilegierten Klassen zu legitimieren, enthüllt gewisse Tendenzen des französischen Systems, weil dieses System nur deshalb gleichzeitig so wenig vermitteln und dabei doch dem Wort eine beherrschende Stellung einräumen kann, weil es immer dahin tendiert, der sozialen Funktion der Bildung (der naturwissenschaftlichen ebenso wie der geisteswissenschaftlichen) den Primat vor der technischen Qualifikation zuzubilligen.

Da das Bildungssystem dem Lehrenden das Recht und die Möglichkeit gewährt, die Autorität der Institution für sich zu nutzen, verfügt es über das sicherste Mittel, seine Bediensteten dazu zu bringen, all ihre Fähigkeiten und Kräfte in den Dienst der Institution und damit der sozialen Funktion der Institution zu stellen. Willentlich oder unwillentlich, bewusst oder unbewusst muss der Lehrende sich selbst zur sozialen Definition seiner Tätigkeit stellen, die in ihrer traditionellen Form unweigerlich die Theaterpose verlangt. In einer Art Zirkel setzt die Lehre pädagogische Autorität voraus, um überhaupt wirksam werden zu können, zugleich aber muss sie die Autorität erst im Laufe und mithilfe der pädagogischen Kommunikation herstellen. Der Lehrende, der mithilfe seines persönlichen Stils den Wert seiner Funktion und der von ihm vermittelten Bildung erst unter Beweis stellen muss, ist deshalb auf die symbolischen Attribute der mit seiner Funktion verbundenen Autorität angewiesen (angefangen von jenem Berufsjargon, der für den Professor das ist, was für Koch, Friseur, Kellner oder Krankenschwester weiße Bluse oder Kittel), um sich die Freiheit nehmen zu können, symbolisch auf einige dieser Attribute zu verzichten und bestimmte Aspekte seines Tuns hervorzuheben, die, wie die Gesten eines Chirurgen, Solisten oder Akrobaten, eine zusätzlich symbolische Bedeutung annehmen können. Wie man am Beispiel der Improvisation sieht, ist der demonstrative Verzicht auf den offensichtlichsten Schutz der Institution das beste Mittel zur Bestätigung des persönlichen Ranges. Die typischsten charismatischen Virtuosenstücke, Wortakrobatik, hermetische Anspielungen, verwirrende Verweise oder apodiktisches Dunkel und die entsprechenden technischen Rezepte, Verschweigen der Quellen, gezielte Witze oder Umgehung kompromittierender Formulierungen, verdanken ihre symbolische Wirksamkeit der durch die Institution geschaffenen Autoritätssituation. Die Institution toleriert und ermutigt das Spiel mit den Garantien und Hilfen und sogar dem offiziellen Reglement nur deshalb so weitgehend, weil die Pädagogik außer einem gegebenen Inhalt immer auch die Anerkennung seines Wertes vermitteln muss und es hierfür kein besseres Mittel gibt, als das Prestige, das die einmalige Art und Weise der Mitteilung den auswechselbaren Mitteilenden gewährt, zugunsten des mitgeteilten Gegenstandes einzusetzen; ein Prestige, das, selbst wenn es durch die persönliche Qualität des Professors und seiner Darbietungen verursacht scheint, letztlich immer auf der Autorität der Institution beruht.

Dieser Spielraum gegenüber den institutionellen Regeln trägt, wie die implizit in das Programm eingeplanten Freiheiten gegenüber dem Programm, wirksamer zur Anerkennung der Regeln bei als undifferenzierter und unmittelbarer Zwang. Er führt letztlich dazu, dass mittels der Einstellung zum Lehrenden eine Einstellung zur Bildungsinstitution ausgebildet wird und durch diese hindurch die Einstellung der privilegierten Klassen zu Sprache und Kultur. Die List der akademischen Vernunft, mit deren Hilfe sich die Institution den Lehrenden dienstbar macht, indem sie ihn verführt, sich ihrer zu bedienen, besitzt eine gesellschaftlich konservative Funktion, welche die akademische Vernunft aber nicht kennen oder jedenfalls nicht offen anerkennen darf: Wenn die Freiheit, die das Bildungssystem dem Lehrenden lässt, das beste Mittel zu seiner Unterwerfung unter das System ist, dann ist die dem Bildungssystem gelassene Freiheit das beste Mittel zur Perpetuierung der bestehenden Klassenverhältnisse, da die Möglichkeit einer solchen

Zweckentfremdung in der Logik eines Systems angelegt ist, das seine soziale Funktion am vollkommensten erfüllt, wenn es scheinbar seine ureigenen Zwecke verfolgt.

Die Tatsache, dass die Einstellung zu Sprache und Kultur, jene unendliche Zahl infinitesimaler Unterschiede in der Art des Tuns oder Sagens, in der sich die Autonomie des Bildungssystems und der Bildungstradition am vollkommensten auszudrücken scheint, in gewisser Hinsicht die Gesamtheit der Relationen enthält, die zwischen dem Bildungssystem und der Struktur der Klassenbeziehungen bestehen, wird einsichtig, wenn man sich vorstellt, was alles objektiv notwendig wäre, wollte man in der Gesamtheit des Bildungswesens eine andere Einstellung zur Sprache durchsetzen.[29] So müsste beispielsweise der Professor zu seiner eigenen Rede, zur Rede seiner Schüler und zur Einstellung dieser Schüler zu seiner Rede eine von aller Selbstgefälligkeit und allen traditionellen Verstrickungen freie Einstellung besitzen. Er müsste seine gesamte Lehrtätigkeit den Erfordernissen einer vollkommen rationalen Pädagogik unterordnen und die im Postulat der Autonomie rein schulmäßigen Lernens logisch implizierten Prinzipien wirklich in die Tat umsetzen. Offensichtlich aber kann ein solches Verhalten, von Zufällen oder Wundern individueller Konversionen abgesehen, nur dann von den Lehrenden erwartet werden, wenn sie *objektiv* dazu gezwungen werden, bewusst oder unbewusst den eigentlich pädagogischen Anforderungen zu gehorchen; anders gesagt, es wäre ein

29 Das Grundpostulat dieser imaginären Verwandlung ist nichts anderes als die Bestätigung der Möglichkeit, dass sich Bildung und Kultur in einem anderen historischen Kontext von der Einstellung zu Bildung und Kultur ablösen ließen, das heißt von der Aneignung durch Familiarisierung, allmähliche Vertrautwerdung, die nach der bürgerlichen Ideologie für das *Wesen der Bildung* konstitutiv ist (weshalb auch nur Vertrautheit und »Natürlichkeit« als Zeichen kultivierter Einstellung zur Kultur anerkannt werden). Eine solche Ablösung müsste also die gebildete (und im Bildungswesen gängige) Definition der gebildeten Einstellung zur Bildung umstoßen. Die Feststellung, dass zwischen der vom Bildungswesen anerkannten Einstellung zur Bildung und der Einstellung zur Bildung, die das Monopol der herrschenden Schichten ist, eine prästabilierte Harmonie besteht, zwingt in ihrer letzten Konsequenz dazu, die Frage nach den Beziehungen zwischen akademischer Kultur und der Kultur der herrschenden Klassen völlig neu zu stellen, da das Bildungswesen die herrschende Kultur mindestens ebenso stark mittels der verlangten Einstellung zur Bildung wie durch seine Inhalte zementiert. Die populistische Versuchung, die proletarische Kultur einfach durch schulische Anerkennung zu kanonisieren, führt jedoch in die Irre.

Bildungssystem erforderlich, das in seiner Gesamtheit eine ganz andere Einstellung zu Sprache und Kultur besäße und an den objektiven Interessen eines ganz anderen Publikums orientiert wäre, welches sprachlich und kulturell ausschließlich vom Bildungssystem abhinge. Ein solches Bildungssystem, das einem anderen System gesellschaftlicher Funktionen zu dienen hätte, müsste notwendig auch in einer anderen Relation zur Struktur der Klassenbeziehungen stehen. Es würde zudem Lehrkräfte erfordern (und zulassen), die nach anderen Kriterien ausgelesen und nach anderen Methoden ausgebildet wären und fähig sein müssten, den Anforderungen von technisch – und nicht nur hierarchisch – differenzierten Positionen zu entsprechen. Der Alibizirkel der traditionellen Vermischung von Lehr-, Forschungs- und sogar Verwaltungsfunktionen hätte ausgespielt, sobald die Aufgaben der Studien- und Forschungsanleitung oder der Organisation und Wissensvermittlung eindeutig arbeitsteilig festgelegt wären.

Die Fortschritte der pädagogischen Technologie (audiovisuelle Techniken, programmiertes Lernen usw.) führen, ohne eine solche radikale Restrukturierung zu erzwingen, im Bildungssystem zu Kettenreaktionen, die zeigen, dass Besonderheiten, die ihrem Wesen oder zumindest der französischen Idiosynkrasie nach untrennbar mit dem Lehren verbunden schienen, wie beispielsweise die Tendenz der Pädagogik, sich mehr auf den Lehrenden als auf den Lernenden zu konzentrieren, durchaus variabel sind. Man muss sich zweifellos hüten, von den Änderungen in der technologischen Basis der pädagogischen Kommunikation automatisch grundlegende Wandlungen zu erwarten und zu übersehen, wie sehr das Bildungssystem als Ganzes von der Sozialstruktur abhängt und wie die technischen Mittel je nach den technischen und sozialen Funktionen des Bildungssystems eingesetzt werden (die interne Fernsehübertragung könnte beispielsweise dazu führen, dass die traditionellen Züge der Vorlesung noch ins Groteske gesteigert würden). Dennoch ist die Wahrscheinlichkeit groß, dass die Veränderungen der pädagogischen Technologie, sofern sie die pädagogische Beziehung in ihrem spezifischen Bereich, das heißt die Kommunikationsmittel, betreffen, auch zugleich die Einstellung zur Kommunikation selbst verändern müssen: Mit der Möglichkeit, eine Botschaft vorher aufzunehmen und sie beliebig oft zu wiederholen, zeichnen sich die technischen Bedingungen einer von allen zeitlichen und räumlichen Zwängen befreiten Lehre ab. Diese wäre an den Bedürfnissen eines Publikums orientiert, das sie beliebig benutzen kann. Das bedeutet die Möglichkeit einer Veränderung der sozialen Implikationen der pädagogischen Kommunikation, der Relation zwischen Emissionsakt und Assimilationsarbeit und damit zwischen den Sendern und Empfängern der pädagogischen Botschaft. So besteht eine der Wirkungen der Bandaufnahme darin – vergleichbar, aber nicht identisch mit der der Niederschrift –, dass die Emissionskontrolle verbessert wird und dass sich die wechselseitigen Anforderungen verändern, wobei die Studenten beispielsweise dem traditionellen Professor teure Effekte wie Witze oder Anekdoten für »überflüssig« erklären, während die Professoren zu einer stärkeren Selbstzensur genötigt sind, da der Schutz ungreifbarer Vergänglichkeit gefallen ist.[30] Kurz, jeder pädagogische Rationalisierungsprozess – auf welchen Prinzipien er auch beruht – stellt unweigerlich die Verzauberung durch das »Genie« des »Meisters« infrage, welche im traditionellen System wechselseitiger Belobigung und Mystifikation möglich war; es wäre jedoch ein Irrtum, eine gänzlich nüchterne Einstellung zu den Lehrberufen zu erwarten, da das Bildungssystem den Lehrenden mithilfe irgendeiner List dazu bringen muss, sich mit dem Akt der Vermittlung zu identifizieren: Diese Identifikation ist eine der Bedingungen für eine Identifikation mit der vermittelten Bildung.

Das französische Bildungswesen perpetuiert und sanktioniert ein Bildungsprivileg, das auf dem Monopol der Bedingungen zum Erwerb der Einstellung zur Kultur beruht – jener Einstellung zur Kultur, die jede privilegierte Klasse mithilfe ihres Monopols als kultiviert anerkennt und durchsetzt –, weil es implizit die Einstellung zur Kultur anerkennt, die nur vollständig erworben werden kann, wenn die Kultur durch Familiarisierung assimiliert wird, und die deshalb den privilegierten Klassen vorbehalten bleibt. Außerdem schafft es eine Lernsituation, die trotz ihrer relativen Eigenständigkeit immer ein allmähliches Vertrautwerden voraussetzt, deren soziale Bedingungen nur in den Familien gegeben sind, deren Kultur die der herrschenden Klassen ist.

Da das System nicht explizit liefert, was es verlangt, verlangt es

30 Diese Analysen beruhen auf verschiedenen Erfahrungsberichten, die dem *Colloque sur la technologie de l'enseignement*, organisiert von der UNESCO, Paris, September 1968, vorgelegt wurden.

implizit, dass seine Schüler bereits besitzen, was es nicht liefert: eine Sprache und Kultur, die außerhalb der Schule durch unmerkliche Familiarisierung gleichzeitig mit der entscheidenden Einstellung zu Sprache und Kultur ausschließlich auf diese Weise erworben werden kann. Da es eine Form des Lehrens und Lernens perpetuiert, die in ihrer Pädagogik und teilweise auch in ihren Inhalten kaum von der Familienerziehung abweicht, bietet es eine Art der Bildung und des Wissens, die nur denen wirklich zugänglich ist, welche die implizit vorausgesetzte Bildung bereits besitzen. Die Abhängigkeit des traditionellen Systems von den herrschenden Klassen kommt unmittelbar in dem Primat der Einstellung vor allen Bildungsinhalten zum Ausdruck. Unter allen möglichen Einstellungen wird gerade jene prämiert, die das Bildungswesen niemals allein hervorbringen kann, obwohl es zur Reproduktion ihrer Reproduktionsbedingungen beiträgt: Sein wahres Verhältnis zur Struktur der Klassenbeziehungen, von der es nur relativ unabhängig ist, zeigt sich dort, wo es den Stil derer als zu schulmäßig tadelt, die ihren Stil ausschließlich der Schule verdanken. Es desavouiert damit seine eigene Erziehungsleistung und gesteht seine Unfähigkeit ein, die Autonomie einer spezifisch schulischen Bildung zu behaupten.

Ebenso wie das Wirtschaftsverhalten traditionellen Typs dadurch definiert ist, dass sich die objektiv wirtschaftliche Tätigkeit niemals als solche deklarieren darf und die Frage der Zweckrationalität der objektiven Ziele niemals explizit gestellt werden darf, ließe sich die traditionelle Pädagogik als eine *Pädagogik an sich* definieren. Sie vermeidet immer die Frage nach den Mitteln, die zu einer rationalen Erfüllung ihrer objektiven Funktionen notwendig wären. Die in der französischen Bildungstradition so häufige schulische Abwertung des schulmäßigen Stils – deren Entsprechungen sowohl in der griechischen Schuldebatte über die Lehrbarkeit der Tugend als auch im konfuzianischen Kult des Dilettantismus zu finden sind – ist nur deshalb so allgemein verbreitet, weil sie den inneren Widerspruch von Bildungsinstitutionen offenbart, die weder ihre pädagogische Funktion leugnen können, ohne sich zugleich als Institutionen zu leugnen, noch sie ganz anerkennen können, ohne sich zugleich als traditionelle Bildungsinstitution zu verleugnen: Der »akademische Antiakademismus« der Epochen Ming und Ch'ing steht im gleichen Verhältnis zu den formalen Konventionen, Restriktionen und Vorschriften der gelehrten Maltradition wie die professorale Betonung der schöpferischen Inspiration zur Routinedidaktik der Französischlehrer, jener frommen Genieknechte, die ebenso unfähig sind zu tun, was sie predigen, wie zu predigen, was sie tun.[31] Über den logischen Widerspruch, der zwischen der Wirklichkeit von Bildungstraditionen und traditionellen Schulen und der Ideologie von Begabung, gutem Geschmack und verfeinertem Stil besteht und der vielleicht nirgends so deutlich zum Ausdruck kommt wie in den am stärksten in Routine erstarrten Bildungssystemen, darf jedoch nicht die soziologische Abhängigkeit vergessen werden die zwischen dem schulmäßigen Kult für die außerschulische Einstellung zu Bildung und Kultur (und selbst zur Schulbildung) und den pädagogischen Interessen der herrschenden Klassen besteht: Die Pädagogik traditionellen Typs verlässt sich auf die Familiarisierungserziehung und verzichtet damit auf jede eigentlich pädagogische Ambition. Sie übernimmt damit eine konservative Funktion, da sie, sowohl durch das, was sie tut, als durch das, was sie unterlässt, automatisch jenen Klassen dient, die das Bildungswesen brauchen, um das Monopol für eine Einstellung zu Bildung und Kultur, die sie niemals bloß in der Schule erwerben, durch die Schule zu legitimieren.

Mithilfe der komparatistischen Methode, die zeigt, welche Beziehungen in ganz unterschiedlichen historischen Situationen zwischen der Kultur der herrschenden Klassen und der traditionellen Pädagogik bestehen (oder die, genauer, die strukturelle und funktionale Affinität zwischen dem Wertsystem jeder privilegierten Klasse, die zur Stilisierung einer zum Stilkodex reduzierten Kultur neigt, und den traditionellen Bildungssystemen, die an der Perpetuierung und Bestätigung des guten Stils orientiert sind, enthüllt), wird deutlich, wie stark das französische System durch diese transhistorische Kombination sozialer Relationen geprägt ist.

Um die spezifische Form dieser Kombination in der französischen Bildungstradition zu erklären, muss man zweifellos bis zur Lehrtätigkeit der Jesuiten zurückgehen, die in ihrem Bestreben nach einer Säkularisierung der christlichen Moral die Theologie der Gnade erfolgreich in eine weltliche Ideologie des begnadeten Stils ummünzten; das Fortbestehen dieser historischen Form kann aber

31 J. Levenson, *Modern China and its Confucian Past*, New York: Anchor Books, 1964, passim und besonders S. 31; außerdem E. Balazs, Les aspects significatifs de la société chinoise, *Asiatische Studien* VI, 1952, S. 79-87.

nur dann zur Erklärung beitragen, wenn es durch das Fortbestehen ihrer Funktionen erklärt wird: Die Traktate des 17. Jahrhunderts über Konversation, Benehmen und Verhalten bei Hof (von Balthazar Gracián bis zum Chevalier de Méré) katalogisieren systematisch alle wesentlichen kulturellen Züge des im heutigen Pariser Großbürgertum üblichen Stils oder der von den angesehensten Elitehochschulen hervorgebrachten Konversationstechnik (sofern man mehr an die ENA als an die École Normale Supérieure denkt). Die Kontinuität der pädagogischen Gewohnheiten beruht auf der historischen Kontinuität des Bildungswesens und diese auf der Kontinuität der historischen Funktionen. Trotz der Veränderungen in der Sozialstruktur bleibt sich das System der Relationen des Bildungswesens zu den privilegierten Klassen immer gleich.

Jene Konstellation von Verhaltensweisen und Einstellungen, die im 17. Jahrhundert in der Ethik des *honnête homme* kodifiziert ist und die sich von der des »gebildeten Edelmannes« der konfuzianischen Tradition gar nicht so sehr unterscheidet, konnte aufgrund ihrer transhistorischen Bedeutung und Funktion, trotz aller Veränderung der Bildungsinhalte, durch den Wechsel der herrschenden Klassen hindurch reibungslos perpetuiert werden: Man denke beispielsweise an den Primat des »Stils« oder, um den historischen Begriff zu verwenden, der »Manier«; man denke an die Betonung von Natürlichkeit und Leichtigkeit im Gegensatz zu Pedanterie, Sturheit und Angestrengtheit, an den »Begabungs«kult und die Abwertung schulmäßiger Übungen (neuzeitliche Umformulierung der ideologischen Verabsolutierung der »Geburt« und der Verachtung alles Studierens), an die Missachtung des Spezialistentums, der Professionalisierung und des Handwerks, die bürgerliche Umdeutung der Verachtung für den Krämer; man denke daran, dass die Kunst zu gefallen, das heißt die Kunst der Anpassung an gesellschaftliche Umstände und Begegnungen, an die erste Stelle gesetzt wird; man denke an das Interesse für Imponderabilien und Nuancen, in dem die akademische Tradition des *je ne sais quoi* fortlebt und das sich im Primat der Geisteswissenschaften vor den Naturwissenschaften und in dem noch höheren Prestige der Künste ausdrückt, da diese noch besser geeignet sind, das Spiel sich unendlich verfeinernder und brechender Unterscheidung zu legitimieren; kurz, man denke an alle offenen und versteckten Verfahren, Kultur und Bildung auf die Einstellung zu Kultur und Bildung zu reduzieren. Es gilt nicht der Erwerb der Bildung, sondern die Art und Weise, wie man sie besitzt: Voraussetzung, sie zu mehren.[32]

32 In den klassischen Traktaten über den guten gesellschaftlichen Umgang gibt es viele Stellen, die bis in die Terminologie hinein auch heute noch den Vorstellungen der gebildeten Klassen von der richtigen Art, kultiviert zu sein, entsprechen: »Guter Stil darf nur zart und diskret andeuten, was man nicht deutlich sagen sollte« (Chevalier de Méré, Des Agrémens, *Œuvres complètes*, Bd. 2, Paris: Roches, 1930, S. 13). – »Bei vielen Meistern stören die Spuren der Anstrengung. Alles muss den Anschein des Natürlichen tragen« (ebd., S. 14). – »Man sollte alles wissen, und doch sollte aus der Art des Sprechens nicht ersichtlich werden, dass man studiert hat« (de Méré, Cinquième Conversation, *Œuvres complètes*, Bd. 1, S. 70). – »[...] wenn man es recht versteht, hat der *honnête homme* keinen Beruf« (de Méré, Première Conversation, *Œuvres complètes*, Bd. 1, S. 11). – »Man verdirbt oft, was man zu schön und zu vollkommen machen will. Das beste Mittel, diese Gefahr beim Schreiben und Reden zu meiden, ist, mehr auf Naivität als auf Perfektion zu achten« (de Méré, De la Conversation, *Œuvres complètes*, Bd. 2, S. 106). Entsprechende Stellen finden sich bei Gracián, der in einer Lobrede auf die »höfische Bildung«, die »plausibel« und »zur Konversation geeignet« sei und »im universalen Wissen über alles, was in der Welt geschieht«, bestehe, schreibt: »sentencias rancias, hazanas carcomidas, es tan cansada como propria erudición de pedantes y gramáticos« (Balthazar Gracián, *El Héroe*, Madrid: Editorial América, 1918, S. 59-61). Die Beschreibung des *despeja*, in der die französischen Übersetzer sofort das *je ne sais quoi* wiedererkannt haben, muss als Ganzes zitiert werden: »Er ist die Seele aller Qualität, das Leben der Vollkommenheit, die Eleganz des Verhaltens, der Reiz der Rede und der Charme des guten Geschmacks. Diese Vorzüglichkeit, die den Geist erfreut, ist unfassbar. Sie gibt höchste Plastizität, eine Form, die die Schönheit erst offenbart. Die anderen Qualitäten schmücken die Natur; das *je ne sais quoi* steigert sie alle. Es ist deshalb die Vollkommenheit der Vollkommenheit selbst, eine Art transzendenter Schönheit, die alle lieben und bewundern. Es besteht in einer gewissen natürlichen Grazie, einer unsagbaren Liebenswürdigkeit, die in den Worten wie im Verhalten und sogar in der Denkweise zum Ausdruck kommt. Es beruht viel mehr auf Natur als auf Anstrengung. Noch niemand hat es in Regeln und Vorschriften fassen können, es ist höher als die gelehrteste Kunst. Man hat es *Herzangel* genannt, weil es alle fängt; *Atmosphäre*, weil es unfassbar ist; *Brio* seines Schwunges, *natürliche Grazie* seiner Sicherheit, *Leichtigkeit* seiner Mühelosigkeit wegen. Alle diese Bezeichnungen beweisen, wie sehr man sich um eine Definition bemüht hat und wie schwierig sie ist« (ebd., S. 33).

Die verstimmten Partner

Eine empirische Untersuchung zum Verhältnis von pädagogischer Kommunikation und Sprache

> Serpentin: »Wenn ich meine Gedanken auf Sie richte, spiegeln sie sich in Ihrem Geist, sofern sie dort auf entsprechende Ideen und passende Wörter treffen. Sie formulieren sich dort zu Worten, zu Worten, die Sie zu hören glauben; sie kleiden sich in Ihre besondere Sprache, in die Ihnen vertrauten Sätze. Jeder Ihrer Begleiter hört, was ich Ihnen sage, wahrscheinlich in einem anderen, individuellen Vokabular und Tonfall.« Barnstaple: »Deshalb hören wir manchmal gar nichts, wenn Sie sich zum Beispiel zu Ideen aufschwingen, von denen wir überhaupt keine Ahnung haben.«
>
> *H. G. Wells, Mister Barnstaple bei den Gott-Menschen*

Wenn man die vorangegangenen Analysen ausschließlich als Wesensbeschreibungen liest, übersieht man, dass sich aufgrund der an einem gegebenen Bildungssystem gemachten Beobachtungen verschiedene Modelle für das Funktionieren dieses Systems zu unterschiedlichen Zeitpunkten seiner Geschichte konstruieren lassen: Die beginnende Krise offenbart nicht nur die verborgenen Voraussetzungen eines traditionellen Systems und zugleich jene Mechanismen, die seine Perpetuierung selbst dann gestatten, wenn nicht mehr sämtliche Vorbedingungen für seine Funktionsfähigkeit gegeben sind, sondern auch die Widersprüche, die es bedrohen. In dem Augenblick, in dem die vollkommene Übereinstimmung zwischen dem Bildungssystem und seinem auserwählten Publikum zu zerbrechen beginnt, wird die prästabilierte Harmonie sichtbar, die dieses System so perfekt aufrechterhielt, dass seine Grundlagen überhaupt nicht zur Diskussion gestellt wurden. Die volle Bedeutung des Missverständnisses, an dem die pädagogische Kommunikation krankt, zeigt sich erst dann, wenn man den beobachteten Zustand des Systems mit seinen historischen Bedingungen und seinen sozialen Funktionen zusammen sieht: Das Missverständnis kann so lange toleriert werden, wie das System in der Lage ist, die zu eliminieren, die seinen impliziten Anforderungen nicht genügen, und die anderen zu Komplizen zu machen.[1] Man wäre versucht, aus der Fähigkeit des Systems, sich durch immer raffiniertere Tricks im Missverständnis fortzuschreiben, auf eine unbegrenzte Elastizität zu schließen, dank deren es sämtliche Spannungen aufheben oder sie doch wenigstens verhüllen könnte, wenn sich nicht in der Variationsbreite des Missverständnisses und dem je nach Empfängerkategorie unterschiedlichen Toleranzgrad Anzeichen dafür zeigten, dass ab einer bestimmten Schwelle die Veränderungen im studentischen Publikum die Perpetuierungsmechanismen wirkungslos machen könnten. Die durch das höchste beziehungsweise niedrigste Rezeptionsniveau charakterisierten Studentenkategorien (die Studenten der Vorbereitungsklassen zu den Grandes Écoles einerseits, die des Propädeutischen Jahres und die Soziologen andererseits), das heißt jene, die die Professorensprache am besten beziehungsweise am schlechtesten verstehen, stellen nicht nur zu einem gegebenen Zeitpunkt die Extreme in der Verteilung linguistischer und kultureller Kompetenz auf ein Studentenauditorium dar, sondern sie sind auch die Repräsentanten oder Vorläufer möglicher Hörerschaften in vergangenen oder künftigen Epochen des Bildungssystems. Die in der vorliegenden Untersuchung durchgeführte Analyse des unterschiedlichen Rezeptionsniveaus in der gegenwärtigen Übergangsphase erlaubt es, von der simultanen Variationsbreite ausgehend, ein Modell zu konstruieren, aus dem sich die Wirkungen der Veränderungen in der Hörerschaft voraussagen und erklären lassen und zugleich durch Extrapolation die sozialen Kennzeichen für die beiden Publikumstypen gewinnen lassen, die den Extremzuständen des traditionellen Systems entsprechen: Den einen Zustand – dem System steht ein Publikum gegenüber, das seinen impliziten Anforderungen vollkommen entspricht – könnte man als *organisch* bezeichnen, den anderen – aufgrund der veränderten sozialen Zusammenset-

1 Die Methoden und wichtigsten Ergebnisse der Untersuchung, auf der die folgende Analyse beruht, sind dargestellt in P. Bourdieu, J.-C. Passeron, M. de Saint-Martin, *Rapport pédagogique et communication*, Paris, Den Haag: Mouton, 1965. Um die unterschiedliche linguistische Kompetenz bei verschiedenen Kategorien von Studenten der Philosophischen Fakultät zu erfassen, mussten Übungen herangezogen werden, die den verschiedenen Bereichen linguistischer Kompetenz, von den schulmäßigen bis zu den ganz »freien«, entsprachen und die verschiedenen Stufen sprachlichen Verhaltens umfassten, vom Verständnis von Wörtern im Kontext bis zur aktivsten Form der Sprachbehandlung, wie sie in der Formulierung von Definitionen erforderlich ist.

zung des Bildungspublikums ist das Missverständnis schließlich unerträglich geworden – als *kritisch.* Die hier beobachtete Stufe entspräche dabei einer Zwischenphase, in der das System sich noch perpetuieren kann, indem es die Komplizenschaft der Partner im Missverständnis aufrechterhält.

Ungleichheit bei der Auslese und ungleiche Auslese: Die Bedeutung des sozialen Auslesegrads

Ignoriert man, wie es häufig geschieht, dass die nach unterschiedlichen Kriterien wie sozialer Herkunft, Geschlecht oder bestimmten Kennzeichen der Vorbildung aufgeschlüsselten Populationen im Verlauf ihres früheren Bildungsganges unterschiedlich stark ausgelesen worden sind, verstellt man sich die Möglichkeit, alle greifbaren Varianten hinreichend zu interpretieren.[2] So beruhen beispielsweise die Ergebnisse bei einer Sprachprüfung nicht nur auf der Tatsache, dass die Studenten durch Vorbildung, soziale Herkunft, Geschlecht oder alle diese Kriterien gemeinsam gekennzeichnet

2 Der Paralogismus, der darin besteht, jene Eigenschaften zu ignorieren, die eine durch eine Reihe von Auslesevorgängen hervorgebrachte Population dem Ausleseprozess verdankt, wäre nicht derart häufig, entspräche er nicht einer tief eingewurzelten Tendenz der Spontanepistemologie zu einer realistischen und statischen Vorstellung von den analytischen Kategorien und würde diese nicht zusätzlich durch den mechanischen Gebrauch der multivariaten Analyse gefördert, der den gegebenen Zustand eines Beziehungssystems statisch fixiert. Wollten wir gewisse Einwände gegen unsere auf der systematischen Einbeziehung des relativen Ausleseeffekts beruhenden Analysen endgültig ausräumen, müssten wir uns vielleicht die Mühe machen, getreu den analytischen Forderungen des methodologischen Kanons die logischen Mechanismen jener Illusion auseinanderzunehmen, die es verdiente, im Katalog der methodologischen Irrtümer unter der typisch methodologischen Bezeichnung *multivariate fallacy* zu figurieren. Wir verzichten auf das Vergnügen einer solchen Schulübung, weil eine Widerlegung, die – auch nur parodistisch – die äußeren Formen des methodologischen Apparats übernähme, die Trennung von Praxis und Reflexion noch zusätzlich legitimieren und damit der methodologischen Versuchung verfallen würde; vor allem aber gibt es in der Soziologie weniger sterile Aufgaben als die penible Aufgliederung von Irrtümern, die gegen ihre logische Widerlegung deswegen so resistent sind, weil sie eine soziologische Notwendigkeit haben.

sind, sondern darauf, dass eine Kategorie, sofern sie alle günstigen Charakteristika kumuliert, weniger stark der Eliminierung unterworfen war als eine durch andere Charakteristika definierte Kategorie. Es ist also, anders gesagt, ein Paralogismus der Form *pars pro toto*, wenn man in synchronen Relationen den Einfluss von Faktoren wie soziale Herkunft oder Geschlecht (deren Wirkung sich überschneiden kann) unmittelbar und vollständig zu erfassen glaubt: Da es um eine Population mit einer bestimmten Vergangenheit geht, die selbst durch die kontinuierliche Wirkung dieser Faktoren über einen langen Zeitraum definiert ist, können diese Faktoren ihre wahre Bedeutung erst dann enthüllen, wenn man sie im Zusammenhang des Bildungsganges als Prozess sieht. Wir haben hier deshalb eine bewusst deduktive Darstellungsmethode gewählt, weil nur ein theoretisches Modell, das die bei den unter den Begriffen *sprachliches Kapital* und *Auslesegrad* subsumierten Relationssysteme zueinander in Beziehung setzt, geeignet ist, ein System von Fakten aufzustellen, zwischen denen eine systematische Relation besteht. Im Gegensatz zu einer pointilistischen Untersuchung, die eine diskontinuierliche Serie von Teilhypothesen partiell nachprüft, soll die hier vorgeschlagene systematische Analyse, in der wir die Ergebnisse der theoretischen Berechnung mit den Feststellungen der empirischen Messung konfrontieren, dem Experiment seine negative Beweiskraft geben.

Die Studenten aus den unteren Klassen, die, um sprachlich den schulischen Mindestanforderungen zu genügen, bereits eine Akkulturationsleistung vollbringen müssen, sind, sofern sie die Hochschule erreichen, notwendig hinsichtlich ihrer sprachlichen Qualifikationen stärker ausgelesen: Die Korrektoren müssen sowohl in der *agrégation* wie beim *baccalauréat* ihre sachlichen und technischen Anforderungen meistens zugunsten sprachlicher Kriterien zurückstecken.[3] Der in den ersten Schuljahren, in denen der

3 Hauptsache, es ist gut geschrieben, wie manche Korrektoren zu sagen pflegen. Céléstin Bouglé schrieb über die Aufnahmeprüfung zur École Normale: »Es steht offiziell fest, dass die Korrektoren sogar beim Geschichtsaufsatz, der ein gewisses Maß an Fachkenntnis voraussetzt, vor allem Gliederung und Darstellung benoten sollen« (C. Bouglé, *Humanisme, sociologie, philosophie. Remarques sur la conception française de la culture générale*, Travaux de l'École Normale Superieure: Hermann et Cie., 1938, S. 21). In den Berichten über *agrégation* und C. A. P. E. S. finden sich überall ähnliche Aussagen.

Lehrer vor allem Verständnis und Ausdrucksfähigkeit beurteilt, besonders evidente Einfluss des sprachlichen Kapitals verliert nie seine Wirksamkeit: Immer wird, implizit oder explizit, der Stil berücksichtigt, auf allen Stufen und, wenn auch verschieden stark, in allen Fächern, sogar in den Naturwissenschaften; zudem ist die Sprache, wie wir gesehen haben, nicht nur ein Kommunikationsmittel, sie liefert vielmehr außer einem mehr oder weniger reichen Wortschatz ein System mehr oder weniger komplexer Kategorien, sodass die Fähigkeit, komplexe logische oder ästhetische Strukturen aufzuschlüsseln und zu gebrauchen, zum Teil von der Komplexität der von zu Hause mitgebrachten Sprache abhängt.

Hieraus folgt logisch, dass die Rate der »Schulsterblichkeit« mit zunehmender Entfernung der sozialen Klassen von der Bildungssprache steigt. In einer durch Auslese gewonnenen Population werden allerdings die Folgen der Ungleichheit in der Auslese durch die Ungleichheit des Auslesegrades verringert und gelegentlich aufgehoben: Nur der nach sozialer Herkunft unterschiedliche Auslesegrad und vor allem die Überauslese der Studenten aus den unteren Klassen erlauben eine systematische Erklärung sämtlicher Varianten im Verhältnis zwischen linguistischer Kompetenz und Herkunftsklasse und vor allem der Aufhebung oder Umkehrung jener unmittelbaren Beziehung, die man auf den unteren Stufen des Bildungsgangs zwischen kulturellem Kapital (erfasst anhand des väterlichen Berufs) und Schulerfolg feststellen kann.

Die Tatsache, dass die Studenten aus den oberen Klassen auf den in der Schule nicht unmittelbar gelehrten und nicht vollständig kontrollierten kulturellen Gebieten am stärksten im Vorteil sind (Avantgardetheater oder Jazz beispielsweise), erklärt, dass die Unterschiede beim schulmäßigen Gebrauch der Schulsprache stark zurückgehen oder sich sogar umkehren: Tatsächlich erzielen die stark ausgelesenen Studenten aus den unteren Klassen auf diesem Gebiet Resultate, die jenen der weniger ausgelesenen Studenten aus den oberen Klassen zumindest gleichwertig sind und über den Leistungen der Studenten aus den mittleren Klassen liegen, welche ebenfalls nicht über sprachliches oder kulturelles Kapital verfügen, aber weniger stark ausgelesen sind (Tabelle 1).[4]

4 Anders als die unteren Klassen, für die die Überauslese weiterhin die Regel bleibt, haben Handwerker und Kaufleute erheblich von der Erweiterung der sozialen Rekrutierungsbasis für die Hochschulen profitiert (12,5 Prozent 1959 gegenüber 3,8 Prozent 1939); dies ist zweifellos eine Folge des relativ höheren Lebensstan-

Alle Pariser Studenten, gleich welcher Herkunft, erzielen bessere Resultate als die Provinzstudenten. Die durch den Wohnort bedingten Unterschiede sind bei den Studenten aus den unteren Klassen am stärksten (in Paris 91 Prozent überdurchschnittliche Noten gegenüber 46 Prozent in der Provinz; bei den Studenten aus den oberen Klassen 65 Prozent gegenüber 59 Prozent), wobei in Paris die Studenten aus den unteren Klassen vor denen aus den mittleren und oberen Klassen die besten Resultate erzielen (Tabelle 1): Diese Relationskombination wird verständlich, wenn man bedenkt, dass der Wohnort Paris einerseits sprachliche und kulturelle Vorteile und andererseits eine strengere Auslese bedeutet, die unter anderem auf die hierarchische und zentralisierte Struktur des französischen Bildungswesens zurückzuführen ist.[5]

Wenn man den Grad des von den verschiedenen Familienmilieus vermittelten sprachlichen Kapitals und den Auslesegrad nach sozialen Kategorien, in Paris oder in der Provinz, bei Eintritt in die Hochschule durch relative Wertbezeichnungen (+ oder –) bestimmt, zeigt sich, dass es genügt, diese Werte zusammenzustellen, um die Hierarchie der Ergebnisse in der Sprachübung zu erklären (vgl. Schema 1 und Tabelle 1). Dieses Modell erfasst systematisch die empirisch festgestellten Varianten, also beispielsweise jene zwischen der Position der Pariser Studenten aus den unteren (+) beziehungsweise den oberen Klassen (o) und der Studenten aus den unteren Klassen in der Provinz (–) oder die Abweichungen in der relativen Position der Studenten

dards, verbunden mit der Übernahme der für die mittleren Klassen typischen Einstellung zur Bildung. Es ist deshalb nicht erstaunlich, dass die Studenten dieser Kategorie, die in einem kulturell ebenfalls benachteiligten Milieu weniger stark ausgelesen sind, bei allen Übungen die schlechtesten Resultate erzielen: 40,5 Prozent von ihnen erhalten bei der Definitionsübung eine Note über 12, gegenüber 57 Prozent der Söhne von Führungskräften und 53 Prozent der Studenten aus den unteren Klassen. Im Gegensatz zu den Kindern von Führungskräften, die bei allgemein höheren Resultaten dann am besten sind, wenn sie vom *lycée*, und am schlechtesten, wenn sie vom *collège* kommen, stehen die Kinder von Kaufleuten und Handwerkern immer an letzter Stelle, gleichgültig, ob sie eine öffentliche oder eine private Schule besucht haben. Die Kinder mittlerer Angestellter haben etwas bessere Ergebnisse, diese folgen aber der gleichen Struktur und Logik.

5 Die multivariate Analyse zeigt, dass, wenn man die Wirkung aller anderen günstigen Faktoren neutralisiert, die Leistungen der Pariser Studenten in sämtlichen Kategorien über jenen der Provinzstudenten liegen. Bei der Definitionsübung erhalten in Paris 79 Prozent der Studenten mit humanistischer, 67 Prozent derjenigen mit neusprachlicher Vorbildung und 65 Prozent derjenigen, die nur Latein gelernt haben, eine Note über 12 von möglichen 20, gegenüber jeweils 54 Prozent, 45,5 Prozent und 42 Prozent der Provinzstudenten. Ebenso erzielen Studenten wie Studentinnen, Philosophen wie Soziologen, Studenten aus *lycées* wie aus Privatschulen in Paris bessere Resultate als in der Provinz.

aus den mittleren Klassen, die in Paris (o) wie in der Provinz (– –) schlechtere Resultate erzielen als die Studenten aus den unteren Klassen.

Aus diesen Analysen geht ebenfalls hervor, dass der relative Auslesegrad der Studenten aus den unteren Klassen abnehmen würde, wenn ihr Anteil nennenswert zunähme. Der Auslesegrad könnte dann in immer geringerem Maße das Bildungshandikap kompensieren, das aus der ungleichen Verteilung des sprachlichen und kulturellen Kapitals auf die sozialen Klassen resultiert. Voraussichtlich würde dann auch die unmittelbare Korrelation zwischen Resultaten und Herkunftsklasse wieder hervortreten, die sich bei Studenten bisher nur in den nicht vom Bildungswesen kontrollierten Bereichen, bei Schülern der höheren Schulen aber bis in die rein schulmäßigen Leistungen hinein zeigt.[6]

Um zu verstehen, weshalb die Studenten in einer Prüfung, die ganz verschiedene Formen der Sprachbeherrschung erfasste, kontinuierlich den Studentinnen überlegen waren, muss man berücksichtigen, dass sich die Situation der Studentinnen systematisch von derjenigen der Studenten unterscheidet: und zwar paradoxerweise in ganz unterschiedlicher Form innerhalb der Universität, je nachdem, ob man die Studentinnen insgesamt, die Studentinnen der Philosophischen Fakultät oder die anderer Fachrichtungen und Bildungsgänge untersucht. Wenn man berücksichtigt, dass Mädchen doppelt so häufig wie Jungen zu einem geisteswissenschaftlichen Studium verurteilt sind (52,8 Prozent der Chancen gegenüber 23 Prozent) und dass die Studentinnen der Philosophischen Fakultät, im Vergleich zu den Studenten, denen auch andere Fakultäten offenstehen, aufgrund ebendieser *Abdrängung* weniger stark ausgelesen sind als die entsprechenden Studenten, versteht man, dass sie notwendig schlechtere Resultate haben müssen. Auch hier erklärt das Relationsmodell, das die Abweichungen in den Resultaten zwi-

6 Wenn die unteren Klassen mehr als bisher von der Demokratisierung des Schulwesens profitieren würden, wären diejenigen, die die Hochschule erreichen, mit einer denkbar ungünstigen schulischen und kulturellen Vorbildung belastet (neusprachliche Ausbildung an einem *collège*; kulturell ungünstigeres Herkunftsmilieu als bei den heutigen Studenten gleicher sozialer Herkunft). Gewiss wird man dann, ohne die sozialen Implikationen zu bedenken, von sinkendem Niveau sprechen, wie heute bereits an den Naturwissenschaftlichen Fakultäten, wo der Zuwachs dieser Kategorien am stärksten ist.

schen zwei Kategorien zu ihrem jeweiligen Auslesegrad in Beziehung setzt, wenn man es vollständig anwendet, alle Tatsachen, die bei einer noch so systematischen multivariaten Analyse unerklärt blieben, sofern man nicht den fiktiven und tautologischen Ausweg der Erklärung durch »natürliche Ungleichheit zwischen den Geschlechtern« wählte.

Schema 1

		Sprachliches Kapital	Selektionsgrad		Sprachliche Kompetenz
Untere Klassen	Paris	–	++	→	+
	Provinz	– –	+	→	–
Mittlere Klassen	Paris	–	+	→	0
	Provinz	– –	0	→	– –
Höhere Klassen	Paris	++	– –	→	0
	Provinz	+	–	→	0

+ und – bezeichnen relative Werte, die für die Chancen des Hochschulzugangs die entsprechende Position der drei Gruppen in einer Spalte festlegen. Die 0 bezeichnet eine mittlere Position.

Da die Gruppe der Studentinnen hinsichtlich sozialer Herkunft, Studienrichtung oder Vorbildung anders zusammengesetzt ist als die der Studenten (beispielsweise besitzen 36 Prozent der Studenten eine humanistische Vorbildung gegenüber nur 19,5 Prozent der Studentinnen) und alle diese Charakteristika jeweils mit ungleichen Erfolgschancen verbunden sind, wäre zu erwarten, dass bereits eine bloße multivariate Analyse hinter der scheinbaren Relation zwischen Geschlecht und Übungsresultaten andere, tatsächliche Relationen erfassen könnte, wenn sie sukzessiv die Wirkung der verschiedenen Variablen neutralisierte, das heißt den Einfluss der Hauptvariablen in den verschiedenen Untergruppen, die sich innerhalb der Hauptgruppe aufgrund anderer Variablen ergeben, isoliert analysierte. Da das Gefälle aber weder auf die Unterschiede beider Kategorien in der Kenntnis alter Sprachen noch im Schultyp noch in der Studienrichtung oder in der sozialen Herkunft zurückzuführen ist, scheint die Überlegenheit der Studenten nur durch natürliche Ungleichheit zu erklären zu sein.

Tabelle 1

	Paris			Provinz			Gesamt		
	Untere Klassen %	Mittlere Klassen %	Höhere Klassen %	Untere Klassen %	Mittlere Klassen %	Höhere Klassen %	Untere Klassen %	Mittlere Klassen %	Höhere Klassen %
Unter 12	9	31	**35**	54	**60**	41	46	**55**	42.5
Uber 12	**91**	69	65	46	40	**59**	54	45	**57.5**

Die Prozentsätze sind nach Spalten berechnet, die stärkste Tendenz für jede der drei Populationen hervorgehoben.

Die Unterschiede zwischen Studenten und Studentinnen sind in den verschiedenen Kategorien sozialer Herkunft überall gleichartig und zeigen innerhalb dieser Kategorien im Großen und Ganzen eine ähnliche Spannweite (Tabelle 3). Sie bleiben konstant, gleichgültig, welcher Typ der höheren Schule besucht wurde, allerdings ist der Unterschied bei ehemaligen *collégiens,* wo 62 Prozent der Studenten und 35 Prozent der Studentinnen eine Note über 12 haben, ein wenig stärker als bei ehemaligen *lycéens*, wo ein Verhältnis von 70 Prozent zu 54 Prozent besteht.

Um das konstante Gefälle zwischen Studenten und Studentinnen in den Philosophischen Fakultäten und das völlige Fehlen dieses Gefälles in der Testgruppe von *lycées* zu erklären, genügt die Feststellung, dass der Auslesegrad von Jungen und Mädchen in beiden Fällen nicht der gleiche ist: Da in der höheren Schule der Anteil beider Geschlechter demjenigen der entsprechenden Altersklassen annähernd entspricht, kann man annehmen, dass Jungen und Mädchen ungefähr gleich stark ausgelesen sind, während dies in den Philosophischen Fakultäten nicht der Fall ist. Die Studentinnen beherrschen die abstrakte Begriffssprache (deren Kenntnis nicht in allen Fachrichtungen gleich notwendig ist) vor allem deshalb seltener als die Studenten, weil die objektiven Mechanismen, welche die Mädchen vorzugsweise in die Philosophischen Fakultäten und innerhalb dieser in bestimmte Fachrichtungen (Neuere Sprachen, Kunstgeschichte oder Französische Literatur) abdrängen, ihre Wirksamkeit zum Teil der gesellschaftlichen Festlegung »weiblicher« Eigenschaften verdanken, die damit wiederum bestätigt wird. Der Unterschied beruht auf einer Verinnerlichung des äußeren Zwangs, der zu dieser Vorstellung vom weiblichen Studium führt: Dieses Schicksal ist objektiv das Produkt der sozialen Beziehungen, die die Situation der Frau zu einem gegebenen Zeitpunkt definieren. In Frankreich ist aufgrund der engen Verbindung von Salon- und Universitätskultur die Überzeugung besonders stark und verbreitet, dass eine Wahlverwandtschaft zwischen den sogenannten weiblichen und den »literarischen« Qualitäten wie Sensibilität für Gefühlsnuancen oder Sinn für vage Preziositäten des Stils bestehe. Die Mädchen und ihre ganze Umgebung, angefangen von der Familie, können deshalb Schicksal in Berufung umdeuten. Auch die scheinbar eigenwilligsten und spontansten »Entscheidungen« tragen (indirekt) dem System der objektiven Chancen Rechnung, das die Frauen zu jenen Berufen verurteilt, die eine vorgeblich »weibliche« Disposition verlangen (»Sozialberufe« beispielsweise), oder das sie dazu ausersieht, jene Funktionen oder Funktionsaspekte zu akzeptieren, wenn nicht unbewusst zu suchen, die eine »weibliche« Einstellung zum Beruf verlangen.

Sogar die scheinbare Ausnahme wird durch die Logik des Modells verständlich. Während die Studenten, die weder Griechisch noch Latein gelernt haben, erfolgreicher sind als die Mädchen gleicher Vorbildung, erhalten die Mädchen in der Gruppe der Humanisten die besseren Resultate: 64 Prozent von ihnen liegen über der Durchschnittsnote gegenüber 58,5 Prozent der Jungen (siehe Tabelle 2). Die Umkehrung des üblichen Unterschieds zwischen den Geschlechtern erklärt sich daraus, dass die Mädchen mit geringerer Wahrscheinlichkeit Griechisch und Latein lernen als die Jungen und, wenn sie es tun, strenger ausgelesen sind als die Jungen des gleichen Schultyps. Die humanistische Bildung ist auch nicht automatisch mit besserem Erfolg verbunden, da die Bedeutung jeder Relation von der jeweiligen Struktur abhängt: Während die Mädchen mit vollhumanistischer Vorbildung bessere Resultate erzielen als die, die nur Latein gelernt haben oder eine neusprachliche Ausbildung besitzen, ist es bei den Jungen umgekehrt. Es scheint, dass auch hier der unterschiedliche Auslesegrad wirksam wird: Während Jungen wie Mädchen, wenn sie Latein und Griechisch gelernt haben, fast unweigerlich die Philosophische Fakultät besuchen, sind die Jungen mit neusprachlicher Vorbildung, für die ein geisteswissenschaftliches Studium eine positive Berufsentscheidung bedeutet, tendenziell stärker ausgelesen als ihre Mitstudenten.

Tabelle 2

	Weder Griechisch noch Latein		Latein		Latein und Griechisch		Gesamt	
	Männer %	Frauen %	Männer %	Frauen %	Männer %	Frauen %	Männer %	Frauen %
Unter 12	34	**60**	39	**58.5**	**41.5**	36	38	**54**
Über 12	**66**	40	**61**	41.5	58.5	**64**	**62**	46

Die Prozentsätze sind nach Spalten berechnet, die stärkste Tendenz für jede der drei Populationen hervorgehoben.

Definiert man den mit einer gegebenen sozialen Herkunft verbundenen relativen Wert des sprachlichen Kapitals und den Auslesegrad, den der Eintritt in die Hochschule und, in zweiter Linie, in die Philosophische Fakultät für Studenten des jeweiligen Geschlechts und der jeweiligen sozialen Klasse bedeutet, so zeigt sich, dass die Zusammenstellung dieser Werte genügt, um das Gefälle der in jeder Untergruppe bei der Definitionsausübung erzielten Resultate zu erklären (vgl. Schema 2 und Tabelle 3). So folgt beispielsweise aus dem in Schema 2 aufgestellten Modell, dass die Studentinnen aus den mittleren Klassen den niedrigsten Grad linguistischer Kompetenz aufweisen müssen (– –), da sie (wie die Studenten der gleichen Kategorie) hinsichtlich des sprachlichen Kapitals ebenso stark benachteiligt sind wie die Studenten und Studentinnen der unteren Klassen, aber einen geringeren Auslesegrad besitzen, und sie in der Philosophischen Fakultät weniger ausgelesen sind als die Studenten der gleichen Klasse; und tatsächlich ist es die Kategorie, die mit nur 39,5 Prozent über der Durchschnittsleistung der Gesamtpopulation die schwächsten Resultate bei der Sprachprüfung erzielt. Analog dazu müssen die Studenten aus den oberen Klassen, die beim Eintritt in die Hochschule hinsichtlich des sprachlichen Kapitals und des Auslesegrades nichts von den Studentinnen gleicher sozialer Herkunft unterscheidet, die aber in der Philosophischen Fakultät aufgrund der Abdrängung der Mädchen in diese Fakultät einen stärkeren Auslesegrad aufweisen, die höchste Erfolgsquote erzielen (+ +). Dies wird durch Tabelle 3 bestätigt, nach der 67 Prozent dieser Studenten eine Note über dem Gesamtdurchschnitt erzielen. Die gleiche Übereinstimmung zwischen der im theoretischen Modell angenommenen und der empirisch gemessenen Position zeigt sich für sämtliche Untergruppen.

Das gleiche theoretische Modell beweist, dass die konstantesten und folgenreichsten Relationen auf Hochschulebene zwischen dem Grad der linguistischen Kompetenz und den Charakteristika der Vorbildung bestehen: Tatsächlich bestimmt die soziale Herkunft den Bildungsgang im Voraus, und dies hauptsächlich durch die ursprünglichen Orientierungen (Schultyp und Schulzweig), die die Verkettung aufeinanderfolgender Bildungs- und Berufsentscheidungen und daraus abgeleitete Erfolgs- und Eliminierungserwartung auslösen. Daraus folgt erstens, dass die Struktur der Population von Überlebenden sich gerade im Hinblick auf das

Eliminierungskriterium kontinuierlich verändert, wodurch die unmittelbare Relation zwischen sozialer Herkunft und linguistischer Kompetenz (oder jedem anderen schulischen Erfolgsindex) nach und nach schwächer wird. Zweitens weisen die Individuen einer sozialen Klasse, die sich im System halten können, auf jeder Bildungsstufe umso weniger Bildungscharakteristika auf, welche zur Eliminierung der anderen Individuen dieser Klasse geführt haben, je schärfer die Auslese für die jeweilige Klasse war und je höher die Stufe, auf der man den Synchronschnitt vornimmt.[7]

7 Die mit der Eliminierung oder dem Verbleiben im System verbundenen Charakteristika sind auf die Individuen einer gegebenen Klasse nicht zufällig verteilt, sondern ihrerseits wiederum mit sozialen oder kulturellen Kriterien verbunden, die innerhalb einer Klasse weitere Untergruppen differenzieren: So unterscheiden sich studierende Arbeiterkinder durch eine große Zahl von Sekundärcharakteristika (sozialen, wie dem Bildungsgrad der Mutter oder dem Beruf des Großvaters, und bildungsmäßigen, wie dem Zweig beim Eintritt in die höhere Schule) von den anderen Mitgliedern der gleichen Altersklasse und der gleichen sozialen Klasse; die Zahl kompensierender Charakteristika ist umso größer, je weiter die Arbeiterkinder in ihrem Bildungsgang fortgeschritten sind beziehungsweise je höher sie bei synchroner Betrachtung in der Hierarchie der Fächer und Schultypen stehen. Analog dazu weisen bei gleichem Erfolgsgrad die Mädchen immer eine größere Zahl dieser kompensierenden Charakteristika auf als die Jungen der gleichen sozialen Klasse.

Schema 2

		Sprachliches Kapital	Selektionsgrad			Sprachliche Kompetenz
			Bei Eintritt in die Hochschule	Bei Eintritt in die Philosophische Fakultät		
Untere Klassen	Männer	–	+	+	→	+
	Frauen	–	++	– –	→	–
Mittlere Klassen	Männer	–	0	+	→	0
	Frauen	–	0	–	→	– –
Höhere Klassen	Männer	++	– –	++	→	++
	Frauen	++	– –	–	→	–

Für eine gegebene soziale Klasse wird eine gleichwertige Verteilung des sprachlichen Kapitals auf die beiden Geschlechter angenommen. Die Darstellung des relativen Auslesegrades durch + und – ist eine approximative Darstellung für die Wahrscheinlichkeit des Eintritts in die Hochschule und die bedingte Wahrscheinlichkeit des Eintritts in die Philosophische Fakultät, die für die verschiedenen Untergruppen bestehen (wobei der Hochschulbesuch als gegeben vorausgesetzt wird).

Tabelle 3

	Untere Klassen		Mittlere Klassen		Höhere Klassen		Gesamt	
	Männer %	Frauen %	Männer %	Frauen %	Männer %	Frauen %	Männer %	Frauen %
Unter 12	35.5	**53.5**	43	**60.5**	33	**47**	38	**54**
Über 12	**64.5**	46.5	**57**	39.5	**67**	53	**62**	46

Die Prozentsätze sind nach Spalten berechnet, die stärkste Tendenz für jede der drei Populationen hervorgehoben.

Es ist evident, dass die Messung der linguistischen Kompetenz einer Studentenpopulation die Relation zwischen sozialer Herkunft und Bildungserfolg nur in Form der Relation zwischen dem Erfolg und jenen Bildungscharakteristika erfassen kann, welche das Produkt der kontinuierlichen *Übersetzung* ursprünglich mit einer bestimmten sozialen Situation verbundener Chancen in die spezifische Logik des Bildungswesens sind: Tatsächlich zeigt sich eine signifikante Relation zwischen Variablen wie sozialer Herkunft oder Geschlecht und Sprachprüfungserfolg nur bei jenen Übungen, die den traditionellen Techniken schulischer Kontrolle am nächsten kommen. Die Charakteristika des Bildungsgangs (der Schulzweig beispielsweise) oder die Zeichen früherer Erfolge (Prädikate bei vorangegangenen Examina zum Beispiel) korrelieren bei sämtlichen Übungsformen stärker als alle anderen Kriterien mit dem Erfolgsgrad bei der Sprachprüfung.

Um die Relation zwischen Schulzweig und linguistischer Kompetenz zu erklären, genügt die Feststellung, dass in dieser Relation das gesamte Relationssystem zwischen dem unterschiedlichen Auslesegrad und den sozialen und bildungsmäßigen Faktoren der Auslese verborgen ist: Aufgrund der Mechanismen, die heute die Verteilung auf die verschiedenen Schulzweige bestimmen, wählen die Besten der Schüler, die von Sexta ab Latein gelernt haben, Griechisch. Sie rekrutieren sich aus den wenigen bereits erheblich überausgelesenen (als *lycéens* und, in zweiter Linie, als Latinisten) Vertretern der unteren Klassen und aus den Kindern gut gestellter Familien, die ihre Position definitiv konsolidieren wollen, indem sie ihr kulturelles Kapital in jene Schulzweige investieren, die die höchste und dauerhafteste Bildungsrentabilität garantieren.

Es gibt auch andere Gründe, die von konservativen Pädagogen behaupteten Auswirkungen der humanistischen Bildung, jene Wunderwirkungen der Kenntnis alter Sprachen, zu bezweifeln. Wie erklärt sich zum Beispiel, dass bei sämtlichen Übungen nur die vollhumanistische Vorbildung (Latein und Griechisch) mit den besten Resultaten verbunden ist, während Lateinkenntnisse allein gegenüber der neusprachlichen Ausbildung keinerlei Vorteile zu gewähren scheinen? Die Übungen, die über die Beherrschung der angeblich am Latein geschulten intellektuellen Gymnastik am besten Auskunft geben, zeigen keine signifikanten Unterschiede zwischen Latinisten und anderen.[8] Die Studenten mit humanistischer Vorbildung unterscheiden

8 Einen weiteren Hinweis dafür, dass Latein- und Griechischkenntnisse nicht einfach als solche einen Vorteil bedeuten, liefert die Tatsache, dass die ehemaligen *lycéens*, die seltener als Studenten aus Privatschulen Vollhumanisten sind (25 Prozent gegenüber 31,1 Prozent), dennoch die besseren Resultate erzielen. Mehr noch, die Gruppe ehemaliger *lycéens*, die weder Griechisch noch Latein gelernt

sich nur deshalb in ihrer Formulierungsfähigkeit von den anderen, weil sie aufgrund der hierarchischen Vorstellung ausgelesen sind, die die humanistische Bildung an oberste Stelle setzt; sie müssen in den ersten Jahren der höheren Schule besonders gut gewesen sein, um den Eintritt in einen Schulzweig zu beanspruchen, den das System seiner Elite vorbehält und zu dem jene Lehrer streben, die aus guten Schülern die besten zu machen verstehen.[9] Da die humanistisch vorgebildeten Studenten die höchste Erfolgsquote in allen Übungen der Sprachprüfung aufweisen – eine Quote, die wieder mit einer hohen Quote vorangehender Schulerfolge verbunden ist –, da sie aufgrund ihrer Formulierungsfähigkeit ausgelesen sind und ebendeshalb einen hohen Auslesegrad besitzen, kommen sie jenem Ideal des konformen Studenten am nächsten, auf das die Lehrenden das Niveau ihrer Darstellung einstellen, das die Examina fordern und durch diese Forderung überhaupt erst entstehen lassen.

Die Tatsache, dass das soziale Handikap sich vor allem über die Orientierung des Bildungsgangs auswirkt – mit dem unterschiedlichen Auslesegrad, der hieraus für die verschiedenen Studentenkategorien resultiert –, erklärt auch, weshalb die Kinder von Führungskräften in der Untergruppe der Studenten mit neusprachlicher Vorbildung am erfolgreichsten sind, die Studenten aus den unteren Klassen dagegen in der Untergruppe der Lateiner an der Spitze stehen, da sie zweifellos nur aufgrund eines außergewöhnlichen Familienmilieus Latein gelernt haben und besondere Leistungen aufweisen mussten, um diese Richtung einschlagen und sich in ihr durchsetzen zu können.[10] Das Modell behebt auch eine weitere Schwierigkeit: In der Untergruppe mit vollhumanistischer Vorbildung liegen die Studenten aus den unteren Klassen hinter den Studenten aus den oberen Klassen (61,5 Prozent gegenüber 73,5 Prozent), weil sie sich in dieser Untergruppe, obwohl noch stärker durch Überauslese charakterisiert als in der Untergruppe der Latinisten, mit jenen Studenten aus den oberen Klassen messen, die am stärksten von ihrem sprachlichen und kulturellen Kapital profitieren (dieser Unterschied drückt sich auch in den unterschiedlichen Resultaten aus: 61,5 Prozent gegenüber 52 Prozent).

haben, erreicht bessere Ergebnisse als die der ehemaligen Privatschüler, die Latein und Griechisch gelernt haben.

9 Das Prestige der humanistischen Schulzweige war bis vor Kurzem noch so groß, dass man kaum von Orientierung sprechen konnte, da die Entscheidungen an den verschiedenen Weichen des Bildungsgangs fast automatisch einer Erfolgsskala gehorchten, die an einem einzigen etablierten Wertsystem gemessen wurde. Der Eintritt in den neusprachlichen Zweig wurde von allen und auch den Betroffenen selbst als Abdrängung und Misserfolg empfunden.

10 Die Studenten aus den mittleren Klassen, gleichgültig welcher Vorbildung, erzielen immer die schwächsten Resultate (in allen Prüfungen haben über fünfzig Prozent eine Note unter 12).

Tabelle 4

	Weder Griechisch noch Latein			Latein			Latein und Griechisch			Gesamt		
	untere Klassen %	mittlere Klassen %	höhere Klassen %	untere Klassen %	mittlere Klassen %	höhere Klassen %	untere Klassen %	mittlere Klassen %	höhere Klassen %	untere Klassen %	mittlere Klassen %	höhere Klassen %
Unter 12	52	**54**	39	48	**58**	52	38.5	**55**	**26.5**	**46**	**55**	42.5
Über 12	48	46	**61**	**52**	42	48	61.5	45	73.5	54	45	**57.5**

Es wäre ein Irrtum, die erheblichen Unterschiede in der linguistischen Kompetenz je nach Fachrichtung auf immanente und konstante Qualitäten der unterschiedlichen intellektuellen Schulung oder der jeweiligen Population zurückzuführen. Die Studenten einer Fachrichtung müssen vielmehr als das Produkt einer Serie von Auslesevorgängen angesehen werden, deren Strenge je nach der Art der Relationen zwischen den sozialen Faktoren, die die verschiedenen Bildungsgänge bestimmen, und dem System der objektiv in einem Bildungssystem zu einem gegebenen Zeitpunkt möglichen Ausbildungstypen variiert. Dass man die Überlegenheit der Studenten in den Vorbereitungsklassen zu den Grandes Écoles über die Studenten des Propädeutischen Jahres – oder der Philosophie- über die Soziologiestudenten – nicht auf geheimnisvolle Qualitäten der jeweiligen Ausbildung oder ihrer Empfänger zurückführen kann, geht schon daraus hervor, dass die Kinder von Führungskräften in der Gruppe der Studenten der Philosophie (einer im traditionellen System der Geisteswissenschaften besonders angesehenen Disziplin) eindeutig allen anderen überlegen, in der Gruppe der Soziologiestudenten dagegen die schwächsten sind. Die Soziologie ist die glanzvolle Zufluchtsstätte jener privilegierten Studenten, die besonders schlechte Schulleistungen aufweisen und deshalb im Vergleich zu ihren Kommilitonen aus anderen Klassen unterausgelesen sind. Um die Art der Relation zwischen Fachrichtung, sozialer Herkunft und Erfolg zu beschreiben (siehe Tabelle 5), genügt es also zu zeigen, dass die relative Unterauslese mit dem Grad der Privilegierung der sozialen Klasse zunimmt. Charakteristisch hierfür ist die Soziologie, die im Gegensatz zur Philologie intellektuelles Prestige am billigsten zu versprechen scheint und im Fächersystem eine paradoxe Position einnimmt.[11]

Tabelle 5

	Philosophie			Soziologie			Licence libre			Gesamt		
	Untere Klassen %	Mittlere Klassen %	Höhere Klassen %	Untere Klassen %	Mittlere Klassen %	Höhere Klassen %	Untere Klassen %	Mittlere Klassen %	Höhere Klassen %	Untere Klassen %	Mittlere Klassen %	Höhere Klassen %
Unter 12	**25.5**	**34.5**	20	33.5	46	**53**	60	**66**	51	46	**55**	42.5
Über 12	74.5	65.5	**80**	**66.5**	34	47	40	34	**49**	54	45	**57.5**

Sämtliche beobachteten Varianten lassen sich aufgrund eines einzigen Prinzips erklären, welches je nach dem vollständigen System der Relationen, innerhalb und vermittels dessen es wirksam wird, ganz unterschiedliche Konsequenzen hat. Dies ist möglich, weil die Varianten nicht eine Summe von partiellen Relationen, sondern eine Struktur darstellen, in der das Gesamtsystem der Relationen die Bedeutung jeder Einzelrelation bestimmt. Zumindest hier müsste eine bloße multivariate Analyse entweder zur Aporie oder zur Verdinglichung rein abstrakter Relationen führen, könnte die Strukturanalyse nicht den durch die jeweiligen Kriterien abgeteilten logischen Klassen ihre volle Existenz als soziale Gruppe wiedergeben, die durch die Totalität ihrer Beziehungen zur eigenen

11 Das in der Zugehörigkeit zu einer Fachrichtung verborgene System dia- und synchroner Relationen wird in den soziologischen »Theorien« über unterschiedliche politische Einstellung der Studenten verschiedener Fachrichtungen deshalb so oft vergessen, weil eine Kausalverbindung zwischen intellektueller Schulung und politischer Praxis vor allem Intellektuellen und Professoren einleuchtet, die alles Interesse haben, an die Allmacht der Ideen und der eigenen Lehre zu glauben: Es gibt kaum Interpreten der Studentenbewegung, die die »revolutionären« Neigungen der Soziologiestudenten nicht den heilsamen oder schädlichen Wirkungen des Soziologiestudiums zugeschrieben hätten – aber sie sind ja selbst Soziologen und oft Soziologieprofessoren.

Vergangenheit und zu der durch sie vermittelten gegenwärtigen Situation definiert sind.

Zur Graphik 1: Die Graphik versucht, die Logik anschaulich zu machen, der zufolge das mit der sozialen Herkunft verbundene Determinantensystem (Kreis A) während des gesamten Bildungsganges wirksam bleibt, indem es sich je nach dem unterschiedlichen Gewicht restrukturiert, das die verschiedenen Faktoren (beispielsweise kulturelles Kapital oder Einkommen) innerhalb der Faktorenstruktur im Laufe der verschiedenen Phasen des hier grob in drei Phasen gegliederten Bildungsganges einnehmen (A 1 Grundschule und höhere Schule; A 2 Hochschule; A 3 nach Abschluss des Bildungsgangs). Zugleich muss man sich vor Augen halten, dass in diesem sich unaufhörlich aufgrund seiner eigenen Wirkung restrukturierenden Faktorensystem die durch die Herkunftsklasse gegebenen Determinanten progressiv an Gewicht verlieren zugunsten der Bildungsdeterminanten, in die sie sich übersetzen. Die Linien bezeichnen die Korrelationen zwischen Variablen, die Pfeile die Genese. Durch unterbrochene Pfeile sind die Determinanten bezeichnet, die durch die Verinnerlichung der objektiven Wahrscheinlichkeit in Form subjektiver Erwartungen wirksam werden. Das Schema versucht also, einige der Mechanismen darzustellen, aufgrund deren sich die Struktur der Klassenverhältnisse reproduziert, indem sie den *Habitus* reproduziert, der ihre Reproduktion ermöglicht.

(a) Entfernung von den kulturellen Zentren (Zentren der Konzentration von Intellektuellen) und von den schulischen und kulturellen Einrichtungen; Struktur der kulturellen Chancen und der Bildungschancen der jeweiligen Bezugsgruppe (Nachbarschaft, Peergroup);
(b) andere demographische Charakteristika (Rang in der Familie, Größe der Familie usw.), spezifiziert durch die Klassenzugehörigkeit (unterschiedliche Auslese) und durch die soziale Definition;
(c) Sicherheit des Arbeitsplatzes; Einkommen und Verdienstaussichten; Wohnung und Arbeitsbedingungen; Freizeit usw.;
(d) Einstellung zu Schule und Bildung (das heißt zur Einübung der Autorität, der Bildungswerte usw.); subjektive Erwartungen (in Bezug auf Bildungs-, Erfolgs- und Aufstiegschancen); Einstellung zu Sprache und Kultur (Auftreten);
(e) sprachliches Kapital; mitgebrachtes Wissen; Kapital an sozialen Beziehungen und Prestige (Empfehlungen); Kenntnisse über das Bildungssystem usw.;
(f) Durchschnittseinkommen; Durchschnittseinkommen zu Beginn und am Ende der Laufbahn; Schnelligkeit des Aufstiegs; Position innerhalb der wirtschaftlichen und sozialen Strukturen, insbesondere innerhalb der verschiedenen Legitimitätsfelder und Machtverhältnisse;

Graphik 1: Das Bildungssystem und das System der Determinanten

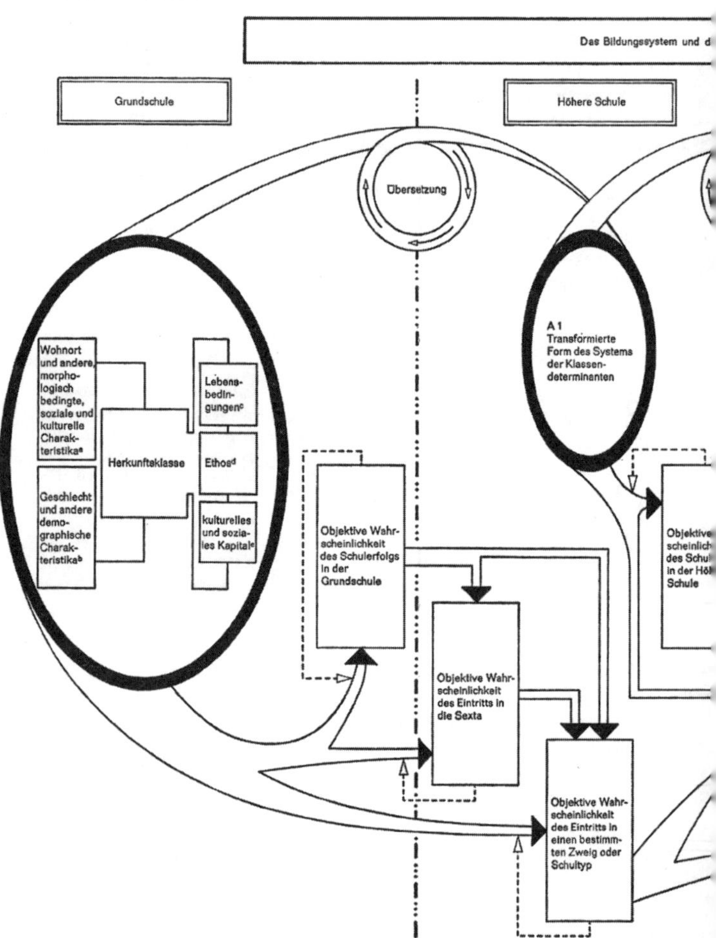

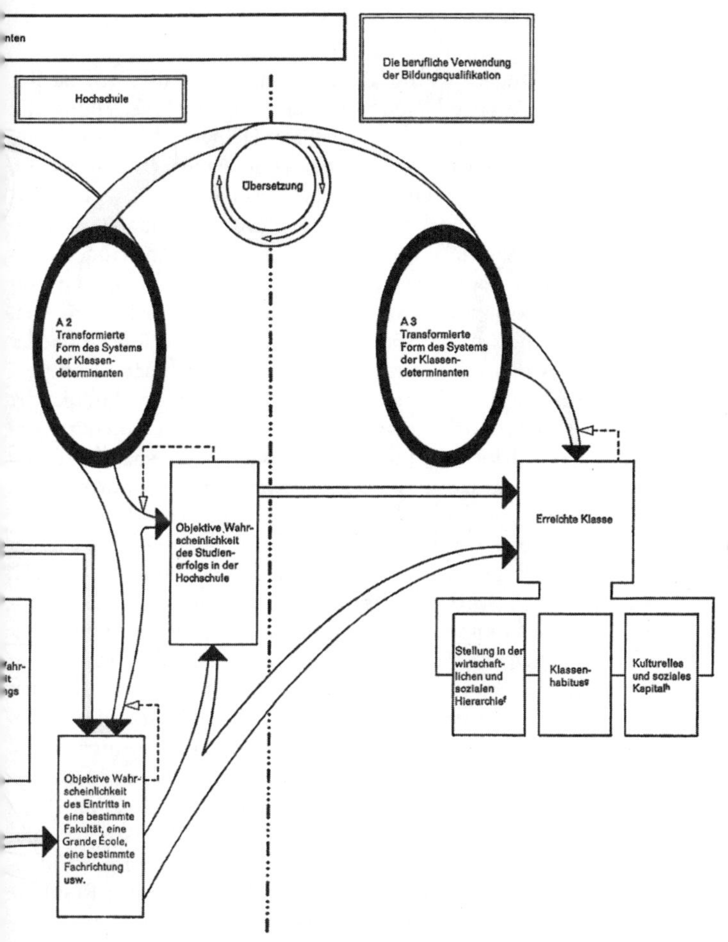

nten
Die berufliche Verwendung der Bildungsqualifikation
Hochschule
Übersetzung
A 2
Transformierte Form des Systems der Klassen-determinanten
A 3
Transformierte Form des Systems der Klassen-determinanten
Objektive Wahr-scheinlichkeit des Studien-erfolgs in der Hochschule
Erreichte Klasse
Stellung in der wirtschaft-lichen und sozialen Hierarchie[f]
Klassen-habitus[g]
Kulturelles und soziales Kapital[h]
Objektive Wahr-scheinlichkeit des Eintritts in eine bestimmte Fakultät, eine Grande École, eine bestimmte Fachrichtung usw.

(g) Verhältnis zur Herkunftsklasse und zum Bildungswesen je nach dem Bildungsgang und der erreichten sozialen Klasse usw.;
(h) Diplom; Beziehungen durch Schule und Hochschule.

Fiktive Erklärungen, die nichts weiter enthalten als ebenjene Relationen, die sie zu erklären vorgeben (ungleiche Verteilung der natürlichen Begabungen auf die Geschlechter oder immanente Qualitäten von Fächern wie Latein oder Soziologie beispielsweise), beruhen darauf, dass Charakteristika, die in Wahrheit als Elemente einer *Struktur* und Momente eines *Prozesses* verstanden werden müssen, als substantielle und isolierbare Einheiten behandelt werden. Eine solche doppelte Interpretation ist gerade im Falle des Bildungswesens notwendig, weil der Prozess der nach sozialen Klassen unterschiedlichen Eliminierung durch die Schule (der auf jeder Stufe zu einem bestimmten Leistungsgefälle zwischen den verschiedenen Kategorien von Überlebenden führt) das Produkt der kontinuierlichen Wirkung von Faktoren ist, die die Stellung der verschiedenen Klassen zum Bildungssystem definieren, nämlich des *kulturellen Kapitals* und des *Klassenethos.* Diese Faktoren setzen sich in jeder Phase des Bildungsganges in eine besondere Konstellation von Übersetzungsfaktoren um, die in jeder der betrachteten Kategorien (soziale Klasse oder Geschlecht) eine unterschiedliche Struktur haben. Das Faktorensystem als solches übt auf die Verhaltensweisen und Einstellungen und somit auf Erfolg oder Eliminierung die unteilbare Wirkung einer *Strukturkausalität* aus. Daher wäre es absurd, den Einfluss einzelner Faktoren isolieren zu wollen und ihnen auf den verschiedenen Stufen des Prozesses oder in den verschiedenen Strukturen eine identische Wirkung zuzuschreiben. Es ist also notwendig, für alle Faktoren, die, und sei es durch ihre Abwesenheit, auf den jeweiligen Stufen des Bildungsganges für Kinder verschiedener Kategorien wirksam werden können, das theoretische Modell ihrer denkbaren Organisationsformen aufzustellen, um die punktuell festgestellten oder gemessenen Resultate der systematischen Wirkung einer besonderen Faktorenkonstellation systematisch untersuchen zu können. Will man beispielsweise die Verteilung der Noten im *baccalauréat* eines bestimmten Schulzweiges und eines bestimmten Faches auf Kinder verschiedenen Geschlechts und unterschiedlicher Herkunft verstehen oder, allgemeiner, auf einer gegebenen Stufe des Bildungsganges die jeweils spezifische Erscheinungsform und Auswirkung von Faktoren wie sprachliches Kapital oder *Ethos* (in Beziehung zu den pädagogischen Techniken oder den Prüfungsmethoden) erfassen, muss man jedes dieser Elemente zu dem System in Beziehung setzen, in das es gehört und das zu dem gegebenen Zeitpunkt Ausdruck und Übersetzungsmechanismus der ursprünglich mit der sozialen Herkunft verbundenen Determinanten ist. Man muss sich deshalb hüten, die soziale Herkunft und die mit ihr verbundene ursprüngliche Erziehung und Kindheitserfahrung als den entscheidendsten Faktor anzusehen, der auf allen Stufen einer Biographie direkt Verhalten, Einstellung und Ansichten determiniert, oder sie als erstes Glied einer Kausalkette zu deuten. Die mit der Klassenzugehörigkeit verbundenen Zwänge werden nur vermittelt über besondere Faktorensysteme wirksam, in denen sie sich in jeweils anderer Struktur aktualisieren. Isoliert man deshalb einen bestimmten Stand der Struktur (das heißt eine bestimmte Faktorenkonstellation, die zu einem gegebenen Zeitpunkt auf das Verhalten einwirkt) vom Gesamtsystem ihrer Veränderungen als der konstruierten Form ihrer realen *Genese* im Verlauf des Bildungsganges einer Gattung oder eines Individuums, verstellt man sich die Möglichkeit, die Charakteristika der Klassenzugehörigkeit am Beginn dieser ganzen Übersetzungs- und Umstrukturierungsvorgänge zu fassen.

Wir müssen deshalb ausdrücklich vor einer solchen Isolierung warnen, weil die soziologischen Techniken zur Aufstellung und Messung von Relationen implizit eine zugleich analytische und auf den Augenblick fixierte Philosophie enthalten: Wenn man vergisst, dass sich die multivariate Analyse durch den Synchronschnitt ein System von Relationen schafft, das einem punktuellen Gleichgewicht entspricht, oder dass die Faktorenanalyse jede Bezugnahme auf die Genese der behandelten Gruppe synchroner Relationen ausklammert, übersieht man leicht, dass die in der Soziologie untersuchten Strukturen das Produkt von Veränderungen sind, die, da sie in der Zeit ablaufen, nur aufgrund einer soziologisch unlogischen logischen Abstraktion als *reversibel* angesehen werden können, weil sie die aufeinanderfolgenden Zustände eines irreversiblen Prozesses in ihrem Kausalitätsablauf darstellen. So lässt sich aufgrund der Sozialcharakteristika, welche die Ausgangssituation von Kindern der verschiedenen Klassen bestimmen, die unterschiedliche Wahrscheinlichkeit feststellen, mit der sie verschiedene

Bildungsgänge einschlagen werden. Zugleich lässt sich begreifen, was es für Individuen einer gegebenen Kategorie bedeutet, sich in einer für diese Kategorie mehr oder weniger wahrscheinlichen Situation zu befinden (so zum Beispiel die für ein Arbeiterkind höchst unwahrscheinliche Situation, Latein zu lernen, oder die höchst wahrscheinliche, Geld verdienen zu müssen, um weiterstudieren zu können). Man darf jedoch auf keinen Fall aus diesen Charakteristika irgendein *beliebiges*, das für ein Individuum oder eine Kategorie an einem gegebenen Punkt des Bildungsganges kennzeichnend ist, herausgreifen und es als unabhängige Variable und damit als höchstes Erklärungsprinzip für alle anderen Charakteristika einsetzen. Wenn man auf Hochschulebene die Relation zwischen Studienerfolg und bezahlter Nebenarbeit erklären will, die bei den verschiedenen sozialen Klassen ungleich häufig ist, die aber zweifellos für jede soziale Kategorie gleichermaßen nachteilige Folgen hat, darf man daraus nicht den Schluss ziehen, dass die soziale Herkunft auf dieser Stufe überhaupt keinen Einfluss mehr habe. Es ist soziologisch nicht gleichgültig, was man als Ausgangspunkt für die Analyse wählt: Man kann die unterschiedliche Wahrscheinlichkeit bezahlter Nebenarbeit nach Studentenkategorien oder nach der sozialen Herkunft untersuchen. Auch könnte man niemals Erfahrungen rekonstruieren, die auf der Kreuzung mehrerer Kriterien beruhen (wie beispielsweise die eines Bauernsohnes, der statt in die Volksschullehrerausbildung in ein Priesterseminar eingetreten oder Philosophieprofessor statt geographischer Experte geworden ist), wenn man als Ausgangspunkt nur die Erfahrung nimmt, die durch irgendeines dieser Kriterien bestimmt ist: Erfahrungen, welche die Analyse nur mithilfe der Kreuzung logisch austauschbarer Kriterien unterscheiden und beschreiben kann, lassen sich nur insofern in die konstruierte Einheit einer systematischen Biographie einordnen, wie sie die Klassenlage einbeziehen und damit jenen Punkt, von dem allein aus sich die Interpretation entfalten kann und der doch niemals unmittelbar greifbar ist.

Von der Logik des Systems zur Logik seiner Transformationen

So wie es nicht genügt, die auf einer bestimmten Stufe des Bildungsganges zwischen den Sozial- und Bildungscharakteristika der verschiedenen Gruppen und ihrem jeweiligen Erfolg bestehenden Relationen rein *synchron* zu erfassen, sondern es notwendig ist, das *diachrone* Modell der Bildungsgänge und Biographien als Relationssystem, welches einzig ihre vollständige Bedeutung rekonstruieren kann, aufzustellen, muss man den in der Untersuchung festgehaltenen Stand des Bildungssystems in die Geschichte seiner Veränderungen einordnen, um nicht der mit einer streng funktionalistischen Analyse verbundenen Illusion zu verfallen. Wenn man die Relationen kennt, welche die jeweilige linguistische Kompetenz mit den Sozial- und Bildungscharakteristika der verschiedenen Empfängerkategorien verbinden, und wenn man weiß, wie sich das relative Gewicht der durch unterschiedliche Rezeptionsniveaus charakterisierten Kategorien im System verschiebt, kann man ein Modell konstruieren, das die Veränderungen in der pädagogischen Beziehung zwischen Sendern und Empfängern zu erklären und bis zu einem gewissen Grad vorauszusagen erlaubt. Dabei zeigt sich sofort, dass die Veränderungen im System der Relationen zwischen Bildungssystem und Struktur der Klassenbeziehungen, wie sie zum Beispiel in der Bildungsstatistik der verschiedenen Klassen zum Ausdruck kommen, Veränderungen im System der Relationen zwischen Rezeptionsniveau und Empfängergruppen nach sich ziehen, getreu den Prinzipien dieses Relationssystems. Die für Empfänger einer gegebenen Kategorie charakteristische Rezeptionsfähigkeit hängt zugleich vom *sprachlichen Kapital* dieser Kategorie (das man im betrachteten Zeitraum als konstant ansehen kann) und vom *Auslesegrad* der Überlebenden dieser Kategorie ab, der seinerseits unmittelbar durch den Eliminierungsgrad der entsprechenden Kategorie bestimmt ist. Die Verschiebungen im relativen Anteil der Empfängerkategorien, welche durch unterschiedliches sprachliches Kapital und ungleichen Auslesegrad charakterisiert sind, zeigen diachron ein kontinuierliches Sinken der *modalen* linguistischen Kompetenz und zugleich eine immer stärkere *Streuung* in ihrer Verteilung auf die Empfänger, ein Phänomen, das eine soziologische Erklärung hat. Aufgrund der in allen sozialen Klassen wachsenden

Studienbeteiligung wirkt sich der korrigierende Effekt der Überauslese immer weniger auf das Rezeptionsniveau der mit dem geringsten sprachlichen Erbe ausgestatteten Kategorien aus (wie sich bereits an den Studenten aus den mittleren Klassen zeigt), während die besonders privilegierten Kategorien relativ so stark überbeteiligt sind, dass die Durchschnittsleistungen dieser Kategorien kontinuierlich sinken und die Streuung im Rezeptionsniveau zunimmt.

Man kann den eigentlich pädagogischen Aspekt der Krise, die das Bildungssystem heute als Kommunikationsstörungen und Konflikte erlebt, erst dann in seiner Realität verstehen, wenn man zwei weitere Faktoren berücksichtigt: einerseits das System der Relationen zwischen den Fähigkeiten oder Einstellungen der verschiedenen Studentenkategorien und den Charakteristika, die sie ihrer sozialen Herkunft und der durch sie bestimmten Bildungsbiographie verdanken, und andererseits die Entwicklung des Systems der Relationen zwischen dem Bildungswesen und den sozialen Klassen, wie sie objektiv in der Statistik über die Wahrscheinlichkeit des Hochschulbesuchs und die bedingte Wahrscheinlichkeit des Eintritts in die verschiedenen Fakultäten greifbar ist. Zwischen 1961/62 und 1965/66, einem Zeitraum, in welchem die Hochschulen sehr schnell wuchsen (was häufig auf eine Demokratisierung zurückgeführt wurde), hat sich die Gesamtstruktur der Bildungschancen für die verschiedenen Klassen zweifellos nach oben verschoben, sie ist in sich aber fast gleich geblieben (siehe Graphik 2). Die höhere Studienbeteiligung in der Altersklasse zwischen 18 und 20 Jahren zeigt in ihrer Verteilung auf die verschiedenen sozialen Klassen beinahe die gleichen Proportionen, die für die frühere Chancenverteilung kennzeichnend waren. Die mit einer solchen Strukturverschiebung verbundene Veränderung in der Verteilung von Fähigkeiten und Einstellungen wird schon daran deutlich, dass zum Beispiel die Industriellenkinder, welche 1961/62 52,8 Prozent Chancen zum Universitätsstudium hatten, 1965/66 74 Prozent besitzen, sodass die Chancen zum Hochschulbesuch für diese Kategorie, die zugleich in den Vorbereitungsklassen und den Grandes Écoles proportional überrepräsentiert ist, insgesamt ungefähr 80 Prozent betragen. Wenn man auf diesen Prozess die Regeln anwendet, die wir für die Analyse synchroner Relationen entwickelt haben, sieht man, dass die nun erreichte fast totale Studienbeteiligung dieser Kategorie zu all jenen Veränderungen in der Verteilung von Fähigkeiten

Graphik 2: Entwicklung der Bildungschancen nach sozialer Herkunft. Wahrscheinlichkeit des Hochschulbesuchs

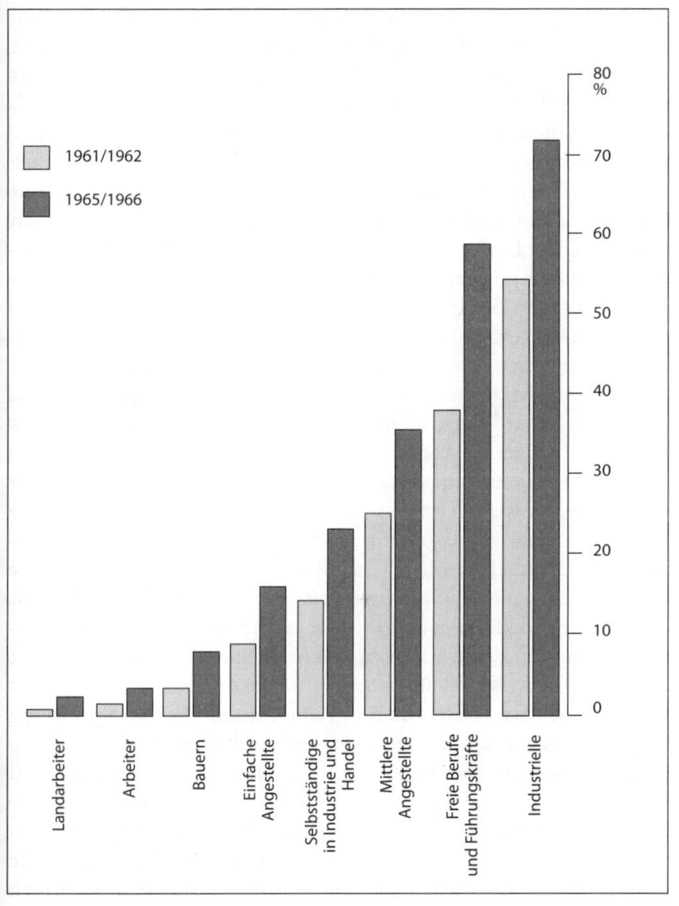

und Einstellungen führen muss, die allgemein mit der Unterauslese einer Kategorie verbunden sind.

Die Relation zwischen dem sprachlichen und kulturellen Kapital einer gegebenen Kategorie (oder dem Bildungskapital, das heißt seiner veränderten Form auf einer bestimmten Stufe des Bildungsganges) und dem relativen Auslesegrad, welcher jeweils durch die Tatsache gegeben ist, dass diese Kategorie auf einer gegebenen Stufe und in einem gegebenen Studienfach mit einem bestimmten Anteil vertreten ist, erklärt die Unterschiede, die zwischen den Fakultäten und innerhalb der Fakultäten zwischen den Fächern im Grad und in den Formen des sprachlichen oder kulturellen Missverständnisses auftreten können. Nur durch das System des Relationszirkels zwischen der herrschenden Vorstellung von der Fächerhierarchie und den Sozial- und Bildungscharakteristika ihres Publikums (die wiederum durch die Relation zwischen dem Stellenwert der verschiedenen Fächer und der Wahrscheinlichkeit verschiedener Bildungsgänge für die einzelnen Kategorien bestimmt sind) erschließt sich der wahre soziologische Sinn der ungünstigen Position von Disziplinen, die, wie Chemie oder *sciences naturelles* (Zoologie, Geologie, Biologie) in der Naturwissenschaftlichen Fakultät oder Geographie und Französische Literatur in der Philosophischen Fakultät, den stärksten Anteil an Studenten aus den unteren Klassen oder solchen Studenten aufnehmen, die die höhere Schule im neusprachlichen Zweig oder in zweitrangigen Schulformen absolviert haben, Bildungsgänge, die für Studenten aus den unteren Klassen am wahrscheinlichsten sind. Das Modell erhellt auch die scheinbar paradoxe pädagogische Situation eines Faches wie der Soziologie, die sich von den am wenigsten angesehenen Fächern der Philosophischen Fakultät in den Sozialcharakteristika ihrer Studenten unterscheidet, obwohl sie ihnen in deren Bildungscharakteristika recht ähnlich ist (siehe Graphik 3): Während Fächer, die der Soziologie hinsichtlich der am früheren Schulerfolg gemessenen Bildungsanforderungen sehr ähnlich sind, Französische Literatur oder Geographie, den höchsten Anteil an Studenten aus den unteren und mittleren Klassen aufweisen (jeweils 48 Prozent und 65 Prozent gegenüber 45 Prozent für die Philosophische Fakultät insgesamt), nimmt die Soziologie in Paris den stärksten Anteil von Studenten aus den oberen Klassen auf (68 Prozent gegenüber 55 Prozent in der Gesamtfakultät). Die unterausgelesenen Studenten der oberen Klassen finden in einem Modefach, das die Annehmlichkeiten eines Refugiums bietet und der intellektuellen Attitüde nicht durch das triviale Berufsbild der Schulfächer widerspricht, den ihrer Vorbildung angemessenen Ersatz für jenen Ehrgeiz, den die tüchtigen

Studenten ihrer Klasse in der Altphilologie und Philosophie befriedigen.[12]

Die Schwankungen im Grad des sprachlichen Einverständnisses zwischen Sendern und Empfängern können aber erst dann vollständig erfasst werden, wenn man in das Modell der pädagogischen Veränderungen auch die durch die Sozial- und Bildungscharakteristika der Lehrenden gegebenen Veränderungen des Emissionsniveaus mit einbezieht, das heißt die Auswirkungen des schnellen Zuwachses des Lehrkörpers und die neuen Charakteristika, welche die Botschaft annimmt, wenn mit dem Auftreten von Fächern wie Psychologie und Soziologie die Notwendigkeiten wissenschaftlicher Darstellung und der traditionelle Sprachkanon entweder ganz auseinanderfallen oder mühsam zusammengezwungen werden. Um eine Studentenpopulation, die nach 1965 sowohl durch die allgemein wachsende Bildungsbeteiligung als auch durch die höhere Geburtenrate der Nachkriegsjahre sprunghaft wuchs, überhaupt in den Hochschulen integrieren zu können, mussten Lehrkräfte an den Hochschulen tätig werden, die in einer früheren Phase des Systems für ganz andere Aufgaben ausgebildet worden waren. Auf den ersten Blick könnte man daher annehmen, dass das sinkende Rezeptionsniveau ein automatisches Korrektiv im Absinken des Emissionsniveaus gefunden hätte, da die Wahrscheinlichkeit, auch ohne akademische Weiterbildung in höhere Positionen aufzusteigen, ständig zugenommen hat.

Zu Graphik 3, Schema 3 und Tabelle 6: Was immer man für Sozial- oder Bildungskriterien ansetzt, die Soziologie nimmt eine exzentrische Position ein. Jedes Fach und, allgemeiner, jede Lehrinstitution kann durch ihre Position in

12 Bereits die Sprachprüfung, in der die »Soziologen« kontinuierlich schlechtere Leistungen erzielen als die »Philosophen«, beweist, dass die Soziologie, zumindest in Paris, die Zufluchtsstätte für den oberflächlichen Dilettantismus von Studenten aus den oberen Klassen ist. Die paradoxe Situation dieses Faches in der Philosophischen Fakultät zeigt sich noch deutlicher in den statistischen Daten: Die Soziologie verhält sich in Bezug auf das verlangte Bildungskapital zur Philosophie wie die Französische Literatur zur Altphilologie, während die soziale Herkunft ihrer Studenten wesentlich höher ist als die der Philosophiestudenten (68 Prozent Studenten aus den oberen Klassen gegenüber 55 Prozent); die Altphilologie steht dagegen sozial über der Französischen Literatur, die gemeinsam mit Geographie das für die Studenten aus den unteren Klassen von den neusprachlichen Schulzweigen wahrscheinlichste Studienfach bildet (67 Prozent gegenüber 52 Prozent).

der Bildungshierarchie (für diese Position ist die Quote früherer Schulerfolge oder das Modalalter der entsprechenden Population ebenso signifikant wie der akademische Status der Lehrenden) und durch ihre Position in der Sozialhierarchie charakterisiert werden (wofür die soziale Zusammensetzung und der Mädchenanteil ebenso signifikant sind wie das Sozialprestige der künftigen Berufe). Dabei lassen sich die Fächer mit einer hochgradigen *Kristallisierung der Positionsindizes* in beiden Hierarchien leicht einordnen: Die Stufenleiter reicht von den anerkanntesten Fächern wie der Altphilologie in der Philosophischen Fakultät, die einen hohen Anteil an Studenten aus den oberen Klassen und zugleich an früheren Schulerfolgen aufweisen, bis zu Fächern wie der Geographie, deren geringes Prestige man besser versteht, wenn man sieht, dass sie die schwachen Indizes in beiden Dimensionen kumulieren.

Das aufgestellte Modell erlaubt also, alle Fächer zu charakterisieren, da die Bildungs- und Sozialkriterien genügen, um zwischen kristallisierten und nichtkristallisierten Fächern zu unterscheiden und zwischen den Ersteren eine Stufenleiter aufzustellen; wenn man außerdem als zusätzliches Kriterium die Geschlechtsverteilung einführt, zeigt sich, dass Fächer, die in der Bildungs- und Sozialdimension eine analoge Position einnehmen, Soziologie und Kunstgeschichte, Geographie und Spanisch, Deutsch und Französische Literatur, doch alle jeweils besondere Konstellationen bilden und sich durch soziologisch relevante Faktoren unterscheiden (ausgenommen Englisch und Psychologie). Das Prinzip der analogen Gegensätze zwischen Fächern wie Soziologie und Kunstgeschichte, Geographie und Spanisch, Philosophie und Deutsch liegt in der Arbeitsteilung zwischen den Geschlechtern, die den Frauen soziale (Neue Sprachen) oder mondäne (Kunstgeschichte) Aufgaben zuweist.

Um das Phänomen als Ganzes zu verstehen, muss man sich das Fächersystem (und allgemeiner das Bildungssystem) als ein Feld vorstellen, in dem eine Zentrifugalkraft herrscht, welche dem Schulerfolg umgekehrt proportional ist, und eine Zentripetalkraft, welche umgekehrt proportional ist zu der Trägheit, die ein Individuum (oder genauer eine Kategorie von Individuen) aufgrund der für sein Geschlecht und die jeweilige Klasse sozial definierten Ambitionen, das heißt aufgrund der seinem Geschlecht eigenen Form von *Klassenethos*, dem Misserfolg und der Eliminierung entgegensetzen kann.

Graphik 3: System der Fachrichtungen

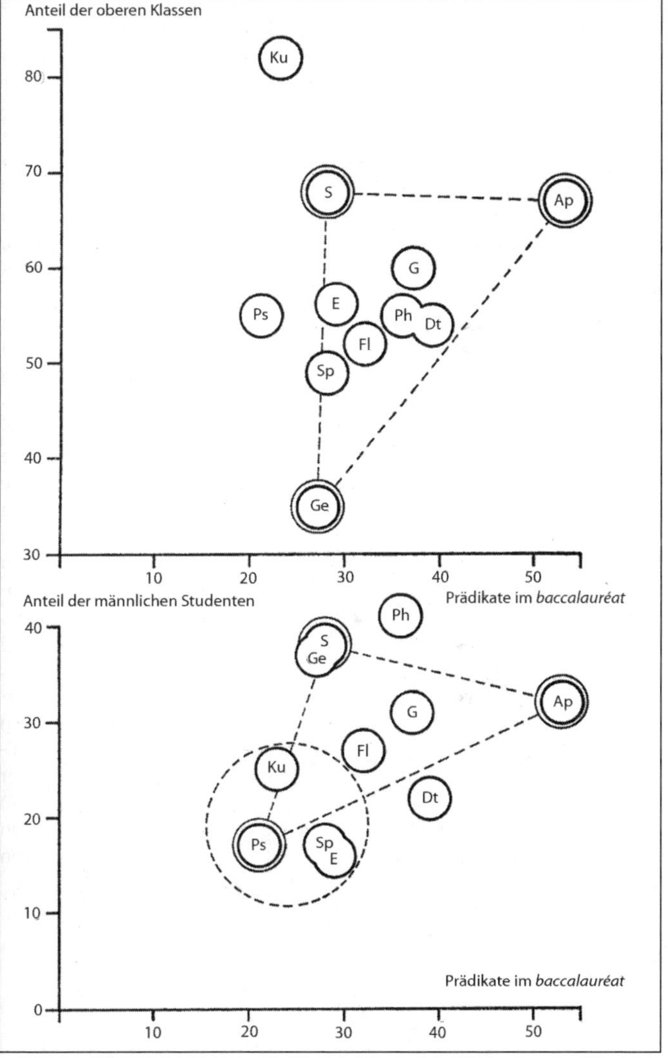

Schema 3 – Fächerkristallisierung nach Bildungsperformanz und sozialer Herkunft

	Hohe		Mittlere			Untere				Nicht-kristallisierte Fächer	
	Altphilologie	Geschichte	Philosophie	Deutsch	Französische Literatur	Englisch	Psychologie	Spanisch	Geographie	Soziologie	Kunstgeschichte
Bildungshierarchie (Prädikatsexamina)	+	0	0	0	0	–	–	–	–	–	–
Sozialhierarchie (Anteil höherer Klassen)	+	+	0	0	0	0	0	–	–	+	+
Anteil männlicher Studenten	+	+	+	–	0	–	–	–	+	+	–

Um jedes der Fächer in den jeweiligen Hierarchien zu situieren, wurden folgende Symbole gewählt:
1. für Prädikate beim Abitur (–) von 20 % bis 30 %, (0) von 30 % bis 40 %, (+) von 40 % bis 50 %;
2. für den Anteil der höheren Klassen (–) von 35 % bis 50 %, (0) von 50 % bis 60 %, (+) von 60 % bis 70 % und mehr;
3. für den Anteil männlicher Studenten (–) von 15 % bis 25 %, (0) von 25 % bis 30 %, (+) von 30 % bis 40 % und mehr.

Tabelle 6 – Entsprechende statistische Werte (in Prozent)

Anteil Prädikatsexamina	53	37	36	39	32	29	21	28	27	28	23
Anteil höhere Klassen	67	60	55	54	52	56	55	49	35	68	82
Anteil männliche Studenten	32	31	41	22	27	16	17	17	37	38	25

Tatsächlich aber sind bereits die nach traditionellen Normen rekrutierten Lehrenden nur allzu geneigt, den durch die quantitative und qualitative Veränderung ihres Publikums gestellten pädagogischen Problemen durch das Doppelspiel mit dem sprachlichen Missverständnis auszuweichen; dies gilt umso mehr für die neu aufgestiegenen Lehrkräfte, welche aus der Sorge, sich ihrer »schnellen Beförderung« würdig zu erweisen, die äußeren Zeichen traditioneller Virtuosität besonders eifrig zur Schau stellen und nicht bereit sind, ihren Unterricht auf die realen Fähigkeiten der Hörer einzustellen. In einer Institution, in der die Ordinarien weiterhin die beherrschende Bezugsgruppe bilden und die hyperbolisch raffinierte Hierarchie der Titel und subtilen Status- und Machtinsignien unaufhörlich ins Gedächtnis gerufen wird, nehmen Assistenten und *maîtres-assistants* ein großes Risiko auf sich, wenn sie versuchen, die Bedürfnisse der Studenten, mit denen sie doch am unmittelbarsten und kontinuierlichsten konfrontiert sind, technisch zu befriedigen: Ihre Versuche, eine rationale Pädagogik einzuführen, sind dem Vorwurf der »Verschulung« besonders ausgesetzt, weil sie als Zeichen der Unfähigkeit zur Erfüllung der traditionellen Rolle gedeutet werden können.

Die Analyse der Veränderungen im Bereich der pädagogischen Kommunikation bestätigt, dass sich jede Veränderung des Bildungssystems nach einer Logik vollzieht, in der überall die besondere Struktur und Funktion dieses Systems zum Ausdruck kommt. Es wäre falsch, die verwirrende Fülle unterschiedlicher Verhaltensweisen und Äußerungen in der stürmischen Phase der Universitätskrise als plötzliche Explosion zu deuten, deren Akteure und Aktionen gleichsam aus dem Nichts auftauchten: Auch in den scheinbar unabhängigsten Stellungnahmen wird noch der Strukturzwang des Faktorensystems wirksam, das die Klassendeterminanten für eine durch ihre Position im Bildungssystem charakterisierte Kategorie von Handlungsträgern, Professoren wie Studenten, spezifiziert. Wenn man sich dagegen auf die direkten und mechanischen Auswirkungen unmittelbar sichtbarer Faktoren, wie die sprunghafte Zunahme der Studentenzahlen, beruft, vergisst man, dass wirtschaftliche, demographische oder politische Ereignisse, die nicht der Logik des Bildungssystems gehorchen, dieses doch nur gemäß seiner immanenten Logik affizieren können:[13]

13 Versuche, die Krise durch mechanische Auswirkungen morphologischer Determinanten zu erklären, wären sicherlich nicht so verbreitet, wenn sie nicht auf die

Während es sich unter dem Druck der Ereignisse destrukturiert oder restrukturiert, formt es diese Ereignisse zugleich um, indem es ihren Auswirkungen eine ihm spezifische Gestalt und Tragweite verleiht. So müssen beispielsweise die Folgen analysiert werden, die zahlenmäßiger Zuwachs und organisatorische Ausweitung für eine Institution haben, die ihre besondere Kommunikationsfunktion nur so lange erfüllen kann, wie zwischen pädagogischer Botschaft und der Fähigkeit der Empfänger, sie aufzunehmen, eine minimale Entsprechung besteht. Der Zusammenbruch dieses Gleichgewichts und die daraus entstandene Krise zeigen, dass die vermittelten Inhalte und die institutionalisierten Vermittlungsformen objektiv einem Publikum entsprachen, das gleichzeitig bestimmten sozialen Klassen entstammen und klein genug sein musste: Ein Bildungssystem, das auf einer Pädagogik traditionellen Typs beruht, kann seine Kommunikationsfunktion nur so lange erfüllen, wie es sich an Studenten wendet, die über ein bestimmtes sprachliches und kulturelles Kapital verfügen – und die Fähigkeit, es zu nutzen –, das es voraussetzt und anerkennt, ohne es je ausdrücklich zu verlangen oder methodisch zu vermitteln. Daraus folgt, dass ein solches System nicht so sehr durch die Zahl als vielmehr durch die soziale Herkunft der Studenten auf die Probe gestellt wird.[14] In dem Maße, in dem es die unvorhergesehenen und stürmischen Anforderungen von Studentenkategorien enttäuscht, die nicht mehr auf die Anforderungen der Institution vorbereitet sind, offenbart das Bildungssystem, dass es implizit ein Publikum voraussetzt, das mit der Institution zufrieden sein konnte, weil es ihre Anforderungen von vornherein befriedigte: Vielleicht war die Sorbonne völlig zufriedenstellend immer nur für die, die auf ihre Dienste verzichten konnten, wie die *normaliens* der großen Zeit, die gerade dann

Metaphernschemata der Spontansoziologie zurückgreifen könnten, zum Beispiel auf jenes, das die Beziehung zwischen einer Institution und ihren Mitgliedern als Verhältnis zwischen Gefäß und Inhalt darstellt, in dem »der Druck der Masse« die »Strukturen sprengt«, vor allem wenn sie »brüchig« sind.

14 Will man die spezifische Logik der traditionellen pädagogischen Beziehung und damit auch ihre Störungen erfassen, muss man das Bildungssystem als Kommunikationssystem behandeln. Das durch die methodische Isolierung der technischen Funktionen des Bildungssystems konstruierte Modell reicht jedoch nicht aus, um sämtliche sozialen Aspekte der Krise und vor allem die Veränderung zu erklären, die das Bildungssystem in Bezug auf seine Funktion der Reproduktion der bestehenden Sozialstruktur erfährt.

ihrem geheimen Gesetz gehorchten, wenn sie so vornehm waren, ihr das *satisfecit* zu versagen. Indem die Lehrenden sich an ein Publikum wenden, das idealtypisch durch die nicht gelehrte Fähigkeit definiert ist, ihre Botschaft aufzunehmen, bringen sie unbewusst die objektive Wahrheit eines Systems zum Ausdruck, das in seinen besten Zeiten in der Lage war, sich eine Hörerschaft nach Maß zu schaffen, und noch jetzt in der Phase zunehmenden Ungleichgewichts den Lehrenden die technischen und ideologischen Mittel an die Hand gibt, sich den zunehmenden Unterschied zwischen dem wirklichen und dem hypothetischen Publikum zu verschleiern.

Wenn wir dem Zuwachs der Studentenzahl eine mechanische und direkte Wirkung, unabhängig von der Struktur des Bildungswesens, absprechen, behaupten wir aber nicht die absolute Autonomie des Bildungssystems. Aufgrund seiner Übersetzungsfähigkeit (die seiner relativen Autonomie entspricht und die Logik seines immanenten Funktionierens und seiner Veränderungen ins Spiel bringt) erfährt das System die Auswirkungen der morphologischen Veränderungen und all der in ihnen enthaltenen sozialen Verschiebungen nur in Form pädagogischer Schwierigkeiten, selbst wenn es Lehrende und Lernende daran hindert, die objektiv gestellten pädagogischen Probleme auch wirklich pädagogisch anzugehen. Die soziologische Analyse formuliert die aus dem Studentenzuwachs entstandenen Schwierigkeiten erst dann als eigentlich pädagogische Probleme, wenn sie die pädagogische Beziehung als Kommunikationsbeziehung darstellt, deren Form und Leistungsfähigkeit von der Entsprechung zwischen dem Emissionsniveau und dem sozial bedingten Rezeptionsniveau abhängt.

Das traditionelle Bildungswesen setzt noch immer implizit ein Publikum voraus, dessen Rezeptionsfähigkeit sich in Form einer J-Kurve verteilt, das heißt, es wird angenommen, dass der größte Teil der Hörer den Anforderungen des Lehrenden entspricht: Die Sehnsucht nach diesem pädagogischen Paradies ist groß, weil hier jede pädagogische Anstrengung überflüssig ist. Nimmt man aber die Veränderungen in der Struktur der Qualifikationsverteilung zur Kenntnis, stellt sich unausweichlich das Problem der Verbesserung der pädagogischen Kommunikation; denn eine Hörerschaft, deren Qualifikationen in Form einer Glocken-Kurve verteilt sind, verlangt jeweils andere pädagogische Entscheidungen, je nachdem, ob die Veränderungen, denen sie unterworfen ist, zu einer Senkung des Modalwertes oder einer größeren Streuung führen: Das Sinken des Gesamtdurchschnitts verlangt vom Lehrenden nur eine Senkung des Emissionsniveaus, die entweder durch eine kontrollierte Steigerung der Redundanz oder durch das systematische Bemühen, durch Definitionen oder Beispiele mit der Botschaft zugleich deren Kode zu liefern, erreicht werden kann; eine größere Streuung der Rezeptionsfähigkeit dagegen wirft, wenn sie eine gewisse Schwelle überschreitet, Probleme auf, die nicht durch bloße Veränderungen im Emissionsniveau gelöst werden können. Symptomatisch hierfür ist die Situation in gewissen naturwissenschaftlichen Fächern, wo die zunehmende Streuung im Rezeptionsniveau sich nicht einfach wie in den Geisteswissenschaften durch das Einverständnis im Missverständnis verschleiern lässt. Offenbar läge es hier sowohl im Interesse einer leistungsfähigen pädagogischen Kommunikation wie im Interesse der Demokratisierung, wenn man aus der Unmöglichkeit, zwischen den Lehrenden und der Totalität der Empfänger eine adäquate Kommunikation herzustellen, die Konsequenzen zöge: Obwohl sie zunächst mit den oberflächlichen Skrupeln des demokratischen Gewissens in Konflikt geraten würde, könnte die Schaffung ihrem Rezeptionsniveau nach homogener Untergruppen die Anpassung der Sendung erleichtern und, indem sie offenbart, was die pädagogische Fiktion verbergen soll, dazu zwingen, entweder die doppelte Bevorzugung der ohnehin Privilegierten ausdrücklich zu betreiben oder aber Spezialkurse einzurichten, um das Rezeptionsniveau der Unterprivilegierten zu heben. Die Distanz zwischen den impliziten Anforderungen des Bildungssystems und der Realität seiner Hörerschaft zeigt also sowohl die konservative Funktion der traditionellen Pädagogik als Nichtpädagogik wie auch die Prinzipien einer neuen, zugleich rationalen und demokratischen Pädagogik, die das System objektiv benötigt. In der Praxis entzieht sich das System aber einer solchen Pädagogik, da sie seine Widersprüchlichkeit offenbaren würde und seinen Prinzipien widerspricht.[15]

15 Eine aus der Analyse des Bildungssystems hervorgegangene und durch seine Entwicklung überhaupt erst ermöglichte rationale Pädagogik müsste sich das ausdrückliche Ziel einer optimalen Übereinstimmung zwischen Emissions- und Rezeptionsniveau setzen (welche beide sowohl durch die modale Höhe wie durch die Streuung definiert sind). Sie hat nichts mit einer transhistorischen und transkulturellen Ethik der Bildungsgerechtigkeit oder dem Glauben an eine

Eine empirische Interpretation der beobachteten Relationen, die scheinbar realitätsgetreu bei einem Scheinobjekt, das heißt einer Bildungspopulation, stehen bleibt, ohne ihre Relation zur Population der Eliminierten zu untersuchen, würde sich damit selbst die Möglichkeit nehmen, die empirischen Varianten vollständig zu erklären. Um nicht in die Falle zu gehen, die das Bildungssystem stellt, indem es nur eine Population von Überlebenden zur Beobachtung anbietet, mussten wir hinter diesem vorgegebenen Objekt den eigentlichen Forschungsgegenstand suchen: die Prinzipien, nach denen das Bildungssystem eine Population ausliest. Die wesentlichen Merkmale einer Population gehorchen umso vollständiger der Schulungs-, Orientierungs- und Eliminierungstätigkeit des Systems, je fortgeschrittener die Bildungsstufe ist. Die Analyse der Sozial- und Bildungscharakteristika, die die Empfänger einer pädagogischen Botschaft aufweisen, ist sinnvoll nur in der Konstruktion des Relationssystems zwischen dem Bildungswesen als einer Institution, die zur Reproduktion der kulturellen Ordnung dient und deshalb in ihrer Vermittlungstechnik der in dieser kulturellen Ordnung perpetuierten Sozialordnung entspricht, und den sozialen Klassen, die in Bezug auf den Erfolg der pädagogischen Kommunikation durch unterschiedliche Distanz zur Schulbildung und unterschiedliche Bereitschaft zu ihrer Anerkennung und zu ihrem Erwerb gekennzeichnet sind. Die Bildungssoziologie verurteilt sich zu einer Fülle sauber erarbeiteter Irrtümer und wohlbegründeter Lücken, wenn sie die Bildungspopulation und die Organisation der Institution oder ihr Wertsystem voneinander isoliert, als handele es sich um zwei substantielle Wesenseinheiten, deren

universelle Rationalität zu tun. Die Anwendung einer solchen Pädagogik ist deshalb nicht selbstverständlich, weil sie die Institutionalisierung einer kontinuierlichen Rezeptionskontrolle durch Lehrende wie Lernende voraussetzt; außerdem müssten sämtliche Sozialcharakteristika der Kommunikation und vor allem all die unbewussten Voraussetzungen berücksichtigt werden, die Lehrende und Lernende ihrem Milieu und ihrer Vorbildung verdanken. Es wäre zum Beispiel ganz falsch, bestimmten Übermittlungs- und Kontrolltechniken (Vorlesung oder freie Diskussion, Aufsatz oder Quiz) immanente Vorzüge oder Mängel zuzuschreiben, da der eigentlich pädagogische Wert einer Technik sich erst im vollständigen System der Relationen zwischen dem Inhalt einer Botschaft, ihrer Stellung im Lernprozess, den Funktionen der Ausbildung, den äußeren Anforderungen (Zeitdruck oder Spielraum) und den morphologischen, sozialen und kulturellen Charakteristika des Publikums oder des Lehrkörpers offenbaren kann.

Charakteristika vor ihrer gegenseitigen Beziehung existierten. Bei einer solchen unbewussten Autonomsetzung bleiben schließlich nur Versuche der Erklärung durch einfache Naturgegebenheiten wie kulturelles »Streben« der Studenten, »Konservatismus« der Professoren oder »Motivationen« der Eltern. Die Gefahr solch verdinglichender Abstraktionen kann nur vermieden werden, wenn man das System der Relationen zwischen dem Bildungswesen und dem System der Klassenbeziehungen konstruiert. Erst Relationsbegriffe wie Bildungschancen, Einstellung zur Bildung, Bildungsnähe oder -ferne, Auslesegrad usw. integrieren Charakteristika der Klassenzugehörigkeit (wie *Ethos* oder kulturelles Kapital) und *typische* Charakteristika der Bildungsorganisation wie die in der Hierarchie der Institutionen, Schulzweige, Fächer, Grade und Übungen implizierten Wertvorstellungen in eine kohärente Theorie: Diese theoretische Konstruktion beschränkt sich auf *die* wesentlichen Züge der Klassenzugehörigkeit in ihren synchronen und diachronen Beziehungen zum Bildungssystem, das *ausschließlich* als Kommunikationssystem aufgefasst wird, und behandelt die Beziehungen zwischen dem Bildungssystem und den sozialen Klassen als einfache Kommunikationsbeziehungen.

Eine solche methodische Abstraktion ist auch die Bedingung dafür, dass die spezifischsten und verborgensten Beziehungen zwischen dem Bildungssystem und den sozialen Klassen fassbar werden: Das Bildungssystem leistet seinen Beitrag zur Reproduktion der Struktur der Klassenbeziehungen, indem es seine technische Kommunikationsfunktion in der Weise erfüllt, dass diese Art der Vermittlung nur eine sozial konservative Funktion erfüllen kann.

Prüfung einer Illusion

> Robert de Sorbon scheut sich nicht, in einer wahrscheinlich an die Studenten seines Kollegiums gerichteten humoristischen Rede das Examen in den *artes liberales* mit dem Jüngsten Gericht zu vergleichen, und behauptet sogar, die akademischen Richter seien weitaus strenger als die himmlischen.
>
> *Émile Durkheim, L'Évolution pédagogique en France.*

Der Bruch mit den Vorannahmen der Spontansoziologie muss umso radikaler und verwirrender sein, als sich die Untersuchung gerade das zum Gegenstand macht, was die Konstitution des Gegenstandes erschwert: die soziale Funktion einer Institution wie das Examenssystem, das die eigentlichen Funktionen des Bildungssystems verbirgt, dies aber nur erreichen kann, wenn es verbirgt, dass es ihm gelingt. Um die akademische und soziale Bedeutung des Examens im französischen Bildungswesen zu erklären, muss man zunächst mit den Allzweckerklärungen der Spontansoziologie brechen, die die hervorstechendsten Züge des Systems dem nicht näher erläuterten Erbe einer nationalen Tradition oder dem unerklärlichen Einfluss der angeborenen konservativen Haltung der Akademiker zuschreiben will. Es genügt ebenso wenig, mithilfe der vergleichenden und historischen Methode die Charakteristika und spezifischen Funktionen des Examenssystems in einem gegebenen Bildungswesen zu beschreiben. Erst wenn man sich in einem *zweiten Bruch* von der Illusion befreit hat, das Bildungssystem sei gegenüber dem System der sozialen Klassen neutral und unabhängig, kann es gelingen, die Befragung des Examens zu hinterfragen, zu verstehen, was das Examen verbirgt und was die Befragung des Examens noch zu verbergen hilft, indem sie von der Befragung der Eliminierung ohne Examen ablenkt.

Bildungssystem und Examenssystem: Selbstperpetuierung des Bildungssystems und berufliche Zuweisung

Es ist nur allzu evident, dass das Bildungswesen, zumindest heute und in Frankreich, nicht nur in den Vorstellungen, sondern auch im realen Verhalten aller Beteiligten vom Examen beherrscht wird. Man bemerkt häufig die sichtbarsten Wirkungen, die der Primat der Auslesefunktion auf Kosten aller anderen pädagogischen Funktionen und vor allem der Bildungsfunktion hervorbringt. Man hat oft die Furcht vor den rigorosen, brutalen und zum Teil unberechenbaren Urteilen traditioneller Prüfungen beschrieben, die Funktionsstörungen, die daraus entstehen, dass ein einfaches Kontrollmittel zum alleinigen Prinzip der Themen- und Methodenwahl erhoben wird, sowie die Rhythmusstörungen, die aus einer Arbeitsorganisation herrühren, die in ihren regellosesten Formen nur noch dem Termindruck des Examens gehorcht. Das Examenssystem ist nicht nur der offenbarste Ausdruck der Werte und impliziten Entscheidungen des Bildungssystems: In dem Maße, wie es die Aufmerksamkeit von Lehrer und Schüler bindet, ist es eine wirksame Regulierungsinstanz, die dadurch prägt, dass sie die Arbeit orientiert und sowohl Versagen wie Erfolge sanktioniert. Die Ausbildung wird mindestens ebenso stark wie von den Studienprogrammen von dem Gewohnheitsrecht beeinflusst, das in der Rechtsprechung der Examina besteht und nach Form und Inhalt im Wesentlichen seinen Entstehungsbedingungen entspricht.[1]

Um die Stärke des vom Examen ausgehenden Zwanges zu ermessen, genügt es, sich vorzustellen, wie sehr die tägliche Organisation des Lehrens und Lernens, die Art der Übungen, die Form der Kontrolle, die Beurteilungskriterien, der Unterricht und die Orientierung des Bildungskanons verändert würden, wenn die *dissertation* durch methodisch ausgewählte Einzelfragen ersetzt würde, die eine einheitliche Analyse der Antworten ermöglichen könnten. Gleiches könnte man durch eine andere Art der Prüfung leisten, die geeignet wäre, die Rolle von Form und »Stil« einzudämmen

1 Die Berichte der Prüfungskommissionen bei den großen *concours* (*agrégation*, Grandes Écoles) zeigen diese Tendenz und die immanenten Prüfungskriterien besonders deutlich.

oder zumindest eine klare und explizite Wertung der Ausdrucks- und Darstellungsfähigkeit zu erzwingen. Der Einfluss der für den Aufsatz festgelegten und verbreiteten Stil- und Gliederungsregeln erstreckt sich bis in die fernsten Gebiete. Die Spuren dieser schulmäßigen Darstellungsverfahren lassen sich noch in so unterschiedlichen Produkten wie einem Verwaltungsbericht, einer Doktorarbeit oder einem literarischen Essay nachweisen. Man wird sich der spezifischen Eigenart der *dissertation* bewusst, vergleicht man diese Form der schriftlichen Mitteilung, die sich an den Lehrer als den einzigen Leser wendet, mit der mittelalterlichen *disputatio*, die – Prüfung und philosophische Gattung zugleich – aus einer oft lebhaften mündlichen Auseinandersetzung mit einem oder mehreren Gleichgestellten vor den Professoren und einem Publikum bestand; man könnte sie aber auch mit dem *essay* der englischen Universitäten vergleichen, dessen Regeln denen der literarischen Gattung gleichen Namens etwa entsprechen. Das Thema muss hier mit Leichtigkeit, Eleganz und Humor behandelt werden, ganz im Gegensatz zur französischen *dissertation*, die mit einer Einleitung zu beginnen hat, in der die Gliederung oder Fragestellung »mit Schwung und Eleganz«, aber in einem unpersönlichen Stil dargelegt werden sollte. Außerdem müsste man untersuchen, auf welche Art die verschiedenen Typen akademischer Prüfungen, die immer auch geregelte und institutionalisierte Kommunikationsmodelle sind, den Prototyp für die pädagogische und, noch allgemeiner, für jede Kommunikation mit einem gewissen kulturellen Anspruch (Vortrag, Bericht, Rede, Pressekonferenz) bilden. Die Ausdrucks- und Denkgewohnheiten, die im Allgemeinen dem »Nationalcharakter« oder besonderen philosophischen Traditionen zugeschrieben werden, könnten letzten Endes auf den Schulmodellen beruhen, die die Ausbildung auf eine besondere Form der intellektuellen Prüfung hin organisieren.[2]

2 Dass die *dissertation*, die von der Nacherzählung in der Volksschule bis zur *agrégation* den französischen Schüler und Studenten mit einer überallhin übertragbaren rhetorischen Technik ausstattet, in den angelsächsischen Prüfungen fehlt, führt sicherlich auch zu der Trennung zwischen formaler Sorgfalt und inhaltlicher Qualität, die in den meisten amerikanischen wissenschaftlichen Veröffentlichungen als Produkt einer anderen Schulbildung auffällt. Eine eingehendere Analyse der intellektuellen Integrationsfunktion, die jedes Bildungssystem durch die Vermittlung von Ausdrucksformen erfüllt, welche zugleich Denkformen sind, bei P. Bourdieu, Systèmes d'enseignement et systemès de pensée, *Revue internationale des sciences sociales*, 19, 1967, Heft 3.

Die Denkformen zum Beispiel, die mit den französischen Grandes Écoles in Verbindung gebracht werden, hängen zweifellos mit der Form der Aufnahmeprüfungen zusammen oder, genauer, mit den Gliederungs-, Stil- und sogar Ausdrucksmodellen, die dort als vorbildliche Darstellungsformen gelten.

Ganz allgemein trägt, wie Renan zeigt, ein Ausleseverfahren wie der *concours* dazu bei, den Vorrang der Form in der französischen Bildungstradition zu stärken:

»Es ist sehr bedauerlich, dass der *concours* der einzige Weg zum Lehramt ist und dass für Bewährung durch praktische Fähigkeiten, die mit ausreichenden Kenntnissen verbunden sind, kein Platz ist. Menschen, die die größte pädagogische Erfahrung besitzen und die für ihre schwierige Aufgabe nicht Brillanz, sondern Gründlichkeit und Zuverlässigkeit, zusammen mit einer gewissen Schwerfälligkeit und Schüchternheit, mitbringen, werden in den öffentlichen Prüfungen immer schlechter abschneiden als die jungen Leute, die Publikum und Prüfer zu unterhalten verstehen und, da sie sich mit großer Leichtigkeit ausdrücken können, alle Schwierigkeiten überspielen, die aber weder Geduld noch Entschiedenheit genug haben, um gute Lehrer zu sein.«[3]

Nur wenn man bedenkt, dass das Examen jene Werte darstellt, bestätigt, weitergibt und aufzwingt, die das Bildungswesen, das intellektuelle Leben und damit die Nationalkultur (sofern man darunter die Kultur der gebildeten Klassen einer gegebenen Gesellschaft versteht) bestimmen, begreift man, dass scheinbar so nebensächliche Fragen wie die Möglichkeit, das *baccalauréat* zu wiederholen, der Umfang der Programme oder die Art der Korrektur leidenschaftliche Polemiken auslösen können, ganz zu schweigen von dem empörten Widerstand, auf den jede Infragestellung von Institutionen stößt, in denen so viele Werte kristallisiert sind wie in der *agrégation*, der *dissertation* oder dem System der Grandes Écoles.

Am Beispiel des französischen Systems lassen sich die krassesten Folgen des Examenskults für das akademische und intellektuelle Leben besonders gut darstellen. Zumindest in dieser Hinsicht ein Extremfall, wirft es mit besonderer Dringlichkeit die Frage nach den historischen oder nationalen Unterschieden im funktionalen

3 E. Renan, L'instruction publique en France jugée par les Allemands, *Questions contemporaines*, Paris: Calmann-Lévy, 1876, S. 226.

Gewicht des Examens und nach den inneren oder äußeren Faktoren auf, die diese Unterschiede verursachen. Man muss sich also fragen, inwieweit das Gewicht des Examens auf immanente Tendenzen der Bildungsinstitution oder sogar auf eine autonome Logik des Examenssystems innerhalb des Bildungssystems zurückzuführen ist. Dabei muss man auch die besondere Geschichte eines nationalen Bildungssystems berücksichtigen sowie die Funktionen, die das Bildungssystem in einem gegebenen *historischen* Stadium erfüllt und die sich niemals auf die rein technischen Aufgaben der kulturellen Vermittlung beschränken.

Wenn wahr ist, wie Durkheim ausführt, dass die Einführung des Examens, das in der Antike, die nur unabhängige Schulen und Lehrer kannte, unbekannt war, die Existenz eines institutionalisierten Bildungswesens und einer organisierten, sich selbst perpetuierenden professionellen Lehrerschaft voraussetzt;[4] wenn die Analyse Max Webers zutrifft, wonach das System hierarchisch abgestufter Examina, die eine spezifische Ausbildung bescheinigen und zu spezifischen Berufen Zugang gewähren, im modernen Europa erst in Verbindung mit der Entwicklung einer bürokratischen Organisation auftritt, die auf hierarchisch bewertete und vergleichbare Individuen angewiesen ist, welche sich in eine Hierarchie angebotener Stellen einstufen lassen;[5] wenn schließlich ein Examenssystem, das allen Betroffenen in identischen Prüfungen formale Gleichheit gewährt (was im nationalen *concours* am reinsten verwirklicht ist) und den Trägern gleicher Berechtigungsscheine gleiche Berufschancen garantiert, den Anforderungen der Demokratie wirklich am vollständigsten zu genügen scheint (oder wenigstens die eklatantesten Formen des Nepotismus ausschließt), ist man berechtigt, die Zunahme der Examina, die Erweiterung ihrer gesellschaftlichen Tragweite und ihre steigende Bedeutung innerhalb des Bildungssystems nur als ein besonderes Symptom einer allgemeinen Tendenz der Industriegesellschaften zu deuten. Eine solche Analyse erfasst das Phänomen zwar in seinen allgemeinsten Zügen, wenn sie zum Beispiel erklärt, dass die vom Bildungsstand unabhängige soziale Mobilität in dem Maße abnimmt, in dem sich die Gesellschaft in-

4 É. Durkheim, *L'évolution pédagogique en France. I. Des origines à la Renaissance*, Paris: Alcan, 1938, S. 161.

5 M. Weber, *Wirtschaft und Gesellschaft*, Bd. II, Köln, Berlin: Kiepenheuer & Witsch, 1956, S. 735 ff.

dustrialisiert und bürokratisiert.[6] Sie übersieht aber, was im Ablauf der Funktion und der besonderen Form der Examina auf die Logik jedes einzelnen Bildungssystems zurückzuführen ist: Das Bildungswesen ist aufgrund der Trägheit, die für eine Institution charakteristisch ist, welche die Aufgabe hat, die Kultur einer Gesellschaft zu bewahren und weiterzugeben, und aufgrund des Privilegs der Selbstreproduktion, die das Recht einschließt, das eigene Personal allein zu schulen und nach immanenten Kriterien auszuwählen, in der Lage, alle von außen gestellten Forderungen in seine eigene Logik zu übersetzen. Deshalb kann man nur mithilfe der vergleichenden Methode unterscheiden, inwieweit die gesellschaftlichen Forderungen oder die besondere Art ihrer Erfüllung bestimmend sind beziehungsweise wo die jedem Bildungssystem immanenten Tendenzen oder die besonderen Traditionen einer Bildungsgeschichte wirksam werden. Hier erhält die Durkheimsche Prämisse ihre volle Bedeutung: Weber, der sich in seiner Religionssoziologie auf die immanenten Tendenzen der Priesterkaste beruft, übersieht (zweifellos weil er das Bildungswesen vom bürokratischen System ausgehend untersuchte und dabei die Frage der spezifischen Logik des Bildungssystems nicht auftauchte), wie sehr der Universitätsbetrieb in einem gegebenen Augenblick seiner Geschichte durch die besonderen Eigenschaften einer professionellen Lehrerschaft und ihrer spezifischen Traditionen beeinflusst ist.

6 In den USA erweist die Statistik, dass der Anteil der aus Universitäten und vor allem den besten Universitäten hervorgegangenen Mitglieder der Führungsschichten ständig steigt und sich diese Tendenz seit mehreren Jahren ständig beschleunigt: William Warner und James Abegglen haben festgestellt, dass 1952 57 Prozent der industriellen Führungskräfte College-Diplome besaßen gegenüber 37 Prozent 1928 (vgl. W. Warner, J. Abegglen, *Big Business Leaders in America*, New York: Atheneum, 1963, S. 62-67). In Frankreich geht aus einer Umfrage bei einem repräsentativen Sample von Persönlichkeiten, die in den verschiedensten Berufsbereichen berühmt geworden sind, hervor, dass 84 Prozent ein Hochschulstudium und 10 Prozent der Übrigen die höhere Schule abgeschlossen haben (A. Girard, *La réussite sociale en France, ses caractéristiques, ses lois, ses effets*, Paris: PUF, 1961, S. 233-259). Man müsste nachprüfen, ob die Zunahme und Festlegung der mit Titeln und Diplomen verbundenen Vorteile nicht in vielen Berufen und insbesondere der Verwaltung zu einer Schwächung der inneren Aufstiegsmöglichkeiten geführt hat, das heißt zu einer Verringerung der Führungskader, die aufgrund beruflicher Leistung aufgestiegen sind; die Ungleichheit zwischen der »kleinen Tür« und der »großen Tür«, die sich im Wesentlichen mit der Ungleichheit zwischen Kleinbürgertum und Bürgertum deckt, könnte dadurch verschärft worden sein.

In einer Institution, die laut Durkheim aufgrund ihrer Trägheit und besonderen Autonomie in sehr starkem Maße durch die eigene Vergangenheit bestimmt ist, muss der Einfluss dieser Tradition besonders groß sein. Das französische System, das dem Examen in Europa die größte Bedeutung zuschreibt, orientiert sich weniger an den technischen Anforderungen der Gesellschaft, als es scheint: Man braucht nur darauf hinzuweisen, dass man in einem System wie jenem des alten China, das vor allem die Beamten einer traditionellen Bürokratie ausbilden sollte, die meisten Züge des französischen Auslesesystems wiederfinden könnte.[7] Das konfuzianische System konnte sein Ideal literarischer Bildung deshalb so vollständig durchsetzen, weil kein Bildungssystem je so ausschließlich in seiner Auslesefunktion, das heißt seinem Examenssystem, aufging, und vielleicht auch deshalb, weil in keiner anderen Gesellschaft die Hierarchie der schulischen Leistungen so vollkommen alle anderen gesellschaftlichen Hierarchien determinierte: Zu den drei Hauptstufen des Bildungsganges (in denen die französischen Übersetzer, wie Weber feststellt, sofort die Äquivalenz zum *baccalauréat*, zur *licence* und zum *doctorat* sahen) kam eine große Zahl von Zwischen-, Wiederholungs- und Vorprüfungen. Es gab allein zehn Arten von Prüflingen ersten Grades. Wie viele Examina er bestanden habe, war die Frage, die gewöhnlich einem Fremden gestellt wurde, dessen Rang unbekannt war. Nicht wie viele Ahnen man hatte, bestimmte also – trotz des Ahnenkultes – den sozialen Rang. Vielmehr genau umgekehrt: Vom eigenen amtlichen Rang hing es ab, ob man einen Ahnentempel (oder, wie die Illiteraten, nur eine Ahnentafel) haben und wie viele Ahnen darin erwähnt werden durften. Selbst der Rang eines Stadtgottes im Pantheon hing von dem

7 Das konfuzianische Bildungssystem versuchte, das traditionelle Ideal des Literaten durchzusetzen, obwohl, wie Weber ausführt, »es uns befremdlich erscheinen mag, daß diese sublimierte, klassisch gebundene ›Salon‹-Bildung zur Verwaltung großer Gebiete befähigen sollte. Und in der Tat: mit bloßer Poesie verwaltete man auch in China nicht. […] Wortspiele, Euphemismen, Anspielungen auf klassische Zitate und eine feine, rein literarische Geistigkeit galt als Ideal der Konversation vornehmer Männer, von der alle aktuelle Politik ausgeschlossen blieb. Aber der chinesische Amtspfründner bewährte seine Standesqualifikation, sein Charisma, durch die kanonische Richtigkeit seiner literaturgerechten Formen, auf welche deshalb auch im amtlichen Verkehr bedeutendes Gewicht gelegt wurde« (M. Weber, *Gesammelte Aufsätze zur Religionssoziologie*, Bd. 1, Tübingen: Mohr 1920, S. 420 f.).

Rang des Mandarins der Stadt ab.[8] Der Beamte »blieb [...] auch weiterhin sein Leben lang unter Schulkontrolle«.[9] Über das Klischee des Mandarins als Archetyp jedes Bildungstraditionalismus hinaus sieht man also, dass so verschiedene Systeme wie die des modernen Europas und des alten Chinas eine gemeinsame Orientierung der Tatsache verdanken, dass beide die Forderung der *Auslese* (selbst wenn es beim einen um den Bedarf einer traditionellen Bürokratie und beim anderen um den eines modernen Wirtschaftssystems geht) zum Anlass und Mittel nehmen, die charakteristische Tendenz einer Lehrerschaft zur gesellschaftlichen Aufwertung der von ihr produzierten, kontrollierten und bestätigten Eigenschaften und Qualifikationen durchzusetzen.[10]

Um aber vollständig zu erklären, warum das französische System mehr als jedes andere die Chancen des für entwickelte Gesellschaften charakteristischen technischen Auslesebedarfs genutzt hat, um seine immanente Logik konsequent zu verwirklichen, muss man die besondere Vergangenheit der Bildungsinstitution berücksichtigen, deren relative Autonomie objektiv in der Fähigkeit zum Ausdruck kommt, die in jedem Augenblick der Geschichte aktuellen Forderungen der anderen Subsysteme zugunsten seiner spezifischen und aus einer relativ autonomen Geschichte übernommenen Normen zu übersetzen und umzuinterpretieren. Im Gegensatz zum Mandarinsystem hat es das französische System nicht erreicht, die Hierarchie der akademischen Werte als offizielles Prinzip jeglicher sozialer Hierarchie und jeglicher Werthierarchie durchzusetzen. Dennoch gelingt es ihm, allen, die seiner Macht lange genug unterworfen waren, etwas, was man eine hierarchische Mentalität

8 Ebd., S. 404 f.

9 Ebd., S. 417.

10 Das Mandarinsystem war besonders privilegiert, weil der gesellschaftliche Kontext ihm die Möglichkeit gab, seine spezifische Hierarchie offen durchzusetzen: Die Tendenz des Bildungswesens zur Autonomie kristallisiert sich hier in einem kodifizierten Recht und einer offiziellen Ideologie, die Werte ausspricht, welche sonst hinter dem Gewohnheitsrecht verborgen bleiben und nur auf dem Umweg über vielfältige Umdeutungen und Rationalisierungen zum Ausdruck kommen. Selbst die Funktion des Bildungswesens zur Legitimierung der ererbten kulturellen Privilegien hat in diesem Fall eine juristische Formulierung gefunden. Das System, das vorgab, die Amtsberechtigung streng vom persönlichen, durch das Examen bescheinigten Verdienst abhängig zu machen, reservierte gleichzeitig den Söhnen hoher Beamter ein Vorzugsrecht bei den Bewerbungen.

nennen könnte, einzuimpfen und auf diesem Weg weit in der Gesellschaft zu verbreiten. Die Existenz und der Erfolg von Institutionen wie dem *concours* mit seinen anonymen schriftlichen Prüfungen und seiner Extremform, dem *concours général* als *concours* um seiner selbst willen, sind hierfür ein deutliches Zeichen, mehr allerdings noch die Faszination, die solche Institutionen auf französische Akademiker ausüben.[11] Es ist auf jeden Fall bezeichnend, wie tief das französische System die Wettbewerbs- und Einstufungsmanie seinen Opfern einzuimpfen weiß. In der Vorstellung derer, die es durchlaufen haben, konkurriert es umso nachhaltiger mit allen anderen Hierarchien, je höher der Wert des schulischen Erfolgs veranschlagt wird.[12] Dabei hängt der Grad der Anerkennung durch den Einzelnen davon ab, wieweit er selbst vom System anerkannt wird und welchen Wert er dem Bildungssystem zuschreibt; dies wiederum hängt von dem Wertsystem ab, das er vor allem von seiner sozialen Klasse übernommen hat. Das Bildungssystem setzt die Anerkennung seiner Werte (wofür die Wahl des Lehrerberufs ein deutliches Zeichen ist) besonders erfolgreich dort durch, wo es auf Schüler einwirkt, die aus Klassen (den mittleren zum Beispiel) oder Berufsgruppen (vor allem Lehrer oder, innerhalb der mittleren Klassen, Angestellte und kleine Beamte) kommen, die ihm kein konkurrierendes Wertsystem entgegenzustellen haben, weil sie entweder selbst Produkt des Bildungswesens sind oder soziale Aufstiegschancen von ihm erwarten. Aufgrund seiner Fähigkeit, kontinuierlich rein akademisch definierte Hierarchien hervorzubringen, gelingt es dem französischen System im Gegensatz zum amerikanischen beispielsweise, jene Studenten für sich zu rekrutieren, die seinen Kriterien am besten entsprechen und zu ihrer Anerkennung

11 Es ist bezeichnend, dass es für sämtliche großen *concours* (einschließlich des *concours général*, dessen Preisträger über die verschiedensten Berufe verstreut sind und nichts als den zufälligen Erfolg in einem Schulwettkampf gemeinsam haben) Vereinigungen »Ehemaliger« oder »Vereine« mit Zeitschriften, Jahrbüchern und oftmals »Jahresbanketten« gibt.

12 Claude Grignon konnte zeigen, wie sich in der Technikerausbildung die rein schulische Hierarchie, die die »intellektuellen« Fächer höher einstuft als die »handwerklichen« (von der Elektrotechnik bis zum Schmiedehandwerk), bei den Schülern durchsetzt, und zwar ganz unabhängig von der durch Angebot und Nachfrage gegebenen professionellen Hierarchie (vgl. C. Grignon, *Apprentissage d'un métier ou acquisition de la culture: les apprentis à l'école*, Paris: Centre de Sociologie Européenne, 1966).

bereit sind, und sie vom Aufstieg in andere Hierarchien, wie die der Macht und des Geldes, zu entmutigen.[13]

Das französische System konnte also den Bedarf der modernen Gesellschaft nach garantierten und austauschbaren »Serienprodukten« dazu benutzen, die von den Jesuitenkollegs des 18. Jahrhunderts übernommene Tradition des Wettbewerbs um des Wettbewerbs willen, der die Strebsamkeit zu einem privilegierten pädagogischen Instrument erhob, im Dienst einer ganz anderen sozialen Funktion aufrechtzuerhalten.[14] Weber bemerkte hierzu, dass die technische Beschaffenheit der bürokratischen Posten in der kaiserlichen Verwaltung nicht erklärt, weshalb – sieht man von der konfuzianischen Tradition des literarisch Gebildeten ab – die Wettbewerbsprüfungen für Mandarine der Dichtung eine solche Bedeutung beimaßen. Will man verstehen, warum die einfache Forderung der Auslese, von der Notwendigkeit einer Auswahl der Kandidaten für eine beschränkte Stellenzahl erzwungen, den Vorwand für den typisch französischen Kult der Einstufung liefern konnte, dann muss man auch hier das Bildungssystem im Zusam-

13 Man müsste die Aufnahmestatistiken von Hochschulen wie der École Normale Supérieure und der École Nationale d'Administration unter diesem Gesichtspunkt nach der sozialen Herkunftskategorie und den früheren Bildungserfolgen der Kandidaten betrachten. Aus einer Umfrage über die Studenten sämtlicher französischer Grandes *École*s geht unter anderem hervor, dass sowohl die École Normale Supérieure wie die École Nationale d'Administration ungefähr in gleichem Maße eine viel undemokratischere Auslese treffen als die Universitäten. Der Anteil der Studenten aus unteren Klassen beträgt hier jeweils nur 7,9 Prozent und 9,5 Prozent (gegenüber beispielsweise 20 Prozent an der Philosophischen und 14 Prozent an der Juristischen Fakultät); die meisten Studenten entstammen privilegierten Klassen (55,6 Prozent an der ENS und 61,4 Prozent an der ENA), sie zeigen jedoch bei genauerer Analyse charakteristische Unterschiede. Lehrer- und Professorensöhne stellen 15 Prozent der Studenten an der ENS gegenüber 5,2 Prozent an der ENA; die Söhne von hohen Beamten und Führungskräften in Industrie und Wirtschaft machen jeweils 5,2 Prozent und 27,6 Prozent der Studenten an der ENA aus gegenüber 3,4 Prozent und 19,6 Prozent an der ENS. Andererseits zeigt die Bildungsvergangenheit der Studenten beider Schulen deutlich, dass es dem Bildungswesen gelingt, die Studenten umso erfolgreicher in Bildungsfächer zu führen, je offensichtlicher ihr schulischer Erfolg war. Der Index der Prädikate im Abitur beträgt 195 für die Studenten der ENA und 305 für die Studenten der ENS (ein Punkt für das Prädikat »befriedigend«, zwei Punkte für das Prädikat »gut« usw.).

14 Vgl. Durkheim, *L'évolution pédagogique*, Bd. II, S. 69-117, und G. Snyders, *La pédagogie en France aux XVIIième et XVIIIième siècles*, Paris: PUF, 1965.

menhang der Gesamtgesellschaft sehen, in der es sich herausgebildet hat. Seine Formen entstammen jenem geschützten und abgeschlossenen Mikrokosmos, in dem die Jesuiten durch methodische und faszinierende Organisation des Wettbewerbs und die Schaffung schulischer Hierarchien, die ebenso für das Spiel wie für die Arbeit galten, einen *homo hierarchicus* ausbildeten, indem sie den aristokratischen Kult der *gloire* auf das Gebiet des gesellschaftlichen Erfolgs und der literarischen Brillanz übertrugen. Das französische System hat schon immer über die rein technische Funktion des *concours* hinaus zwischen den Kandidaten, die es auslesen soll, minutiöse Binnenhierarchien hergestellt, die auf der Zufälligkeit lächerlicher Viertelpunkte beruhen, die sich aber doch entscheidend und mit oft schwerwiegenden beruflichen Folgen auswirken, wenn man bedenkt, welches Gewicht die akademische Welt der Einstufung in dieser Aufnahmeprüfung am Ende der Schulzeit oder sogar der Rolle des »Ersten« beimisst, der ganz oben in einer Hierarchie rangiert, die selbst wiederum ihren Platz in einer Hierarchie der Hierarchien einnimmt: der Grandes Écoles und der großen *concours*.[15]

Die Erklärung durch die bloße Tatsache des Fortbestehens erklärt jedoch nichts, wenn man nicht die Gründe für den Fortbestand erklärt und die Funktion berücksichtigt, die er im Funktionieren des heutigen Systems hat. Dabei müssen zugleich die nationalen und historischen Bedingungen analysiert werden, die das Auftreten systemimmanenter Tendenzen ermöglichen oder begünstigen. Das französische System kann nur deshalb mit solcher Leichtigkeit rein schulmäßige Hierarchien schaffen und sie weit über den von ihm unmittelbar kontrollierten Bereich hinaus und gelegentlich sogar in offenem Gegensatz zu dem Bedarf, den es befriedigen sollte, durchsetzen, weil es in seiner Pädagogik und seinen Prüfungen noch heute vor allem auf seine korporative Selbstperpetuierung abzielt. Die Examina der mittelalterlichen Universität dienten diesem Zweck noch viel offener, da sie als *cursus*, als Stufenleiter zum Zugang in die Korporation, definiert waren: das *baccalauréat* (niedriger Grad der *inceptio*), die *licentia docendi* und der

15 Die völlige Trennung von schulischer und technischer Funktion des *concours* ist beim *concours général* erreicht, einer Institution, die einzig der Aufstellung eines reinen, weil ausschließlich auf Prestige gerichteten *classement* dient.

magister, das heißt die eigentliche *inceptio*, eine Zeremonie, durch die man als Meister in die Korporation aufgenommen wurde.[16] Die Tatsache, dass sich (abgesehen von Italien und Spanien) die anderen europäischen Bildungssysteme weit mehr als das französische von ihrer mittelalterlichen Vergangenheit befreit haben, genügt, um die Rolle der Kollegs des 18. Jahrhunderts zu begreifen. Die Pädagogik der Jesuiten stattete das Bildungswesen mit besonders wirksamen Mitteln aus, um den schulischen Kult der Hierarchie und damit schulmäßiger Hierarchien durchzusetzen; sie stellte diese Mittel in den Dienst der Autonomie der Schule und versah sie mit einer vollständigen und völlig vom Leben abgeschnittenen Kultur. Damit gab sie dem Bildungssystem die Möglichkeit, sein inhärentes Autonomiestreben im Primat der Selbstperpetuierung zu realisieren.[17] Die napoleonische Zentralisierung der staatlichen

16 Der Widerstand des Bildungssystems gegen jeden Versuch, die Abschlussprüfung einer Bildungsstufe von der Berechtigung zum Zugang in die nächsthöhere Stufe zu trennen (wie im Streit um das *baccalauréat*), beruht auf der Vorstellung eines *curriculum*, dessen Phasen als die aufsteigenden Stufen eines *cursus* mit der *agrégation* als Abschluss verstanden werden; hinter der entrüsteten Weigerung, Titel »billig« zu vergeben, steht vielleicht der Wille, um jeden Preis das Recht zu behalten, die Kriterien der spezifischen Hochschulkontrolle auf sämtliche Abschlussexamina auszudehnen – und damit die Möglichkeit zur Festlegung der Bedingungen akademischer »Exklusivität«. Der Vorrang des »Königsweges« ist so groß, dass sämtliche Hochschul- und zahlreiche andere Karrieren, die diesen Weg nicht bis zu Ende gehen, innerhalb dieser Logik nur negativ definiert werden können. Ein solches System muss also notwendig »Gescheiterte« produzieren, die von der Universität zu einem ambivalenten Verhältnis gegenüber dem Bildungswesen verurteilt sind; das Ressentiment ist umso größer, je mehr die Betroffenen die Werte des Bildungswesens anerkennen.

17 Zweifellos gehen die meisten grundlegenden Unterschiede zwischen dem intellektuellen »Temperament« katholischer und protestantischer Länder auf die Jesuitenpädagogik zurück. Renan stellt fest, dass »das französische Bildungswesen die Jesuiten, ihre platten Reden und lateinischen Verse weitgehend nachgeahmt hat; es gleicht zu sehr den Rhetorenschulen der Dekadenzzeit. Ein Teil des Bildungswesens fördert durch die systematische Verachtung des Inhalts und die ausschließliche Prämierung von Stil und Talent das französische Erbübel, die Sucht, große Reden zu halten und alles zu Deklamation verkümmern zu lassen« (Renan, *L'instruction publique en France*, S. 79). Wer die Eigenarten der intellektuellen Produktion unmittelbar mit den Werten des Religionssystems in Verbindung bringen will – zum Beispiel das Interesse für experimentelle Naturwissenschaft oder philologische Gelehrsamkeit mit der protestantischen, den Sinn für schöne Literatur mit der katholischen Religion –, vergisst den im eigentlichen Sinn pädagogischen Effekt der durch einen bestimmten Typus der Bildungsorga-

Bürokratie und des Bildungswesens führte, verbunden mit der Ideologie der Chancengleichheit, die in Frankreich die Form der erklärten Intoleranz gegenüber jeder Art von Protektion annahm, zur Vermehrung der Examina und der nationalen *concours*, die, staatlich und anonym, dem Bildungssystem die beste Gelegenheit gaben, seine Hierarchien durchzusetzen, und die zugleich auf unbestreitbare Weise die Gültigkeit seiner Wertskalen und damit den Wert seiner Hierarchien bescheinigten.[18]

Der *concours* ist im französischen System das Examen par excellence, und in der Praxis besteht die Tendenz, jedes Examen als *concours* anzusehen. Die *agrégation*, jener *concours*, der die Lehrer für die höhere Schule auswählt, bildet zusammen mit den vorangehenden *Auslesestufen*, dem *concours général* und dem *concours* zur Aufnahme in die École Normale Supérieure, die archetypische Dreizahl, in der das französische Bildungswesen seinen vollkommenen Ausdruck findet. Alle anderen *concours* und Examina stellen nur mehr oder weniger ferne Emanationen oder mehr oder weniger deformierte Nachahmungen dieser Trias dar. Es ist kein Zufall, dass der standespolitische Anspruch auf Prämierung schulischer Qualifikationen

nisation geleisteten Übersetzung. Wenn Renan im »pseudohumanistischen« Unterricht der Jesuiten und dem durch ihn geförderten »literarischen Geist« einen der Grundzüge des Denk- und Ausdrucksstils der französischen Intellektuellen wiedererkennt, offenbart er, was für einen Geschichtsbruch die Aufhebung des Edikts von Nantes im geistigen Leben Frankreichs darstellt: Sie unterbrach die in der ersten Hälfte des 17. Jahrhunderts entstandene wissenschaftliche Bewegung und »tötete die historisch-kritischen Studien«. – »Da allein der literarische Geist gefördert wurde, entstand eine gewisse Frivolität. Holland und Deutschland besaßen, zum Teil dank der Emigranten, fast das Monopol auf Wissenschaft. Damals wurde entschieden, dass Frankreich vor allem eine Nation des *esprit* sein sollte, die gut zu schreiben und herrlich Konversation zu führen versteht, aber an konkretem Wissen unterlegen und allen Torheiten ausgesetzt ist, die nur durch weitgespannte Kenntnisse und ein reifes Urteil vermieden werden« (ebd., S. 79).

18 Auch im Bereich des Bildungswesens setzt die Zentralisierung der Revolution und des Empire nur eine Tendenz fort, die schon unter der Monarchie aufgetreten war, und führt sie zur Vollendung: Neben dem seit dem 18. Jahrhundert bestehenden *concours général*, der den in jedem Jesuitenkolleg stattfindenden Wettbewerb auf die gesamte Nation ausweitet und das humanistisch-literarische Ideal bestätigt, war die *agrégation*, durch ein Dekret aus dem Jahre 1808 wiedereingeführt, bereits 1766 in einer Form und mit einer Bedeutung geschaffen worden, die dem heutigen Zustand weitgehend entspricht (vgl. A. Cassirer, *Les professeurs de philosophie d'autrefois*, Straßburg: Publication de la Faculté des Lettres de Strasbourg, 1965, S. 115-118).

sich fast immer auf die *agrégation* beruft und dass es den offenen und geheimen akademischen *pressure groups*, für die die *société des agrégés* nur eines der eklatantesten Beispiele darstellt, gelungen ist, dem rein akademischen Titel des *agrégé* eine juristische Anerkennung und faktische Einstufung zu erkämpfen, die weit über die Ausübung des Lehramtes an höheren Schulen hinausgeht. Die Titel *agrégé* oder »Ehemaliger Schüler der École Normale Supérieure« besitzen in vielen Fällen nur noch die Funktion eines offiziösen Kooptationskriteriums: Von den Lehrstuhlinhabern oder Lehrbeauftragten der Philosophischen Fakultät sind fast 15 Prozent nicht im Besitz des theoretisch erforderlichen Titels, der Habilitation; sie sind aber praktisch alle *agrégés*, und 23 Prozent sind *normaliens* (ähnlich ist es bei den Assistenten und Oberassistenten, das heißt bei 48 Prozent des Lehrkörpers). Der *homo academicus* par excellence ist zugleich *normalien, agrégé und habilitiert*, das heißt ein tatsächlicher oder potentieller Professor an der Sorbonne; er kumuliert alle Titel, die die von der Universität geschaffene, geförderte und abgeschirmte Exklusivität definieren. Verführt von der eigenen Tendenz, die an sie herangetragenen gesellschaftlichen Forderungen umzuinterpretieren, geht die Hochschule im Falle der *agrégation* sogar so weit, den Inhalt dieser Forderungen selbst zu leugnen: Es kommt nicht selten vor, dass die Prüfungskommission, um die ständige Drohung der »Niveausenkung« abzuwehren, die Forderung der »Qualität« gegen die als profane Einmischung empfundene Notwendigkeit anführt, alle freistehenden Posten zu besetzen; auf diese Weise wird über den Vergleich mit den vorangegangenen Jahren ein *concours* innerhalb der *concours* geschaffen, der die Norm für den *agrégé*, sozusagen seine Essenz, liefern soll, selbst wenn dadurch die zur Erhaltung des realen Bildungswesens erforderlichen Mittel im Namen der Selbstperpetuierung des idealen Bildungswesens blockiert werden. Das erinnert an jene primitiven Gesellschaften, die aufgrund »kultureller Arabesken über dem Gefüge der Notwendigkeit« damit enden, dass sie sich selbst widersprüchliche oder unmögliche Forderungen auferlegen.[19] Um wirklich zu verstehen, weshalb die *agrégation* der

19 Das Bestreben, die absolute Autonomie der Bildungshierarchien aufrechtzuerhalten und zu demonstrieren, kommt vielerorts zum Ausdruck: in der Tendenz, der Benotung absoluten Wert einzuräumen (mit der bis zur Absurdität getriebenen Verwendung von Dezimalabstufungen); in der Gewohnheit, von einem Jahr

Brennpunkt aller akademischen Wertvorstellungen werden konnte, muss man diese Institution in Zusammenhang mit dem ganzen Prüfungssystem, genauer, dem System der Transformationen sehen, die dieses innerhalb einer relativ autonomen Geschichte durchlaufen hat: Wenn aufgrund der Selbstperpetuierungsfunktion des Bildungssystems das Examen, das zum Lehramt in der für das System repräsentativsten Bildungsinstitution, das heißt den höheren Schulen, berechtigt, die wichtigste Stellung einnimmt, folgt daraus, dass dem Examen, das diese Funktion am stärksten symbolisiert, in der jeweiligen historischen Situation real wie ideologisch der »Wert« des Examens par excellence zukommt. In der Geschichte des französischen Bildungswesens waren dies nacheinander das *doctorat*, die *licence* und schließlich die *agrégation*, die noch heute, trotz der scheinbaren Vorrangstellung des *doctorat*, aufgrund ihrer Beziehung zur höheren Schule und ihrer Eigenschaft als Rekrutierungswettbewerb das größte *funktionale Gewicht* im Examenssystem besitzt (und nicht nur in der Philosophischen Fakultät). Es scheint, als benütze das Bildungssystem die durch jede neue Struktur und Ergänzung des Examenssystems gegebenen neuen Möglichkeiten, um einen immer gleichen objektiven Sinn zu verwirklichen.

zum anderen die Noten, die Durchschnittswerte und die besten und schlechtesten Arbeiten zu vergleichen. Als Beispiel hierfür möge folgendes Zitat aus dem Rapport de l'agrégation de grammaire féminine de 1959 (S. 3) dienen. Es steht im Anschluss an eine Tabelle, die die Zahl der angebotenen Stellen, der Zulassungen zur mündlichen Prüfung und der bestandenen Examina von 1955 bis 1959 angibt (der man entnehmen kann, dass die Zahl der bestandenen Examina fast immer unter der Hälfte der zur Verfügung gestellten Stellen lag) sowie den bis auf die zweite Dezimalzahl ausgerechneten Durchschnitt der dem Rang nach ersten und letzten zum mündlichen Examen Zugelassenen und der dem Rang nach ersten und letzten erfolgreichen Prüflinge: »Man kann nicht behaupten, dass die Leistungen in diesem *concours* überwältigend sind. [...] Der *concours* des Jahres 1959 hat uns zwar an Wissen oder Bildung reiche Texte eingebracht, aber die Zahlen bezeugen dennoch einen beklagenswerten Niedergang. [...] Der Durchschnitt der letzten Zulassung zur mündlichen Prüfung und der letzten bestandenen Prüfung hat seit 1955 seinen Tiefpunkt erreicht. [...] Die aufgrund der schlechten Zeiten unvermeidliche Verlängerung der Listen [der bestandenen Prüfungen] schien uns nur anlässlich des Lehrermangels legitim, von dem Frankreich ebenso wie die überseeischen Gebiete betroffen sind. [...] Es steht zu befürchten, dass das grausame Spiel von Angebot und Nachfrage zu einer Niveausenkung führen muss, die die höhere Schule in ihrem Geist bedroht.« Es ließe sich unschwer eine Reihe ähnlicher Texte zitieren; jedes Wort spricht hier Bände.

Der heutige Zustand der Universität ist nicht nur das zufällige Ergebnis einer Folge heterogener und diskontinuierlicher Ereignisse, das allein retrospektive Illusion als die Wirkung einer prästabilierten Harmonie zwischen dem System und der historischen Tradition ansehen kann. Man darf nicht übersehen, was die relative Autonomie des Bildungssystem beinhaltet: dass die Entwicklung des Bildungswesens nicht nur von der Stärke und Dringlichkeit der äußeren Forderungen abhängt, sondern auch von der Kohärenz seiner eigenen Strukturen, das heißt ebenso von der Widerstandskraft, die es aufzubringen vermag, wie von seinem Vermögen, Zufälle und Einflüsse entsprechend einer Logik aufzugreifen und umzuinterpretieren, deren allgemeine Prinzipien gegeben sind, sobald die Funktion der Bildungsvermittlung durch eine besondere Institution übernommen wird. Die Geschichte eines relativ autonomen Systems erscheint so als die Geschichte der Systematisierungen, denen das System die gegebenen Zwänge und Neuerungen unterwirft, und zwar entsprechend den Normen, die es in seiner Eigenschaft als System definieren.[20]

Examen und Eliminierung ohne Examen: Die Tarnung von Zugangschancen als Erfolgschancen

Wenn man aufgrund einer methodologischen Entscheidung die Autonomie leugnet, die das Bildungssystem beansprucht und gegenüber äußeren Forderungen bewahrt, verbaut man sich den Weg zum Verständnis jener Funktionseigenheiten, die es seiner relativen Autonomie verdankt; nimmt man aber andererseits seine Unabhängigkeitsbeteuerungen beim Wort, läuft man Gefahr, die äußeren Funktionen, die es erfüllt, zu übersehen und zu vergessen, dass das Examenssystem unter anderem die Funktion hat, von der Eliminierung ohne Examen abzulenken. Man muss sich also fra-

20 Diese Analyse des französischen Systems beansprucht lediglich, die spezifische Struktur innerer und äußerer Faktoren zu erhellen, die in diesem besonderen Fall das Gewicht und die Modalitäten des Examens bestimmen. Man müsste untersuchen, ob in der Geschichte anderer Bildungssysteme eine andere Faktorenkonstellation zu unterschiedlichen Tendenzen und Gleichgewichtsverhältnissen führt.

gen, ob die dem Bildungssystem gewährte Freiheit, häufig seinen eigenen Forderungen und Hierarchien vor den evidentesten Anforderungen des Wirtschaftssystems den Vorrang zu geben, nicht die Gegenleistung für Dienste darstellt, die es der Gesellschaft oder einer ihrer Gruppen leistet, indem es verborgenere gesellschaftliche Forderungen befriedigt und zur Erhaltung und Legitimierung der kulturellen Privilegien beiträgt.

Dass die Funktion des Examens nicht auf die schulmäßige Benotung beschränkt ist, wird schon aus der Tatsache deutlich, dass der größte Teil derer, die auf den verschiedenen Stufen des Bildungsgangs vom Weiterstudium ausgeschlossen werden, sich selbst eliminiert und dass der Prozentsatz der Eliminierten nicht zufällig nach sozialen Klassen variiert. Durch die sichtbare Auslese, die das Examen bewirkt, wird diese Eliminierung verdeckt. Gemessen an der Aufstiegswahrscheinlichkeit (am Anteil der Kinder aus verschiedenen sozialen Klassen berechnet, die bei anfänglich gleichwertigem Erfolg bis zu einem bestimmten Niveau des Bildungswesens aufsteigen), ist die Ungleichheit zwischen den sozialen Klassen in allen Ländern unvergleichlich größer als gemessen an der Erfolgswahrscheinlichkeit.[21]

Anders ausgedrückt, bei gleichem Erfolg ist für Schüler aus den unterprivilegierten Klassen die Wahrscheinlichkeit einer »Selbsteliminierung« durch den Verzicht, in die höhere Schule (oder Hochschule) einzutreten, größer als die Wahrscheinlichkeit einer Selbsteliminierung später, nach dem Eintritt, oder der Eliminierung durch das ausdrückliche Urteil eines Prüfungsmisserfolges.[22] Mehr

21 Paul Clerc weist nach, dass, obwohl die Quote des Schulerfolgs und die Quote des Eintritts in die höhere Schule eng mit der sozialen Klasse zusammenhängen, die allgemeine Ungleichheit der Eintrittsquote für die höhere Schule stärker durch Ungleichheit bei gleichem als bei ungleichem Schulerfolg bestimmt ist (vgl. A. Girard, P. Clerc, Nouvelles données sur l'orientation scolaire au moment de l'entrée en sixième, *Population*, 4, 1964, Oktober-Dezember, S. 829-864). Die Statistiken über den Übergang von einer Bildungsstufe zur nächsten im Verhältnis zu sozialer Herkunft und Schulerfolg zeigen, dass in den Vereinigten Staaten ebenso wie in England der Ausleseprozess strenggenommen nicht auf die Schule selbst zurückzuführen ist (vgl. R. Havighurst, B. Neugarten, *Society and Education*, Boston: Allyn and Bacon, 1962, S. 230-235).

22 Vgl. R. Ruiter, *The Past and Future Inflow of Students into the Upper Levels of Education in the Netherlands*, OECD, DAS/EIP/63. Vgl. außerdem J. Floud, Le rôle de la classe sociale dans l'accomplissement des études, in: A. Halsey (Hg.),

noch, die, die sich nicht im Augenblick des Übergangs in die höhere Schule selbst eliminieren, schlagen mit größerer Wahrscheinlichkeit Bildungsgänge (Schultypen oder -zweige) ein, bei denen die Chance des Aufstiegs zur nächsthöheren Stufe von vornherein am geringsten ist, sodass das Examen nur scheinbar eliminiert und in Wirklichkeit meist nur jene andere Form der Selbsteliminierung bestätigt, die die Wahl des Studiengangs zur herausgeschobenen Eliminierung macht.

Der Gegensatz von »bestanden« und »durchgefallen« beruht auf einer falschen Einschätzung des Bildungssystems als Ausleseinstanz: Diese auf einer tatsächlichen oder potentiellen, unmittelbaren oder vermittelten, gegenwärtigen oder vergangenen Prüfungserfahrung beruhende Unterteilung zwischen den beiden durch die Examensauslese innerhalb der Gesamtheit der Kandidaten geschaffenen Untergruppen verbirgt das Verhältnis der Gesamtheit der Kandidaten *und* Nichtkandidaten und verhindert so die Frage nach den Mechanismen der Auslese derer, unter denen das Examen ausliest. Viele Untersuchungen über das Bildungssystem als kontinuierliches Ausleseverfahren übernahmen einfach diese Unterscheidung der Spontansoziologie, indem sie nur das Verhältnis zwischen denen, die in eine Bildungsstufe eintreten, und denen, die sie mit Erfolg wieder verlassen, analysieren und dabei das Verhältnis zwischen denen, die eine Bildungsstufe verlassen, und denen, die in die nächsthöhere eintreten, übersehen. Diese Relation ist nur dann zu erfassen, wenn man den gesamten Ausleseprozess aus der Perspektive derer betrachtet, die durch das Bildungswesen übersehen oder eliminiert werden. (Setzte das Bildungswesen nicht so erfolgreich seine eigene Betrachtungsweise durch, wäre dies die Perspektive der sozialen Klassen, die viel mehr die Opfer der unmittelbaren oder herausgeschobenen Selbsteliminierung als die eines gescheiterten Examens sind.) Die Schwierigkeit einer solchen Umkehrung der Problemstellung liegt darin, dass sie mehr und anderes verlangt als eine bloße logische Umformung. Das Problem der Durchfallquote im Examen und, in Frankreich, die hohen Durchfallquoten im

Aptitude intellectuelle et éducation, Paris: OECD, 1961, S. 93-114; vgl. schließlich bei T. Husén, La structure de l'enseignement et le développement des aptitudes, in: ebd., S. 132, die Tabelle, die für Schweden den Prozentsatz der Schüler nach sozialer Herkunft und intellektueller Befähigung angibt, die nicht in die höhere Schule eintreten.

baccalauréat stehen deshalb im Vordergrund der Diskussion, weil die, die überhaupt in der Lage sind, es zu stellen, den sozialen Klassen angehören, für die das Risiko einer Eliminierung ausschließlich im Examen liegt. Man kann die Gesamtheit der Relationen konstruieren, die den Gegenstand der Untersuchung, die nach sozialen Schichten unterschiedliche Abgangsquote im Lauf des *cursus*, darstellen, und braucht doch nicht die richtigen Konsequenzen daraus zu ziehen. Die technokratisch orientierten Analysen sehen das Problem nur in dem Maße, wie das vorzeitige Aufgeben eines Teils der Schüler in einer bestimmten Stufe offenbare ökonomische Kosten mit sich bringt, und reduzieren dadurch das Problem der Selbsteliminierung auf das Scheinproblem der verlorenen Begabungsreserven. Man kann sogar, wie die angelsächsischen Bildungssoziologen, das Zahlenverhältnis zwischen denen, die jede Bildungsstufe abschließen, und denen, die in die nächsthöhere Stufe eintreten, feststellen und den zahlenmäßigen Umfang sowie die soziale Tragweite der Selbsteliminierung in den unterprivilegierten Klassen erfassen, ohne über die nur negative Erklärung durch »mangelnde Motivierung« hinauszugehen: Dabei wird nicht analysiert, inwieweit die resignative Einstellung der unteren Klassen zum Bildungssystem auf Art und Funktionen dieses Systems, als Träger der Auslese, der Eliminierung und ihrer Verschleierung mithilfe der Ausleseverfahren, zurückzuführen ist. Anders gesagt, es wird vergessen, welchen Einfluss das System der Relationen zwischen dem System der sozialen Klassen und dem Bildungssystem – und das heißt letztlich: die Einstellung der unteren Klassen zu ihren Bildungschancen – ausübt. Wenn man die Statistiken über die ungleiche Vertretung der verschiedenen sozialen Klassen auf den verschiedenen Stufen und in den verschiedenen Schultypen als bloßen Ausdruck einer isolierten, obwohl vielfältigen Relation zwischen der offenbaren schulischen Leistung und den durch die soziale Herkunft gegebenen Vor- oder Nachteilen nimmt, enthebt man sich der Mühe, das vollständige System der Relationen zwischen dem System der sozialen Klassen und dem Bildungssystem zu konstruieren. Verzichtet man darauf, das System der Wechselwirkungen zwischen den Systemen als Erklärungsprinzip zu benutzen, dann verurteilt man sich zu jenen ideologischen Optionen, deren übertragenes Bild man in der Aufteilung der soziologischen Interessengebiete findet; das führt dazu, dass die einen die Ungleichheit der Bildungschancen auf die soziale Ungleichheit zurückführen und die spezifische Form übersehen, die sie in der Logik des Bildungswesens erhält, und die anderen alle Probleme des Bildungswesens als immanente Probleme interpretieren: Entweder sie reduzieren, wie die Dozimologen, das Problem der Chancengleichheit im Examen auf die Frage der Normenangleichung in der Notengebung, oder sie setzen, wie bestimmte Sozialpsychologen, die »Demokratisierung« des Bildungswesens mit der »Demokratisierung« der Schüler-Lehrer-Beziehungen gleich, oder sie machen schließlich die konservative Haltung der Akademiker für die konservative Funktion des Bildungssystems verantwortlich.[23]

Wenn man fragt, weshalb der Teil der Schulpopulation, der sich vor oder nach dem Eintritt in die höhere Schule selbst eliminiert, in signifikanter Weise auf die verschiedenen sozialen Klassen verteilt ist, wird man so lange bei bloß individuellen Charakteristika verharren (selbst wenn man sie allen Individuen einer Kategorie zuschreibt), wie man nicht beachtet, dass sie der sozialen Klasse als solcher nur vermittelt durch ihre jeweilige Einstellung zum Bildungssystem zukommen. Jede Einzelentscheidung, durch die sich ein Kind vom weiteren Bildungsaufstieg ausschließt oder einen aussichtslosen Zweig relegieren lässt, resultiert, selbst wenn sie durch den Druck innerer Berufung oder die Feststellung unzureichender Befähigung erzwungen scheint, aus der Gesamtheit der objektiven Relationen zwischen sozialer Klasse und Bildungssystem (die vor der Entscheidung bestanden und sie überdauern werden), da für das Individuum eine Bildungszukunft nur in dem Maße wahrscheinlich oder unwahrscheinlich ist, wie sie der objektiven und kollektiven Zukunft seiner Klasse entspricht. Die Verteilung

23 Die enge Verbindung zwischen dem Charakter des Bildungssystems und der sozialen Herkunft seines Publikums wird an einem Phänomen deutlich: dem Übergang vom traditionellen lautstarken Schülerulk zu einer neuen Form. Der traditionelle *chahut* stellt eine normale Regelverletzung in den traditionellen Gymnasien dar, die den impliziten Erwartungen ihres bürgerlichen und kleinbürgerlichen Publikums unmittelbar entspricht. Der neue, aus dem bisherigen Rahmen fallende *chahut* dagegen ist Ausdruck jener Spannungen, die durch den Eintritt von Kindern aus den unteren Klassen in höhere Schulen, die um jeden Preis die traditionellen Normen und Organisationsprinzipien aufrechterhalten wollen, entstehen (vgl. J. Testanière, Chahut traditionel et chahut anomique dans l'enseignement du second degrée, *Revue française de sociologie*, 9, 1968, S. 17-33).

der objektiven Aufstiegschancen oder, genauer, der Aufstiegschancen durch Bildung, auf die verschiedenen Klassen bedingt deshalb die Einstellung zur Bildung und zum Aufstieg durch Bildung, wobei diese Einstellung wieder entscheidend die Chancen beeinflusst, eine Schule zu besuchen, ihre Normen zu übernehmen, Erfolg zu haben und damit sozial aufzusteigen.[24] Die Berechnung der objektiven Wahrscheinlichkeit zum Besuch des einen oder anderen Schultyps, die einer Klasse eignet, gibt also mehr als eine bloße Darstellung der ungleichen Vertretung der verschiedenen Klassen in den jeweiligen Bildungszweigen und ist mehr als ein bloß mathematischer Kunstgriff, um die realen Größenordnungen der Ungleichheit klarer zu erfassen; sie ermöglicht vielmehr eine theoretische Konstruktion, die eines der stringentesten Erklärungsprinzipien für diese Ungleichheit liefert: Die subjektive Erwartung, die den Einzelnen veranlasst, sich selbst auszuschließen, orientiert sich an einer Schätzung der objektiven Erfolgschancen seiner Klasse, wobei gerade dieser Mechanismus zur Verwirklichung der objektiven Wahrscheinlichkeit beiträgt.[25] Anders gesagt: Die objektive Wirksamkeit der

24 In der hier benutzten Terminologie unterscheiden sich subjektive und objektive Wahrscheinlichkeit als die Betrachtungsweise der Betroffenen und die Betrachtungsweise des Wissenschaftlers, der mithilfe statistischer Unterlagen die objektiven Gesetzmäßigkeiten konstruiert. Für die soziologische Interpretation ist diese Unterscheidung fruchtbarer als die jener Statistiker, die zwischen Wahrscheinlichkeit *a posteriori* (oder *ex post*), die in Bezug auf die Vergangenheit aufgrund der Vergangenheitserfahrung ausgesprochen wird, und Wahrscheinlichkeit *a priori* (*ex ante*) unterscheiden, die man übrigens besser *a priori – a posteriori* nennen müsste, da es um die Schätzung der Wahrscheinlichkeit eines künftigen Ereignisses aufgrund der Kenntnis der Vergangenheit geht; diese Schätzung kann dann ihrerseits überprüft, bestätigt oder korrigiert werden und so zu einer Wahrscheinlichkeit *ex post*, und das heißt verifiziert oder verifizierbar, werden. Ebenso wie die objektive (oder wissenschaftliche) Wahrscheinlichkeit ist die subjektive (oder erlebte) Wahrscheinlichkeit (da sie auf einer Globalschätzung vergangener Ereignisse beruht) zugleich vergangenheits- und zukunftsbezogen (da sie eine Schätzung der Zukunftschancen einbezieht). Unsere Absicht war, zu zeigen, dass die objektiven Gesetzmäßigkeiten in Form subjektiver Erwartungen verinnerlicht werden und diese dann in objektiven Verhaltensweisen zum Ausdruck kommen, die ihrerseits zur Verwirklichung der objektiven Wahrscheinlichkeit beitragen. Je nachdem, ob man die Verhaltensweisen durch die Wahrscheinlichkeiten oder die Wahrscheinlichkeiten durch die Verhaltensweisen zu erklären sucht, tritt in dieser Dialektik die erste oder die zweite Relation deutlicher hervor.

25 Zur Logik des Verinnerlichungsprozesses, in dessen Verlauf die in den Existenz-

objektiven klassenspezifischen Wahrscheinlichkeit, die mit der Logik der *self-fulfilling prophecy* in Kraft tritt, manifestiert sich in den objektiven Konsequenzen der subjektiven Beziehung zur objektiven Wahrscheinlichkeit. Der Begriff der subjektiven Erwartung als Verinnerlichung der objektiven Bedingungen im Laufe eines Prozesses, der vom ganzen System der objektiven Relationen, in denen er sich vollzieht, beeinflusst wird, hat deshalb einen so hohen Erklärungswert, weil er einen ganzen Knoten von Relationen erfasst: die zwischen dem Bildungssystem und dem System der sozialen Klassen und auch die zwischen dem System dieser objektiven Relationen und jedem sozialen Subjekt (Individuum oder Gruppe), in dem Maße, wie sich dieses Subjekt immer, selbst unbewusst, bei seinen Entscheidungen am System der objektiven Relationen orientiert, die das Subjekt prägen. Die Erklärung durch die Relation zwischen subjektiver Erwartung und (mathematisch feststellbarer) objektiver Wahrscheinlichkeit ist in Wirklichkeit eine Erklärung durch ein System von Relationen zwischen Relationssystemen. Sie erfasst daher Tatbestände, die auf den ersten Blick so unterschiedlich sind, dass sie ebenso unterschiedliche Deutungen zu verlangen scheinen, wie beispielsweise die »Schulsterblichkeit« der unteren Klassen oder das Überleben eines Teils dieser Klassen,[26] sowie die spezifische Einstellung der Überlebenden zum System oder auch das unterschiedliche Verhältnis der Schüler aus verschiedenen sozialen Klassen zur Arbeit und zu den Schulleistungen, das vom Grad der Wahrscheinlichkeit ihres Verbleibens in einer gegebenen Stufe des Bildungswesens abhängt. Die Tatsache, dass die Bildungsbeteiligung der unteren Klassen wie auch aller anderen Klassen regional schwankt und dass das Stadtleben vermittels der damit verbundenen sozialen Heterogenität der Kontaktgruppen zu einer erhöhten Bildungsbeteiligung der unteren Klassen führt, erklärt sich ebenfalls daraus, dass die subjektive Erwartung der unterprivilegierten Klassen durch die objektive Wahrscheinlichkeit in der Kontakt-

bedingungen gegebenen objektiven Chancen in subjektive Hoffnung oder Verzweiflung umgedeutet werden, und zu den anderen hier erwähnten Mechanismen vgl. P. Bourdieu, L'école conservatrice, les inégalites devant l'école et devant la culture, *Revue française de sociologie*, 7, 1966, S. 325-347.

26 So kommen die Studenten, für die der Hochschulbesuch eine Ausnahme bleibt, aus Familien, in denen es mehr Studenten oder Akademiker gibt als bei der Gesamtheit der Klasse.

gruppe und der damit gegebenen Bezugsgruppen beeinflusst ist. Die Bildungschancen steigen, solange das Gefälle zwischen objektiver Wahrscheinlichkeit in den Bezugsgruppen und objektiver Wahrscheinlichkeit in der Herkunftsklasse nicht so groß ist, dass es jeden Identifikationsversuch entmutigt oder die Resignation des Ausgeschlossenseins noch verstärkt (»das ist nichts für uns«).[27] Wenn man den Ausleseprozess darstellen will, der entweder innerhalb des Bildungssystems oder im Hinblick auf dieses System, wenn auch nicht unmittelbar durch es selbst vollzogen wird, muss man neben den ausdrücklichen Verdikten der Prüfungsinstanzen auch jene Urteile berücksichtigen, die die unterprivilegierten Klassen über sich selbst verhängen, indem sie sich einfach eliminieren oder künftiger Eliminierung aussetzen, wenn sie in die Schulzweige eintreten, in denen die Chancen eines späteren Misserfolges am größten sind. Es ist nur scheinbar paradox, dass auch die Naturwissenschaftlichen Fakultäten ihre Studenten nicht sehr viel demokratischer rekrutieren als die anderen Fakultäten, obwohl hier der Erfolg auf den ersten Blick weniger vom Besitz eines vom Familienmilieu ererbten kulturellen Kapitals abzuhängen scheint und sie zugleich die einzige Weiterführung jener Schulzweige darstellen, in denen die Zahl der Kinder aus den unteren Klassen bei Eintritt in die höhere Schule relativ hoch ist.[28] Während der gesamten Schulzeit und auch im Studium, sogar (wenn auch in geringerem Maße oder zumindest weniger offen) bis in die Naturwissenschaftliche Fakultät hinein, beeinflussen Sprachbeherrschung und literarische Bildung, deren Abhängigkeit vom Familienmilieu bekannt ist, das Urteil. Auch die logischen Fähigkeiten, besonders die der Umformung komplexer Strukturen, die in den eigentlich naturwissenschaftlichen Prüfungen verlangt werden, sind durch den syntaktischen Reichtum der im Familienmilieu übernommenen Sprache bedingt. Darüber hinaus setzen die Organisationsform und die Aktion des Bildungssys-

27 Um sich zu überzeugen, dass diesem scheinbar abstrakten Schema höchst konkrete Erfahrungen zugrunde liegen, lese man *Elmstown's Youth* als eine Bildungsbiographie, die zeigt, wie die Zugehörigkeit zu einer Peergroup in gewissem Maße die Chancenerwartung, die mit der Klassenzugehörigkeit verbunden ist, verändern kann (vgl. A. Hollingshead, *Elmstown's Youth*, New York: John Wiley & Sons, 1949, S. 169-171).

28 Vgl. M. de Saint Martin, Les facteurs de l'élimination et de la sélection différentielles dans les études de sciences, *Revue française de sociologie*, 9, 1968, S. 167-184.

tems mithilfe vielfältiger Kodes permanent soziale Ungleichheit in Ungleichheit des Bildungsniveaus um: Da erstens das Bildungssystem auf allen Stufen des *cursus* eine faktische Hierarchie zwischen den Fächern oder Gebieten etabliert, die in der Naturwissenschaftlichen Fakultät beispielsweise von der reinen Mathematik bis zur Biologie[29] (oder in der Philosophischen Fakultät von der Philosophie zur Geographie), also von den als theoretisch zu den als praktisch angesehenen Fachrichtungen reicht, da zweitens diese Hierarchie auf der Stufe der Bildungsorganisation in die Hierarchie der verschiedenen Typen der höheren Schule (vom Gymnasium über das CES zum CEG) und in die Hierarchie der Schulzweige (vom humanistischen zum technischen) einmündet, da schließlich diese verschiedenen Typen und Zweige die Schüler aus den verschiedenen sozialen Klassen je nach Schulerfolg (der nicht zufällig nach der sozialen Herkunft abgestuft ist) und nach der sozial differenzierten sozialen Definition der Bildungsgänge und Schultypen unterschiedlich stark anziehen, wird verständlich, dass die verschiedenen *curricula* denen, die sich auf sie einlassen, nur ganz ungleiche Chancen zum Hochschulbesuch bieten. Die Schüler aus den unteren Klassen müssen deshalb den Eintritt in die höhere Schule mit der Abdrängung in Institutionen und Bildungsgänge bezahlen, die ihnen – mit der Wirkung von Fischreusen – angebliche Gleichwertigkeit vorgaukeln, um sie in einem verstellten und trügerischen Bildungsgang zu fangen.[30] Als Mechanismus hinausgeschobener Eliminierung verwandelt das Zusammenwirken der klassenspezifischen Bildungschancen und der durch Bildungsgänge und Schulty-

29 Diese Hierarchie wird von Lehrenden und Lernenden anerkannt und beeinflusst bewusstermaßen die Studienentscheidungen.

30 In Frankreich betrug 1961/62 der Anteil der Arbeiterkinder in der untersten Klasse der *lycées* (eine Bezeichnung, die Schulen ganz unterschiedlichen Niveaus umfasst) 20,3 Prozent und in den CEG 38,5 Prozent, der Anteil der Kinder von Führungskräften und Freiberuflichen dagegen (die übrigens stark in den Privatschulen vertreten waren) 14,9 Prozent in den *lycées* und nur 2,1 Prozent in den CEG (vgl. *Informations statistiques*, Paris: Ministère de l'Education Nationale, Januar 1964). Die Eliminierung während der Schulzeit in den *lycées* wie in den CEG verschärft die Unterrepräsentation der unteren Klassen (ebd.); zudem ist der Niveauunterschied zwischen bei den Schultypen so groß, dass für Schüler, die die Schule nach dem *brevet* fortsetzen wollen, der Übergang ins *lycée* problematisch und die Anpassung an eine sowohl in ihrem Lehrkörper wie in ihrem Geist und ihrer Sozialstruktur andersartige Institution sehr schwierig ist.

pen bedingten späteren Erfolgschancen soziale Ungleichheit in eigentlich schulische Ungleichheit, wobei ebendieser Mechanismus die Ungleichheit der Chancen für den Aufstieg in die höchsten Stufen zugleich verbirgt und besiegelt.[31]

Der Einwand, die demokratisierte Rekrutierung der höheren Schule reduziere die Selbsteliminierung, da die Wahrscheinlichkeit zum Besuch der höheren Schule für die unterprivilegierten Klassen in den letzten Jahren wesentlich gestiegen sei, wird durch die Statistik entkräftet: Die Statistik, die den Eintritt in die Hochschule in Beziehung zu den verschiedenen vorher durchlaufenen Schultypen und -zweigen setzt, zeigt einen sozialen und schulischen Gegensatz zwischen vornehmen Zweigen der vornehmen Institutionen und zweitrangigen Typen der höheren Schulen, der in verschleierter Form das soziale Gefälle perpetuiert, das früher zwischen *lycée* und Volksschuloberstufe lag.[32] Das System erfüllt seine konservative Funktion, Zugangschancen als Erfolgschancen zu tarnen, nur umso besser, als es den Anteil der Selbsteliminierung am Ende der Grundschule zugunsten der hinausgeschobenen Eliminierung oder der Auslese im eigentlichen Sinn, das heißt der Eliminierung allein durch das Examen, verringert: Wer sich auf die Interessen der

31 An der »demoralisierenden« Wirkung des Eintritts in einen weniger angesehenen Zweig oder Typ wird zugleich auch der Einfluss der mit den objektiven Erfolgsaussichten in einem Schulzweig oder -typ verbundenen subjektiven Erwartung sichtbar: Tests an Kindern mit gleichem intellektuellen Niveau ergeben, dass diese, unabhängig von ihrer sozialen Herkunft, nach Eintritt in die Grammar School Punkte gewinnen, die Leistung derer dagegen, die in eine Modern School eintreten, nachlässt (Great Britain Committee on Higher Education [Hg.]: *Higher Education Report of the Committee Appointed by the Prime Minister under the Chairmanship of Lord Robbins*, 1961-1963, London: HMSO, 1963).

32 Es ist häufig beschrieben worden, wie das amerikanische Bildungssystem dank der Diversifizierung der Hochschulen diejenigen »schmerzlos eliminiert« (*cooling out function*), die den Ansprüchen des »wirklichen Studiums« nicht genügen, und sie in »Sackgassen« abschiebt, die gemäß der Ideologie von der offenen Tür des College als gleichwertige Bildungsgänge (*alternative achievements*) dargestellt werden (vgl. B. Clark, The Cooling Out Function in Higher Education, in A. Halsey, J. Floud, A. Anderson [Hg.], *Education, Economy and Society*, New York: Free Press, 1961). Aber trotz der Fassade institutioneller Homogenität der Organisation (Gleichlauf der regionalen *lycées*, Fakultäten und Universitäten; juristische Äquivalenz des *baccalauréat*, der verschiedenen Schulzweige) erreicht das französische Bildungswesen, dank eines sich über das ganze Bildungssystem erstreckenden Systems impliziter Hierarchien, ebenso erfolgreich das »schrittweise Zurückbleiben« der Studenten, die es in »Nebenzweige« abgedrängt hat.

Gesellschaft beruft und die ökonomische Vergeudung des »schulischen Ausfalls« beklagt, vergisst, wie vorteilhaft es für das System ist, die Eliminierung der unterprivilegierten Klassen durch zeitliche Hinausschiebung zu tarnen und damit die Weitergabe der mit dem kulturellen Erbe verbundenen Vorteile zu legitimieren.

Man begreift, weshalb das System, um diese sozial konservative Legitimierungsfunktion zu erfüllen, den Augenblick der Wahrheit des Examens als seine eigentliche Wahrheit ausgeben muss: Die in der Prüfung vollzogene, formal unangreifbare, weil allein den Normen schulmäßiger Gerechtigkeit unterworfene Eliminierung verbirgt die gesellschaftliche Funktion des Bildungswesens, indem sie die Verbindung zwischen dem Bildungssystem und dem System der sozialen Klassen verdeckt und mithilfe des Gegensatzes »bestanden«/»durchgefallen« das Verhältnis zwischen der Zahl der Kandidaten und all denen, die das System *de facto* von der Prüfung ausgeschlossen hat, verschleiert. Gleich der Spontansoziologie, die das System versteht, wie es verstanden sein will, fallen auch viele gelehrte Analysen auf die scheinbare Autonomie herein, wenn sie ihrerseits die Examenslogik übernehmen und nur die zum Gegenstand ihrer Untersuchung machen, die in einem gegebenen Moment dem System angehören, unter Ausschluss der Ausgeschlossenen.

Das Verhältnis jedes Einzelnen, der sich im System behauptet hat, zur Gesamtheit seiner Herkunftsklasse beherrscht zumindest objektiv sein Verhältnis zum System, sofern er, als Produkt einer nach Herkunftsklassen ungleich starken Auslese, in seinem Verhalten, seinen Fähigkeiten und seiner Einstellung zum Bildungswesen durch seine gesamte Schulvergangenheit und den mehr oder minder hohen Wahrscheinlichkeitsgrad seiner Selbstbehauptung in einem bestimmten Zweig, auf einer bestimmten Stufe des Bildungssystems geprägt ist. Eine mechanisch angewandte multivariate Analyse könnte zur Leugnung des Einflusses der sozialen Herkunft auf den Bildungserfolg, zumindest auf Hochschulebene, verleiten, beispielsweise mit dem Argument, dass, selbst wenn sich eine Beziehung zwischen sozialer Herkunft und Erfolg nachweisen lässt, diese verschwindet, sobald man sie getrennt nach den beiden durch humanistische oder neusprachliche beziehungsweise naturwissenschaftliche Vorbildung definierten Studentenkategorien zu erfassen sucht. Dabei vergisst man die spezifische Logik, der zufolge soziale Vor- und Nachteile im Laufe der Zeit und der sukzessiven Ausleseprozesse in schulische Vor- und Nachteile übersetzt werden, und vernachlässigt konkret fassbare Bildungscharakteristika, so den Schultyp oder den gewählten Schulzweig usw., die den Einfluss der sozialen Herkunft vermitteln: Man vergleiche nur die Erfolgsquote jener Studenten, die die für ihre Herkunftsklasse unwahrscheinlichsten Charakteristika kumulieren, studierende Arbeiterkinder beispielsweise, die von einem großen Pariser *lycée* kommen, Latein und Griechisch gelernt haben und die besten früheren Erfolge aufweisen (falls diese Kategorie überhaupt auftritt), mit der Erfolgsquote der Studenten, die die gleichen Schulcharakteristika aufweisen, aber einer sozialen *Klasse* angehören, in der diese Charakteristika am wahrscheinlichsten sind (Kinder von Führungskräften beispielsweise), um das Verschwinden oder sogar die Umkehrung der Relation zu konstatieren, die sich im Allgemeinen zwischen der Stellung in der sozialen Hierarchie und dem Bildungserfolg herstellt. Die Feststellung bleibt jedoch bedeutungslos und sinnverwirrend, solange man die gefundene Relation nicht wieder in den Kontext des gesamten Systems von Relationen und ihrer Transformationen im Laufe der sukzessiven Ausleseprozesse einreiht, an deren Ende jene *Häufung von Unwahrscheinlichkeiten* steht, der die durch eine kumulierende Kette von Überselektionen charakterisierte Gruppe ihre außergewöhnlichen Erfolge verdankt. Selbst die multivariate Analyse der zu einem gegebenen Zeitpunkt beobachteten Relationen zwischen den verschiedenen kategorialen Charakteristika einer Schulpopulation, deren Charakteristika sich einer Reihe von Selektionen verdanken, die schon durch ebendiese Charakteristika präformiert sind, anders gesagt, die das Ergebnis einer durch die betreffenden Variablen, also soziale Herkunft, Geschlecht oder Wohnort, vermittelten fortschreitenden Auswahl sind, kann nur irreführende Relationen aufzeigen, wenn man nicht darauf achtet, dass außer der Ungleichheit in der Auslese, die möglicherweise die Ungleichheit vor der Auslese verbirgt, auch die unterschiedlichen Einstellungen rekonstruiert werden, die bei den Ausgelesenen unterschiedliche Ausleseergebnisse determinieren. Beschränkt man sich auf die Synchronie, erscheint in der Tat eine fortschreitende Serie von bedingten Wahrscheinlichkeiten, in deren Verlauf die Ausgangswahrscheinlichkeit, und das heißt heute: die Wahrscheinlichkeit des Eintritts in einen bestimmten

Zweig der höheren Schule, je nach der sozialen Herkunft schrittweise ergänzt und begrenzt wird, als eine in jedem Augenblick des *cursus* neu *ex nihilo* zu definierende Gesamtheit absoluter Wahrscheinlichkeiten. Auf diese Weise verbietet man sich zugleich, die den verschiedenen Studentenkategorien eigene Einstellung zum Studium zu erfassen: Dilettantismus, Sicherheit und profanierende Lässigkeit der Studenten aus den oberen Klassen oder verkrampfte Verbissenheit und Studienrealismus der Studenten aus den unteren Klassen beispielsweise sind nur als Ausdruck einer subjektiven Einstellung zum System der objektiven Relationen verständlich. Man fühlt sich entweder als »wunderbarerweise Überlebender« oder als legitimer Erbe, je nachdem, ob die objektive Struktur der subjektiven Erfahrung den erreichten Stand als wahrscheinlich oder unwahrscheinlich begreifen lässt. Kurz, es muss in jedem Punkt der Kurve die Neigung der Kurve, das heißt die Kurve als Ganzes, erfasst werden.[33] Wenn wirklich die Einstellung des Einzelnen zum Bildungswesen und zu der von ihm vermittelten Kultur je nach der Wahrscheinlichkeit seiner Selbstbehauptung im System mehr oder weniger »sicher«, »brillant«, »natürlich«, »mühsam«, »verkrampft« oder »dramatisch« sein kann und wenn man andererseits weiß, dass Bildungssystem und Gesellschaft in ihren Urteilen sowohl die Einstellung zur Bildung wie die Bildung selbst berücksichtigen, wird deutlich, welchen Erkenntnissen sich eine Bildungssoziologie verschließt, die darauf verzichtet, das Prinzip der dauerhaftesten sozialen Unterschiede und Bildungsunterschiede aufzunehmen: den *Habitus*; in jedem Augenblick einer schulischen oder intellektuellen Biographie umfasst der *Habitus* die ganze biographische Kurve.

Eine Analyse der Examensfunktionen, die über die Spontansoziologie hinausgehen will, das heißt über das trügerische Bild, das das Bildungssystem von sich selbst anbietet, muss, anders als eine bloß dozimologische Untersuchung des Examens, die die Analyse

33 Selbstverständlich darf man dem Einzelnen keine vollkommene Klarsicht bezüglich der Wahrheit seiner Erfahrung zusprechen: Die Einstellungen und Verhaltensweisen können der Situation im System entsprechen, ohne sich doch unmittelbar an etwas anderem als der vom System angebotenen Umdeutung der objektiven Bedingungen des Verbleibens im System zu orientieren. Auch wenn die Einstellung des »wunderbarerweise Überlebenden« objektiv (aber indirekt) an den objektiven Chancen seiner Schicht orientiert ist, können sich seine bewussten Vorstellungen und Aussagen vor allem auf das permanente, durch Willenskraft verdiente Wunder einer Reihe glücklicher Examenserfolge beziehen.

auf die offenbaren Selektionsverfahren beschränkt und damit selbst noch den verborgenen Examensfunktionen dient, systematisch die Eliminierungsmechanismen untersuchen; in ihnen werden die Relationen zwischen der Funktionsweise des Bildungssystems und der Perpetuierung des Systems der sozialen Klassen am besten greifbar. Da es dem Bildungssystem gelingt, das kulturelle Privileg zu bewahren und, indem es diese Tatsache verschleiert, es zugleich zu legitimieren, ist das Examen am besten geeignet, den Beteiligten die Illusion eigener Verantwortung zu vermitteln: Die, die sich selbst eliminieren, werden denen, die scheitern, gleichgesetzt, und jene, die aus einem kleinen Kreis Wählbarer tatsächlich erwählt sind, können diese Tatsache als Bescheinigung eines Verdienstes oder einer »Begabung« auffassen, aufgrund deren sie allen anderen vorgezogen worden sind. Die Feststellung, dass das Examen durch seine bloße Existenz die Eliminierung vor der Auslese verbirgt, erklärt, weshalb es noch in seiner Auslesefunktion der Logik ebenjener Eliminierung gehorcht, die es verbirgt. Da die Urteile der Prüfer immer weitgehend von Wertvorstellungen beeinflusst sind, auf die sie sich nur implizit beziehen und die einfach die in die Schullogik übersetzten Werte der gebildeten Klassen darstellen, haben die Kandidaten bei Prüfungen, die immer zugleich eine *Klassenkooptation* bedeuten, ein umso größeres Handikap zu überwinden, je ferner diese Werte den Werten der Herkunftsklasse stehen.[34]

In der gegenwärtigen Beschaffenheit des französischen Prüfungssystems ist die Vermittlung des sozialen Faktors dort am stärksten, wo die impliziten oder unbewussten Kriterien aufgrund der Prüfungsform am ungehindertsten wirken können: in der *dissertation,* die dem impliziten Kanon einer sich niemals offen erklärenden Rhetorik gehorcht, stärker als in einer Wissenskontrolle, die Punkt für Punkt vorgeht und auf ein ausdrücklich begrenztes Programm abgestimmt ist; stärker als im Schriftlichen[35] im Münd-

34 Da die medizinischen *concours* eine idealtypische Form des *concours* darstellen, offenbaren sie besonders charakteristische Züge, zum Beispiel den Primat der als soziale Kooptation gehandhabten Auslesefunktion vor der Ausbildungsfunktion, die Bedeutung der Rhetorik (nicht nur der Worte, auch der Gesten und des Habitus) oder auch die künstliche Schaffung von entsprechend dem Diplom gegeneinander abgegrenzten Kasten (vgl. H. Jamous u. a., *Contribution à une sociologie de la décision*, Paris: Centre d'Études Sociologiques, 1967, S. 86-103).

35 Es gibt unzählige Beispiele dafür, wie die Prüfer rein technische Aufgaben in ethische Gottesurteile umdeuten: »Die mündliche Prüfung scheint mir sehr

lichen, wo totale Urteile möglich sind, die, wie gesellschaftliche Begegnungen im Alltag, auf unbewussten Kriterien beruhen und sich auf totale »Persönlichkeiten« beziehen, deren intellektuelle und moralische Qualitäten an Nuancen – Habitus, Kleidung, Akzent, Sprechweise, Blick – gewertet werden; stärker als in allen anderen Formen mündlicher Prüfung in jenen, die beinahe ausdrücklich implizite Kriterien beanspruchen, wie sicheres und vornehmes bürgerliches Auftreten oder akademischen Ton und Stil. Daraus folgt, dass jeder Versuch, den Bereich der Forderungen und ihrer Kriterien abzustecken, den Kandidaten aus unterprivilegierten Klassen dadurch zugutekommen würde, dass der Einfluss von Imponderabilien ausgeschlossen würde oder die Klassenmerkmale sich zumindest explizit erklären und auswirken müssten. Eine nur formale Rationalisierung der Beurteilungskriterien und -techniken kann widerspruchslos den unterschiedlichsten Zielen dienen, und die Dozimologen scheinen das zu übersehen, wenn sie die Frage der Gerechtigkeit im Examen auf das Problem der in doppelter Weise inkonsequenten Prüfer reduzieren, die sich nicht einigen können, da sie sich selbst über die Beurteilungskriterien nicht im Klaren sind. Bestenfalls könnten sich Prüfer, die der gleichen klasseneigenen Subkultur angehören, die gleiche akademische Ausbildung und das gleiche Wertsystem besitzen, auf identische Urteile einigen, die aber wiederum sozial vermittelt wären, da sie auf identischen impliziten Kriterien beruhen würden.[36]

komplexe Eigenschaften zu beurteilen. Da man zugleich Geschmack, Ehrlichkeit, Bescheidenheit und Intelligenz bewertet, versucht letztlich eine Persönlichkeit eine andere zu verstehen« (Céléstin Bouglé, *3rd Conference on Examinations*, S. 32-44). »Unser *concours* ist nicht nur eine technische Prüfung, er fungiert auch als Test für Moral und intellektuelle Aufrichtigkeit« (Agrégation de grammaire masculine, 1957, S. 14). »Nachdem man sich mit dem Text vertraut gemacht und die Übersetzung durch Analyse vorbereitet hat, sind für eine Übersetzung ins Griechische moralische Qualitäten und technische Kenntnisse erforderlich. Die moralischen Qualitäten, Mut, Enthusiasmus usw., gipfeln in der Aufrichtigkeit. Man hat dem Text gegenüber eine Verpflichtung. Es gilt, sich ihm zu unterwerfen und nicht zu pfuschen« (Agrégation de grammaire masculine, 1963, S. 20 f.). Die Zahl der Adjektive, die technische Fehler als moralische Verfehlung deuten, ist unendlich: »feige«, »unehrlich«, »perverse Spitzfindigkeit«, »unverzeihliche Schlamperei«, »schändlich«, »intellektuelle Trägheit«, »listige Vorsicht«, »unerträgliche Schamlosigkeit« oder »schamlose Unfähigkeit«.

36 Laut Burt sind Tests in der Beurteilung intellektueller Fähigkeiten und vor allem der Spezialfähigkeiten weit zuverlässiger als die Lehrer: »In Bezug auf die pädago-

Die Dozimologen, die das Examen als Hort der Irrationalität, an dem jeder Versuch einer Rationalisierung des Bildungswesens scheitern kann, aufdecken, lassen zwar den Widerspruch zwischen der offiziellen Ideologie der Prüfungsgerechtigkeit und der Wirklichkeit der Ausleseverfahren klar hervortreten, aber auch sie fragen nicht nach den »vernünftigen« (das heißt soziologisch intelligiblen) Funktionen eines so irrationalen Examenssystems und dienen selbst diesen Funktionen, wenn sie behaupten, es genüge eine Rationalisierung der Notengebung, um die Examina den offiziellen Funktionen des Bildungs- und Prüfungssystems dienstbar zu machen.[37]

Damit das Examen seine Funktion der Legitimierung des kulturellen Erbes und der bestehenden Gesellschaftsordnung perfekt erfüllen kann, genügt es, wenn das jakobinische Vertrauen gewisser Akademiker in den nationalen *concours* traditioneller Art auf Messtechniken für Fähigkeiten und Kenntnisse übertragen wird, die den Anschein von Wissenschaftlichkeit und Neutralität haben. Tests, die zu einem gegebenen Zeitpunkt die Fähigkeit des Einzelnen zur Übernahme bestimmter beruflicher Funktionen messen, ohne zu berücksichtigen, dass ebendiese Fähigkeit auf jeder Stufe untrennbar mit einem gesellschaftlichen Lernprozess verbunden ist und dass gerade Zukunftsprognosen alles andere als neutral sind, eignen sich vorzüglich als Instrumente eines Bildungssystems, das dank ihrer seine soziale Funktion der *Soziodizee* umso reibungsloser erfüllen könnte. Gewisse Theorien, die die Tests als bevorzugtes Werkzeug und als Garantie des meritokratischen Charakters der amerikanischen Demokratie preisen, lassen die neoparetosche Utopie einer vor der Zirkulation der Eliten und der Revolte der Massen abgeschirmten Gesellschaft durchschimmern: »Mögliche Folge des wachsenden Vertrauens in die Fähigkeitstests als Zuteilungskri-

gischen Resultate erreichen Tests und Lehrer ungefähr gleichwertige Ergebnisse, zur Beurteilung moralischer Qualitäten eignen sich die Lehrer besser« (zitiert nach F. Hotyat, *Les examens*, Paris: Bourrelier, 1962, S. 63).

37 Die Dozimologen haben es unterlassen, die an der Examenssituation beteiligten Personen und ihre Beziehungen zu untersuchen. Es entgeht ihnen deshalb die Korrelation zwischen der übereinstimmenden Notengebung und der sozialen und kulturellen Homogenität der Prüfergruppe; da sie nicht sehen, dass die Spontandozimologie der Lehrer ihre besondere Logik und soziale Funktion besitzt, bleibt ihnen nur Unverständnis und Empörung angesichts des schwachen Widerhalls auf ihre Rationalisierungsvorschläge bei der Lehrerschaft.

terien für den kulturellen und professionellen Status könnte eine auf Fähigkeiten basierende, aber starrere Klassenstruktur sein. Der erbliche Charakter der Fähigkeiten wird zusammen mit dem verallgemeinerten Gebrauch rigoroser Auslesetests das Individuum, wenn es von unbegabten Eltern abstammt, in seiner Situation fixieren. Die Endogamie der Klassen wird dazu führen, dass sozialer Aufstieg von einer Generation zur anderen auf die Dauer immer schwieriger wird.«[38]

In der Beschreibung der demoralisierenden Wirkung, die ein so endgültiges Auslesesystem auf die »unteren Klassen« ausüben muss, die damit endgültig von der Naturbedingtheit der Ungleichheit überzeugt würden, überschätzen die gleichen Utopisten vielleicht nur deshalb die Fähigkeit der Tests, natürliche Fähigkeiten zu erfassen, weil sie die Fähigkeit des Bildungssystems, den Glauben an die Naturbedingtheit von Fähigkeit oder Unfähigkeit durchzusetzen, unterschätzen.

Die scheinbar größere Rationalität eines sich zunehmend an Produktion und Kontrolle der zur Berufsausübung erforderlichen Fähigkeiten orientierenden Bildungs- und Prüfungssystems würde in keiner Weise die Mechanismen ablösen, aufgrund deren die Bildungsinstitution die Vererbung der kulturellen Privilegien garantiert. Ein Bildungssystem könnte umso leichter seine *soziale Funktion* hinter seiner *technischen Funktion* verbergen, je mehr es genötigt wäre, die zwingenden Forderungen der wirtschaftlichen Nachfrage offen anzuerkennen. Zweifellos verpflichten die Industriegesellschaften das Bildungssystem mehr und mehr, eine immer größere Zahl immer höher qualifizierter Absolventen zu garantieren und zu produzieren; aber es könnte sich erweisen, dass die Beschneidung der Autonomie des Bildungswesens mehr fiktiv als real ist, da die Hebung der für die Berufsausübung erforderlichen technischen Mindestqualifikationen nicht *ipso facto* zu einer Verringerung des Gefälles zwischen der durch das Examen kontrollierten und garantierten technischen Qualifikation und der sozialen Qualifikation führt, die es durch seinen *Berechtigungseffekt* verleiht. Das deutlichste Zeichen für den Spielraum, den sich das Bildungssystem selbst schafft, um den sozialen Wert des akademischen Titels durchzusetzen, ist die Tatsache, dass eine große Zahl identi-

38 D. Goslin, *The Search for Ability. Standardized Testing in Social Perspective*, New York: John Wiley & Sons, 1966.

scher beruflicher Aufgaben unter unterschiedlicher Bezeichnung und ungleicher Bezahlung von Personen wahrgenommen wird, die sich (bei günstigster Einschätzung des Wertes der Diplome) nur im Grad ihres akademischen Berechtigungsscheines unterscheiden. Die zumindest im öffentlichen Dienst außerordentlich starke Korrelation zwischen bescheinigtem Abschluss und der Stellung in der Berufshierarchie verbirgt so eine notwendig schwächere Korrelation zwischen Abschluss und *tatsächlich* in der Berufsausübung eingesetzter Qualifikation, definiert durch die Fähigkeit des Einzelnen, die aus seiner Stellung erwachsenden Aufgaben tatsächlich zu erfüllen. Es gibt keine Organisation ohne jene unentbehrlichen *doubles*, die mangels akademischer Titel trotz ihrer unersetzlichen Leistungen zu einer subalternen Position verurteilt sind. Die Konkurrenz zwischen verschiedenen Gruppen von Individuen, die gleiche technische Funktionen erfüllen, aber durch das Gütezeichen des Diploms getrennt sind (Ingenieure aus verschiedenen Schulen oder Lehrer, die, je nach *concours,* in *certifiés*, *bi-admissibles* oder *agrégés* eingestuft sind), ist bekannt, ebenso wie die Interessenverbände, die sich um ein Diplom, um ein akademisches Kapital also, gebildet haben und die es im Kampf um die beruflichen Konsequenzen des Diploms hochspielen. Sapir hat auf das Gefälle zwischen dem Inhalt der akademischen Berechtigung und den mit ihrem Berechtigungseffekt verbundenen beruflichen Vorteilen hingewiesen und gleichzeitig auf die symbolische Rolle des Begriffs der »Allgemeinbildung« als sozialer Rationalisierung einer technischen Irrationalität aufmerksam gemacht: »Die *licence* haben heißt womöglich rudimentäre Kenntnisse in römischer Geschichte oder Trigonometrie besitzen oder besessen haben; aber das ist gar nicht wichtig; wichtig allein ist, dass das Diplom eine vorteilhaftere Berufsposition ermöglicht. Die Gesellschaft zweifelt an der Funktion bestimmter Aspekte des Bildungswesens; deshalb muss sie mithilfe von Begriffen wie dem der Allgemeinbildung eine symbolische Rechtfertigung finden.«[39]

Das Prinzip »gleiche Arbeit, gleicher Lohn« ist deshalb so schwer in die Praxis umzusetzen, weil der Wert einer beruflichen Produktion immer sozial vom Wert des Produzenten abhängig gemacht wird und dessen Wert wiederum von dem rein akademischen Sel-

39 E. Sapir, *Anthropologie*, Bd. 2, Paris: Minuit, 1967, S. 55.

tenheitsgrad seiner Diplome. Ebenso wie hierdurch die geringe Präzisierung der meisten Berufsbezeichnungen verhüllt wird, bewirkt diese Tendenz auch so evidente soziale Phänomene wie das der Über- oder Pseudoausbildung oder das der Vergeudung von Qualifikationen beziehungsweise der Unterbewertung akademisch nicht sanktionierter Qualifikationen. Da das Bildungssystem zugleich eine technische Funktion der Ausbildung und Bescheinigung von Fähigkeiten und eine soziale Funktion der Bewahrung und Bestätigung kultureller Privilegien erfüllt, insofern jeder Ausleseprozess technische Fähigkeiten im Hinblick auf eine geforderte Qualifikation kontrolliert und gleichzeitig willkürlich soziale Qualitäten im Hinblick auf eine Sozialordnung bestimmt, die perpetuiert werden soll, wird verständlich, dass der Bedarf der modernen Gesellschaft dem Bildungssystem vielfältige Möglichkeiten bietet, seine Macht, mithilfe willkürlicher Rangordnungen soziale Vorteile in Bildungsvorteile umzuwandeln, die wieder in soziale Vorteile umschlagen, auszuüben und besser denn je rein bildungsmäßige, also mittelbar soziale Vorbedingungen als technische Voraussetzungen auszugeben.[40]

Da die modernen Gesellschaften die Auslesefunktion immer mehr der Bildungsinstitution übertragen, können sie sich leisten, zugunsten einer scheinbar vollkommen neutralen Ausleseinstanz auf die traditionellen Verfahren der unmittelbaren Weitergabe des Erbes zu verzichten. Ein Vergleich zwischen der verfrühten, fiktiven und doch zugleich definitiven Vorauslese durch das Examen – das an rein schulmäßigen Zielen und Normen (mit dem daraus folgenden Wuchern parasitärer Anforderungen) orientiert ist – und jener anderen Auslese innerhalb und mittels der Berufsausübung – die die Tendenz hätte, das Gefälle zwischen der hierarchischen Stellung und den in der Tätigkeit wirklich gezeigten Leistungen kontinuierlich zu verringern – zeigt bereits ausreichend, dass das

40 Wenn man den Vorzug, den die »literarische« Bildung (und das heißt eine ganze humanistische, nicht nur auf Sprachbeherrschung beschränkte Bildung) noch heute in der höheren Schule und indirekter auch im Studium genießt, oder die mit einer übermäßigen Studienzeitverlängerung, dem zu »theoretischen« Charakter der Ausbildung und, noch allgemeiner, mit all den logischen oder literarischen »Formalismen« verbundene Überausbildung, allein der Unfähigkeit des Bildungswesens anlastet, sich dem technischen Bedarf anzupassen, vergisst man, dass diese scheinbare Vergeudung der notwendige Preis für den Beitrag des Systems zur Erhaltung der kulturellen Privilegien ist.

Bildungswesen, obwohl es den technischen Anforderungen der Gesellschaft einigermaßen zu entsprechen und wenigstens in den meisten Fällen die Neutralität zu wahren scheint, in Wirklichkeit die Werte der gebildeten Klassen und damit den Wert ihrer Mitglieder bestätigt. Erfolgreicher denn je – und in einer Gesellschaft, die sich auf ihre demokratischen Werte beruft, auf die einzig mögliche Weise – kann das Bildungswesen seine Funktion der Perpetuierung sozialer und kultureller Privilegien wahrnehmen, indem es die Ausübung dieser Funktion besser denn je zu verbergen versteht.

Plädoyer für eine rationale Hochschuldidaktik

> Meine Herren, erinnern Sie sich an den schönen Bericht des Johannes Chrysostomos über seinen Eintritt in die Schule des Rhetors Libanius in Antiochien. Libanius pflegte jeden neuen Schüler, der sich ihm vorstellte, nach seiner Vergangenheit, seinen Eltern und seiner Heimat zu befragen.
>
> *Ernest Renan, La réforme intellectuelle et morale*

Blindheit gegenüber sozialer Ungleichheit zwingt und berechtigt zugleich, jegliche Ungleichheit, besonders aber die des akademischen Erfolgs, als natürliche, als Ungleichheit der Begabung anzusehen.[1] Eine derartige Haltung entspricht der Logik eines Systems, das – um funktionieren zu können – die formale Gleichheit aller Studenten postulieren muss und das infolgedessen keine andere Ungleichheit als die individueller Begabung anerkennen kann. Der Professor kennt sowohl in der eigentlichen Lehre wie in den Ausleseverfahren nur in Rechten und Pflichten gleichgestellte Studenten: Stellt er im Verlauf eines Studienjahres seine Methode auf bestimmte Hörer ein, sind es die »weniger Begabten«, nicht die durch ihre Herkunft sozial Unterprivilegierten, an die er sich wendet; berücksichtigt er im Examen die Herkunft eines Kandidaten, gilt seine Nachsicht nicht dem Vertreter einer gesellschaftlich unter-

1 Wenn wir hervorheben, dass die Berufung auf Begabungsunterschiede unter bestimmten Bedingungen ideologische Funktion hat, wollen wir nicht die natürliche Ungleichheit menschlicher Fähigkeiten bestreiten; selbstverständlich gehen wir davon aus, dass es keinen Grund für die Annahme gibt, die Zufälle der Genetik verteilten die Begabungsunterschiede ungleichmäßig auf die verschiedenen Gesellschaftsschichten. Aber das ist eine abstrakte Einsicht; die soziologische Forschung muss deshalb in jedem Fall von dem Verdacht ausgehen, dass scheinbar natürliche Ungleichheit in Wirklichkeit gesellschaftlich bedingte kulturelle Ungleichheit ist, die sie systematisch aufdecken muss. Erst wenn keine andere Erklärung mehr bleibt, darf sie auf die Natur schließen. Ungleichheit unter Menschen in einer gegebenen gesellschaftlichen Situation darf daher niemals mit Gewissheit auf natürliche Gegebenheiten zurückgeführt werden; solange nicht alle Formen, in denen gesellschaftliche Ungleichheitsfaktoren wirksam sind, erforscht, nicht alle pädagogischen Mittel zu ihrer Ausschaltung erschöpft sind, ist Zweifel immer angebracht.

privilegierten Gruppe, sondern einem sozialen Fall. Durch solche Beschwörungsformeln wird die Idee einer Abhängigkeit zwischen Bildung und gesellschaftlicher Herkunft der Studenten selbst dann erfolgreich gebannt, wenn dieser Zusammenhang sich durch massive Lücken manifestiert. Die resignierte Anklage »die Studenten lesen nicht mehr«, »das Niveau sinkt von Jahr zu Jahr« umgeht die Frage nach den Gründen und den pädagogischen Konsequenzen.

Es ist begreiflich, dass dieses System im *concours* seine Vollendung findet. Dort ist die formale Gleichheit der Kandidaten vollkommen gewährleistet, zugleich verhindert die strenge Anonymität eine Berücksichtigung der tatsächlichen Ungleichheit der Bildungschancen. Die Verteidiger der *agrégation* können legitimerweise argumentieren, der *concours* biete im Gegensatz zu einem auf Status und Herkunft beruhenden Ausleseverfahren gleiche Chancen für jeden. Dabei vergisst man, dass das Privileg durch die im *concours* garantierte formale Gleichheit bloß zum Verdienst umgedeutet wird, weil die Vorteile der gesellschaftlichen Herkunft weiterhin wirksam bleiben, aber auf verborgeneren Wegen.

Könnte es anders sein? Das Erziehungssystem muss – abgesehen von seinen sonstigen Funktionen – Individuen hervorbringen, die ein für alle Mal und für das ganze Leben ausgewählt und in eine Rangordnung eingestuft sind. Wenn man innerhalb dieser Logik soziale Privilegien oder Nachteile berücksichtigen und den Anspruch erheben wollte, die Individuen nach ihrem tatsächlichen Verdienst, das heißt gemessen an den überwundenen Hindernissen, einzustufen, bedeutete das in letzter, *bis zum Absurden* getriebener Konsequenz entweder einen Wettbewerb nach Klassen (wie beim Boxkampf), oder aber man wäre gezwungen – wie in der kantischen Verdienstethik –, den algebraischen Unterschied zwischen dem Ausgangspunkt, das heißt den gesellschaftlich bedingten Möglichkeiten, und dem Endresultat, das heißt dem an den Prüfungsergebnissen ablesbaren Erfolg, zu messen, kurz gesagt, man müsste nach dem Handikap einstufen. Ebenso wie Kant zwei an sich gleichartigen Handlungen einen unterschiedlichen Wert beimisst, je nachdem, wie sich die »Temperamente« zu ihnen verhalten, müsste hier die gesellschaftlich bedingte Fähigkeit an die Stelle der natürlichen Neigung gesetzt werden, müsste nicht punktuell die Stufe des erreichten Erfolges, sondern ihr Verhältnis zu dem jeweiligen Ausgangspunkt gemessen werden, nicht also der isolierte

Punkt, sondern der Verlauf der Kurve.[2] Nach dieser Logik würde, wenn so etwas möglich wäre, die Berücksichtigung der unterprivilegierten Klassen und eine Wertung proportional zum überwundenen Handikap dazu führen, ungleiche Leistungen gleich und gleiche Leistungen ungleich einzustufen. Damit aber wäre die nach Prüfungskriterien festgelegte Hierarchie nur demagogisch relativiert und der Vorteil, den die benachteiligten Studenten durch eine solche *künstliche* Bevorzugung erhielten, wieder aufgehoben. Diese Hypothese ist nicht gänzlich utopisch. Die Bildungspolitik der Volksdemokratien tendierte dazu, systematisch den Hochschulbesuch von Arbeiter- und Bauernkindern zu fördern und ihren Examenserfolg zu begünstigen. Das Bemühen um Gleichheit bleibt jedoch formal, solange die Ungleichheit nicht inhaltlich durch pädagogische Maßnahmen behoben wird: In Polen zum Beispiel sank der Prozentsatz der Studenten aus Arbeiter- und Bauernfamilien, der bis 1957 stetig gestiegen war, sobald der administrative Druck nachgelassen hatte.

Auslesende wie Ausgelesene beachten die sozialen Handikaps wohl deshalb nicht, weil die Hochschule, um ausgelesene und auslesbare Studenten produzieren zu können, einen unbestrittenen Konsens in Bezug auf das Ausleseverfahren besitzen beziehungsweise herstellen muss, der durch die Einführung konkurrierender Prinzipien relativiert würde. Wer sich auf das Spiel einlässt, muss die Regeln eines Wettbewerbs anerkennen, in dem ausschließlich die Kriterien des Studienerfolgs zählen. Die französische Universität ist darin offenbar besonders erfolgreich, da das Bestreben, in der als absolut genommenen Universitätshierarchie möglichst hoch zu steigen, die konsequentesten und effektivsten Studienanstrengungen hervorruft. Die innere Abhängigkeit von der übernommenen Werthierarchie des akademischen Erfolges ist so groß, dass Studenten, ganz unabhängig von ihren individuellen Interessen und Möglichkeiten, nach Karrieren und Prüfungen drängen, die im Schulsystem an oberster Stelle stehen; dies ist einer der Gründe für die sonst oft unerklärliche Anziehungskraft der *agrégation* oder der Grandes Écoles und – ganz allgemein – der abstrakten Studien,

2 Es ist kein Zufall, dass man, sobald die Ideologie der natürlichen Begabung infrage gestellt wird, auf die Logik zurückkommt, mit der die kantische Verdienstethik die antike Moral der angeborenen Tugenden, die in Wahrheit das Erbteil der oberen Klassen waren, infrage stellte.

die ein höheres Prestige genießen. Möglicherweise verführt gerade dieses Prinzip die Akademiker und allgemein die französischen Intellektuellen dazu, Werken den Vorrang zu geben, in denen die theoretische Ambition dominiert. Deshalb ist die Möglichkeit einer Parallelhierarchie ausgeschlossen (jedenfalls in den Augen der Lehrenden und Lernenden), die Examenserfolge relativieren und gleichzeitig den weniger Erfolgreichen Ausreden und Vorwände an die Hand geben könnte, den Erfolg anderer abzuwerten.

Kurz, in einem System, dessen Funktion darin besteht, ausgelesene und miteinander vergleichbare Studenten zu produzieren, ist das Ausleseverfahren, das bei vollkommen formaler Gleichheit nur die am Examenserfolg gemessenen Leistungen berücksichtigt, indem es grundlegend ungleiche Kandidaten gleichen Prüfungen und gleichen Kriterien unterwirft und dadurch der wahren Gerechtigkeit widerspricht, trotzdem das einzig angemessene Verfahren. Die Logik dieses Systems schließt jedoch keineswegs den Versuch aus, die Berücksichtigung der tatsächlichen Ungleichheit *in die Lehre selbst* einzubeziehen.

Die privilegierten Klassen rechtfertigen ihre kulturellen Privilegien mit einer Ideologie, die man als charismatisch bezeichnen könnte (da sie nach »Gaben« und »Begabung« wertet), wobei die gesellschaftliche Erbschaft in individuelle Begabung oder persönliches Verdienst umgewertet wird. In dieser Maskierung kann ein »Klassenrassismus« auftreten, der sich seiner selbst niemals bewusst wird. Diese Alchimie gelingt umso besser, als die unteren Klassen ihr keineswegs ein anderes Bild des Studienerfolges entgegenstellen, sondern ihrerseits den Essentialismus der oberen Klassen übernehmen und ihre Unterprivilegierung als persönliches Schicksal erleben. Sind nicht alle bereit, in der Frühreife ein Zeichen besonderer Begabung zu sehen? Die erstaunte Bewunderung für einen 15-jährigen Abiturienten, Frankreichs »jüngsten *agrégé*« oder »jüngsten *polytechnicien*«, ist zwar eine banale Tatsache, schließt aber schwerwiegende ethische Implikationen ein. Die unzähligen Etappen des *cursus honorum* machen übrigens für manche das Wunder ewiger Frühreife wahr, da man auch noch jüngstes Mitglied der Académie française sein kann. Selbst in den unterprivilegierten Klassen, in denen man sich traditionsgemäß der sozialen Vererbung von Fähigkeiten – handwerklicher Kunstgriffe, geschäftlicher Tüchtigkeit – durchaus bewusst ist, zeigt sich hier und da eine höchst paradoxe Spiegelung der charismatischen Ideologie: Um den Glauben an eine virtuelle Begabung zu bewahren, werden Misserfolge oft auf Studienunterbrechungen geschoben, gemäß der gleichen Logik, der zufolge sich die oberen Klassen Begabung als im Erfolg aktualisiert bescheinigen.

Als junge Lehrlinge sind die Studenten umso anfälliger für den Essentialismus, als sie – immer auf der Suche nach sich selbst – existentiell vom eigenen Tun betroffen sind. Die Professoren, Inkarnation des Studienerfolges und ewige Richter über die Fähigkeiten anderer, werden durch Berufsmoral und Selbstgefühl dazu verleitet, Fähigkeiten, die sie selbst mehr oder weniger mühsam erworben haben, ebenso wie die Fähigkeit, Fähigkeiten zu erwerben, auf persönliche Begabung zurückzuführen; und dies umso mehr, als das Bildungssystem ihnen Mittel genug bietet, einer Selbstreflexion auszuweichen, die Zweifel an sich selbst als Person und als Vertreter der gebildeten Klasse aufkommen lassen könnte. Die Professoren neigen umso mehr zur charismatischen Ideologie, die die Willkür des kulturellen Privilegs rechtfertigt, als sie häufig den mittleren Klassen oder Lehrerfamilien entstammen und an den Privilegien der Bourgeoisie in ihrer Eigenschaft als Intellektuelle nur partiell teilhaben. Vielleicht wird darum die *agrégation* so entschieden verteidigt, weil sie eines der Privilegien darstellt, das ausschließlich vom persönlichen Erfolg bestimmt und durch eine (formal) höchst demokratische Prozedur garantiert zu sein scheint.

Nichts stellt demnach die implizite Ideologie der Universität und des Studienerfolges als reine Umkehrung der kantischen Verdienstethik infrage: Der höchste Wert ist im Wunderkind verkörpert, die Kürze des Studienganges zeugt vom Ausmaß der Begabung. Und wenn überhaupt, versucht man die Hierarchie des Studienerfolges durch Abwertung der Anstrengung zu relativieren: Negative Bezeichnungen wie »Streber«, »Pauker«, »Arbeitstier« beruhen auf einer charismatischen Ideologie, die Werk und Gnade nur gegenüberstellt, um das Werk im Namen der Gnade abzuwerten.

Es wird jetzt klar, warum schon die einfache Beschreibung der sozialen Unterschiede und der durch sie hervorgerufenen Ungleichheit der Bildungschancen keine bloße Routinearbeit ist und in sich selbst bereits das gegenwärtige System prinzipiell infrage stellt. Die Enthüllung des kulturellen Privilegs vernichtet die apologetische Ideologie, die es den privilegierten Klassen als hauptsächlichen

Nutznießern des Bildungssystems gestattet, ihren Erfolg als Bestätigung naturgegebener und persönlicher Begabung anzusehen: Da die Begabungsideologie vor allem auf Blindheit gegenüber der sozialen Ungleichheit der Bildungschancen beruht, hat die einfache Beschreibung der Relation zwischen Studienerfolg und sozialer Herkunft bereits kritische Sprengkraft. Auch die Studenten aus den unteren Klassen sind gezwungen, die eigene Leistung nach der charismatischen Ideologie zu beurteilen, und halten deshalb ihr Tun für ein bloßes Produkt ihrer Person, wobei das dunkle Vorgefühl ihres sozialen Schicksals nur die Wahrscheinlichkeit des Scheiterns nach der Logik der *sell-fulfilling prophecy* verstärkt. Der implizite Essentialismus der charismatischen Ideologie intensiviert infolgedessen die Wirkung der sozialen Determinanten: Weil die Abhängigkeit des Scheiterns von einer bestimmten sozialen Situation, zum Beispiel der intellektuellen Atmosphäre im Familienmilieu, der Struktur der dort gesprochenen Sprache und der Einstellung zu Bildung und Kultur, die es vermittelt, nicht wahrgenommen wird, kann der schulische Misserfolg wie selbstverständlich auf fehlende Begabung zurückgeführt werden. Wirklich sind die Kinder der unteren Schichten die prädestinierten und gefügigen Opfer dieser essentialistischen Definition, auf die ungeschickte (und, wie wir gesehen haben, zur soziologischen Relativierung ihrer Urteile kaum geneigte) Lehrer die Individuen fixieren. Eine Mutter, die von – und oft vor – ihrem Sohn sagt, er sei »schlecht in Französisch«, macht sich zur Komplizin des Systems und übt in dreierlei Hinsicht einen schlechten Einfluss aus: Erstens deutet sie, da sie nicht weiß, dass die Leistungen ihres Sohnes unmittelbar durch die kulturelle Familienatmosphäre bedingt sind, das Produkt einer Erziehung, die vielleicht zum Teil noch durch pädagogische Maßnahmen korrigiert werden könnte, in ein individuelles Schicksal um. Zweitens zieht sie, mangels Informationen über das Schulwesen und oft auch weil sie der Autorität der Lehrer nichts entgegenzusetzen hat, aus einer bloßen Note verfrühte und definitive Schlüsse. Schließlich bestärkt sie ihr Kind, indem sie derartige Urteile sanktioniert, in dem Gefühl, von Natur so und nicht anders zu sein. Die soziale Ungleichheit wird auf diese Weise durch die legitimierende Autorität der Schule verdoppelt, da sich die unterprivilegierten Klassen ihres Geschickes zu sehr, seiner Mechanismen aber zu wenig bewusst sind und daher selbst zu seiner Erfüllung beitragen.

Da den Studenten die Ungleichheit der Bildungschancen immer nur partiell und undeutlich bewusst wird, stellen sie oft diffuse Forderungen, die nur die umgekehrte Spiegelung jener Kasuistik sind, aufgrund deren die Professoren beim Examen die Situation des einen als Werkstudenten, des anderen als Waisen und des Dritten als Kindergelähmten in ihr Urteil einbeziehen. Die Durchbrechung des Systems dient hier noch seiner Logik; die individuelle Berücksichtigung des Elends ist reiner Paternalismus. In der Ausbildung (als noch etwas zu machen war) hat man soziale Handikaps übersehen, am Tag des Examens scheut man sich nicht, sie (allerdings nur als »Sonderfall«) zu bemerken, weil man hier nur zur Großzügigkeit verpflichtet ist. Kurz, Studenten und Professoren könnten versucht sein, sich auf das soziale Handikap als Alibi oder Entschuldigung zu berufen, um sich den formalen Anforderungen des Bildungswesens zu entziehen. Eine andere Form dieses Verzichts, gefährlicher, da mit dem Anschein von Logik und soziologischem Relativismus umgeben, ist die populistische Illusion, die zu der Forderung führen könnte, eine Parallelkultur mit eigenen Bildungsgängen für die unteren Klassen zu schaffen, die dem traditionellen Bildungswesen formal gleichgestellt wäre. Es genügt nicht festzustellen, dass das Bildungswesen die Kultur einer bestimmten Klasse repräsentiert, da diese Feststellung isoliert gerade zur Verewigung des gegenwärtigen Zustands beiträgt.

Selbstverständlich sind bestimmte Anforderungen des Bildungswesens wie schriftliche und mündliche Sprachbeherrschung oder Vielseitigkeit für die gelehrte Bildung konstitutiv und werden es immer bleiben. Ein Literaturprofessor darf sprachliche und rhetorische Virtuosität, die ihm nicht ohne Grund eng mit dem Gehalt der Bildung, die er vermittelt, verbunden scheint, aber nur dann erwarten, wenn er diese Fähigkeiten als das, was sie sind, ansieht, nämlich als Techniken, die durch Übung erworben werden können, und wenn er es sich gleichzeitig zur Aufgabe macht, allen die Möglichkeit zu ihrem Erwerb zu geben. Bei der augenblicklichen Beschaffenheit der Gesellschaft und der pädagogischen Traditionen bleibt die Vermittlung der intellektuellen Techniken und Denkgewohnheiten, auf denen das Bildungswesen aufbaut, in erster Linie dem Familienmilieu vorbehalten. Jede wirkliche Demokratisierung setzt also voraus, dass man sie dort lehrt, wo die Unterprivilegierten sie erwerben können: in der Schule; der Bereich dessen, was rational und technisch durch methodisches Lernen erworben werden kann, muss deshalb auf Kosten dessen, was unweigerlich dem Zufall der individuellen Talente, und das heißt der Logik der sozialen Privilegien, überlassen bleibt, erweitert werden. Man müsste jene Fähigkeiten, die die charismatische Ideologie als totale und unteilbare Begabung ansieht, in schrittweise Lernstufen aufgliedern. Die Studenten müssten sich ihrer heute nur halbbewussten, unbewussten oder verschämten pädagogischen Interessen bewusst werden und die Lehrenden auffordern, ihnen ihr Wissen zugänglich zu machen, statt exemplarische und unnachahmliche Virtuosität hervorzukehren, die vergessen lässt (und selbst vergisst), dass die Gnade mühsam erworben oder sozial ererbt ist. Es ist falsch, dass der Pädagogik endgültig und für ein ganzes Studienjahr Genüge getan ist, wenn man Rezepte liefert, die durch bornierte Zweckhaftigkeit (die berühmten Anleitungen für schriftliche Arbeiten) entwertet sind, oder wenn man sie dadurch ad absurdum führt, dass man sie mit virtuosen Illustrationen begleitet, die keineswegs nur auf diesen Rezepten beruhen. Es lassen sich leicht weitere Beispiele für jene Unaufrichtigkeit anführen, die die Vermittlung von Techniken in ein Ritual zum höheren Ruhm des professoralen Charismas verwandelt: erschreckende und faszinierende Bibliographien, Leselisten, Ermahnungen zu selbstständigem Schreiben und Forschen, die sich selbst hohnsprechen, und schließlich die schlimmste aller pädagogischen Fiktionen, die Vorlesung, die sich an nur formal und scheinbar gleiche Studenten richtet. Die rationale Pädagogik müsste erst erfunden werden, und es wäre falsch, sie mit den heute bekannten pädagogischen Verfahren zu verwechseln, die, auf bloßen psychologischen Grundlagen beruhend, de facto einem System dienen, das soziale Ungleichheit übersieht und übersehen will. Wir wollen uns keinesfalls auf die sogenannte wissenschaftliche Pädagogik berufen, die dadurch, dass sie die (formale) Rationalität der Lehre scheinbar steigert, der realen Ungleichheit Vorschub leistet und ihr ein besseres Alibi liefert. Eine wirklich rationale Pädagogik müsste auf einer Analyse der relativen Kosten der verschiedenen Unterrichtsformen (Vorlesungen, Übungen, Seminare, Arbeitsgruppen) und der verschiedenen Typen pädagogischen Handelns (vom bloßen technischen Rat bis hin zur wirklichen Anleitung der Studenten) fußen; eine solche Analyse müsste den Inhalt und die beruflichen Ziele der Ausbildung in Rechnung stellen und niemals außer Acht lassen, dass die verschiedenen Formen der pädagogischen Beziehung je nach der sozialen Herkunft der Studenten zu unterschiedlichen Ergebnissen führen. Die Hypothese ist erlaubt, dass sich eine rationale Pädagogik an einer genauen Kenntnis der sozial bedingten kulturellen Ungleichheit orientieren und entschlossen sein müsste, sie zu verringern.

Von allen Lehrfunktionen wird die des möglichst vollständigen und schnellen Erwerbs der materiellen und intellektuellen Techniken intellektueller Arbeit am häufigsten vergessen: Professoren sind an dieser zusätzlichen Arbeit, die kaum Reiz und Prestige verspricht, meist nicht interessiert, Studenten fürchten oft ein verstärktes Abhängigkeitsverhältnis. Professoren und Studenten gehen häufig eine stillschweigende Komplizenschaft ein, die Leistungen, die von Lehrenden und Lernenden erwartet werden können, möglichst niedrig zu veranschlagen. Will sich der Professor als geistiger Führer, als hochqualifizierter Lehrer hochqualifizierter Schüler bestätigen, muss er das ganze Studienjahr über von der Fiktion ausgehen, die Studenten seien freie oder besser autonome Intellektuelle, die selbst imstande seien, einen Arbeitsplan und eine konsequente methodische Disziplin zu organisieren. Er darf niemals als Pauker oder Schulpedant auftreten und beispielsweise den regelmäßigen Besuch der Lehrveranstaltungen oder die pünktliche Ablieferung der Arbeiten verlangen, da damit das illusionäre Bild und Spiegelbild zerstört würde.

Da sich der Student zwangsläufig vor die in jeder Ausbildung notwendigen Anforderungen (regelmäßige Arbeit, Disziplin) gestellt sieht, schwankt er zwischen dem Wunsch nach strengeren Regeln und »Verschulung« des Studentenlebens und dem glanzvollen Ideal edler und freier Arbeit, die über jede Kontrolle und Disziplin erhaben ist. Das gleiche Schwanken und die gleiche Ambivalenz ließen sich in den Erwartungen der Professoren nachweisen. Oft kommt es vor, dass ein Professor, der sich während des ganzen Studienjahres kühn und virtuos gibt, die Arbeiten seiner Studenten nach ganz anderen Kriterien beurteilt, als sein Auftreten hatte vermuten lassen; dadurch tut er kund, dass er die eigene Leistung mit anderen Maßstäben misst als die der Studenten. Allgemeiner gesagt: Die Professoren entscheiden, mangels methodischer Darlegung der Prinzipien und Bemühungen um Einheitlichkeit, nach besonderen Kriterien, die von Professor zu Professor variieren und die, wie in der »Kadi-Justiz«, unmittelbar an den Einzelfall gebunden bleiben. Man versteht, dass die Studenten im Allgemeinen dazu verdammt sind, wie die Auguren zu rätseln, die Geheimnisse der Götter zu erforschen und sich doch mit großer Wahrscheinlichkeit zu täuschen. Es ist ganz offensichtlich nicht nötig, das soziale Handikap der Kandidaten in Rechnung zu stellen, wenn man das Examen rationalisieren und dadurch auf eine Rationalisierung der Einstellung zum Examen hinwirken will, diesen Hort des Irrationalen. Die Studenten aus den gebildeten Klassen können sich tatsächlich noch am besten (oder mit den geringsten Schwierigkeiten) einem System diffuser und impliziter Anforderungen anpassen, da sie selbst implizit die Mittel zu ihrer Erfüllung besitzen. Aufgrund dieser offensichtlichen Affinität zwischen dem Bildungswesen und der Kultur der gebildeten Klassen verfügen Studenten aus diesen Klassen anlässlich der persönlichen Begegnung, wie sie das »Mündliche« darstellt, über jene unwägbaren Qualitäten, die das Urteil des Professors beeinflussen, auch wenn er sie gar nicht bewusst registriert. Die »kleinen Erkennungszeichen« einer Klasse sind umso tückischer, als eine bewusste und ausdrückliche Zurkenntnisnahme der sozialen Herkunft als skandalös empfunden werden würde.

Jeder Schritt auf dem Weg zu einer wirklichen Rationalisierung in Richtung auf eine Präzisierung der gegenseitigen Anforderungen von Lehrenden und Lernenden oder eine Studienorganisation, die Studenten aus unterprivilegierten Klassen bei der Überwindung ihrer Handikaps helfen könnte, wäre ein Schritt zur Gerechtigkeit. Studenten aus den unteren Klassen, die am stärksten unter dem Einfluss der charismatischen Ideologie und der Tradition leiden und die zugleich von der Hochschule alles erwarten und fordern, würden auch als Erste von dem Versuch profitieren, für alle jene sozialen »Gaben« zu erschließen, die die Wahrheit des kulturellen Privilegs ausmachen.

Wenn es das höchste Ziel eines wirklich demokratischen Bildungswesens wäre, *einer möglichst großen Zahl von Individuen in möglichst kurzer Zeit Gelegenheit zum möglichst vollständigen Erwerb möglichst vieler der Fähigkeiten zu geben, die zu einem bestimmten Zeitpunkt akademische Bildung bedeuten*, stände dieses in ebenso krassem Gegensatz zum traditionellen, an der Bildung und Auslese einer Elite aus den oberen Klassen orientierten Bildungswesen wie zum technokratischen Bildungswesen, das auf die Serienproduktion von Spezialisten nach Maß abzielt. Aber die bloße Forderung nach realer Demokratisierung des Bildungswesens genügt nicht. Mangels einer rationalen Pädagogik, die vom Kindergarten bis zur Hochschule methodisch und kontinuierlich die Wirkung der sozialen Faktoren kultureller Ungleichheit zu neutralisieren suchte, kann der politische Wille, allen gleiche Bildungschancen zu geben, die bestehende Ungleichheit selbst dann nicht überwinden, wenn er alle institutionellen und finanziellen Mittel in Bewegung setzte; umgekehrt könnte eine wirklich rationale, das heißt auf einer Soziologie der kulturellen Ungleichheit basierende Pädagogik zweifellos dazu beitragen, die Ungleichheit der Bildungschancen zu verringern. Sie ließe sich jedoch nur dann verwirklichen, wenn alle Bedingungen für eine wirkliche Demokratisierung der Auslese von Lehrenden und Lernenden gegeben wären, angefangen mit der Entwicklung einer rationalen Pädagogik.

Exzellenz in der Schule und die Werte des französischen Unterrichtssystems

Diese Untersuchung verdankt sich der Absicht, die Dualismen zu verwerfen, die immer noch eine gewisse methodologische Tradition bestimmen: Es soll versucht werden, auf methodische Weise, mittels der objektivsten Techniken, die am besten verborgenen, weil am wenigsten bewussten Werte zum Vorschein zu bringen, die die Akteure in ihrer Praxis verwenden; ferner die offensichtlich subjektivsten Kriterien, die in einem bestimmten schulischen Universum, wie übrigens in der gesamten Gesellschaft, dazu dienen, das Modell des vollendeten Menschen zu definieren, das heißt das Modell von Exzellenz als unnachahmliche und undefinierbare Art und Weise, den Modellen zu gehorchen. Es gibt wahrscheinlich nichts, was besser als ein System statistischer Relationen, die eine Population von *Preisträgern* kennzeichnen – Produkte von Auswahl und Ausstellung, in denen sich ein ganzes Bildungssystem wiedererkennt und projiziert –, die Werte zum Vorschein bringen kann, die für die Wahl der Jurys bestimmend sind, oft ohne deren Wissen, und die alle schulischen Praktiken beherrschen. Denn wie jede soziale Wahrnehmung berücksichtigen die Urteile der Lehrer über die Schüler, vor allem bei Prüfungen, nicht nur das Wissen und das Know-how, sondern auch die unwägbaren Nuancen von *Benehmen* und *Stil*, die nicht wahrnehmbaren und zugleich niemals nicht wahrgenommenen Ausdrucksformen der Beziehungen, die die Individuen zu diesem Wissen und diesem Know-how unterhalten. Es sind halb ausgesprochene, unausgesprochene oder unaussprechbare Ausdrucksformen eines Wertesystems, die immer entsprechend einem System von genauso wenig ausgesprochenen und aussprechbaren Werten entziffert werden.[1] Die unbewussten Grundlagen der

1 Man kann hier an die ausgezeichnete Definition von *Manieren* erinnern, in der Robert Redfield eine Definition von *Lebensstil* sieht: »a culture's hum and buzz of implications [...] half uttered or unuttered or unutterable expressions of value« (L. Trilling, *Manners, Morals and the Novel. The Liberal Imagination*, New York: Viking Press, 1950, S. 206 f., zitiert von Redfield, *The Primitive World and its Transformations*, Ithaca: Cornell University Press, 1961, S. 52).

sozialen Definition der schulischen Exzellenz – eine Definition, die nicht weniger willkürlich ist (wenn auch soziologisch notwendig), wenn man sie »Intelligenz« nennt, wie wenn man sie als »Brillanz« oder als »Begabung« bezeichnet – werden niemals deutlicher erkennbar oder eingestanden als bei diesen Kooptationsoperationen, in denen das Korps von Professoren diejenigen auswählt, die es seiner Nachfolge für würdig erachtet. So etwa der *concours* der Grandes Écoles oder die *agrégation* und vielleicht am ehesten der *concours général*, der keine andere Funktion hat, als eine pure und ausschließlich auf Kategorien der Ehre gegründetete Rangfolge zu etablieren und so anhand strikt akademischer Kriterien für eine Vorauswahl der Novizen zu sorgen, die am geeignetsten sind, sich in die Institution zu integrieren, weil sie dem Ideal der akademischen Exzellenz am besten entsprechen und vom universellen Wert der akademischen Werte am vollständigsten durchdrungen sind.[2]

Soziale Faktoren der schulischen Exzellenz

Die Analyse der charakteristischen Eigenschaften von Preisträgern des *concours général* enthüllt, dass die Auswahl dieser durch zweifache Auslese (zum einen durch die höheren Schulen, die ihre besten Schüler benennen, zum anderen durch die Jury innerhalb der Kandidaten) herausgehobenen Gruppe dem allgemeinen Gesetz gehorcht, das die Prozesse von Auswahl und Ausschluss beherrscht:[3]

2 Eine statistische Untersuchung der sozialen, schulischen und intellektuellen Eigenschaften der Kandidaten, die bei den Wahlen in einer großen Fakultät (wie einer der Sorbonne) gewählt oder nicht gewählt worden sind, würde wahrscheinlich viel mehr über die Werte verraten, die den *homo academicus* und den *academic mind* definieren, als alle Meinungsumfragen und alle Inhaltsanalysen, vor allem wenn sie von einer ethnographischen Studie der Mechanismen begleitet wäre, die bei jeder Wahl zum Tragen kommen (Seilschaften, Kreisläufe von Leistungen und Gegenleistungen usw.).

3 Die Untersuchung ist schriftlich bei den Preisträgern der Jahre 1966, 1967 und 1968 durchgeführt worden: Die Antwortquoten erreichten 81 Prozent, 79 Prozent und 71 Prozent (ohne ein einziges Erinnerungsschreiben), was einen guten Hinweis auf die ethische Disposition der Preisträger gibt (vor allem wenn man bedenkt, dass die letzte Befragung kurz nach dem Mai '68 stattgefunden hat). Die Population der Antwortenden zeigt keinerlei signifikante Abweichung in Bezug auf die Kriterien, die sich kontrollieren lassen.

Synopse der Variationen einiger sozialer, schulischer und kultureller Merkmale und Einstellungen von Preisträgern nach sozialer Herkunft

Anteil der Preisträger des *concours général* einer sozialen Klasse mit nebenstehenden Merkmalen	Sexta Gymnasium	Pariser Gymnasium im Jahr des *concours*	Klasse übersprungen	Auszeichnung im Jahr des *concours*	Durchschnitt der besuchten Länder	France-Musique und France-Culture	Sehr gut in Geographie	Begabung als Erfolgsgrund genannt	Idealer Lehrer, guter Pädagoge
Landwirte	46	23	7.5	31	2	20	38.5	23	54
Arbeiter	58.5	25	25	29	2.1	20	33.5	37.5	71
Einfache Angestellte und Beamte, Handwerker, Kaufleute	83.5	29.5	11	26	2.3	26.5	55.5	52	66.5
Mittlere Angestellte und Beamte	100	36.5	9	45.5	2.5	40	54.5	36.5	63.5
Volksschullehrer	93	26.5	26.5	60	4.3	20	53.5	20	66.5
Führungskräfte und freie Berufe	86	40.5	26.5	38.5	3.6	35.5	42.5	44.5	57
Gymnasial- und Hochschullehrer	85	38	20.5	36.5	3.3	35.5	23.5	29.5	59
Gesamt	80	35.5	21.5	37.5	3.1	30.5	42	38	60.5

Synopse der Variationen einiger sozialer, schulischer und kultureller Merkmale und Einstellungen von Preisträgern nach Studienfach

Anteil der Preisträger des *concours général* eines Studienfachs mit nebenstehenden Merkmalen	Vater aus höherer Klasse	Vater Abitur und Hochschulabschluss	Vater Gymnasial- oder Hochschullehrer	Gymnasium altsprachlicher Zweig	Klasse übersprungen	Auszeichnung im Jahr des *concours*	France-Musique und France-Culture	Begabung als Erfolgsgrund genannt	Idealer Lehrer, brillant
Französisch	66.5	58.5	16.5	83.5	50	28.5	66.5	50	50
Philosophie	57	47.5	14.5	57	19	16.5	60	28.5	43
Latein-Griechisch	56.5	36.5	13.5	90	10	63.5	28	40	16.5
Sprachen	69	52	17.5	57.5	25	32.5	30.5	50	15.5
Geschichte-Geographie	53.5	39	2.5	73	22	46.5	25	31.5	12
Mathematik	74	64.5	13	77.5	32	48.5	28	29	13
Physik	70.5	64.5	23.5	70.5	35.5	59	22	47	12
Naturwissenschaften	26.5	26.5	13.5	40	6.5	33.5	0	6.5	6.5
Gesamt	61	47	13	65.5	21.5	37.5	40.5	38	18

Die demographischen, sozialen und schulischen Merkmale einer Population von Individuen, die den *concours* bestanden haben, und die sekundären Merkmale von Individuen der verschiedenen Klassen, in die diese Population unterteilt werden kann, sind von den Merkmalen der Population oder den dieser Population entsprechenden und in ihrer Gesamtheit genommenen Klassen umso entfernter, je geringer einerseits die Chancen dieser Population oder dieser Klassen sind, auf dieser Ebene des Studiengangs vertreten zu sein (und zwar genau deshalb, weil sie zu einem höheren Grad und/oder in größerer Zahl genau die Merkmale aufweisen, die zu einem Ausschluss führen), und umso höher andererseits bei dieser Population oder bei dieser Klasse die Ebene des Studiengangs ist, auf der sie sich befinden, oder umso höher ihr Rang bei einer gegebenen Ebene des Studiengangs in der schulischen Hierarchie der Einrichtungen, Fächer oder Sektoren ist. Daraus folgt zunächst, dass sich die Population der Preisträger von der Population der Abschlussklassen durch eine systematische Gesamtheit sozialer Vorsprünge unterscheidet: Die Preisträger sind jünger, stammen öfter aus einem Gymnasium der Region Paris, sind häufiger seit der Sexta auf dem Gymnasium und gehören auch in Bezug auf ihren sozialen Status wie ihr kulturelles Kapital zu den meistbegünstigten Milieus. Ebenso folgt daraus, dass die Preisträger, die zu den am wenigsten vertretenen Klassen gehören, sich von den entsprechenden Klassen durch ein ganzes Ensemble konvergierender Merkmale unterscheiden: So kommen zum Beispiel Söhne und Töchter von Arbeitern, die 5 Prozent und 9 Prozent der Preisträger bilden, aus Familien, die sich vom Rest ihrer Klasse durch ein relativ hohes Bildungsniveau unterscheiden (nur 8,5 Prozent der Arbeiter unter den Vätern von Preisträgern sind ohne jedes Diplom, und 16,5 Prozent haben die mittlere Reife, während die entsprechenden Anteile bei der Gesamtheit der aktiven Population 58 Prozent und 2 Prozent betragen); ebenso unterscheiden sich die Mädchen, die nur 32,5 Prozent der Nominierungen ausmachen, während ihr Anteil an der Population der Abschlussklassen 48 Prozent beträgt, von den Jungen durch ein ganzes Ensemble sozialer und schulischer Vorsprünge (67 Prozent von ihnen kommen aus den höheren sozialen Klassen, gegenüber 58 Prozent bei den Jungen); genauso verhält es sich bei den relativ noch stärker ausgelesenen Preisträgern in Mathematik und Physik, die, aus sozial und kulturell begünstigteren

Graphik: Struktur der Unterschiede des Bildungspublikums

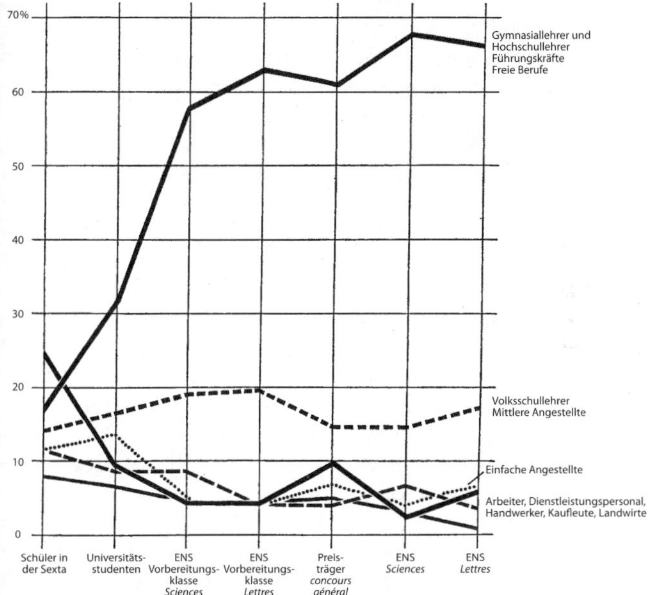

Quellen: Sekundarschüler, Schuljahr 1967-1968. Statistique de l'Éducation nationale. Schüler der Vorbereitungsklassen Khâgne und Taupe. Schuljahr 1967-1968.
Preisträger des *concours général*. Durchschnitt 1965-1966, 1966-1967, 1967-1968.
Studenten der École Nationale Supérieure Lettres und Sciences. Befragungen des Centre de Sociologie Européenne.

Familien stammend, ausnahmslos männlich und jünger sind als die Kandidaten in den Literaturwissenschaften.

Es genügt, noch einmal das generelle Gesetz anzuwenden, um zu verstehen, dass die Preisträger umso mehr in ihrer Klasse seltene Merkmale aufweisen, das heißt, dass diejenigen, die zu den benachteiligten Klassen gehören, desto mehr kompensatorische Vorzüge haben, je jünger sie sind, also in kürzerer Zeit dieselbe Ebene des Erfolgs erreicht haben. Privilegiert unter sozialen und kulturellen Gesichtspunkten, sind die Frühreifsten auch unter schulischen Gesichtspunkten privilegiert, da sie (anteilsmäßig) am häufigsten den vornehmsten Weg von der Sexta an eingeschlagen haben und in den Gymnasien der Pariser Region eingeschrieben waren. Und diese Frühreife, die übrigens sehr ausgeprägt ist (da zwei Drittel der Preisträger schon vor der Grundschule lesen und rechnen konnten) und während der Schulzeit niemals infrage gestellt wird, findet ihre Bestätigung in den Grandes Écoles, die denjenigen, die es bis zu ihnen geschafft haben, eine ewige Frühreife zuerkennen können, indem sie sie auf Anhieb auf eine *soziale Laufbahn* bringen, die sie denselben Punkt immer schneller erreichen lässt oder die sie, wenn man so will, in derselben Zeit immer weiter und höher führt.

Man sieht, dass es keine im eigentlichen Sinne schulmäßigen Unterscheidungen gibt, die nicht mit einer Gesamtheit systematisch verknüpfter sozialer Unterschiede in Zusammenhang gebracht werden könnten: Tatsächlich können alle Hierarchien, die sich innerhalb der schulischen Elite herausbilden – ihrerseits durch soziale Unterschiede von der Population getrennt, der sie durch eine sozial verzerrte Auswahl entnommen ist –, mit sozialen Unterschieden in Verbindung gebracht werden. Wie die Unterscheidungen zwischen den Geschlechtern oder den Altersklassen werden auch die sozialen Unterschiede von Unterschieden zwischen den Disziplinen verdeckt, die sich gemäß einer allgemein anerkannten Hierarchie anordnen: von den kanonischen Disziplinen wie dem Französischen, den klassischen Sprachen und der Mathematik, die sozial als die wichtigsten und vornehmsten definiert werden (u. a. aufgrund des Notengewichts bei Prüfungen, aufgrund des Oberlehrerstatus für die entsprechenden Lehrer und, wie man noch sehen wird, aufgrund der Einigkeit darüber zwischen Lehrern und Schülern), über die zweitrangigen Disziplinen wie Geschichte und Geographie, neue Sprachen (ein Fall für sich) und Naturwissenschaften bis hin zu den nebensächlichen Disziplinen wie Zeichnen, Musik oder Turnen. In dem Maß, wie die verschiedenen Fächer Fähigkeiten verlangen, die in den verschiedenen sozialen Klassen ungleich verteilt, also ungleich selten sind, entsprechen den Hierarchiegraden der Fächer wachsende Grade von Auslese: Die kanonischen Fächer weihen die Schüler, die aus Familien stammen, die nach sozialer Lage wie Bildungsniveau am stärksten begünstigt sind, ebenso aufgrund ihrer schulischen Karriere, weil sie am häufigsten dem Königsweg von Gymnasium und klassischen Fächern gefolgt sind, von der Sexta bis zu den Abschlussklassen, und auch am häufigsten während der Schulzeit eine Klasse übersprungen haben. Unter diesen Voraussetzungen ist es nicht erstaunlich, dass die schulische Hierarchie der Fächer mit der übereinstimmt, die sich nach dem mittleren Alter der Preisträger herausbildet und die von Mathematik über Physik bis zu den Naturwissenschaften in den naturwissenschaftlichen Fächern reicht, von Französisch über die klassischen Sprachen zu Geschichte und Geographie oder den neueren Sprachen in den Geisteswissenschaften.

Aber die vollständige Kenntnis dieser Beziehungen setzt das Bewusstsein voraus, dass sie nur durch Verfahren an den Tag gebracht werden können, die notwendigerweise von der Praxis ausgeschlossen sind, in der sie zur Wirkung kommen: Die Kenntnis der Beziehung zwischen dem theoretischen Wissen und der Praxis, die sich hier durch den Ausschluss der eigentlich theoretischen Kenntnis der Praxis bestimmen lässt, erzwingt, dass das vollständige Wissen über einen Gegenstand neben dem Wissen über objektive Beziehungen auch das Wissen über die Beziehung umfassen muss, die die Akteure mit diesen objektiven Beziehungen unterhalten, das heißt in diesem Fall das Wissen um die Unkenntnis dieser Beziehungen und das Wissen um die sozialen Determinanten dieser Unkenntnis. Unter den Faktoren, die bewirken, dass die Beziehung zwischen den schulischen und den sozialen Merkmalen einer Schulpopulation dem Bewusstsein der Akteure entgeht, muss an erster Stelle das Gesetz genannt werden, das den Prozess gestaffelter Ausschließung regiert: In einer Population, die durch eine Auswahl entstanden ist, die objektiv auf sozialen Kriterien basiert, auch wenn sie nur schulische Kriterien zu kennen vorgibt, tendiert die Ungleichheit der Auswahl fortschreitend dazu, die Auswirkungen der Ungleichheit gegenüber der Auswahl zu reduzieren oder manchmal aufzuheben: Denn einerseits verfügen, wie man sehen konnte, die Überlebenden umso weniger über die Merkmale, die für die Ausschließung der Übrigen in ihrer Klasse gesorgt haben, je geringer ihre Chancen waren (in Zusammenhang mit ihrer Klasse), dieses Niveau zu erreichen, und andererseits wird das gesamte System ihrer Einstellungen objektiv von ihrer Situation als Überlebende beherrscht und manchmal auch hergestellt. So können zum Beispiel die Preisträger aus den Mittelklassen und sogar, wenn auch in geringerem Ausmaß, aus den unteren Klassen in der außergewöhnlichen Natur ihres Ausnahmeerfolges Gründe finden, sich den Wertmaßstäben eines Schulsystems anzuschließen, das ihren Wert erkannt hat, und die (sozial bedingten) »Fähigkeiten« verleugnen, die ihnen diesen Erfolg verschafft haben, und sich der ideologischen Vorstellung von den Gründen des Schulerfolgs anschließen, welche die Preisträger aus den höheren Klassen, seit frühester Kindheit durch das unbewusste Vertrautmachen der familialen Erziehung mit den Feinheiten einer außerschulischen Bildung und einer nicht »schulmäßigen« Beziehung zu dieser Bildung ausgebildet, zu vertreten geneigt sind, aber aus ganz anderen Gründen.

Indem es mittels völlig neutral erscheinender Sanktionierungen schulische Unterschiede herstellt, die sich anscheinend in keinem Punkt sozialen Unterschieden verdanken, verurteilt das Bildungssystem sowohl Lehrer als auch Schüler dazu, den Grund für diese Unterschiede in natürlichen Ungleichheiten zu suchen: Niemals zeigt es deutlicher die alchemistischen Geheimnisse, diese Wandlung durchführen zu können, als in der außerordentlichen Bedeutung, die es der Frühreife zuerkennt; einer Qualität, für die es offensichtlich keine absolute oder absolut neutrale Definition gibt, da sie sich immer nur in einem bestimmten Verhältnis ausdrückt, nämlich dem Alter, in dem eine Fertigkeit ausgeübt wird, und dem Alter, das sozial als »normal« oder »passend« definiert wird, diese auszuüben (oder genauer, dem modalen Alter der entsprechenden Kategorie, das heißt für den Fall schulischer Frühreife, dem modalen Alter der Individuen, die dasselbe Studienniveau erreicht haben).[4]

Um den willkürlichen Charakter der Aufwertung von Frühreife

4 Die Idee der Frühreife setzt die Existenz einer Schulzeit voraus, die in »Klassen« aufgeteilt ist und so Etappen für das allmähliche Erwerben von Kenntnissen, entsprechend einem festgelegten Alter, markiert: Eine solche Struktur hat sich allerdings, wie Philip Ariès gezeigt hat, erst zu Beginn des 16. Jahrhunderts herausgebildet: Die undifferenzierte Pädagogik des Mittelalters kannte die Vorstellung einer Beziehung zwischen »der Strukturierung von Fähigkeiten und der des Alters nicht« (P. Ariès, *L'enfant et la vie de famille sous l'Ancien Régime*, Paris: Plon, 1960, S. 202). In dem Maße, wie sich die Struktur der Schulzeit herausbildet und verhärtet, und insbesondere zu Beginn des 17. Jahrhunderts, werden die frühreifen Karrieren immer seltener und fangen ab diesem Moment an, als Zeichen von Überlegenheit und als ein Versprechen auf einen sozialen Erfolg zu erscheinen. Es wäre interessant, die Fortschritte in Richtung auf eine streng geregelte Schulzeit und die damit zusammenhängende Entwicklung der Ideologie der Frühreife, auch in Verbindung mit den romantischen Ideologien von Schöpfung und Genie, im 19. Jahrhundert zu verfolgen.

deutlich zu machen, genügt es, sich die Missbilligung zu vergegenwärtigen, die, oft in den gleichen sozialen Milieus, der Frühreife auf anderen Gebieten entgegengebracht wird, auf sexuellem Gebiet beispielsweise, wo frühreif dann verfrüht bedeutet.[5] Wenn man dazu neigt, in der Frühreife eine Verstärkung von Verdienst und Begabung zu erblicken, und dies wie die Zeitungen in der Examenszeit auf die Spitze treibt, die den 15-jährigen Abiturienten, »den jüngsten *agrégé*« oder den »jüngsten *polytechnicien* Frankreichs« feiern, dann deshalb, weil die Frühreife nicht als ein Mehr an Privilegiertheit erscheint, sondern als unbestreitbarstes Zeichen angeborener Tugenden, inhärenter Eigenschaften und natürlicher Begabungen; weil, wie man es bei dem Kult um das »Wunderkind« sehen kann, der Höchstform des romantischen »Genie«-Kults, Großtat und Glanzleistung umso eher das Charisma bezeugen können, je früher sie erbracht werden, und daher nichts – und vor allem nicht ihre Frühreife – der Pflege oder dem Bemühen des Gärtners verdanken. So ist die hohe Bewertung der Frühreife nur einer der ideologischen Mechanismen, mit denen das Unterrichtssystem versucht, soziale Privilegien in Privilegien der Natur, *und nicht der Geburt*, zu verwandeln: Die »Intelligenz«, das »Talent« oder die »Begabung« sind die Adelstitel der bürgerlichen Gesellschaft, die die Schule weiht und legitimiert, indem sie verschleiert, dass die schulischen Hierarchien, die sie durch eine angeblich völlig neutrale Aktion von Eintrichterung und Auslese herstellt, die sozialen Hierarchien im doppelten Sinne des Wortes reproduzieren.

In diesem speziellen Fall erfüllt das Bildungssystem nicht nur eine ideologische Funktion: Es sanktioniert mit seinen Urteilen eine der verborgensten und wirkungsvollsten Formen des Klassenprivilegs, die man das Privileg der starken Beschleunigung nennen könnte: »Adelig zu sein«, beobachtete Pascal, »bedeutet den großen Vorteil, einen Mann schon mit 18 Jahren in eine bekannte und respektierte Lage zu versetzen, für die ein anderer erst mit fünfzig Jahren für würdig erklärt worden wäre. Das bedeutet, ohne Mühe dreißig Jahre gespart zu haben.« Wie Adelstitel erlauben es schulische Titel – soziales, in schulisches verwandeltes Kapital, das seinerseits direkt in sozialen Kredit konvertierbar ist –, *auf Kredit*, das

5 Zu den Varianten der sozialen Definition von sexueller Frühreife je nach sozialen Klassen siehe J.-C. Chamboredon, M. Lemaire, Proximité spatiale et distance sociale, *Revue française de sociologie*, 11, 1970, S. 3-33.

heißt vorzeitig, eher, vor den anderen, die Stufen überspringend und ohne Fristen und Einschränkungen beachten zu müssen, Ämter und Würden, Profite und Vergnügen zu erwerben, kurz, alle materiellen und symbolischen Vorteile, die andere in *bar* bezahlen müssen, das heißt am Ende der Zeit, die sie brauchten, »um sich zu beweisen« und ein Kapital an realen und sofort einklagbaren Sicherheiten anzuhäufen.[6]

Die Widersprüche des Systems schulischer Werte

Diese Analyse der schulischen Bedeutung und der sozialen Funktionen des schulischen Kults der Frühreife bringt die geheime Affinität an den Tag, die die im eigentlichen Sinne anscheinend schulmäßigen Werte und die Werte der herrschenden Klassen miteinander verbindet; sie führt jedoch nicht bis zu den Ursprüngen dieser Art von prästabilierter Harmonie, welche bewirkt, dass das Bildungssystem, auch wenn es nur eigenen und im eigentlichen Sinne schulischen Normen zu gehorchen scheint, gleichzeitig zusätzlich externen Normen gehorcht. Um die Beziehung von Abhängigkeit durch Unabhängigkeit genauer zu erfassen, die das Bildungssystem mit einer gegebenen Struktur von Klassenbeziehungen verbindet, ist es notwendig, sich auf die Feinheiten der Unterscheidungen und Hierarchien einzulassen, die immer auf Modalitätskriterien beruhen; sie bilden sich zwischen unterschiedlichen Formen schulischer

6 Die Ökonomen vergessen allesamt beim Untersuchen von Konsumgewohnheiten, dass der Wert eines Gutes, und besonders eines symbolischen Gutes wie einer Vorstellung (man denke an die »Premieren«, an die »Exklusivvorführungen«) oder einer touristischen Reise, zum Teil immer auch mit der Verfrühtheit (wie oben beschrieben) der Aneignung zu tun hat, die in die vollständige Definition von sozialer Knappheit zu einem gegebenen Zeitpunkt gehört. Angesichts der Gesetzmäßigkeiten der differentiellen Verteilung seltener Güter nehmen die Ungleichheiten zwischen Klassen immer die Gestalt von zeitlichen Abständen an: Die benachteiligten Klassen sind »zu spät dran«, das heißt Praktiken, insbesondere Konsumgewohnheiten, die bei anderen Klassen die Regel sind, sind bei ihnen die Ausnahme, und Individuen aus diesen Klassen haben erst viel später, in viel höherem Alter, viele also für kürzere Zeit, zu den gleichen Gütern Zugang (so etwa zum Eigenheim, das »für die Rente« errichtet wird, im Gegensatz zur Wohnung, die mit zwanzig Jahren geerbt wird).

Exzellenz heraus und zeigen sich in so objektiven Merkmalen wie der Hierarchie der Fächer und der Haltungen oder Fähigkeiten, die jene erfordern: Auf der einen Seite Fächer wie Französisch (und auf anderem Gebiet die Mathematik), wo man davon ausgeht, dass sie Talent und Begabung erfordern, andererseits Fächer wie Geographie (und auf niedrigerer Stufe Geschichte), Naturwissenschaften und neue Sprachen, die vor allem Lernen und Fleiß verlangen. Im Gegensatz zum Französischen (oder zu einem geringeren Grad Philosophie), das guten Willen und schulischen Eifer sowohl durch die Unbestimmtheit und die Ungenauigkeit der Aufgaben als auch durch die Vagheit und die Ungewissheit der Zeichen von Erfolg oder Misserfolg entmutigt, das immer bereits bestehende Kenntnisse verlangt (»man muss viel gelesen haben«), die oft undefinierbar sind (mag es sich um Fragen von Stil oder Allgemeinbildung handeln), bieten Fächer wie Geschichte, Geographie, Naturwissenschaften und Sprachen (moderne, zu geringerem Anteil alte Sprachen) Gelegenheiten, die Freude an »gut gemachter« Arbeit und minutiösen Verrichtungen (wie Landkarten- oder naturwissenschaftlichen Zeichnungen) zu zeigen; man betrachtet sie als »sicher« und »lohnend«, weil man weiß, worauf sich das Bemühen zu richten hat, und weil sich das Ergebnis der Arbeit dort leicht feststellen lässt.

Es ist nicht erstaunlich, dass die Talentfächer, die dem kulturellen Kapital, das heißt der sogenannten freien (im Gegensatz zur »schulmäßigen«) Bildung, einer Beziehung der Vertrautheit mit der Kultur, die sich nur durch die diffusen Lehren der familiären Erziehung herstellen lässt, die rentabelste Platzierung bieten, eine höhere soziale Rekrutierung haben als die Fächer, die den aus den unteren und vor allem den Mittelklassen stammenden Schülern die Möglichkeit verschaffen, ethische Dispositionen an den Tag zu legen, die dort besser als in anderen Fächern ihre kompensatorische Wirkung entfalten können.[7]

7 Wir haben übrigens festgestellt, dass die Unterschiede zwischen Studenten unterschiedlicher sozialer Herkunft, die in den Gebieten, die am strengsten von der Schule kontrolliert werden, wie dem Gebrauch der schulischen Sprache (vgl. P. Bourdieu, J.-C. Passeron, M. de Saint Martin, *Rapport pédagogique et communication*, Paris, Den Haag: Mouton, 1965), tendenziell zurückgehen und manchmal auch verschwinden, mit aller Macht wieder auftauchen, sobald man sich von dem entfernt, was in der Schule direkt unterrichtet wird, und sobald man zum Beispiel

Sie werden in schulischer Tradition mit abschätzigen Namen wie »Fachidiot« (oder »Büffler«, »Ochser«, »Pauker«) bezeichnet und sind immer besorgt um die unmittelbar schulische Rentabilität ihrer kulturellen Investitionen; ewig damit beschäftigt, ihren »Rückstand« auf dem Gebiet der Bildung aufzuholen, haben sie »klassische«, schulmäßige« und »angelesene« Kenntnisse, Vorlieben und Praktiken, die der Schule unmittelbar untergeordnet sind, auch wenn sie nicht direkt von ihr hergestellt worden sind. Im Gegensatz dazu machen die Preisträger in Französisch oder in Philosophie auf jede denkbare Weise deutlich, dass sie eine Marge an Freiheit und Sicherheit haben, die groß genug ist, um sich mit der Bildung – aufgefasst auf eine »freiere« und weniger »schulmäßige« Art – eine Beziehung aufgeklärten Dilettantismus und eklektischer Vertrautheit leisten zu können, die sich auf Gebiete erstrecken oder übertragen kann, die von der Schule noch nicht anerkannt und sanktioniert worden sind: Folglich gehen sie am häufigsten ins Kino und möchten sich vor allem einen »gebildeten« Umgang mit diesen »freien« Materien (Kino und Jazz) aneignen, während die anderen sich zwingen müssen, sie zu mögen oder zu lieben, oder sie sogar nur als einfache Gegenstände der Unterhaltung betrachten.

Daher finden sich alle Züge, in denen das französische Unterrichtssystem die Elite seiner Elite erkennt und die auf ausgezeichnete Art und Weise beschreiben, wie man sich auszeichnet, in dieser Art realisierter Idealtypen wie den Preisträgern in Französisch (und *erst recht* den Preisträgern in Französisch aus den höheren Klassen).[8] Und dies darf nicht überraschen, wenn man daran denkt, dass es in diesem Fall eine perfekte Harmonie zwischen allen Wertvorstellungen, die die gesamte Tradition der literarischen Disziplinen ausdrücklich ausmachen, und denjenigen gibt, die die Praktiken und die Einstellungen derjenigen erkennen lassen, die dort Erfolg haben. Besser als eine lange Analyse der gebildeten Be-

vom klassischen Theater zum Avantgarde- oder Boulevardtheater wechselt (vgl. P. Bourdieu, J.-C. Passeron, Les étudiants et leurs études, *Rapport pédagogique et communication*, Paris, Den Haag: Mouton, 1964).

8 Es sind die Preisträger in Französisch, von denen die journalistischen Heiligengeschichten handeln, und ihre schulischen Produkte werden wie literarische Ereignisse behandelt: Genau wie die Reden anlässlich der Aufnahme in die Académie française werden die besten Französisch-Aufsätze des *concours général* oder der Abiturprüfungen traditionellerweise von den literarischen Zeitungen veröffentlicht (*Figaro littéraire*, Literaturbeilage von *Le Monde*).

ziehung zur literarischen Bildung vermag es eine schnelle Prüfung der beiden gekrönten Aufsätze von 1969 – die durch eine Art objektiven Zufalls »Schöpfung« und »Lektüre« zum Thema hatten[9] –, diese tiefe Affinität zwischen der Tradition eines Unterrichts der schönen Wissenschaften, erfüllt von einer humanistischen, personalistischen und spiritualistischen Ideologie, und einer Pädagogik-Tradition sichtbar zu machen, die manchmal in der schulischen Entwertung des »schulmäßigen«, des »Bücherwissens« und von allem, was nach Schule riecht, bis zu einem romantischen Kult des sogenannten »persönlichen« Ausdrucks geht.[10] Es ist in Wirklichkeit eine charismatische Vorstellung von der Tätigkeit des Schriftstellers – beschrieben als »Schöpfung«[11] und »Mysterium«[12] – und von der Entzifferung des Werkes als »schöpferischer« Lektüre und als spiritueller Identifikation des Leser-»Ichs« mit dem »Ich« des Autors,[13] was als Basis für den subjektivistischen und irrationalen Überschwang willkürlicher Empfindungen und Zuneigungen dient, als Vorwand für die nachsichtige Selbstsucht persönlicher[14] Wallungen, romantischen Mystizismus[15] oder existentialistisches Pathos.[16]

9 Siehe *Le Monde*, Literaturbeilage vom 21. Juni 1969.

10 Laut dem Lexikon von Lalande wird das Adjektiv »persönlich« in dem lobenden Sinn von »originell, Ergebnis von wirklichen Überlegungen oder ernsthaften Gefühlen und nicht von Erinnerungen und Nachahmung« erst seit Kurzem verwendet (es kommt weder im Littré noch im Darmesteter, Hatzfeld und Thomas vor), und zwar nur »in der literarischen Kritik und der Kunstkritik sowie in der Pädagogik«, um »Arten und Weisen, zu denken, zu fühlen und sich auszudrücken«, näher zu bestimmen.

11 »Es gibt als Phänomen eine *spontane Schöpfung*.«

12 »Das *Mysterium* der künstlerischen Gabe«, »magische Kraft (der Worte)«, »das *Mysterium* ihrer Schönheit«.

13 »Das *Mysterium* der Lektüre«, »*Ich bin es, der* am bläulichen Wasser *ist*, *ich bin es*, der diesen Blick kreuzt.« »Dieses Werk, das wir *uns selbst* geschaffen haben.« »*Ich bin es*, der schreibt.« »Ich habe *mich* wunderbarerweise wiedergefunden.« »Das Werk wird meine eigene Schöpfung.« »Ich kann an der literarischen *Schöpfung* teilnehmen.« »Die Person, die ich *erschaffen* will.«

14 »Es ist in dieser *Lektüre bei sich selbst*, diesem *Ergießen* unserer *Persönlichkeit*, wo der Roman seine Erfüllung findet«; »*ich selbst* bin es, auf den ich treffe«.

15 »Also *flüchte ich*«; »die flüchtigen Empfindungen, die das *Phantastische* und *Wunderbare* meines Alltags ausmachen«, »der *zauberhafte* Bereich«, »*mysteriöser* Schatten«. »Dieses Werk, das wir uns selbst geschaffen haben, indem wir unsere *Träume* und *Trugbilder* hineingelegt haben.«

16 »All die Träume, die mich ohne Unterlass *heimsuchen* und *zerrütten*«; »*unermüd-*

Und es wäre nicht schwieriger, zu zeigen, dass die implizite Philosophie des traditionellen Philosophieunterrichts, die zwischen einem idealistischen Intellektualismus und einem personalistischen Spiritualismus schwankt, immer auf der erklärten oder stillschweigenden Entwertung dessen beruht, was man in früheren Zeiten laut Cicero *pleibeia philosophia* nannte, also von allen »vulgären« Doktrinen, die wie der Materialismus oder der Empirismus dem »gesunden Menschenverstand« zu nahe sind, und immer und überall und ganz besonders der »vulgärsten« unter ihnen.[17] Es reicht, wenn man an das Schicksal denkt, das – mehr noch in den Kursen als in den Lehrbüchern, die den Kontrast dazu abgeben – all jenen etwas groben Philosophen bereitet wird, die schnell veraltet und immer in den ersten Teil der Aufsätze verbannt sind – wie etwa Hume, Comte, Taine, Durkheim –, und an die tausend Möglichkeiten, den wissenschaftlichen Diskurs zu unterdrücken, von der rituellen Exkommunikation und dem entehrenden Bannfluch (»Szientismus«, »Psychologismus«, »Soziologismus«, »Historismus«) bis zur verklärenden Aneignung, um sich davon zu überzeugen, dass das »philosophische Ancien Régime« noch am Blühen ist, wie Auguste Comte sagte.

Alles lässt daher darauf schließen, dass die vornehmen Fächer, wie das Französische und die Philosophie, ihre dominante Stellung der Tatsache verdanken, dass die Wertvorstellungen, die sie explizit weitergeben wollen, in nichts den Wertvorstellungen widersprechen, die die Pädagogik beherrschen, und dass sie in höchstem Grad die Harmonie zwischen den impliziten Voraussetzungen der Pädagogik und den sie leitenden Ideologien verwirklichen. Man versteht auch, dass die Analyse der systematischen Differenzen, die die Virtuosen der Talentfächer von den Akkordarbeitern der Fächer zweiter Ordnung trennt, zum Prinzip eines Systems paralleler Gegensätze zwischen komplementären und antagonistischen Qualitäten und Eigenarten führt, das die Pädagogik des französischen Bildungssystems inhaltlich bestimmt und kurz folgendermaßen beschrieben werden kann: brillant – farblos; flüssig – bemüht;

liche Suche«; »die *hoffnungslos unnützen* Bahngleise …«, »der *Angstschrei* eines Mannes«, »*heftiger Schmerz*«, »*Ungewissheiten*«.

17 Wenn man an die Anstrengungen denkt, die mehrere Generationen von französischen Intellektuellen hinter sich haben, um endlich den Marxismus von der »Vulgarität« zu befreien …

distinguiert – vulgär; kultiviert – schulmäßig; persönlich – banal; originell – gewöhnlich; herausragend – platt; fein – grob; bemerkenswert – bedeutungslos; elegant – linkisch; sprühend – glanzlos; lebhaft – schwerfällig; pikant – fade; rege – dumpf usw. Man hat die Qual der Wahl, um Beispiele für die Verwendung dieser Kategorien zu zitieren, die sich auf Personen, Lehrer oder Schüler anwenden lassen oder auch ihre Produkte, Kurse, Arbeiten, Ideen, Diskurse oder, besser, auf den Stil der Praxis wie den der Werke: Die Sprache der Agrégationsberichte ist unerschöpflich, um die angeborene »Mittelmäßigkeit« der »Masse der Kandidaten« zu brandmarken, diese »Ödnis« »matter«, »fader« oder »platter« Texte, woraus »glücklicherweise« die wenigen »distinguierten« oder »brillanten« Texte herausragen. Die schulmäßige Definition eines gebildeten (das heißt nicht »schulmäßigen«) Verhältnisses zum Wissen stellt zwei Arten von Verhältnissen zum Wissen (was an zwei unterschiedlichen Erwerbsweisen dieses Wissens liegt, wie man sehen wird) und zwei Systeme von Handlungsweisen gegenüber; dabei beruft sie sich auf Ausdrücke, die ihre Suggestionsmacht der Tatsache verdanken, dass jeder von ihnen ein ganzes System homologer und oft auch austauschbarer Gegensätze hervorruft.[18]

Die Vorherrschaft von Werten, die man charismatisch nennen könnte, ist in diesem System so stark, dass es die Anzeichen von

18 Man kann nicht schließen, ohne noch einmal die Beurteilungen zu betrachten, die, nicht nur im akademischen Diskurs, genau nach den Prinzipien dieses klassifikatorischen Systems konstruiert sind. Von allen Gegensätzen ist kein einziger wirkungsvoller als der, den man ganz deutlich zwischen der Gelehrsamkeit, die immer im Verdacht steht, die Zeichen einer arbeitsreichen Aneignungsmühe zu tragen, und der Begabung (mit der entsprechenden Bedeutung von Allgemeinbildung) gemacht hat. »Es ist der Mangel an *Allgemeinbildung*, der spürbar gewesen ist […], den Kandidaten weitaus nützlicher als die Werke von *Gelehrsamkeit*, in denen sie sich verlieren« (Agr. L. M., 1959). Die Unterscheidung zwischen Wissen und Begabung ist der Grund für die Entwertung der Fächer, von denen man vermutet, dass sie lediglich Gedächtnis erfordern, die geringste aller Fähigkeiten: »Ohne natürlich das Bemühen um *Memorieren* zu verkennen, das in der Philologie unerlässlich ist, bleibt doch, dass es die durch Reflexion erworbene *Bildung* ist, die den Gegebenheiten der Sprache ihre Bedeutung und schließlich ihre pädagogische und humane Tragweite gibt« (Agr. G. f., 1959). Die Abkürzungen, die verwendet werden, 1) Agr. L. M., 2) Agr. L. f., 3) Agr. G. M., 4) Agr. G. f., 5) Agr. L. M., 6) Agr. L. M. f., bedeuten jeweils die Agrégationsberichte für Geisteswissenschaften bzw. Philosophie, Grammatik und neue Sprachen, jeweils für männliche und weibliche Kandidaten.

Widersprüchen und Konflikten fast vergessen lässt, die, sowohl in der Praxis wie in den Reden von Professoren und Schülern, die Konkurrenz zwischen den beiden entgegengesetzten Prinzipien von Evaluierung und Hierarchisierung verursacht. Ein Beispiel, entnommen den Berichten der Agrégationsjurys: »Erklären, dies erfordert Aufmerksamkeit, geistige Durchdringung und Geschmack, *aber auch* genaue Kenntnisse« (Agr. L. M., 1959).

Der Autor dieser Rehabilitierung des Wissens, der im Übrigen beklagte, dass man Texte nicht mehr auswendig lerne, schrieb in demselben Bericht: »Nach wie vor gilt, dass ein Gedicht, wenn es schön ist, an eine viel höhere Wahrheit reicht als diese Art von anekdotischer Wahrheit, deren Spur der *Gelehrte* in den persönlichen Papieren sucht.« Und einige Jahre später: »Wir wollen, dass sich die Kandidaten mithilfe von Qualitäten wie Geschmack und Urteilsvermögen unterscheiden und nicht aufgrund von *platter Gedächtnisleistung*. Das heißt, dass sie vermeiden sollten, zu sprechen, wovon sie keine Ahnung haben, und dass sie andererseits das Wissen nicht missachten sollten, vor allem wenn es sich um Fundamente einer Allgemeinbildung handelt.« (Agr. L.M., 1962)

Man hüte sich, in diesen Widersprüchen und Widerrufen einfache individuelle Unfälle zu sehen: Das Schwanken zwischen Verurteilung und Rehabilitierung der Gelehrsamkeit und insbesondere das gespaltene Verhältnis zu der Vorstellung der akademischen Kritik, wie sie Schriftsteller und die »schöpferische« Kritik verbreitet haben (Erkundung der intimen Papiere), drücken die Ambivalenz des schulischen Urteils über die eigentlich »schulmäßigen« Werte aus. Es lässt sich dafür auch ein anderes, viel indirekteres, aber nicht weniger passendes Anzeichen in der Ungewissheit in Bezug auf die Kriterien von Exzellenz finden, die im Missverhältnis von zwei Arten schulischer Bestätigung deutlich zu werden scheint: dem »Prix d'excellence«, einer Auszeichnung, die von der Gesamtheit der Lehrer jeder Klasse für die Gesamtheit der Arbeiten eines Jahres verliehen wird, und der Nominierung zum *concours général*, einer von einer externen Instanz gewährten Weihe infolge einer punktuellen und einmaligen Prüfung. Die Preisträger in Latein und Griechisch, die den größten Anteil bei den »Prix d'excellence« bilden (63,5 Prozent gegen nur 28,5 Prozent in Französisch), unterscheiden sich von den anderen Preisträgern durch eine Gesamtheit systematischer Züge: Sie behaupten öfter (in 60 Prozent der Fälle)

Schaubild

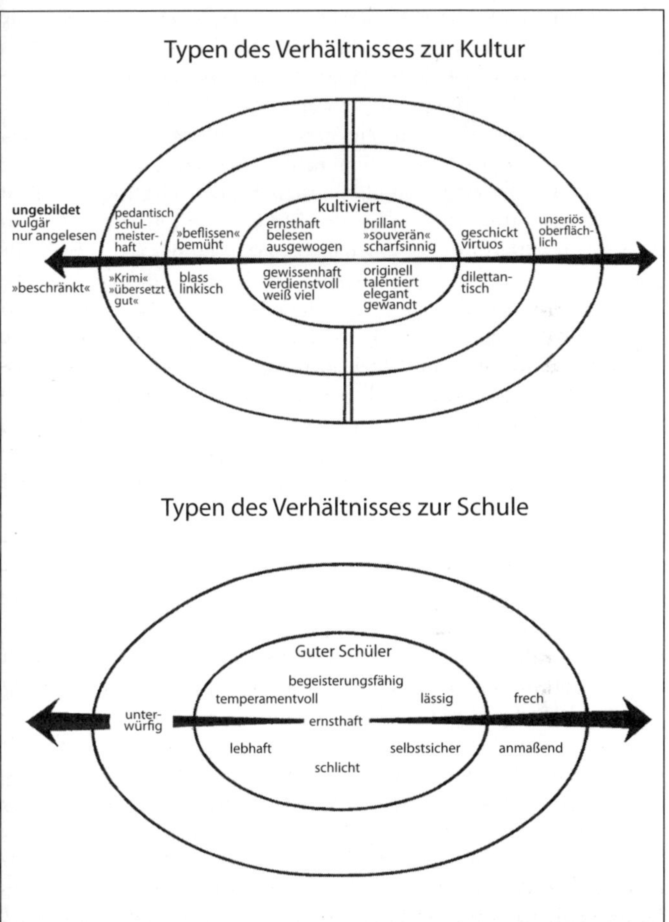

als die anderen Preisträger der literarischen Fächer (42 Prozent), die besten Schüler ihrer Klasse zu sein; sie sind auch eher der Meinung, dass ihre Arbeit sehr gut oder exzellent ist (26,5 Prozent gegen 18 Prozent), und verwenden, um den Schüler zu beschreiben, der sie gerne wären, dieselben Kennzeichen wie für den Schüler, der sie sind (75 Prozent gegen 65,5 Prozent), Anzeichen einer *certitudo sui* aufgrund ihrer schulischen Geweihtheit; sie haben zahlreicher als alle anderen in mehreren Fächern an Wettbewerben teilgenommen (56,5 Prozent gegen 23 Prozent), und innerhalb der literarischen Zweige behaupten sie von sich am häufigsten, in Mathematik gut zu sein (43,5 Prozent gegen 20,5 Prozent) und niemals schlecht. Wenn man außerdem beobachtet, dass die Preisträger einer literarischen oder wissenschaftlichen Auszeichnung den »Prix d'excellence« öfter erhalten haben als diejenigen, die nur eine ehrenvolle Erwähnung erhalten haben, dann kann man mit Recht vermuten – wenn man unterstellt, dass die Fähigkeiten, die der *concours général* misst, im Übrigen dieselben sind –, dass das schulische Urteil noch zusätzliche Kriterien berücksichtigen muss, wenn es den »Prix d'excellence« verleiht; und tatsächlich erwählt diese Auszeichnung den »guten vollständigen Schüler«, dessen Fügsamkeit gegenüber der Schule sich nicht nur in einem Eklektizismus des guten Willens und in der Klugheit der schulischen Platzierungen äußert: Die Preisträger in alten Sprachen äußern proportional am häufigsten (92,5 Prozent), die École Normale Supérieure besuchen zu wollen, im Gegensatz zu den Preisträgern in Philosophie (37,5 Prozent); setzen auch am häufigsten die Berufe der Lehrer an Hoch- und höheren Schulen an die erste Stelle (63,5 Prozent gegen 41,5 Prozent für die Preisträger in Französisch, 33 Prozent in Sprachen und 31 Prozent der Preisträger in Geschichte und Geographie); sind außerdem mit 80 Prozent die zahlreichsten, die die Namen ehemaliger Preisträger des *concours général* zitieren (im Gegensatz zu den Preisträgern in Naturwissenschaft, 33,5 Prozent), und kennen eine große Anzahl (mindestens 7 bis 8) der Grandes Écoles. Man kann hier einen der stärksten Mechanismen der Selbstperpetuierung des professoralen Korps ausmachen, nämlich die *Dialektik von Weihe und Dankbarkeit*, wobei die Schule diejenigen wählt, die sie erwählt haben, weil sie sie erwählt hat:[19] Eine Institution, die wie das Unterrichtssystem ihre eigene Reproduktion vollständig kontrolliert, kann durch die Weihe, die sie ihnen gewährt, Individuen in Richtung der Institution anlocken (oder davon abbringen), die ihren expliziten und impliziten Ansprüchen

19 Der Weiheeffekt ist, wie man sehen wird, sehr ungleich, gemäß den sozial bedingten Einstellungen im Hinblick auf die Schule bei denjenigen, bei denen sich die schulische Weihe auswirkt.

am besten entsprechen und am ehesten disponiert sind, sie in Einklang mit sich selbst zu verewigen.[20]

Wenn man beobachtet, dass die Unterscheidung zwischen den beiden Arten von Exzellenz, welche die Preisträger aus der Literatur und aus den alten Sprachen verkörpern, innerhalb der edlen Fächer die Unterscheidung zwischen den edlen und den zweitrangigen Fächern reproduziert, dann sieht man, dass die Anwendung desselben Prinzips es erlaubt, fast bis ins Unendliche subtile Typen von Dispositionssystemen zu unterscheiden, die ausnahmslos immer Dispositionen hinsichtlich der Bildung und Dispositionen hinsichtlich der Schule sind, wie beispielsweise in dem geschilderten Fall die »arbeitsame« Verbissenheit des guten »glanzlosen« Schülers, der ungezwungene Dilettantismus des »brillanten« Schülers und der wohltemperierte Eklektizismus des »guten, perfekten Schülers«. Die Widersprüche zwischen dem Kult des »Brillanten«, dem Korrelat der schulischen Entwertung des »Schulmäßigen«, und der Anerkennung von rein schulischen Tugenden lösen sich in der Begeisterung für ein *juste milieu* auf, die kennzeichnet, was man *academica mediocritas* nennen könnte, diese Summe mittelmäßiger Tugenden, die man *pastoral* nennen könnte im Gegensatz zu prophetischen: So kommt es, dass sich der meisterhaft Brillante, der Wissen und distinguierte Distanz zum Wissen in sich vereint, von den einer leeren Virtuosität verdächtigen Fähigkeiten genauso absetzt wie von der uninspirierten Gelehrtheit dessen, der »stark im Übersetzen in die Fremdsprache ist«;[21] dass die richtige Ausgewogenheit des akademischen Tons, bestehend aus diskreter Eleganz und zurückhaltendem Enthusiasmus, sich von der eitlen Lässigkeit des überheblichen Virtuosen genauso unterscheidet wie von der schulischen Servilität des guten, zu fleißigen Schülers; oder dass sich die Originalität eines Geistes oder eines »persönlichen« Stils sowohl von den unkontrol-

20 Jede schulische Bestätigung stellt überdies einen Weiheeffekt her. Insbesondere spielt der *concours général* die Rolle eines veritablen Wettbewerbs für eine universitäre Vorrekrutierung, obwohl dies nicht seine erklärte Funktion ist. Man erkennt ein Indiz unter vielen anderen in der Tatsache, dass fast alle Preisträger ihre Nominierung zum *concours général* als das wichtigste Ereignis ihrer schulischen Laufbahn ansehen.

21 In Flauberts *Wörterbuch der Gemeinplätze* kann man lesen: »Übersetzung in die Fremdsprache: beweist in der Schule Fleiß, während die Übersetzung in die eigene Sprache Intelligenz beweist. Aber in der Welt lacht man über die, die in Ersterem gut sind.«

lierten Kühnheiten der schöpferischen Ambition wie von belehrenden Plattitüden absetzt. Die Qualitäten, die den guten akademischen Ton positiv bestimmen, entstammen ganz natürlich diesem Versuch eines Ausgleichs der Gegensätze: Es ist diese Mischung aus »Urteilsvermögen« und »Geschmack«, von »Maß« und »Finesse«, die die Gedanken, die Nuancen näher beschreibt, die zwanghaft immer »richtig und fein« genannte Unterscheidungen hervorbringt und die vor »Schamlosigkeit« und »Vulgarität« schützt. Unter dem Schein eines Liberalismus des »Vernünftigen« verbirgt diese Moral von *juste milieu* und Mittelweg in Wirklichkeit einen Absolutismus des »gesunden Menschenverstandes« und eine Diktatur von »Takt« und »Geschmack«, die sowohl die unfehlbaren und endgültigen Verdikte des Prüfers als auch die Erwählung bei der Zuwahl von seinesgleichen und nicht zuletzt die wissenschaftliche Arbeit beeinflussen. Die schulmeisterliche Ausführung ist im *Tonfall der Gewissheit* gehalten, und wie könnte es anders sein, er beruft sich doch auf Kriterien wie den gesunden Menschenverstand – von dem seit Descartes bekannt ist, dass er die Sache auf der Welt ist, die am weitesten verbreitet ist und deren Verdikte man nicht negieren kann, ohne sich aus der Gesellschaft der klugen Geister auszuschließen – und den guten Geschmack – den per definitionem jeder hat, der wohlgeboren ist und der die ganze gute Gesellschaft auf seiner Seite hat. »Wir sagen es unermüdlich jedes Jahr aufs Neue. Aber es ist eine *offenkundige* Wahrheit, der *sich* die meisten unserer Kandidaten *hartnäckig verschließen*« (Agr. G. M., 1962). Ganz natürlich folgt daraus, dass »Fehler im Tonfall«, »Fehler im Geschmack« und »Fehler im Urteil« *moralische* Fehler sind, die schlechten Willen und Bösartigkeit bezeugen, wenn sie nicht Ausdruck einer schlechten Natur sind (»Zu viele Fehler resultieren aus der *Zurückweisung* von Lösungen des *gesunden Menschenverstandes*«; Agr. L. M.,1962). Und das uralte Klagen über die zerstörerische Behandlung, die der Student allem widerfahren lässt, was er berührt, schwankt zwischen der Metaphorik von Barbarei und Naturkatastrophe: Der Student »plündert«, »verwüstet«, »foltert«, korrumpiert«, »verheert«, »entwertet« die Texte, die Sprache, die Orthographie oder die Ideen: »Wie oft ist dieser delikate Text *abscheulich misshandelt und vergewaltigt* worden« (Agr. L. M. M., 1965). »Wir sprechen von einer gewissen billigen *freudianischen* Anmaßung, die eine exquisite Seite entwertet« (Agr. G. f., 1959). Man kann sich die Verwüstungen vorstellen, die die Prinzipien von Interpretation und Anwendung eines so gewissen wie unbestimmten akademischen »Fingerspitzengefühls« anrichten können, sobald die Meister sie an Gedanken anlegen, die nicht den Stempel von gesundem Menschenverstand und »gut französischem« Geschmack tragen, ob es sich um alte Autoren oder um den Gegenwartsroman handelt.

Die Gegensätze der universitären Ideologie sind der symbolische Ausdruck des Widerspruchs, der in der Funktion des legitimierten Bewahrers und Vermittlers einer legitimen Kultur enthalten ist, zwischen der *objektiven Wahrheit* der schulischen Tätigkeit, als autorisierter Ausübung einer pädagogischen Handlung, die kontinuierlich, dauerhaft und geregelt ist (unter anderem aufgrund ihrer Programme, ihrer Stundenpläne und ihrer Orte), vielfältig unterstützt (mittels flankierender Mittel wie etwa den kanonischen Texten, den Lehrbüchern usw.) und durch die Institution kontrolliert wird, und der *erlebten Wahrheit* dieser Tätigkeit, das heißt der ideologischen Vorstellung, die darin besteht, die Personen als pädagogisch Handelnde mit der Autorität zu versehen, die automatisch jedem Beamten in einer schulischen Institution aufgrund seiner Zugehörigkeit zu der Institution zuerkannt wird. Wie der Priester als Beamter einer Kirche ist der Lehrer mit einer Autorität der Institution ausgestattet, die ihn, im Gegensatz zum Propheten oder intellektuellen Schöpfer, davon entbindet, seine Autorität bei jeder Gelegenheit und zu jedem Augenblick auf sich selbst zu gründen, da er einem Publikum predigt, das vom Wert seiner Botschaft bereits überzeugt ist.[22] Im Unterschied zum intellektuellen Schöpfer, der, wie der Prophet, durch ein diskontinuierliches und außergewöhnliches Autoritätshandeln innerhalb eines begrenzten Bereichs (der Jünger) eine Botschaft durchsetzen will, die im Verhältnis zur Gesamtheit der im kulturellen Feld zu einem gegebenen Moment vorhandenen Botschaften einzigartig ist, reproduziert der Lehrer, als Bewahrer einer für legitim gehaltenen Kultur, eine Botschaft, die den notwendigerweise »routinisierten« und homogenisierten Normen entspricht, die die dauerhafte Einschärfungshandlung erfordert, um einen gebildeten *Habitus* und damit eine

22 »Der Meister hat, wie der Priester, eine anerkannte Autorität, weil er das Organ einer moralischen Person ist, die über ihn hinausweist« (E. Durkheim, *Education et sociologie*, Paris: Alcan, 1922, S. 71 f.).

Bildungsergebenheit als dauerhafte Disposition zu produzieren.[23] Wie in der schulischen Entwertung des »Schulmäßigen« und in der Ideologie der Begabung äußert sich in der komplementären Ideologie der Meisterschaft und in der »routinierten« Denunziation der schulischen Routine, kurz, all dem, was nach dem Wort von Levenson[24] das Paradox eines *academic anti-academism* ausmacht, das Bemühen, auf symbolische Weise die objektive Wahrheit der pädagogischen Situation zu verneinen. Die Widersprüche der Beziehung, die die Lehrer mit der Wahrheit ihrer Praxis unterhalten und die wahrscheinlich umso spürbarer sind, je höher sie sich in der Hierarchie des Berufs befinden, kann man niemals deutlicher sehen als in den doppelten Spielen, zu denen sie gezwungen sind, wenn sie als Korrektoren verlangen, dass ein Aufsatz, der dazu bestimmt ist, künftige Lehrer zu beurteilen, mehr und anders sein soll als ein Lehreraufsatz oder, schlimmer noch, ein Lehramtskandidatenaufsatz: Während sie »schöpferische« Dispositionen (»Originalität«, »Phantasie« usw.) und die sowohl intellektuellen wie moralischen Qualitäten der »Person« zulasten von Wissen und technischer Meisterschaft aufwerten und diese auf die Ebene von »Schulrezepten«, von »Lehrbuchwissen« oder von »mechanischer Vorstellung« herabwürdigen, verzichten sie deswegen keinesfalls darauf, auch noch die kleinste Abweichung von den streng festgelegten schulischen Regeln zu bestrafen. Aber unter dem charismatischen Bild eines Gottesurteils von Begabungen scheint immer die prosaische Wirklichkeit einer Rekrutierungsprüfung für Lehrer des höheren Schulwesens durch: »Die gute Methode wäre es vielleicht, zwar nicht einen Augenblick zu vergessen, dass man eine Prüfung bestehen muss (das ist nämlich unmöglich), aber immer daran zu denken, dass die Texte nicht geschrieben worden sind, um Gegenstand von Prüfungen zu werden: Es waren Appelle von Menschen an Menschen« (Agr. G. M., 1962). Indem er zu brutal an die Wahr-

23 Das ist es, was Kant in einem Text über den Unterricht des Priesters nahelegt: »Denn was er zufolge seines Amtes, als Geschäftsträger der Kirche, lehrt, das stellt er als etwas vor, in Ansehung dessen er nicht freie Gewalt hat, nach eigenem Gutdünken zu lehren, sondern das er nach Vorschrift und im Namen eines anderen vorzutragen angestellt ist« (vgl. *La philosophie de l'histoire*, Paris: Gonthier, 1947, S. 50 [*Was ist Aufklärung?*, Stuttgart: Reclam, 1996, S. 12]).

24 J. Levenson, *Modern China and its Confucian Past*, New York: Doubleday & Co., 1964, S. 31.

heit über den *concours* erinnert, spielt der gute Schüler, der nichts als ein guter Schüler ist und verspricht, nichts als ein guter Lehrer zu sein, das Spiel nicht mit, das darin besteht, die Wahrheit über das, was er tut, zu vergessen und vergessen zu machen. Könnte man all diese Ermunterungen zum »Tun als ob« anders verstehen, wenn nicht alles, inklusive der Fiktion, geeignet wäre, eine Fiktion zu erhalten? Die vorgetäuschte Erfindung und die fingierte Unmittelbarkeit einer lange vorbereiteten Improvisation werden einer offen deklarierten Anleihe oder einem informierten Lehrbuchwissen immer vorgezogen. Aber die objektive Wahrheit des »Schulmäßigen« springt niemals so deutlich ins Auge wie bei den stereotypen Denunzierungen der schulischen Routine: »Manche Kandidaten scheinen zu glauben, dass ein Aufsatz nur dann nicht gut ist, wenn er nicht in drei Punkte aufgeteilt ist« (Agr. L. M., 1959). »Sie [die Kandidaten] wenden lediglich uralte Rezepte an, die durch eine schulische Tradition überliefert sind, in die sich seit Generationen Automatismen eingeschrieben haben, von denen erwartet wird, dass sie einem die Denkanstrengung abnehmen« (ebd.). »Es scheint, dass jeder Text, der im Examen vorkommt, plötzlich in Feierlichkeit gekleidet ist« (ebd.). »Könnten sich die Kandidaten doch klarmachen, dass ein Werk, das im Programm vorkommt, deshalb nicht aufhört, ein Menschenwerk zu sein« (Agr. L. M., 1962). Und wenn dem Kandidaten so oft vorgeworfen wird, »eine Lektion zu erteilen«, wo er doch zu nichts anderem da ist, dann wahrscheinlich deswegen, weil er sich widerrechtlich im Voraus ein Vorrecht geistiger Autorität aneignet und auch zu offensichtlich an die Wahrheit der Übung erinnert.[25]

25 Es würde überhaupt keine Mühe bereiten, zu zeigen, dass sich dieselben Widersprüche noch evidenter in den Vorstellungen finden lassen, die sich der Student von seiner Arbeit, von seinen Professoren und seinen eigenen Fähigkeiten macht: Da wechselt zum Beispiel das Verlangen nach einem festen, »schulmäßigeren« Rahmen der Ausbildung ab mit dem idealen und wunderbaren Bild freier und vornehmer Arbeit, ohne Kontrolle und Disziplin, wie fleißiges Mitschreiben mit schwärmerischer Zustimmung zum Charme der Worte des Meisters; oder neben der Erwartung eines berühmten »Meisters«, »brillant«, »nicht allzu schulmäßig«, beseelt von einem »heiligen Feuer«, »lebendig«, in der Lage, »einen das lieben zu lassen, was er vorstellt, und eine Kommunikation mit dem Publikum hinzukriegen« (nach Ausdrücken, die unter anderem während Unterredungen mit Studenten aus Lille aufgeschrieben worden sind), existiert, oft bei denselben Individuen, der Geschmack am »nützlichen«, »gut gemachten« Kurs, mit »klarem

Daher beschreibt die professorale Ideologie der Meisterschaft dann die Wahrheit der pädagogischen Beziehung, wenn es ihr darum geht, deren Mängel hervorzuheben, wie die hagiographische Tradition von Schulerinnerungen und Porträts der »Meister« zeigt. »Man wird kein Meister aufgrund rektoraler Vollmacht oder ministerieller Verfügung an dem Tag, an dem man mit Erfolg die Prüfungen der pädagogischen Eignung, des Staatsexamens oder der *agrégation* abgelegt hat. Ein Berufungsdekret kann einen Lehrer oder Professor benennen; es hat keine Macht, einen Meister zu küren; wie ihn übrigens auch kein Dekret absetzen oder zurückstufen kann [...]. Zum wiederholten Mal, die meisten Lehrer sind keine Meister. Sie machen als gute Beamte ihren Unterricht und halten ihre Kurse ab. Sie geben die Kenntnisse weiter, die sich bei ihnen angehäuft haben, aber sie haben niemals die Idee gehabt, dass sich durch die Wahrheiten, die sie verkünden, die Existenz einer höheren Wahrheit durchsetzt. [...] Vom Professor verlangt man nur ein Wissen; vom Meister fordert man eine andere Kompetenz, die Überschreitung und Relativierung des Wissens voraussetzt.«[26]

Die ideologische Beschreibung der »authentischen Meisterschaft« macht so die Wahrheit der professoralen Funktion klar deutlich, weil eine Institution, die gänzlich darauf abgestimmt ist, ohne jedes Charisma zu funktionieren, denjenigen, die ihr angehören, einfach wie der Träger der »Meisterschaft« vorkommen kann. Der Lehrer, der sich zu charismatischer Praxis oder Rede hinreißen ließe, würde einen zum Lachen bringen, wenn man Schopenhauer glauben darf, weil er, wie das Bühnenpferd, das richtige Pferdeäpfel lässt, eine Illustration des »komischen Pedanten« bietet und ein Verhalten an den Tag legt, das in seiner eigenen Logik nicht enthalten ist. Wie kann man einer Institution vorwerfen, ihre Beamten nicht mit »Mitgefühl« und einem »Mehr an Seele« versehen zu haben, wenn die ganze Institution darauf hin organisiert ist, allen Be-

Verlauf«, dem »leicht zu folgen« und der »gut dokumentiert« ist. Auch wenn die beiden Erwartungshaltungen ganz und gar variable Gewichtungen haben (wie man es im Fall der Preisträger des *concours général* gesehen hat), nach Klassen und besonders nach sozialer Herkunft der Studenten und nach den Fächern, bleibt, dass die Vorherrschaft charismatischer Werte immer in der Form deutlich wird, allen im eigentlichen Sinne schulmäßigen Ansprüchen einen schmachvollen und schuldhaften Anschein zu geben.

26 G. Gusdorf, *Pourquoi des professeurs?*, Paris: Payot, 1963, S. 10 und 110.

amten das Mittel zu bieten, sich dieses Mehr zu sparen und dabei den Eindruck des Gegenteils zu erzeugen; etwa indem sie ihnen zugleich das Programm und das Vergnügen liefert, dieses zu ändern, die Stundenpläne und die Befugnis, sie zu übertreten, die Lehrbücher und das Bedürfnis, sie zu entwerten, alle Freiheiten also, die je nach den Abstufungen von »Meisterschaft« hierarchisch verteilt sind? Indem es dem Lehrkörper diese Spiele mit den institutionellen Regeln zugesteht, die besser als eine distanzlose Durchsetzung der Regel dazu beitragen, die Anerkennung der Regel zu erzwingen, und indem ihm zugleich das Recht und die Macht gegeben wird, die Autorität der Institution zum Nutzen der eigenen Person umzulenken, verschafft sich das Bildungssystem das sicherste Mittel, um von seinen Bediensteten zu erreichen, alle Fähigkeiten und Kräfte in den Dienst der Institution und damit der sozialen Funktionen der Institution zu stellen.[27]

27 Man sieht, wie naiv es wäre, mit der Suche nach Prestige und Befriedigungen der Eigenliebe oder durch eine ganz andere »Motivation« Praktiken und Ideologien zu erklären, deren Möglichkeit und Wahrscheinlichkeit objektiv in die Struktur der pädagogischen Beziehung eingeschrieben und die außerdem in der sozialen Definition der pädagogischen Aufgabe enthalten ist, die die Akteure während ihrer gesamten Ausbildungszeit unbewusst verinnerlicht haben. Abgesehen von der sehr allgemeinen Beobachtung, dass in dem Maß, wie man sich in der Hierarchie der Berufe nach oben bewegt, die sozial zugelassene und gebilligte Definition einer vollendeten Ausübung des Berufs die gleichgültige Distanz in Bezug auf die Arbeit voraussetzt, das heißt in Bezug auf die minimale (und subalterne) Definition der Arbeit, müssen die Lehrer, und insbesondere die Lehrer des höheren Schulwesens, mit einem Bild erfüllter Verwirklichung in ihrem Beruf rechnen, das die Objektivität einer Institution hat und worüber nur eine Sozialgeschichte der Position der intellektuellen Fraktion innerhalb der herrschenden Klassen kompletten Aufschluss geben könnte, ebenso wie auch von der Position der Universitätsangehörigen innerhalb dieser Fraktion (das heißt im intellektuellen Feld) und den entsprechenden Vorstellungen über gebilligte Arten und Weisen, das gebilligte Bild des vollendeten Intellektuellen zu verwirklichen. Eine vollständige Analyse der Funktionen dieser Praktiken und dieser Ideologien müsste vor allem die sehr greifbaren Dienste berücksichtigen, die sie einer bestimmten Kategorie von Lehrkräften in einem gegebenen Zustand des Unterrichtssystems leisten. So zum Beispiel die Verhaltensweisen, die, wie die erklärte Weigerung, die Pünktlichkeit der Studenten zu kontrollieren oder die pünktliche Rückgabe der Arbeiten zu verlangen, ein Mittel bieten, zu geringen Kosten das Bild des Lehrers von Qualität für Schüler von Qualität zu realisieren; sie erlauben es außerdem Lehrkräften, die, vor allem in den subalternen Positionen, zu einem ständigen

Ob er will oder nicht, bewusst oder unbewusst, der Lehrer muss sich in Bezug auf die soziale Definition einer Praxis definieren, die zumindest in ihrer traditionellen Form etwas von einer theatralischen Pose hat: Obwohl ihr Funktionieren immer pädagogische Autorität voraussetzt, muss die pädagogische Tätigkeit durch und mittels der pädagogischen Kommunikation die Anerkennung der Autorität dieser Kommunikation erst herstellen. Der Lehrer, der den Wert seiner Funktion und der von ihm vermittelten Bildung durch die Qualität seines persönlichen Stils unter Beweis stellen muss, muss deshalb gattungsmäßig mit symbolischen Attributen der mit seiner Funktion verbundenen Autorität ausgestattet sein (angefangen bei einem Jargon, der heute für den Professor das ist, was weißes Hemd oder Kittel für Koch, Kellner oder Krankenschwester sind); er kann sich die Feinheit erlauben, ostentativ auf die sichtbarsten Schutzmechanismen der Institution zu verzichten, und dabei Züge seiner Aufgabe betonen, die am besten geeignet sind, die einzigartige Qualität des Ausführenden und der Ausführung auf symbolische Weise deutlich werden zu lassen: Die typischsten charismatischen Heldentaten wie Wortakrobatik, hermetische Anspielung, verwirrende Bezüge oder keinen Widerspruch duldende Unklarheit, mit allen technischen Rezepten, die ihr als Unterstützung oder als Ersatz dienen, Verschweigen der Quellen, Einführung von einstudierten Späßen oder Vermeidung von kompromittierenden Formulierungen verdanken ihre symbolische Wirksamkeit der Autoritätssituation, die von der Institution hergestellt worden ist. Die Institution toleriert und ermutigt das Spiel mit den flankierenden Maßnahmen und sogar mit den institutionellen Regeln deshalb so weitgehend, weil die Pädagogik immer außer einem Inhalt auch die Anerkennung der Wertvorstellung dieses Inhalts weitergeben muss (und besonders in dem Fall, wo sie keinen anderen Inhalt als eine Bestätigung der Wertvorstellung hat); es gibt kein besseres Mittel, dahin zu gelangen, als vom Lehrkörper die Mindestzustimmung zu dem Akt der Weitergabe zu erhalten und auf das Konto der kommunizierten Sache das Prestige umzulenken, das die »unersetzliche« Art und Weise, sie zu kommunizieren, dem austauschbaren Autor der Kommunikation

Doppelspiel zwischen Unterrichts- und Forschungstätigkeiten verurteilt sind, ihre Arbeitslast zu verringern.

verschafft, ein Prestige, das als Begründung immer die Autorität der Institution hat, selbst wenn es an der einzigartigen Qualität von Ausführendem und Ausführung zu liegen scheint.

Herrschende und beherrschte Werte

Aber die List der akademischen Vernunft, durch die die Institution den Lehrer dazu bringt, der Institution zu dienen, indem sie ihn anstellt und berechtigt, sich der Institution zu bedienen, darf nicht in Vergessenheit geraten lassen, was die letzten Fundamente der Werte des Bildungssystems sind, nämlich die Beziehung, die sie mit den Werten der herrschenden Klassen verbindet: So wie die Freiheit, die dem Lehrer gelassen wird, eine Methode ist, von ihm zu erreichen, dass er dem System dient, ist die Freiheit, die dem System gelassen ist, seine eigenen, der Logik seiner eigenen Spannungen entsprechenden Werte zu erzeugen, vielleicht der beste Weg, zu erreichen, dass es externen Funktionen dient; die Möglichkeit für diese neue Verkehrung der Ziele ist in die Logik eines Systems eingeschrieben, das niemals seine sozialen Funktionen und seine ideologische Funktion der Verschleierung dieser Funktionen besser erfüllt, als wenn es ausschließlich eigenen Zielen nachzugehen scheint.

Wenn unter dem Anschein, keine anderen als schulische Werte zu kennen, das Bildungssystem in Wahrheit den Werten der herrschenden Klassen dient, dann grundsätzlich deshalb, weil die Systeme von Handlungsweisen, welche die schulischen Taxonomien unterscheiden, immer auf soziale Unterscheidungen verweisen (unabhängig vom Grad der Verfeinertheit); denn auf dem Gebiet der Bildung verlängert sich die Art der Aneignung in das Angeeignete hinein, in der Form einer bestimmten Art des Gebrauchs dieses Angeeigneten: Wenn man etwa anhand von winzigen, zahllosen und undefinierbaren Nuancen die »Ungezwungenheit« oder »Natürlichkeit« der Verhaltens- oder Redeweisen zu erkennen glaubt, die als wirklich »gebildet« oder »distinguiert« bezeichnet werden, weil nichts an ihnen die Aneignungsanstrengung und -arbeit verrät, dann bezieht man sich in Wirklichkeit auf *einen besonderen Modus der Aneignung*; nämlich das Erlernen mittels einer unmerklichen Vertrautmachung, deren Verwirklichungsbedingungen nur in Familien gegeben sind, deren Bildung die gelehrte Bildung ist; sodass diejenigen, deren gelehrte Bildung zugleich ihre Urbildung ist, mit ihr eine Beziehung der Vertrautheit unterhalten können, die die Unbewusstheit der Aneignung impliziert.[28] Und, allgemeiner, das Verhältnis, das ein Individuum mit der Schule, mit der Bildung unterhält, und die Sprache, die es überträgt und voraussetzt, ein Verhältnis, das all seine Verhaltensweisen verraten und das die schulischen Bewertungen und Verdikte immer berücksichtigen, ist mehr oder weniger »ungezwungen« und »natürlich«, »angespannt« und »mühsam«, gemäß seinen Überlebenschancen in dem System, das heißt gemäß den objektiv mit seiner Klasse verbundenen Wahrscheinlichkeiten, eine bestimmte Position in dem System zu erreichen.

Indem es sich mit der Beziehung zur Bildung verknüpft, was bestens für die Illusion sorgt, dass die unverwechselbaren Qualitä-

28 Um die Zustimmungsvarianten zu einer Ideologie charismatischen Typs, die umso mehr zu wachsen scheint, je mehr man in der sozialen Hierarchie nach oben steigt, zu erklären, muss man unter anderem (die Fügsamkeit gegenüber der Schule bildet einen anderen wichtigen Faktor) die Form in Betracht ziehen, die in verschiedenen Milieus die von der Familie geleistete Unterstützung annimmt. Wenn auch die ausdrückliche und als solche wahrgenommene Hilfe (Ratschläge, Erklärungen usw.) mit dem sozialen Niveau ansteigt (von 25 Prozent in den Volksklassen auf 36 Prozent in den höheren Klassen), wenn sie auch mit steigendem Erfolgsniveau abzunehmen scheint (da die lobend Erwähnten zu 38 Prozent erklären, eine Hilfe erhalten zu haben, gegen 27 Prozent der Preisträger), so bleibt doch, dass sie nur den sichtbaren Teil von »Geschenken« bildet, die die Kinder von ihren Familien erhalten. Wenn man zum Beispiel weiß, dass der Anteil von Preisträgern, die ihren ersten Museumsbesuch mit ihrer Familie schon in der Kindheit (bis zum Alter von elf Jahren) gemacht haben, mit der sozialen Herkunft stark ansteigt (60,5 Prozent bei den Mittelklassen, 67,5 Prozent bei den oberen Klassen) – was nur ein Indikator unter anderen für die indirekten und diffusen Bestärkungen bildet, die von den Familien gegeben werden –, sieht man, dass die Kinder der oberen Klassen diffuse und explizite Hilfe kumulieren, während die Kinder der Mittelklassen (insbesondere die Söhne von Angestellten und Grundschullehrern) vor allem direkte Hilfe bekommen und die Kinder der Unterklassen (bis auf Ausnahmen) auf keine dieser beiden schulisch direkt rentablen Hilfen rechnen können. Da die Preisträger des *concours général* aus den Mittelklassen öfter (70 Prozent gegen 64 Prozent) als die Preisträger aus den höheren Klassen schon vor der Einschulung das Lesen erlernt haben, aber seltener als die Söhne und Töchter von Arbeitern (85 Prozent), bildet diese Form direkter Unterstützung einen der sowohl sozialen wie schulischen kompensatorischen Vorsprünge, die den Erfolg dieser sehr überausgelesenen Klasse erklären.

ten einer Person mittels eines Systems unbestimmbarer Handlungsweisen zum Vorschein kommen, und indem es von allen Verhältnissen zur Bildung diejenigen bevorzugt, die am wenigsten an das Erlernen erinnern, kommt das Bildungssystem den Erwartungen der müßiggehenden oder ungezwungenen Klassen gewissermaßen entgegen; diese loben Mühelosigkeit, Ungezwungenheit, Natürlichkeit und Ungeniertheit und sorgen für eine unüberwindliche Trennung zwischen den Inhabern des Monopols guter Manieren, die sich per definitionem nur durch die unmerklichen und unbewussten Schulungen einer zugleich diffusen wie totalen frühen Erziehung erwerben lassen, und den Bildungsparvenüs, die aufgrund der unmerklichen Fehler in ihrer Praxis die subtilen Mängel einer schlecht erworbenen Bildung erkennen lassen, Autodidakten, die in der Zurschaustellung von ungeregeltem und unpassendem Wissen einen zugleich anarchistischen wie verbissenen guten Willen verraten, »pedantisch« oder »beschränkt«, die aufgrund ausschließlich schulmäßiger Kenntnisse und Interessen erkennen lassen, dass sie alles der Schule verdanken.

Das Herstellungs- und Vereinheitlichungsprinzip der Praktiken, die für die Schüler aus den Mittelklassen charakteristisch sind, könnte man wie folgt beschreiben: Um sich im System behaupten zu können, sind sie gezwungen, in einer Art reiner und leerer Willensanstrengung – die für das Verhältnis zu Schule und Bildung bei ihrer Klasse charakteristisch ist und sich auf vollkommen transparente Weise in ihren Praktiken und ihren Vorlieben zeigt – das unerlässliche Hilfsmittel zu suchen, um durch eine fleißige und oft verbissene Arbeit die Nachteile auszugleichen, die mit dem Fehlen von kulturellem Kapital verbunden sind. Wenn die Preisträger des *concours général* aus den Mittelklassen, die bekanntlich in den Fächern am stärksten vertreten sind, die in ihrer gegenwärtigen Verfasstheit vor allem Fleiß verlangen (während sie zum Beispiel in Französisch vollständig fehlen), sich selbst vor allem Ausdauerqualitäten zuschreiben, dann drücken sie die objektive Wahrheit ihrer ganzen schulischen Praxis direkt aus: Diese war in ihrer arbeitsintensiven, angespannten und verkrampften Modalität notwendigerweise durch die ständige, pausenlose Mühe gekennzeichnet, die aufgebracht werden musste, um sich in dem System zu halten (oder, wie es heißt, »sich festzukrallen«). Ein anderes Zeichen für diesen Gegensatz zwischen zwei Arten von Verhältnissen zu Schule und Bildung lässt sich darin erblicken, dass die Preisträger aus den Mittelklassen viel öfter als alle anderen den »Prix d'excellence« erhalten haben; es ist bekannt, dass dieser im Gegensatz zu Auszeichnungen wie den lobenden Erwähnungen beim Abitur (wo die höheren Klassen einer in etwa gleichwertigen Population, die Schüler der Vorbereitungsklassen für die Grandes Écoles, die besten Resultate erzielen) eine beharrliche Arbeit während des gesamten Schuljahres belohnt – und wahrscheinlich auch die Unterwerfung gegenüber den Lehrern, deren Unterricht und dessen Zwängen: Es deutet alles darauf hin, dass den Schülern aus den Mittelklassen (aber auch aus den Unterklassen) umso eher Tugenden wie Fleiß, Ausdauer, Beharrlichkeit und entsprechende Kenntnisse honoriert werden, je länger sich der Zeitraum der Kontrolle von Kenntnissen, Fähigkeiten und ethischen Dispositionen – die das schulische Urteil immer berücksichtigt – hinzieht, während die Schüler aus den Oberklassen mit ihren Fähigkeiten viel lässiger in der kurzen Zeit der Prüfungen am Ende des Jahres Eindruck machen können, vor allem in den mündlichen Prüfungen, die in ihrer gegenwärtigen Definition gerade charismatische Großtaten und die Zurschaustellung von Qualitäten wie »Bravour« und »Brillanz« hervorrufen sollen.[29]

Könnte man unter diesen Umständen nicht erwarten, dass die Schüler aus den Mittelklassen explizit die Mittel verlangen, um ihre Einstellung zu beflissenem Erwerb und Mehrung von Wissen effizient zu verwirklichen, und dass sie den Wertvorstellungen folgen, auf denen ihre schulischen Praktiken beruhen, und ganz offen dazu stehen? Tatsächlich erwartet ein größerer Anteil von ihnen (65,5 Prozent) als von Söhnen höherer leitender Angestellter (57,5 Prozent) und ein kleinerer als von den Söhnen von Arbeitern (71 Prozent) vom idealen Lehrer, dass er gewissenhaft oder ein guter Pädagoge ist, während die Söhne der höheren leitenden Angestell-

29 Eine fortlaufende Beobachtung während des Jahres 1965 von achtzig Studenten, die an der Universität Lille das Staatsexamen in Soziologie vorbereiteten, führt zu vergleichbaren Schlüssen: Das Ersetzen der herkömmlichen, nur aus dem Abschlussexamen bestehenden Prüfung durch wiederholte Prüfungen, die auf expliziteren und strengeren Kriterien beruhten und eine rationelle Organisation der Vorbereitung ermöglichten, scheint die Studenten aus den Mittelklassen im Vergleich zu den Studenten aus den höheren Klassen sowie die Mädchen im Vergleich zu den Jungen relativ zu begünstigen.

ten (mit Ausnahme der Söhne höherer leitender wissenschaftlicher Angestellter) wünschen, dass er schöpferisch oder brillant ist (in 30 Prozent der Fälle gegenüber 22 Prozent der Mittelklassen); doch sie machen auf vielfältige Weise ihre Zustimmung zur herrschenden Vorstellung über die Rangfolge der Praktiken oder Fähigkeiten und die fast beschämte Beziehung, die sie mit sich selbst haben, deutlich: Man sieht es zum Beispiel an der Tatsache, dass sie sich viel häufiger als die anderen (47 Prozent gegenüber 37,5 Prozent) Qualitäten wünschen, die ihnen angeblich fehlen, also Leichtigkeit und Brillanz, im Unterschied zu den Söhnen von höheren leitenden Angestellten, die sich öfter »charismatische« Fähigkeiten zurechnen und auch häufiger diejenigen sein wollen, die sie sind (62,5 Prozent gegen 54 Prozent der Mittelklassen und 50 Prozent der Arbeiter); und obwohl sie öfter in Geschichte, Geographie und in den Naturwissenschaften nominiert worden sind, sich im Gegensatz zu den Söhnen höherer leitender Angestellter in Geographie stark finden (37,5 Prozent) und am häufigsten äußern, Geographie zu mögen – im Gegensatz zu den Söhnen von höheren leitenden Angestellten und insbesondere von Söhnen von Gymnasiallehrern und Professoren, die es sich als Einzige leisten können, Geographie nicht zu mögen und sich in diesem Fach für sehr schwach halten –, schließen sie sich stärker als alle anderen der herrschenden Vorstellung an, die besagt, dass man vor allem anderen Französisch lieben muss.

So sorgen Bildungsbeflissenheit und die schulische Unterwürfigkeit der Schüler aus den Mittelklassen genauso wirkungsvoll wie die Vertrautheit der privilegierten Studenten für Zustimmung zu den Modellen gebildeter Modalität; dies bedeutet wenn schon nicht die Verurteilung, so doch mindestens die Entwertung der Praktiken, denen diese Dispositionen der Mühe ihren Stempel aufgedrückt haben. Das Verhältnis, das die Schüler aus den Mittelklassen zu ihren eigenen Werten haben – beherrschte Werte, denen ihre gesamte Praxis gehorcht, solange sie eine beflissene Zustimmung zu den herrschenden Werten äußern, der ihre gesamte Praxis widerspricht, die im Hinblick auf diese ohne Wert ist –, ist ganz und gar dem vergleichbar, das, wie wir gesehen haben, die in der Logik schulischen Handelns enthaltenen Wertvorstellungen mit denen verbindet, die vom schulischen System anerkannt und privilegiert werden. Diese *Koinzidenz* zwischen dem Verhältnis von Opposition und Unterordnung, die die kleinbürgerlichen Werte mit den bürgerlichen Werten verbindet, und das Verhältnis gleichen Typs, das die im eigentlichen Sinn schulmäßigen Werte mit den mondänen Werten verbindet, bewirkt, dass alle schulischen Praktiken immer Gegenstand einer *doppelten Lesart* sein können: Die eine, rein intern, wie weiter unten, bezieht sie auf die Eigenlogik der Institution, die andere, extern, stellt die externen Funktionen der internen Beziehungen in Rechnung. Die zugleich gedämpfte und verschämte Anerkennung, die die Schule den asketischen Dispositionen der Mittelklassen gewährt, und die zugleich erklärte wie gewissermaßen erzwungene Anerkennung, die sie den charismatischen Manieren der privilegierten Klassen gewährt,[30] müssen daher so interpretiert werden: Die Schule kann nicht vollständig anerkennen, dass die Beziehung zur Bildung auf vollständige Weise nur außerhalb der Schule erworben sein kann, und sie kann das schulmäßige Verhältnis zur Bildung nicht vollständig entwerten, ohne dabei ihre eigene Art der Bildungseintrichterung zurückzuweisen; gleichzeitig gewährt sie ihre Gunst denjenigen am meisten, die ihr am wenigsten verdanken, wenn es um das Essentielle geht, nämlich um die Art und Weise und die Manieren, und sie kann gleichzeitig nicht diejenigen zurückweisen, die ihr alles verdanken, und deren »schulmäßige« Einstellungen abwerten, solange diese das Prinzip

30 Diese doppelte Beziehung nimmt natürlich je nach den Zweigen und Arten des Unterrichts unterschiedliche Formen an: Die Subordination unter herrschende Werte ist niemals so deutlich wie in den höchsten Rängen des Unterrichtswesens und in den Fächern, die aufgrund von Inhalt und schulischer und sozialer Bedeutung in allerhöchstem Grad das schulische und soziale Ideal verkörpern, das das französische Bildungssystem kennt. Je mehr man sich von diesem Mittelpunkt schulischer Werte, nämlich dem geisteswissenschaftlichen Studium, entfernt (sei es vertikal in Richtung der Primärerziehung, sei es horizontal zum technischen Unterrichtswesen oder, in beiden Fällen zugleich, in Richtung des technischen Elementarunterrichts), desto mehr werden die Institutionen, ihre Akteure und ihre Praktiken entwertet und herabgesetzt, was die Vorstellungen (die heute aufgrund der Konkurrenz zwischen den herkömmlichen Lehrern der Sekundarstufe und den Grundschullehrern wieder spürbar aufgelebt sind) beweisen, die den Volksschulunterricht umgeben, das »ungebildete Volk« und alles, was an dessen Pädagogik erinnert (wie die Schönschrift, »die Wissenschaft für Esel«, oder die Sorge um die Rechtschreibung), sowie die untergeordnete Stellung, die dem technischen Unterricht auf allen Stufen bereitet wird, vom Collège für technischen Unterricht bis zum Conservatoire national des arts et métiers, der École Polytechnique für Arme und den jüngst gegründeten Universitätsinstituten für Technologie.

einer »schulmäßigen« Beziehung zur Bildung sind, und gleichzeitig aufwerten, insofern sie für guten Willen und schulische Fügsamkeit sorgen, was die Schule nicht völlig geringschätzen kann.[31] So legt sich die ambivalente Beziehung, die das Bildungssystem zu den kleinbürgerlichen oder bürgerlichen Dispositionen (immer wahrgenommen, wie wir gesehen haben, mittels rein schulischer Kategorien, also niemals in ihrer sozialen Bedeutung) und insbesondere zu den kleinbürgerlichen oder bürgerlichen Dispositionen im Hinblick auf die Schule hat, wie bei einer *Doppelbelichtung* über das ambivalente Verhältnis, das es zu seiner eigenen objektiven Wahrheit als Modus schulmäßiger Produktion von schulmäßigen Manieren hat.[32]

Die Beziehung, die das Bildungssystem zu den verschiedenen Klassen seines Publikums und zu den Werten, die sie in das System einbringen, unterhält, können in Wirklichkeit nicht unabhängig von der Beziehung definiert werden, die jede dieser Klassen zum

31 Und tatsächlich scheint die Schule eine schlechte Beziehung zur Bildung mit Nachsicht zu betrachten, wenn sie der Preis für eine gute Beziehung zur Schule ist: Man erinnert sich zum Beispiel, dass die Berichte der Agrégationsjurys von den Lehramtsaspiranten verlangen, dass sie zumindest Zustimmung zur Institution und den Werten, deren Hüter sie ist, durch Schwung im Auftreten und Enthusiasmus in den Vorträgen bekunden.

32 Daher können die Lehrer mit der Illusion völliger ethischer Neutralität schulische Beurteilungen äußern, die in Wirklichkeit Klassenurteile sind, wie es die Wahl der Metaphern und Adjektive beweist: »Eine Mischung aus *Ungenauigkeit* und *Anmaßung*, bietet sich das Französisch, das diese künftigen *agrégés* in Literatur sprechen, dar wie ein *Jargon, der die Unbekümmertheiten der Modewörter* mit *volkstümlichen* Sprachfehlern *durcheinanderrührt*. Dieses *Missverhältnis* ist genauso unerfreulich wie der *Anblick von unechtem Schmuck auf unsauberer Haut*. Wieso sind die Intelligentesten unter unseren Kandidaten nicht selbst *schockiert*? Wie können diese manchmal richtigen und feinen Gedanken, die sie entwickelt haben, in ihren Augen in einer so *widernatürlichen* und oft so *niederen* Weise ausgedrückt werden?« (Agr. L. M., 1959) Man sieht, wie die Unterrichtenden, die sich indigniert jeder pädagogischen Tätigkeit widersetzen, die offen die Eintrichterung der herrschenden Werte zum Ziel hat, sich in den kleinsten Einzelheiten ihrer Tätigkeit zu diesen Werten bekennen, in ihren erklärten Urteilen, aber auch in ihren verzogenen Gesichtern, ihren Anzüglichkeiten, ihren Hintergedanken und selbst in ihrem Schweigen und ihren Auslassungen. Selbst wenn sie sich auf die objektivistische Weitergabe einer faktischen Information zurückziehen, vermitteln sie immer mehr als Wissen, wäre es auch nur der Wert des vermittelten Wissens und die besondere Art und Weise, es zu vermitteln, die per definitionem in das Faktum ihrer Vermittlung einbezogen ist.

Bildungssystem unterhält und die sich niemals so gut zeigt wie in der Dialektik von Weihe und Anerkennung. Auch wenn sich der Weiheeffekt auf die Gesamtheit der Preisträger auswirkt, da nur 11 Prozent von denjenigen, die ihre Karrierepläne offenlegen, sich in Richtung von Studien und Berufen außerhalb des intellektuellen Feldes bewegen (Jura, politische Wissenschaft, vor allem von den Preisträgern in Geschichte und Geographie, sowie Medizin und die École Nationale d'Administration), und von denen, die eine Grande École besuchen wollen, 63 Prozent eine École Normale Supérieure nennen, sind es die Preisträger in Geographie aus den Mittelklassen und den intellektuellen Fraktionen der Oberklassen, die die bedingungsloseste Zustimmung zu den Wertvorstellungen der Schule zeigen: Etwa wenn die Preisträger aus den Mittelklassen am häufigsten die intellektuellen Berufe (Forscher oder Gymnasial- und Hochschullehrer) an erster Stelle nennen, ebenso die Söhne von Professoren bei den Oberklassen; oder wenn sich der Anteil von Schülern der Vorbereitungsklassen der literarischen Grandes Écoles, die sich dem Unterrichtswesen widmen, umgekehrt proportional zur Stellung ihrer Familie in der sozialen Hierarchie verändert; so sind schließlich unter den Preisträgern des *concours général*, die auf die École Normale Supérieure gehen wollen und die sich von der Gesamtheit der Preisträger durch ein sozial und vor allem bildungsmäßig sehr hohes Niveau unterscheiden, bei ansonsten konstanten Variablen die Söhne von Grundschullehrern und Gymnasiallehrern am stärksten vertreten. Die Spannung innerhalb der schulischen Vorstellung von Kultur und der Beziehung zur Kultur, die Spannung zwischen den schulischen Werten und den mondänen Werten, die sich über die Spannung zwischen den kleinbürgerlichen und den bürgerlichen Werten legt, kommt quer zur Logik der Beziehungen zwischen dem Erziehungssystem und den verschiedenen sozialen Klassen zum Vorschein oder, auf den höheren Ebenen des Studiengangs, den verschiedenen Fraktionen der herrschenden Klassen. Da man einerseits weiß, dass der schulische Erfolg eine Funktion des von der Familie geerbten kulturellen Kapitals (das sich einfach durch das schulische Niveau bestimmen lässt, das von den beiden vorangegangenen Generationen erreicht worden ist) und der Anerkennung der Wertvorstellungen der Schule ist, und andererseits weiß, dass die Auswirkung der Weihe (und der entsprechenden »Berufung« für schulische Karrieren), ein Produkt der schulischen Sanktionierungen, bei ansonsten konstanten Variablen umso stärker wirkt, je vollständiger die Subjekte, auf die sie sich richtet, die schulischen Wertvorstellungen und den Wert ihrer Belohnungen anerkennen oder, besser, je weniger konkurrierende Werte diese ihnen entgegenzusetzen haben, dann versteht man, dass es der Schule umso besser gelingt, die Anerkennung ihrer Wertvorstellungen und des Wertes ihrer Hierarchien durchzusetzen, je direkter die Interessen der Klassen oder Klassenfraktionen, auf die sie ihre Handlung ausübt, mit der Schule verbunden sind oder, um genauer zu sein, je mehr und vollständiger der Marktwert und die soziale Position der Individuen, aus denen sie sich zusammensetzen, vom Schulerfolg abhängt.[33] Die Schule kann ihre relative Autonomie von den herrschenden Klassen dazu nutzen, Hier-

33 Wie eine Analyse der sozialen und schulischen Kennzeichen von Preisträgern des *concours général* oder von Schülern der Grandes Écoles zeigt, und insbesondere der Vergleich zwischen den Écoles normales supérieures, die zu Forschungs-, Unterrichts- und intellektuellen Berufen führen, und den Schulen, die wie die École Nationale d'Administration oder die École Polytechnique zu Laufbahnen in den Spitzen von Wirtschaft und Verwaltung führen, können die verschiedenen Fraktionen der herrschenden Klassen in ihrem Verhältnis zum Unterrichtssystem zwischen zwei Extrempolen eingeordnet werden, die den am meisten repräsentierten Populationen in diesen beiden Typen von Schule entsprechen: Auf der einen Seite relativ kleine Familien mit einem großen kulturellen Kapital (gemessen anhand der Diplome der Eltern und Großeltern), eher provinzieller Herkunft und zu einem großen Teil zur Lehrerschaft gehörend; auf der anderen Seite relativ große Familien mit einem großen sozialen Kapital (gemessen anhand des Zeitraums, in dem die Familie schon zu den Oberklassen gehört), die eher aus Paris stammen und eher zur Welt von Geld und Macht gehören. Alles deutet darauf hin, dass, wie auch bei den unterschiedlichen sozialen Klassen, die Einstellung der verschiedenen Fraktionen der herrschenden Klassen im Hinblick auf die Schule eine Funktion davon ist, in welchem Grad der soziale Erfolg vom schulischen Erfolg in jedem entsprechenden Milieu abhängt: Aus einer statistischen Analyse des *Who's Who* ergibt sich, dass der soziale Erfolg im Geschäftsmilieu am wenigsten vom schulischen Erfolg abhängt (23 Prozent der Besitzer und leitenden Manager des Privatsektors, die im *Who's Who* vorkommen, haben keine höheren Studien absolviert, gegenüber 4,5 Prozent der hohen Beamten und einem Prozent der Mediziner und Hochschullehrer). Es wäre leicht zu zeigen, dass für das Großbürgertum von Geld und Macht der Absolvent der École Normale – in der akademischen Ideologie die Inkarnation des vollendeten Menschen – im Vergleich zum Schüler der École Nationale d'Administration – der Inkarnation der mit der Zeit gegangenen mondänen Welt – beinahe dasselbe ist wie im schulischen Kanon der »in der Übersetzung Starke« gegenüber dem gebildeten Menschen.

archien durchzusetzen, deren Krönung die akademische Karriere ist, und zu diesem Zweck einige Individuen aus den Fraktionen der herrschenden Klassen für sich gewinnen, die am schlechtesten geeignet sind, deren Verdikte anzuerkennen; doch erfolgreich ist sie erst dann, wenn sie diesen bereits Bekehrten predigt, nämlich den Söhnen von Gymnasiallehrern oder Intellektuellen oder dieser Art von Laienbrüdern, die seit der Kindheit einer Schule geweiht sind, der sie nichts entgegensetzen können, weil sie ihr alles verdanken, und von der sie alles erwarten, nämlich die Söhne der unteren und mittleren Klassen und *erst recht* die Söhne der Lehrerfraktion der mittleren Klassen.[34]

Die objektive Struktur der Beziehung zwischen dem Bildungssystem und den herrschenden Klassen – eine Beziehung der Abhängigkeit durch Unabhängigkeit – beherrscht die Mechanismen, aufgrund deren sich das Bildungssystem reproduziert, indem es diejenigen anerkennt und weiht, die es anerkennen und sich ihm weihen; man kann daher diese Art von struktureller Übereinstimmung zwischen dem *Ethos*, das die Lehrenden ihrer Klassenherkunft und Klassenzugehörigkeit verdanken, und den objektiven Bedingungen erkennen, unter denen sich dieses *Ethos* aktualisiert, die objektiv im Funktionieren der Institution und in der Struktur ihrer Beziehungen zu den herrschenden Klassen eingeschrieben sind.[35] Das

34 Man sieht, dass die Schule so dazu beiträgt, die Struktur der Beziehungen zwischen den Fraktionen der herrschenden Klassen zu reproduzieren, unter anderem indem sie die Kinder aus anderen Klassen oder anderen Fraktionen davon abbringt, den ökonomischen und symbolischen Profit aus ihren schulischen Titeln zu ziehen, wie es den Kindern des Großbürgertums von Geld und Macht gelingt, die besser platziert sind, um die schulischen Beurteilungen relativieren zu können.

35 Man kann zum Beispiel sehen, dass das relative Gewicht von Lehrern aus dem Kleinbürgertum in dem Maß abnimmt, wie man sich in der Hierarchie der Bildungszweige nach oben bewegt, das heißt, je mehr der in der Lehrerfunktion enthaltene Widerspruch deutlich wird, desto vollständiger enthüllt sich der Primat des Verhältnisses zur Bildung, wie es für die privilegierte Klasse charakteristisch ist: 33 Prozent der Grundschullehrer von 1964 kamen aus den unteren Klassen, 36 Prozent aus dem Kleinbürgertum und 12 Prozent aus dem mittleren und höheren Bürgertum, während unter den Gymnasial- und Hochschullehrern 13 Prozent aus den Unterklassen, 42 Prozent aus dem Kleinbürgertum und 33 Prozent aus dem mittleren und höheren Bürgertum kamen. Man kann sich eine Vorstellung vom sozialen Ursprung der Hochschullehrer machen, wenn man die soziale Herkunft der Schüler der École Normale Supérieure betrachtet: 6 Prozent

Schwanken zwischen den schulmäßigen und den weltmännischen oder intellektuellen Wertvorstellungen, zwischen kleinbürgerlichen und bürgerlichen Wertvorstellungen, das die pädagogischen Praktiken der Lehrer des höheren Schulwesens und vor allem der Hochschulen verraten, ist Ausdruck der Spannung zwischen den aristokratischen Werten, die im französischen Bildungssystem ebenso sehr aufgrund eigener Überlieferung wie aufgrund der Beziehung, die es mit den privilegierten Klassen eint, eingeschrieben sind, und den kleinbürgerlichen Werten, die eine Institution selbst bei denen hervorrufen kann, die sie aufgrund ihrer sozialen Herkunft nicht haben, indem ihre Akteure aufgrund der Funktion der Institution und deren Stellung im Verhältnis zur Macht dazu bestimmt sind, innerhalb der Hierarchie der herrschenden Klassenfraktionen und bei der Verteilung von Macht und Privilegien einen subalternen Rang einzunehmen. Die Hochschullehrer können so in den Zweideutigkeiten einer Ideologie, in der zugleich die soziale Dualität der Rekrutierungsart des Korps und die Ambivalenz der objektiven Definition der professoralen Stellung zum Ausdruck kommen, das ideale Instrument finden, um widerspruchslos alle Abweichungen von beiden in mehr als einem Punkt widersprüchlichen Systemen zu unterdrücken. Man versteht, dass die souveräne Verachtung für

aus den Unterklassen, 27,2 Prozent aus den mittleren Klassen und 66,8 Prozent aus den höheren Klassen. Es ist kaum zu bezweifeln, dass die verschiedenen Kategorien von Lehrern einen Teil ihrer Charakteristika der Position verdanken, die sie im Unterrichtssystem einnehmen, sowie dem schulischen Werdegang mit dem Typus entsprechender Ausbildung, die sie zu dieser Position geführt hat; doch alle diese Charakteristika sind eng mit Unterschieden in der sozialen Herkunft verbunden, sodass Kategorien von Lehrern, die sich in ihren Existenzbedingungen und ihrer beruflichen Situation kaum unterscheiden, in ihren beruflichen und außerberuflichen Einstellungen durch Unterschiede voneinander getrennt werden können, die nicht auf berufsbedingte Gegensätze zurückführbar sind: Man kann ziemlich risikolos die Vermutung äußern, dass sich quer zu all den Rückübersetzungen, die von der Schulzeit, der Fakultät, dem Fach usw. abhängen (eine Fülle von Charakteristika, die sich wahrscheinlich nicht zufällig auf die verschiedenen sozialen Ursprünge verteilen), auch quer zu allen eigentlich akademischen Reinterpretationen, sich einige große Typen von Dispositionssystemen ausdrücken, die mit den verschiedenen sozialen Ursprüngen zu tun haben. Daher scheinen die wahrgenommenen Gegensätze, obwohl sie meist nach Kategorien einer rein intellektuellen Taxonomie konstruiert werden, auf die Widersprüche zwischen zwei Rekrutierungen, der kleinbürgerlichen und der bürgerlichen, des Personals des höheren Unterrichtswesens zu verweisen.

den mühevollen Fleiß des intellektuellen Arbeiters, die akademische Rückübersetzung des Begabungsaristokratismus – seinerseits gemäß den Forderungen nach bürgerlicher Erbfolge eine Rückübersetzung des Geburtsaristokratismus –, sich ohne Schwierigkeiten, praktisch und in der Beurteilung dieser Praxis, mühelos mit der moralischen Missbilligung des Erfolgs, der unmittelbar als gesellschaftliche Kompromittierung aufgefasst und mit der kleinlichen Verteidigung von Statusrechten vereint wird, und sei es auch gegen Kompetenzrechte, verbindet; es sind alles Einstellungen, die in akademischer Form die kleinbürgerliche Neigung ausdrücken, in einer Unheil abwehrenden Bejahung allgemeiner Mittelmäßigkeit Rückhalt und Trost zu suchen. Weil sie das Produkt einer Kombination zwischen den widersprüchlichen Forderungen der Institution und den widersprüchlichen Modellen sind, nach denen die verschiedenen Gruppen des Lehrkörpers in Beziehung zur Institution treten, tendieren alle akademischen Normen – die der Auswahl der Studenten oder der Kooptation der Lehrenden wie auch den Vorlesungen, den Dissertationen und selbst den vorgeblich wissenschaftlichen Arbeiten zugrunde liegen – institutionell immer dazu, den Erfolg eines modalen Typus von Mensch und Werk zu begünstigen, der durch eine doppelte Negation definiert ist: Brillanz ohne Feuer und Klarheit und Schwerfälligkeit ohne wissenschaftliches Gewicht oder, wenn man will, »Pedanterie der Leichtigkeit« und Koketterie der Gelehrsamkeit.

Unterrichtssysteme und Denksysteme

Auf den Seiten der *Traurigen Tropen,* wo Claude Lévi-Strauss von seinem intellektuellen Werdegang spricht, beschreibt er die Techniken und Riten des französischen Philosophieunterrichts. »Dort habe ich zu lernen begonnen, dass sich jedes Problem, sei es ernst oder unbedeutend, mittels Anwendung einer stets gleichen Methode aus der Welt schaffen lässt, nämlich der Methode, zwei herkömmliche Auffassungen des Problems einander gegenüberzustellen; die erste durch die Beweisführung des gesunden Menschenverstands einzuführen, diese dann mittels der zweiten zu Fall zu bringen und schließlich beide dank einer dritten abzuschmettern, die den gleichermaßen einseitigen Charakter der beiden anderen enthüllt, indem man sie durch verbale Kunststücke auf einander ergänzende Aspekte ein und derselben Realität zurückführt: Form und Inhalt, Sein und Schein, Kontinuum und Diskontinuum, Essenz und Existenz usw. Diese Übungen gerieten bald zu schierem Wortgeklingel, gegründet auf eine Kunst des Kalauers, die an die Stelle des Denkens trat; Wortassoziationen, Homophonien und Zweideutigkeiten lieferten allmählich den Stoff jener spektakulären Theatereffekte, an deren Einfallsreichtum sich gute philosophische Werke zu erkennen geben. Fünf Jahre an der Sorbonne beschränkten sich auf das Erlernen dieser Gymnastik, deren Gefahren doch auf der Hand liegen. Schon weil die Schnellkraft für diese Aufschwünge so simpel ist, dass es kein Problem gibt, dem auf diese Weise nicht beizukommen wäre. Um uns auf den Wettbewerb und jene höchste Prüfung, die *leçon*, vorzubereiten (die darin besteht, nach einigen Vorbereitungsstunden ein ausgelostes Thema zu behandeln), schlugen wir, meine Kommilitonen und ich, die ausgefallensten Themen vor. [...] Mit dieser Methode lassen sich nicht nur alle Türen öffnen, sondern sie verleitet auch dazu, in der Fülle der nachdenkenswerten Themen nur eine einzige, sich stets gleiche Form wahrzunehmen, sofern man nur ein paar elementare Korrekturen anbringt [...].«[1]

1 C. Lévi-Strauss, *Tristes tropiques*, Paris: Plon, 1955, S. 42 f. [*Traurige Tropen*, Leipzig: Reclam, 1988, S. 48 f.].

Diese ausgezeichnete ethnologische Beschreibung der intellektuellen und linguistischen Muster, die das französische Unterrichtswesen – eher implizit als explizit – vermittelt, korrespondiert mit der Beschreibung der Muster, von denen sich die Bororo-Indianer im Denken und Verhalten leiten lassen, wenn sie ihre Dörfer nach einer Vorschrift errichten, die ebenso formal und fiktiv ist wie die Organisation der Übungen für die Lehrbefähigung – Muster, denen der Ethnologe in diesem Fall und zweifellos deshalb, weil er weniger daran gebunden ist und zugleich ein komplizenhafteres Verhältnis dazu hat, Notwendigkeit oder, wenn man so will, Funktionalität zuerkennt: Für die Bororo »haben ihre Weisen eine grandiose Kosmologie erarbeitet; sie haben sie im Plan ihrer Dörfer und in der Verteilung der Wohnstätten niedergelegt. Die Widersprüche, an denen sie sich stießen, haben sie immer wieder aufgenommen und einen Gegensatz nur akzeptiert, um ihn zugunsten eines anderen aufzuheben; sie haben die Gruppen längs und quer gespalten, sie miteinander verbunden und einander entgegengestellt und ihr gesamtes gesellschaftliches und geistiges Leben in eine Art Wappen verwandelt, bei dem sich Symmetrie und Asymmetrie die Waage halten [...].«[2]

Als soziales Subjekt hegt der Ethnologe ein Verhältnis des Einvernehmens mit seiner Kultur, und deshalb hat er Mühe, die Muster, die sein eigenes Denken organisieren, zum Gegenstand des Denkens zu machen, zumal sie sich dem Bewusstwerden umso mehr entziehen, je vollständiger sie verinnerlicht und beherrscht werden, also das eigene Bewusstsein ganz durchdrungen haben und mit ihm eins geworden sind. Außerdem mag er wohl ungern zugeben, dass die Muster, die das Denken der Gebildeten in »geschulten« Gesellschaften organisieren, zwar vermittels der methodisch organisierten Unterweisungen der Schule erworben, also meist ausdrücklich formuliert und ausdrücklich gelehrt wurden und dennoch dieselbe Funktion erfüllen können wie die unbewussten Muster, die er – durch die Analyse von kulturellen Kreationen wie Riten oder Mythen – bei den Individuen der Gesellschaften ohne schulische Einrichtungen entdeckt, wie jene »urwüchsigen Klassifikationsformen«, die nicht Gegenstand bewussten Erfassens und ausdrücklicher und methodischer Vermittlung sind und sein können.

2 Ebd., S. 255 f. [269 f.].

Erfüllen die von der Schule vermittelten Denk- und Sprachmuster, zum Beispiel jene, die in Lehrbüchern der Rhetorik als Figuren der Rede und des Denkens bezeichnet wurden, wenigstens bei den Angehörigen der gebildeten Klassen die Funktion der unbewussten Muster, die das Denken und die Werke der Menschen in traditionellen Gesellschaften organisieren, oder operieren sie »dank« der Bedingungen, unter denen sie vermittelt und angeeignet wurden, nur auf der oberflächlichsten Ebene des Bewusstseins? Man kann fragen, ob die Spezifik der mit einer gelehrten Kultur, einer akkumulierten und kumulativen Kultur ausgestatteten Gesellschaften wirklich in der Beziehung, die uns hier angeht, darin besteht, dass sie über Institutionen verfügen, die speziell darauf ausgerichtet sind, auf explizite oder implizite Weise explizite oder implizite Denkformen zu vermitteln, die auf verschiedenen Ebenen des Bewusstseins operieren – von den sichtbarsten, der Ironie oder der pädagogischen Reflexion zugänglichen Formen bis zu den zutiefst verborgenen, die in Akten kultureller Kreation oder Entzifferung aktualisiert werden, ohne zum Gegenstand der Reflexion gemacht zu werden. Wenn das zutrifft, so kann man sich auch fragen, ob die Soziologie der institutionalisierten Vermittlung der Bildung nicht wenigstens unter einem ihrer Aspekte einer der Wege der Wissenssoziologie ist, und nicht der unbedeutendste.

Schule und kulturelle Integration

Wie ungewohnt dieses Vorgehen ist, zeigt sich daran, dass Durkheim und nach ihm die meisten Autoren, die sich in anthropologischer Sicht mit der Soziologie des Unterrichts befasst haben, die »sittliche« Integrationsfunktion der Schule hervorheben und dasjenige hintanstellen oder ganz verschweigen, was man die »kulturelle (oder logische) Integrationsfunktion« der Institution Schule nennen könnte: Ist es nicht seltsam, dass der Autor der *Formes primitives de classification* und der *Formes élémentaires de la vie religieuse* in seinen Schriften zur Erziehung nicht darauf gekommen ist, dass die Schulbildung, so wie die Religion in den primitiven Gesellschaften, die Individuen mit einem gemeinsamen Bestand an Denkkategorien ausstattet und damit die Kommunikation ermöglicht? Weniger seltsam ist zwar, dass sich Durkheim in seiner Wissenssoziologie bemüht, die soziale Genese der logischen Kategorien nachzuweisen, ohne die Rolle der Erziehung zu erwähnen, denn er interessiert sich in den oben genannten Schriften für Gesellschaften, in denen die Vermittlung dieser logischen Kategorien nicht generell einer speziell darauf ausgerichteten Institution anvertraut ist; dennoch bleibt es überraschend, dass er, der im Schulunterricht eines der wirksamsten Instrumente der »sittlichen« Integration von differenzierten Gesellschaften sieht, nicht wahrnimmt, dass die Schule tendenziell in dem Maße, wie das Wissen voranschreitet, immer vollständiger und exklusiver eine Funktion logischer Integration übernimmt. Tatsächlich sind die »programmierten«, das heißt mit einem homogenen Wahrnehmungs-, Denk- und Handlungsprogramm ausgestatteten Individuen das spezifischste Produkt eines Unterrichtssystems. In einer bestimmten Fachrichtung oder an einer bestimmten Schule ausgebildete Menschen haben einen bestimmten »Geist« gemein, den geisteswissenschaftlichen oder den naturwissenschaftlichen, den der École Normale oder den der École Polytechnique; nach demselben »Modell« (*pattern*) geprägt, sind die so modellierten (*patterned*) Charaktere von vornherein geneigt, mit ihresgleichen in Beziehungen unmittelbaren Einvernehmens und Einklangs zu treten. So verhält es sich, wie Henri-Irénée Marrou bemerkt, mit in der humanistischen Tradition geschulten Individuen: Der traditionelle Unterricht sorgt »unter allen geistvollen Menschen einer Generation oder in einer ganzen Geschichte für eine grundlegende Homogenität, die Verständigung und Einklang erleichtert [...]. Alle klassisch Gebildeten haben gemein, dass sie denselben Schatz an Bewundernswertem, an Vorbildern, an Regeln und vor allem an Beispielen, Metaphern, Bildern, Worten, eine gemeinsame Sprache besitzen.«[3]

Die beispielhaften Sentenzen, Maximen und Erzählungen der humanistischen Bildung, wie die von der griechischen oder römischen Geschichte inspirierten Metaphern und Parallelen, spielen eine in jeder Hinsicht gleiche Rolle wie die Sprichwörter, Redensarten und Sinnsprüche in den traditionellen Gesellschaften. Wenn man gelten lässt, dass die Bildung und insbesondere die gelehrte Bildung als gemeinsamer Kode das ist, was allen Besitzern dieses

3 H. I. Marrou, *Histoire de l'éducation dans l'antiquité*, Paris: Seuil, 6. Aufl. 1965, S. 333.

Kodes gestattet, gleichen Worten, Verhaltensweisen und Werken denselben Sinn zuzuordnen und umgekehrt dieselbe bedeutsame Absicht mit den gleichen Worten, Verhaltensweisen und Werken auszudrücken, dann begreift man, dass die Schule mit ihrem Auftrag, diese Bildung zu vermitteln, den fundamentalen Faktor des kulturellen Konsenses als Teilhabe an einem gemeinsamen Sinn, der Voraussetzung der Kommunikation, darstellt. Die Individuen verdanken der Schule vor allem eine ganze Menge von Gemeinplätzen, und diese sind nicht nur gemeinsame Sprache und Rede, sondern auch Terrains der Begegnung und Verständigung, gemeinsame Probleme und gemeinsame Arten und Weisen, diese gemeinsamen Probleme zu behandeln: Die Gebildeten einer bestimmten Zeit können in den Fragen, die sie diskutieren, uneins sein, aber sie sind sich wenigstens darin eins, bestimmte Fragen zu diskutieren. Ein Denker gehört vor allem dadurch in seine Zeit, wird dadurch verortet und datiert, dass er innerhalb und vermittels obligatorischer Problemstellungen denkt. So wie die Linguisten das Kriterium wechselseitigen Verstehens verwenden, um Sprachräume zu bestimmen, so könnte man auch intellektuelle und kulturelle Räume und Generationen dadurch bestimmen, dass man die Ensembles von obligatorischen Fragen kennzeichnet, die das kulturelle Feld einer Zeit definieren: Es hieße wirklich auf den Schein hereinfallen, würde in allen Fällen, wo sich offenkundige Meinungsverschiedenheiten unter Intellektuellen einer Epoche gegenüber den manchmal so genannten »großen Fragen der Zeit« zeigen, der Schluss auf mangelnde logische Integration gezogen. Die Uneinigkeit setzt Einigkeit über die Uneinigkeitsbereiche voraus, und die offen bekundeten Konflikte zwischen den Tendenzen und Doktrinen verbergen selbst den Augen der Beteiligten das Einverständnis, das sie voraussetzen und das dem systemfremden Beobachter auffällt.

Der Konsens im Dissens, der die objektive Einheit des intellektuellen Feldes einer gegebenen Zeit, also die Teilhabe an der intellektuellen Aktualität – die beileibe nicht mit der Unterwerfung unter die Mode zu verwechseln ist –, ausmacht, wurzelt in der Schultradition. Zeitgenossen sind Autoren, die sonst alles trennt, wegen der derzeit üblichen Fragen, die sie in Gegensatz treten lassen und die zu Bezugsgrößen für die Organisation mindestens eines Aspekts ihres Denkens werden: In der Art, wie Fossilien erlauben, die Zeitalter der Vorgeschichte zu datieren, zeigen die Prüfungsthemen, die geronnenen Spuren der großen Debatten ihrer Zeit, mit gewisser Verzögerung die Fragen an, die das Denken einer Epoche orientiert und organisiert haben; man könnte so in der neueren Geschichte des philosophischen Denkens in Frankreich eine Ära der Dissertation über das Urteil und den Begriff, eine Ära der Dissertation über die Essenz und die Existenz (oder die Furcht und die Angst) und schließlich eine Ära der Dissertation über die Sprache und das Sprechen (oder die Natur und die Kultur) unterscheiden. Eine vergleichende Untersuchung der häufigsten Themen von Dissertationen oder akademischen Reden und Vorträgen in verschiedenen Ländern und zu verschiedenen Zeiten würde einen wichtigen Beitrag zur Wissenssoziologie dadurch leisten, dass sie die obligatorische Problemstellung definiert, das heißt eine der fundamentalsten Dimensionen der intellektuellen Programmierung einer Gesellschaft und einer Zeit. Das hatte Ernest Renan empfunden, als er schrieb: »Ist es zu glauben, dass sich die Deutschen bei Festveranstaltungen ähnlich unseren Preisverleihungen, wo man sich bei uns der Beredsamkeit zu befleißigen hat, mit dem Verlesen von grammatikalischen Abhandlungen strengster Art, mit lateinischen Wörtern gespickt, begnügen? Könnten wir verstehen, dass öffentliche Festsitzungen von Vorlesungen zu folgenden Themen eingenommen werden: Über die Natur der Konjunktion; Über die deutsche Periode; Über die griechischen Mathematiker; Über die Topographie der Schlacht von Marathon; Über die Ebene von Crissa; Über die Centurien des Servius Tullius; Über die Weinberge Attikas; Klassifikation der Präpositionen; Aufschlüsse über die schwierigen Worte Homers; Kommentar zum Porträt des Thersites bei Homer usw.? Das setzt bei unseren Nachbarn einen wundersamen Sinn für die seriösen Dinge voraus, und vielleicht auch einigen Mut, sich tapfer zu langweilen, wenn sich das so gehört.«[4]

Im Denken ein und desselben Autors und erst recht ein und desselben Zeitraums können Elemente unterschiedlicher Schulzeitalter koexistieren.[5] Das kulturelle Feld transformiert sich eher

4 E. Renan, *L'avenir de la science*, Paris: Calmann-Lévy, 1890, S. 116 f.

5 Wegen ihrer spezifischen Trägheit führt die Schule Kategorien und Denkmodelle aus verschiedenen Zeiträumen mit sich. Wenn die französischen Schüler zum Beispiel die Regeln der Abhandlung in drei Punkten befolgen, sind sie Zeitgenossen des Thomas von Aquin. Das Empfinden der »Einheit der europäischen Kultur« rührt zweifellos daher, dass die Schule, einer von der Pädagogik geforderten Wie-

durch sukzessive Umstrukturierungen als durch radikale Revolutionen. Dabei rücken bestimmte Themen in den Vordergrund, während andere in den Hintergrund gedrängt, aber nicht vollkommen abgetan werden, sodass die Kontinuität der Kommunikation zwischen den intellektuellen Generationen möglich bleibt. Aber in allen Fällen werden die Muster, die das Denken einer Zeit organisieren, nur dann vollkommen begreiflich, wenn sie in Beziehung zum Schulsystem gesetzt werden, denn dieses ist allein imstande, sie einzubürgern und sie durch das Einüben zu gemeinsamen Denkgewohnheiten einer ganzen Generation auszubilden.

Die Bildung ist nicht nur ein gemeinsamer Kode, auch nicht nur ein gemeinsamer Antwortvorrat für wiederkehrende Probleme; sie ist ein gemeinsames Ensemble von zuvor angeeigneten Grundmustern, von denen ungezählt viele, nach den Regeln einer »Kunst des Erfindens«, ähnlich wie beim Niederschreiben von Musik, aufgestellte Einzelmuster für die unmittelbare Anwendung auf Einzelsituationen ausgehen. Die *topoi* sind nicht nur Gemeinplätze, sondern auch Muster des Erfindens und Stützen der Improvisation; diese *topoi* – unter denen Gegensatzpaare wie Denken und Handeln, Essenz und Existenz, Kontinuum und Diskontinuum usw. besonders ertragreich sind – liefern Anhalts- und Ausgangspunkte namentlich auch für improvisierte Entwicklungen, so wie die Regeln der Harmonie und des Kontrapunkts Stützen für die einfallsreichste und scheinbar freieste musikalische »Erfindung« sind. Diese Muster des Erfindens können auch als Ersatz für Einfallslosigkeit im üblichen Wortsinn dienen, sodass der von Lévi-Strauss gerügte Formalismus und die Wortklauberei nur pathologische Grenzerscheinungen des normalen Gebrauchs jeder Denkmethode sind. Man kann hier anführen, was Henri Wallon von der Funktion des paarweisen Denkens beim Kind geschrieben hat: »Bild- oder Sprachkontraste entspringen einer so natürlichen und so spontanen Verbindung, dass sie manchmal die Oberhand über die Anschauung und den Sinn für das Reale zu gewinnen drohen. Sie gehören zu dem Material, das das nach Selbstformulierung strebende Denken ständig zur Verfügung hat, und können darin überwiegen. Sie gehören zu jenem ›verbalen Wissen‹, das die reflektierte

derversöhnung zufolge, sehr unterschiedlichen Zeiträumen angehörende Denkweisen zeitlich zusammenfallen lässt.

Intelligenz oft nur in seinen bereits formulierten Resultaten kennt und dessen Operationen oft jene dieser Intelligenz in bestimmten Zuständen psychischer Schwäche, Verwirrung oder Zerstreutheit überdauern.«[6]

Die verbalen Automatismen und die Denkgewohnheiten haben die Funktion, das Denken zu unterstützen, aber sie können auch in Augenblicken intellektuellen »Spannungsabfalls« vom Denken entbinden; sie sollen helfen, das Wirkliche mit geringem Aufwand zu bewältigen, aber sie können auch denen entgegenkommen, die sich ihrer bedienen, um sich die Bezugnahme auf das Wirkliche zu ersparen.

Wahrscheinlich könnte man für jeden Zeitraum außer einer Menge gemeinsamer Themen auch eine besondere Konstellation von dominanten Mustern und ebenso viele »epistemologische Profile« (hier etwas anders zu verstehen als bei Gaston Bachelard) wie vorhandene Denkschulen definieren: Man kann nämlich voraussetzen, dass jedes Subjekt dem Schulunterricht, den es erhalten hat, ein Ensemble an zutiefst verinnerlichten Grundmustern verdankt, das als Auswahlprinzip für später anzueignende Muster dient, sodass das System der Muster, nach denen sich das Denken dieses Subjekts organisiert, seine Spezifik nicht nur der Natur der konstituierenden Muster schuldet, sondern auch der Häufigkeit ihrer Anwendungen und der Bewusstseinsebene, auf der sie wirksam werden – Eigenarten, die wahrscheinlich an die Bedingungen gebunden sind, unter denen die fundamentalsten intellektuellen Muster angeeignet wurden.

Wesentlich ist zweifellos, dass die als Automatismen deponierten Muster meist nur durch einen – stets schwierigen – reflexiven Rückgriff auf bereits ausgeführte Operationen erlernt werden; folglich können sie die intellektuellen Operationen regieren und regeln, ohne bewusst erlernt und beherrscht zu sein. Vor allem durch das kulturelle Unbewusste, das er seiner intellektuellen Lernzeit und insbesondere seiner Schulbildung schuldet, hat ein Denker Anteil an seiner Gesellschaft und an seiner Zeit: Die Denkschulen dürften häufiger, als es scheint, unterschiedliches Schuldenken vereinigen.

Diese Annahme findet eine exemplarische Bekräftigung in Erwin Panofskys berühmter Analyse der Beziehungen zwischen goti-

6 H. Wallon, *Les origines de la pensée chez l'enfant*, Bd. I, Paris: PUF, 1945, S. 63.

scher Kunst und Scholastik. Das, was die Architekten der gotischen Kathedralen der scholastischen Schule entnehmen, ohne es zu wissen, ist ein *principium importans ordinem ad actum* oder auch ein *modus operandi*, das heißt »eine originelle Verfahrensweise, die dem Verstand des Laien zunächst jedes Mal, wenn er Kontakt mit der Scholastik bekam, imponiert haben muss«.[7] So regiert zum Beispiel das Prinzip der Klärung (*manifestatio*), das von der Scholastik entdeckte Schema literarischer Präsentation, wonach der Autor die Ordnung und die Logik seines Anliegens – seinen »Plan«, würden wir sagen – fassbar und ausdrücklich machen (*manifestare*) soll, auch das Handeln des Architekten und des Bildhauers, wovon man sich überzeugen kann, wenn man das *Jüngste Gericht* am Tympanon von Autun mit den Darstellungen in Paris oder Amiens vergleicht, wo bei größerem Reichtum an Motiven auch dank des Spiels der Symmetrien und Entsprechungen äußerste Klarheit herrscht.[8] Das ist so, weil die Baumeister der Kathedralen ständig von der Scholastik beeinflusst wurden, jener »Gewohnheit bildenden Kraft« (*habit-forming-force*), die etwa von 1130/1140 bis 1270 im Umkreis von rund 150 Kilometern um Paris »ein wahres Erziehungsmonopol besaß«: »Dass die Erbauer der gotischen Strukturen Gilbert de La Porrée oder Thomas von Aquin im Wortlaut gelesen hätten, ist sehr unwahrscheinlich. Aber sie wurden auf tausend andere Arten vom scholastischen Standpunkt berührt, unabhängig davon, dass sie durch ihre Tätigkeit automatisch Kontakt zu denjenigen bekamen, welche die liturgischen und ikonographischen Programme entwarfen. Sie waren zur Schule gegangen; sie hatten die Predigten gehört; sie hatten den *disputationes de quolibet* beiwohnen können, die allerlei aktuelle Fragen behandelten und gesellschaftliche Ereignisse geworden waren, ganz ähnlich wie unsere Opern, Konzerte oder öffentlichen Vorträge; und bei vielen Gelegenheiten hatten sie fruchtbare Kontakte mit den Gebildeten pflegen können.«[9]

Folglich ist der Zusammenhang zwischen gotischer Kunst und Scholastik, Panofsky zufolge, »konkreter als ein bloßer ›Parallelismus‹ und dabei allgemeiner als jene individuellen (unvermeidlichen und sehr wichtigen) ›Einflüsse‹ der gelehrten Berater auf die

7 E. Panofsky, *Gothic Architecture and Scholasticism*, New York: New American Library, 1957, S. 28.

8 Ebd., S. 40.

9 Ebd., S. 24.

Maler, Bildhauer oder Architekten«. Dieser Zusammenhang ist »eine authentische Ursache-Wirkungs-Beziehung«, und diese funktioniert mittels der Verbreitung »dessen, was man mangels eines besseren Ausdrucks eine geistige Gewohnheit nennen kann – wenn man dieses abgenutzte Klischee auf seinen präzisen scholastischen Sinn als ›das Handeln regelnde Prinzip‹, *principium importans ordinem ad actum*, zurückführt«.[10] Als »Gewohnheit bildende Kraft« versieht die Schule diejenigen, die direkt oder indirekt unter ihren Einfluss gerieten, nicht mit lauter einzelnen und vereinzelten Denkschemata, sondern mit jener allgemeinen Disposition, auf verschiedenen Gebieten des Denkens und Handelns anwendbare Einzelschemata hervorzubringen, die man als gebildeten *Habitus* bezeichnen kann.

Um den strukturalen Homologien gerecht zu werden, die er zwischen so entfernten intellektuellen Tätigkeitsbereichen wie der Architektur und dem philosophischen Denken entdeckt, begnügt sich Erwin Panofsky denn auch nicht damit, eine »einheitliche Weltsicht« oder einen »Geist der Zeit« zu beschwören, was darauf hinausliefe, das zu benennen, was erklärt werden muss, oder gar das als Erklärung hinzustellen, was der Erklärung bedarf; er schlägt die anscheinend naivste und zweifellos stärkste Erklärung vor: In einer Gesellschaft, wo die Vermittlung der Bildung von einer Schule monopolisiert wird, finden die unterirdischen Verwandtschaften, die die menschlichen Werke (und damit auch die Verhaltensweisen und die Gedanken) vereinigen, ihren Ursprung in der Institution Schule, der es obliegt, bewusst (und auch zum Teil unbewusst) Unbewusstes zu vermitteln oder, genauer gesagt, Individuen zu produzieren, die mit jenem System unbewusster (oder zutiefst verborgener) Muster ausgestattet sind, das ihre Bildung ausmacht. Zweifellos wäre es naiv, die Suche nach Erklärung hier einzustellen und den Eindruck zu erwecken, als ob die Schule ein Reich im Reiche sei, als ob die Bildung in ihr den absoluten Anfang habe. Aber es wäre ebenso naiv, zu ignorieren, dass die Schule durch die Eigenlogik ihres Funktionierens den Inhalt und den Geist der von ihr vermittelten Bildung modifiziert und vor allem dass sie die ausdrückliche Funktion hat, das kollektive Erbe in ein *individuelles und gemeinsames* Unbewusstes zu transformieren: Die Werke eines

10 Ebd., S. 20-23.

Zeitraums auf die Praktiken der Schule zu beziehen heißt somit, sich ein Mittel zu verschaffen, um nicht nur das zu erklären, was die Werke *proklamieren*, sondern auch das, was sie dadurch verraten, dass sie an der Symbolik eines Zeitraums oder einer Gesellschaft teilhaben.

Denkschulen und klassengebundene Bildung

Unabhängig von den kollektiven Vorstellungen wie jener vom Menschen als Endpunkt einer langen Evolution oder von einer Welt, die von unveränderlichen notwendigen Gesetzen und nicht von einem willkürlichen, launenhaften Schicksal oder vom Willen einer Vorsehung gelenkt wird, bringt jedes Subjekt unbewusst allgemeine Dispositionen ins Spiel, an denen man den zeitgenössischen »Stil« – Architektur-, Möbel- oder Lebensstil – der Denkmuster erkennt, die das Wirkliche organisieren, indem sie das Denken des Wirklichen orientieren und organisieren und so bewirken, dass das, was das Subjekt denkt, für es als solches und in der Form, wie es gedacht wird, denkbar ist. Wie Kurt Lewin bemerkt, »zeigen die Experimente zum Gedächtnis und zum Druck der Gruppe auf das Individuum, dass das, was für das Individuum als ›Wirklichkeit‹ existiert, in großem Maße davon bestimmt wird, was sozial als wirklich akzeptiert ist […]. Die ›Wirklichkeit‹ ist also nicht absolut. Sie differiert je nach der Gruppe, der das Individuum angehört.«[11]

Ebenso werden die »Fragen, die auf der Tagesordnung stehen«, in großem Maße dadurch bestimmt, was sozial als solche betrachtet wird. In jeder Epoche einer jeden Gesellschaft gibt es eine Hierarchie legitimer Studienobjekte, die sich umso vollständiger durchsetzt, als sie keiner Erläuterungen bedarf, denn sie ist gleichsam in den Denkinstrumenten deponiert, die die Individuen während ihrer intellektuellen Lernzeit erhalten. Die sogenannte Sapir-Whorfsche-Hypothese trifft vielleicht nirgends so zu wie im intellektuellen Leben; die Worte und vor allem die Wort- und Denkfiguren, die eine Denkschule kennzeichnen, prägen das Denken ebenso sehr, wie sie es ausdrücken. Die sprachlichen und intellektuellen Muster bestimmen umso mehr das, was die Individuen

11 K. Lewin, *Resolving Social Conflicts*, New York: Harper, 1948, S. 57.

als bedenkenswert auffassen und was sie denken, als sie außerhalb des kritisch-bewussten Wahrnehmens wirksam werden: »Das Denken folgt einem Wegenetz, das in einer besonderen Sprache angelegt ist, einer Organisation, die systematisch bestimmte Seiten der Intelligenz auf bestimmte Seiten der Wirklichkeit orientieren und systematisch andere Seiten, die von anderen Sprachen erschlossen werden, umgehen kann. Das Individuum ist sich dieser Organisation überhaupt nicht bewusst, und es ist vollkommen in diese unzerreißbaren Bande geschlagen.«[12]

Schulsprache und -denken vollziehen dieses Einordnen durch das Erschließen bestimmter Seiten der Wirklichkeit: Als spezifisches Produkt der Schule erlaubt das Denken in den Bahnen von (mit -ismus-Begriffen bezeichneten) »Schulen« und Gattungen, die Schulangelegenheiten zu organisieren, das heißt das Universum der philosophischen, literarischen, bildnerischen oder musikalischen Werke und über sie hinaus oder durch sie die ganze Erfahrung des Wirklichen und das gesamte Wirkliche. In der Sprache der griechischen Tradition gesagt: Die natürliche Welt wird nur bedeutsam, wenn sie Gegenstand einer *diakrisis* geworden ist, einer Einteilung, die den Triumph der »Grenze« (*peras*) über das grenzenlose Chaos (*apeiron*) sichert. Die Schule liefert das Prinzip dieser Einordnung und lehrt die Kunst, sie zu vollziehen. Ist der Geschmack im Grunde genommen etwas anderes als die Kunst, Unterschiede zu machen, Unterschiede zwischen dem Rohen und dem Gekochten, dem Faden und dem Schmackhaften, aber auch zwischen dem klassischen und dem barocken Stil, zwischen Dur und Moll?

Wenn dieses Teilungsprinzip und die von der Schule vermittelte Kunst seiner Anwendung fehlen, ist die kulturelle Welt nur ein grenzen- und unterschiedsloses Chaos. Museumsbesucher, denen es an dem Arsenal von Wörtern und Kategorien mangelt, mit denen sich die Unterschiede benennen und mit dem Benennen erfassen lassen – Eigennamen berühmter Maler, die als Gattungsbegriffe fungieren, Begriffe, die eine Schule, einen Zeitraum, eine »Periode« oder einen Stil bezeichnen und zum Näherrücken (dem Ziehen von »Parallelen«) oder Entgegensetzen befähigen –, sind zur eintönigen Mannigfaltigkeit jener Empfindungen verurteilt, denen es an Sinn mangelt: »Wenn man sich da nicht auskennt«, sagt ein

12 B. Whorf, Language, Mind, and Reality, *Review of General Semantics*, Bd. 9, Nr. 3, S. 167 f.

Arbeiter aus Dreux, »blickt man nicht ganz durch … Ich finde alles gleich, das ist ein schönes Bild, dies da ist schön gemalt, aber man blickt nicht ganz durch.« Und ein Arbeiter aus Lille bemerkt: »Für einen, der sich interessieren will, ist es schwierig. Er sieht nur Gemälde, nur Daten. Es fehlt ein Führer, damit man unterscheiden kann, sonst ist das alles gleich.«[13] Je mehr die Systeme typischer Vorkenntnisse, die die Individuen der Schule verdanken, sich anreichern (mit anderen Worten, je höher das Bildungsniveau steigt), desto unmittelbarer und intensiver wird die Vertrautheit mit dem organisierten Universum der Werke. Denn die Schule liefert nicht nur Wegmarken, sie definiert auch die Wege, das heißt die im ursprünglichen Wortsinn verstandenen *Methoden* des Denkens oder dessen Programme. Die intellektuellen und sprachlichen Muster organisieren einen ausgeschilderten Raum mit lauter Einbahnstraßen und Einfahrtverboten, Durchfahrten und Sackgassen; in diesem Raum kann sich das Denken im Gefühl der Freiheit und des Improvisierens entfalten, denn die ganz und gar vorgezeichneten Wege, die es zu verfolgen hat, sind die gleichen, die es während seiner Schulzeit oftmals beschritten hat. Die Ordnung der Darstellung, die die Schule der vermittelten Bildung auferlegt und die meist den Routinen der Schule ebenso sehr geschuldet ist wie den pädagogischen Erfordernissen, drängt sich dem Bewusstsein derjenigen, welche die Bildung in dieser Ordnung erhalten, tendenziell als notwendig auf. Indem die Schule eine geregelte Abfolge der Behandlung von Kulturwerken organisiert, vermittelt sie zugleich die Regeln, die das vorschriftsmäßige Herangehen an die Werke (nach ihrem Rang in einer üblichen Hierarchie) und die Grundlagen jener Hierarchie definieren. Weil die Ordnung der Aneignung tendenziell als mit der erworbenen Bildung verbunden erscheint und weil das Verhältnis jedes Individuums zu seiner Bildung von den Bedingungen ihrer Aneignung geprägt ist, unterscheidet sich der Autodidakt auf den ersten Blick vom Schulmenschen. Da er sich nicht auf anerkannte Wege einlassen kann, beginnt der Autodidakt in Sartres *Ekel*, alle nur möglichen Autoren in alphabetischer Folge zu lesen: Dieses Programm erscheint vielleicht nur wegen seiner lachhaften Rigidität noch willkürlicher als das von der Schule geheiligte übliche Programm auf der Basis der chronologischen Folge,

13 Vgl. P. Bourdieu, A. Darbel, *L'amour de l'art. Les musées et leur public*, Paris: Minuit, 1966, S. 69-76.

die natürlich und zwangsläufig scheint, aber in Wirklichkeit ebenso wenig mit Gründen der Logik und der Pädagogik gemein hat wie das erste; dennoch stünde eine auf so eigenartigem Wanderweg erworbene Bildung für diejenigen, welche das geregelte Vorgehen gemäß dem Lehr- oder Studien*gang* absolviert haben, immer ebenso im Gegensatz zu einer akademischen Bildung wie ein Walddickicht zu einem Garten nach französischer Art.

Da die Schule beauftragt ist, diese Organisationsprinzipien weiterzureichen, muss sie sich selbst dieser Funktion entsprechend organisieren. Um dieses Bildung genannte Denkprogramm zu vermitteln, muss sie die von ihr übermittelten Momente der Kultur einer Programmierung unterziehen, die deren methodische Weitergabe erleichtert: Sobald die Literatur zum Schulfach wird – zum Beispiel bei den Sophisten oder im Mittelalter –, zeigt sich das Bemühen zu klassifizieren, meist nach Gattungen und Autoren, und auch Hierarchien aufzustellen, in der Menge der Werke die »klassischen« auszuzeichnen, die es wert sind, durch die Weitergabe seitens der Schule erhalten zu bleiben. Textsammlungen und Lehrbücher sind der Typus jener der Funktion des Wertverleihens und der Einordnung, die der Schule obliegt, untergeordneten Werke. Die Professoren, die ihre Schüler darauf vorzubereiten haben, dass sie Schulaufgaben beantworten können, organisieren schließlich ihre Lehre von vornherein der Organisation entsprechend, die ihre Schüler dann wiederfinden müssen, um diese Aufgaben zu beantworten: Letzten Endes ergibt das jene Lehrbücher, in denen sich je nach den gestellten Lernaufgaben durchorganisierte Diskurse finden. Kein Professor kommt umhin, der pädagogischen Situation und Funktion eine gewisse Beschlagnahme der Organisation seines professoralen Diskurses und zuweilen seines ganzen Schaffens zu gestatten: Gorgias' *Lob der Helena* ist vielleicht das erste historische Beispiel einer Darbietung meisterhafter Beherrschung, die zugleich auch etwas wie die Korrektur einer Übungsarbeit ist; und waren viele Ausführungen Alains denn etwas anderes als vollendete Beispiele dessen, was die Zöglinge der Leistungsstufe in Rhetorik, die er während des größten Teils seines Lebens unterrichtete, »*Topos*« nannten, also direkt unter Bezug auf Geist und Buchstaben des Lehrplans programmierte Diskurse, die in ihren Themen, ihren Quellen, ihrem Stil und ihrem Geist vollkommen den schulmäßigen Erfordernissen des Wettbewerbs um Studienplätze an der École Normale Supérieure entsprachen? So verdankt das Denk- und Aktionsprogramm, das die Schule zu übermitteln hat, einen erheblichen Teil seiner konkreten Merkmale den institutionellen Bedingungen seiner Übermittlung und den spezifisch schulmäßigen Geboten. Auf vollständiges Verstehen der einzelnen »Denkschulen«, die sich durch Unterordnung unter dies oder jenes derartige Programm definieren, kann man demnach nur dann hoffen, wenn man sie in Beziehung zur spezifischen Funktionslogik der Schule schlechthin setzt, worin sie ihren Ursprung finden.

Folglich könnte die allmähliche Rationalisierung eines Unterrichtssystems, das immer enger mit Blick auf die immer unterschiedlicheren Berufstätigkeiten, zu denen es vorbereitet, organisiert wird, die kulturelle Integration der gebildeten Klasse gefährden, wäre für diese Klasse die Vermittlung der Bildung und insbesondere der sogenannten Allgemeinbildung nicht mindestens ebenso Obliegenheit der Familie wie Sache der Schule, der Zeugungs-Familie ebenso wie der Orientierungs-Familie – haben doch viele »Naturwissenschaftler« Ehegattinnen mit geisteswissenschaftlicher Ausbildung –, und würden nicht alle Ausbildungstypen der humanistischen Bildung einen (immer relativ erheblichen) Platz einräumen. Die Teilhabe an einer gemeinsamen Bildung, ob an Mustern der Sprache oder an solchen des Bewundernswerten und des Kunsterlebens, ist zweifellos eine der sichersten Grundlagen des tiefen Einvernehmens, das die Angehörigen der herrschenden Klassen trotz der Unterschiede nach beruflicher Stellung und wirtschaftlicher Lage eint. Man versteht, dass T. S. Eliot in der Bildung das eigentliche Integrationsinstrument der Elite erblicken kann: »Eine Gesellschaft droht zu zerfallen, wenn es keine Kontakte zwischen den verschiedenen Tätigkeitsbereichen, das heißt zwischen Politikern, Wissenschaftlern, Künstlern, Philosophen und Geistlichen gibt. Organisatorische Bemühungen der Behörden werden nicht ausreichen, um dieser Trennung abzuhelfen. Es kommt nicht darauf an, Repräsentanten der verschiedenartigen Bereiche und Wissensgebiete in Ausschüssen zusammenzuführen und jeden aufzufordern, allen anderen Rat und Hilfe zu gewähren. Die Elite müsste etwas anderes sein, etwas viel Organischeres als eine Gruppe von Päpsten, Manitus und Baronen. Menschen, die nur aus präzisen und seriösen Gründen aus Anlass offizieller Treffen zusammenkommen, finden nicht wirklich zueinander. Es kann sein, dass sie dasselbe Problem bewegt; es kann sein, dass sie dank wiederholter Kontakte schließlich ein Vokabular und eine Ausdrucksweise teilen, die anscheinend allen für ihr gemeinsames Ziel nötigen Bedeutungsnuancen Ausdruck verleihen; aber nach diesen Gesprächen wird sich jeder wieder in seine besondere soziale Welt und seine innere Einsamkeit zurückziehen. Es ist wohlbekannt, dass die Möglichkeit, ein vielsagendes Schweigen zu bewahren, geteilte Freude beim Ausführen einer gemeinsamen Aufgabe zu empfinden, den Ernst und die Wichtigkeit eines Vorhabens hinter dem Lächeln des Kollegen, der einen schlechten Witz gemacht hat, zu verspüren – dass dies alles wirklich enge Beziehungen von Mensch zu Mensch kennzeichnet. In einer Gruppe von Freunden hat das Empfinden geistesverwandten Einvernehmens seine Grundlage in einer gemeinsamen sozialen Konvention, einem gemeinsamen Zeremoniell, den gemeinsamen Vergnügungen zur Entspannung. Diese Bedingungen der Intimität sind nicht minder unentbehrlich für die Mitteilung der Wortbedeutungen als das Wissen aller Mitglieder der Gruppe von derselben Materie. Ein Mensch kann es bedauern, dass seine Freunde und seine Geschäftsbeziehungen zwei unterschiedliche Gruppen bilden; aber sein Horizont ist enger, wenn diese beiden Gruppen zu einer einzigen werden.«[14]

Das Einvernehmen und die Geistesverwandtschaft (*congeniality*) auf der Basis der Bildungsgemeinschaft sind im Unbewussten verwurzelt, und das verschafft den traditionellen Eliten sozialen Zusammenhalt und Beständigkeit, wie sie nur durch professionelle Interessen verbundene Eliten nicht aufweisen können: »Sie werden nur durch einen Teil, und zwar den bewusstesten Teil, ihrer jeweiligen Persönlichkeiten vereint sein; ihre Treffen werden Ausschusssitzungen gleichen.«[15] Innerhalb der herrschenden Klasse ließen sich unschwer soziale Einheiten finden, die auf jener von der einheitlichen intellektuellen »Programmierung« geschaffenen »Geistesverwandtschaft« beruhen: Von der Schule herrührende Affinitäten spielen dort die größte Rolle, wo sich ein Korps durch Kooptation auffüllt.

Im Gegensatz zum traditionellen Unterricht, der daran festhält, die integrierte Kultur einer integrierten Gesellschaft zu vermitteln

14 T. S. Eliot, *Notes Toward the Definition of Culture*, London: Faber, 1962, S. 84f.
15 Ebd., S. 47.

– dem »allseitigen« Unterricht, der jeweils auf einen »allseitigen« Status vorbereitet –, gerät der spezialisierte Unterricht, der spezifische Kenntnisse und Fertigkeiten vermittelt, in die Gefahr, ebenso viele »Geistesverwandtschaften« zu produzieren, wie es spezialisierte Schulen gibt. Um das sichtbarste und krasseste Beispiel zu nehmen: Die Beziehungen zwischen Geistes- und Naturwissenschaftlern werden in unseren Gesellschaften oft von den gleichen Gesetzen bestimmt wie die Kontakte zwischen unterschiedlichen Kulturen. Missverständnisse, aus dem Zusammenhang gerissene und uminterpretierte Anleihen, ehrfürchtige Bewunderung, herablassende Distanzierung sind lauter Anzeichen, die Fachleute für kulturelle Kontaktsituationen gut kennen.

Wenn der Konflikt zwischen den Anhängern des geisteswissenschaftlichen Humanismus und den Anhängern des naturwissenschaftlichen oder technischen Humanismus meist auf dem Terrain der höchsten Werte entbrennt (Effizienz oder Unparteilichkeit, Spezialisierung oder Allgemeinbildung), liegt das daran, dass jede Schulenbildung naturgemäß dazu neigt, sich in einem autonomen und autarken Universum einzuschließen; es liegt auch daran, dass jeder Akt der Vermittlung von Bildungsgut mit Notwendigkeit die Bekräftigung des Werts des vermittelten Guts (und gleichzeitig die stillschweigende oder ausdrückliche Abwertung der anderen möglichen Bildungsgüter) einschließt; mit anderen Worten, es liegt daran, dass jeder Unterricht zum großen Teil den Bedarf nach seinem eigenen Produkt produzieren, also die Bildung, die er zu vermitteln hat, zum Wert oder zum Wert der Werte erheben muss – und dies in dem und durch den Vermittlungsakt selbst.[16]

16 Die Abwertung der konkurrierenden Bildung ist das bequemste und sicherste Mittel, die vermittelte Bildung aufzuwerten und denjenigen, der sie vermittelt, seines eigenen Werts zu versichern. In Frankreich wird die Versuchung, dieses Mittel zu verwenden, noch verstärkt durch den Hang der Lehrkräfte zur charismatischen Pädagogik, derentwegen sie die Beziehungen zwischen den Fachrichtungen und den Lehrenden als Konkurrenzbeziehungen erleben, sowie zur damit verbundenen charismatischen Ideologie, die sie ermutigt, die intellektuellen Karrieren als *persönliche* Berufungen aufzufassen; diese würden auf so offensichtlich exklusiven »Begabungen« beruhen, dass der Besitz der einen den Besitz der anderen ausschlösse, und umgekehrt: zu verkünden, man habe kein Talent für die Naturwissenschaften, gehört zu den Methoden, sich selbst und anderen mit geringstem Aufwand zu versichern, dass man für die Geisteswissenschaften begabt sei.

Deshalb werden Individuen, deren Ausbildung sie zu einer Art von halbseitiger kultureller Lähmung verurteilt, sowohl angeregt, ihren Eigenwert mit dem Wert ihrer Bildung zu identifizieren, als auch in Ängste vor Kontakten mit Trägern einer ihnen fremden und mitunter konkurrierenden Bildung versetzt, Ängste, die sich in kompensierender Begeisterung mit Exorzismus-Funktion (man denke zum Beispiel an den bei manchen Spezialisten der Humanwissenschaften zu findenden Fetischismus und Schamanismus der Formalisierung) ebenso niederschlagen können wie in Ablehnung oder Geringschätzung.

Der Gegensatz zwischen »Geistesfamilien«, den das gewöhnliche Bewusstsein bemerkt, entspringt nie zur Gänze aus dem Inhalt der vermittelten Bildungsgüter und dem damit verbundenen »Geist«. In der großen Familie der »Geisteswissenschaftler« unterscheidet sich zum Beispiel der Absolvent der École Normale Supérieure vom Absolventen der École Nationale d'Administration, unter den »Naturwissenschaftlern« der *polytechnicien* vom *centralien* vielleicht ebenso sehr wie durch die Beschaffenheit des erworbenen Wissens durch die Art und Weise, in der dieses Wissen erworben wurde, das heißt durch die Natur der Aufgaben, die sie zu lösen hatten, die Prüfungen, die sie ablegen mussten, die Kriterien, nach denen sie beurteilt wurden und denen entsprechend sie ihr Studium organisiert hatten. Das Verhältnis eines Individuums zu seiner Bildung ist fundamental abhängig von den Bedingungen, unter denen es sie erworben hat, namentlich weil der Akt kultureller Vermittlung als solcher die exemplarische Aktualisierung eines bestimmten Typs des Verhältnisses zur Kultur ist. So übermittelt der Vorlesungszyklus über seinen wörtlichen Inhalt hinaus noch anderes: Er liefert das Beispiel einer geistigen Glanzleistung und definiert dadurch in untrennbarer Verbindung sowohl die legitime Bildung als auch das legitime Verhältnis zu dieser Bildung; Schwung und Brillanz, Ungezwungenheit und Eleganz als Qualitäten der Machart des Vermittlungsakts prägen die vermittelte Bildung und werden mit dieser selbst auch denjenigen aufgegeben, die sie unter diesen Umständen erwerben.[17] Man könnte ebenso zeigen, wie alle pädagogi-

17 Obwohl es keinen notwendigen Zusammenhang zwischen einem bestimmten Inhalt und einem bestimmten Vermittlungstyp gibt, halten diejenigen, die beides gemeinsam empfangen haben, sie tendenziell für untrennbar verbunden;

schen Praktiken implizit das Modell der angemessenen Modalität der intellektuellen Tätigkeit empfehlen; so wird zum Beispiel mit dem Charakter der Prüfungsarbeiten – von der auf die Technik der ausführlichen »Entwicklung« gegründeten Abhandlung, die in der Mehrzahl der geisteswissenschaftlichen Examina und Wettbewerbe vorherrscht, bis zur gedrängten »Zusammenfassung«, die bei den großen naturwissenschaftlichen Wettbewerben verlangt wird –, dem Typ der geforderten rhetorischen und sprachlichen Qualitäten und dem Wert, der diesen Qualitäten beigemessen wird, dem relativen Gewicht, das schriftliche oder mündliche Prüfungen erhalten, und den in beiden Fällen verlangten Qualitäten auf ein bestimmtes Verhältnis zur Sprache ausgerichtet, auf Knappheit oder Weitschweifigkeit, Umgangs- oder gehobene Sprache, gefällige oder zurückhaltende Diktion. Auf diese Weise können die Vorschriften für spezifisch schulische Arbeiten (Abhandlungen oder Kurzdarstellungen) weiterhin intellektuelle Produktionen dirigieren, die anscheinend nicht mehr den Zwängen der Schule unterliegen (Zeitungsartikel, öffentliche Vorträge, Resümees und wissenschaftliche Werke).

Stellt man sich der Tatsache, dass die gebildeten Individuen der Schule eine Bildung, das heißt ein Wahrnehmungs-, Denk- und Handlungsprogramm, zu verdanken haben, so sieht man zum einen, dass die Differenzierung der Schulen die kulturelle Integration der gebildeten Klasse gefährdet, zum anderen aber ebenso, dass die faktische Segregation, die tendenziell den Sekundarunterricht (vor allem in den klassischen Sektionen) und den Hochschulbesuch immer vollständiger den wirtschaftlich wie vor allem kulturell am besten gestellten Klassen vorbehält, eine Situation kultureller Spaltung zu schaffen droht. Die Scheidelinie zwischen denjenigen, die mit etwa zehn oder elf Jahren auf lange Dauer in die Schulwelt, und jenen, die unmittelbar ins Erwachsenenleben eintreten, ist zweifellos viel enger als in früheren Jahrhunderten mit dem Inhalt der sozialen Verhältnisse verknüpft. Unter dem Ancien Régime, bemerkt Philippe Ariès, »unterschieden sich die Haltungen zum Schulbesuch jeweils weniger nach den Verhältnissen als nach den Funktionen. Daher waren die existentiellen Einstellungen, so wie viele Züge des Alltagslebens, nicht mehr so verschieden«,

deshalb sehen manche bei jedem Versuch, die Pädagogik zu rationalisieren, die Bildung in Gefahr der Entweihung.

und dies »trotz der Strenge und der Unterschiedlichkeit der sozialen Hierarchie«.[18] Dagegen wurde »seit dem 18. Jahrhundert die einheitliche Schule von einem zweigleisigen Unterrichtssystem abgelöst, dessen Zweige nicht mehr Altersstufen, sondern sozialen Verhältnissen entsprachen: das Gymnasium oder die Oberschule (die Sekundarstufe) für die Bourgeois und die Grundschule (die Primarstufe) für das Volk«.[19] Seitdem geht mit der ausgeprägten Zweigleisigkeit der Schulwege eine Dichotomie der Bildung einher. »Durch die unterschiedliche Beschulung der Kinder aus der Bourgeoisie oder aus dem Volk«, schreibt Philippe Ariès, »wurde die ganze Farbe des Lebens verändert.«[20] Die Bildung, zuvor dazu da, wenn schon nicht zu vereinheitlichen, so doch wenigstens die Kommunikation zu ermöglichen, erhält eine Differenzierungsfunktion. »Es ist nicht ganz zutreffend«, schreibt Edmond Goblot, »dass die Bourgeoisie nur in den Sitten und nicht in den Gesetzen verankert sei. Das Gymnasium macht sie zur rechtlichen Institution [...]. Das Abitur ist eigentlich ernst zu nehmende Barriere, die vor Invasion schützt. Man *wird* zum Bourgeois, das ist richtig; aber zunächst muss man Gymnasiast werden.«[21] Die »unparteiliche« Bildung der humanistischen Tradition mit ihrer Krönung, dem Latein als *dem* sozialen *signum*, macht den Unterschied aus und gibt diesem zugleich den Anschein der Legitimität. »Denkt er [der Bourgeois] an seine Klasseninteressen [...], bedarf er nun einer Bildung, die eine Elite abhebt, eine nicht rein utilitaristische Bildung, eine Luxusbildung. Andernfalls würde er schnell mit jenem Teil der Volksklassen verwechselt, der sich mittels Arbeit und Intelligenz zu Bildung bringt und die freien Berufe belagert. Denn die mangelhaften Studien eines Bürgersohns wiegen trotz der erzieherischen Ressourcen des Gymnasiums die gelungenen Studien eines Angestelltensohns, dem nur die Ressourcen der Primar- und mittleren Bildung zur Verfügung stehen, nicht auf. So sind sie aber, wenn auch ohne berufsbezogene Anwendung, dennoch von Nutzen für die Aufrechterhaltung der Klassenbarriere.«[22]

18 P. Ariès, *L'enfant et la vie familiale sous l'Ancien Régime*, Paris: Plon, 1960, S. 375.
19 Ebd.
20 Ebd., S. 376.
21 E. Goblot, *La barrière et le niveau. Étude sociologique sur la bourgeoisie française*, Paris: Alcan, 1930, S. 126 [*Klasse und Differenz*, Konstanz: UVK, 1994, S. 147].
22 Ebd., S. 125 f.

Die höhere Schule hat die – im doppelten Wortsinn zu verstehende – »Distinktion« der gebildeten Klassen nicht nur zu rechtfertigen. Die Bildung, die sie vermittelt, trennt ihre Empfänger durch ein Ensemble von systematischen Unterschieden vom Rest der Gesellschaft: Diejenigen, deren »Kultur« (im Sinn der Ethnologen) im Besitz der von der Schule weitergereichten gelehrten Bildung besteht, verfügen für das Wahrnehmen, den Sprachgebrauch, das Denken und Bewerten über ein Kategoriensystem, das sie von denen abhebt, die keine andere Lehre erlebt haben als die Zwänge ihres Berufs und die sozialen Kontakte mit ihresgleichen. Ebenso wie Basil Bernstein der *public language* der breiten Volksschichten – einer Sprache, die eher deskriptive Ausdrücke als analytische Begriffe verwendet – eine *formal language* entgegensetzt, die komplexer und besser für das verbale Ausgestalten und das abstrakte Denken geeignet ist, könnte man eine gelehrte Bildung als Alleingut derer, die sich lange den Disziplinen der Schule unterworfen haben, im Gegensatz zu einer Volksbildung der davon Ausgeschlossenen kennzeichnen; wird aber in beiden Fällen derselbe Begriff von Bildung verwendet, so droht das zu verschleiern, dass diese beiden Systeme von Wahrnehmungs-, Sprach-, Denk-, Handlungs- und Bewertungsmustern durch einen wesentlichen Unterschied getrennt sind: Nur das von der Schule gepflegte System von Mustern, das heißt die gelehrte Kultur (im subjektiven Sinn des englischen *cultivation* oder des deutschen *Bildung*), ist von Anfang an mit Bezug auf ein System von kulturellen Werken organisiert, das es stützt und zugleich zum Ausdruck bringt. Von Volkskultur zu reden heißt, so zu tun, als ob sich das System von Mustern, das die Kultur (im subjektiven Sinn von Bildung) der breiten Volksschichten ausmacht, unter Bedingungen, die nie genau angegeben werden, als Kultur (im objektiven Sinn) konstituieren könne oder solle, indem es sich in Form von »populären« Werken objektiviert, die dem Volk einen den Sprach- und Denkmustern, die seine Kultur (im subjektiven Sinn) definieren, entsprechenden Ausdruck verleihen. Damit wird letzten Endes vom Volk verlangt, es solle (wie die, bürgerlichen oder übergelaufenen, populistischen Schriftsteller) die Intention und die Ausdrucksmittel der gelehrten Kultur übernehmen, um eine Erfahrung zum Ausdruck zu bringen, die entsprechend den Mustern einer diese Intention und diese Mittel dem Wesen nach ausschließenden Kultur (im subjektiven Sinn) strukturiert ist. Man kann dann nicht umhin zu bemerken, dass sich die Volkskultur wesentlich eben durch das Fehlen der für die gelehrte Kultur bestimmenden Objektivierung und selbst der Absicht zur Objektivierung definiert.

Schule und intellektuelle Persönlichkeit einer Nation

Wie so viele Züge, an denen sich die »Denkschulen« und »Geistesfamilien« ein und derselben Gesellschaft wiedererkennen, muss eine Vielzahl von nationalen Kennzeichen der intellektuellen Tätigkeit auf die Traditionen der Schulsysteme bezogen werden, deren Spezifik auf einer besonderen Nationalgeschichte und vor allem auf ihrer spezifischen Geschichte innerhalb jener Geschichte beruht. Mangels einer vergleichenden Untersuchung der spezifischen Geschichte verschiedener Schulsysteme – Geschichte der intellektuellen Muster (oder, wenn man so will, der offenkundigen und der verborgenen Denkprogramme), die diese Schulen jeweils zur jeweiligen Zeit implizit oder explizit übermitteln (Geschichte der Lehrpläne, der pädagogischen Methoden und der Umweltbedingungen, unter denen der Unterricht stattfindet, der Typen und Themen der Aufgaben, der Lehrbücher für Rhetorik und Stilistik usw.) – ist man dazu verurteilt, sich auf partielle Analysen zu beschränken, die nur auf das Beispiel der französischen Universität eingehen. Muss man Züge wie den Hang zur Abstraktion oder den Kult der Glanzleistung und der Brillanz, die man gern als Merkmale der »intellektuellen Persönlichkeit« Frankreichs ansieht, nicht in Beziehung zu den spezifischen Traditionen des französischen Unterrichtssystems setzen, um sie erklären zu können? Etienne Gilson, der in einer Studie zeigt, in welchem Ausmaß das aristotelische Denken die französische Literatur des 17. Jahrhunderts beeinflusst hat, folgert abschließend: »Die Abstraktion ist in den Augen des Aristoteles und der Scholastiker der eigentliche Akt des menschlichen Denkens, und [...] der klassische Geist ging vielleicht deswegen in der Hauptsache auf das Verallgemeinern und das Abstrahieren von Wesenszügen aus, weil man die jungen Franzosen mehrere Jahrhunderte lang gelehrt hatte, dass das Abstrahieren und Verallgemeinern das Wesen des Denkens selbst sei.«[23]

23 E. Gilson, »La scholastique et l'esprit classique«, in: *Les idées et les lettres*, Paris: Vrin, 1955, S. 257.

Sollte man nicht ebenso, statt wie J. R. Pitts den professoralen Kult der Wortgewaltigkeit mit dem nationalen Kult der Großtaten in Kunst und Krieg in Zusammenhang zu bringen,[24] dessen Ursprung besser in den pädagogischen Traditionen suchen? Das macht Ernest Renan: »Frankreichs Universität hat zu sehr die Jesuiten, ihr fades hochtrabendes Gerede und ihre lateinischen Verse nachgeahmt; sie erinnert zu sehr an die Rhetoren der römischen Verfallszeit. Das französische Übel, das Bedürfnis, lange Worte zu machen, die Neigung, alles in Deklamieren ausarten zu lassen, nährt ein Teil der Universität dadurch, dass er starrsinnig den Wissensgehalt gering schätzt und nur den Stil und das Talent hoch achtet.«[25]

Renan redet damit fast schon wie Émile Durkheim in *L'évolution pédagogique en France*, wo dieser im »pseudohumanistischen Unterricht« der Jesuiten und dem dadurch geförderten »literarischen Geist« eine der Grundlagen für Frankreichs intellektuelles Temperament erblickt. »Das protestantische Frankreich war in der ersten Hälfte des 17. Jahrhunderts im Begriff, das zu tun, was das protestantische Deutschland in der zweiten Hälfte des 18. Jahrhunderts tat. Das brachte dem ganzen Land eine wunderbare Bewegung voller Diskussionen und Forschungen. Es war die Zeit der Casaubon, Scaliger, Saumaise. Der Widerruf des Edikts von Nantes zerschlug das alles. Er machte den kritisch-historischen Studien in Frankreich den Garaus. Weil nur der literarische Geist gefördert wurde, entstand eine gewisse Oberflächlichkeit. Holland und Deutschland hatten, zum Teil dank unserer Auswanderer, fast das Monopol auf wissenschaftliche Studien. Damals entschied sich, dass Frankreich vor allem als Nation von Geistreichen gelten sollte, als Nation, die gut schreibt, vortrefflich plaudert, aber an Sachkenntnis unterlegen und all den Leichtfertigkeiten ausgesetzt ist, die man nur bei ausgedehnter Schulung und reifer Urteilskraft vermeidet.«[26]

Und wie nach ihm Durkheim, bemerkt Renan, dass »das französische Bildungssystem, das nach der Revolution unter dem Namen ›Universität‹ geschaffen wurde, in Wirklichkeit viel mehr mit den Jesuiten gemein hat als mit den alten Universitäten«,[27] wie sich an

24 J. Pitts, *A la recherche de la France*, Paris: Seuil, 1963, S. 273.

25 E. Renan, *Questions contemporaines*, Paris: Calmann-Lévy, 1876, S. 79.

26 Ebd., S. 80.

27 Ebd., S. 81, Anm. 1.

der Behandlung der Literatur als Lehrstoff zeige: »Sie [die Universität] überhäuft einen mit dem klassischen Lehrstoff, belebt ihn aber nicht mit literarischem Geist; die antiken Formen zirkulieren Tag für Tag und gehen von Hand zu Hand, aber der antike Schönheitssinn ist gründlich abwesend [...]; nie wird aus dem trockenen Üben der Intelligenz die für jeden Menschen von Geist lebenswichtige Nahrung [...]. Man erwirbt nur eine einzigartige Geschicklichkeit darin, sich selbst und anderen die Gedankenleere hinter einer hohlen, blendenden und pompösen Form zu verbergen [...]. Ein enger, formalistischer Geist ist das Hauptmerkmal des Unterrichts in Frankreich.«[28]

Das eben ist Durkheims Rede: »Eine wissenschaftliche Bildung hat nämlich den sehr großen Vorzug, dass sie den Menschen zwingt, aus sich herauszugehen und Umgang mit den Dingen zu pflegen; und gerade dadurch macht sie ihm seine Abhängigkeit von seiner Umwelt bewusst [...]. Dagegen gerät der literarisch Gebildete, der reine Humanist, bei seinen geistigen Vorstößen an nichts Widerständiges, das er anpacken könnte und mit dem er sich verbunden fühlte [...]: Das öffnet vollauf die Tür zu einem mehr oder minder eleganten Dilettantismus, der aber den Menschen sich selbst überlässt, ohne ihn an irgendeine äußere Wirklichkeit, an irgendeine objektive Aufgabe zu binden.«[29]

Dieser geisteswissenschaftliche Unterricht, der sich auf die Idee einer »ewigen, unveränderlichen, von Raum und Zeit unabhängigen, weil von der Mannigfaltigkeit der Bedingungen und Orte nicht berührten menschlichen Natur« gründet, hat laut Durkheim das »intellektuelle Temperament« der Franzosen geprägt und den »konstitutionellen Kosmopolitismus« angeregt, »die Gewohnheit, den Menschen in Allgemeinbegriffen zu denken« (die im »abstrakten Individualismus der Menschen des 18. Jahrhunderts einen Ausdruck« findet), und »die Unfähigkeit, etwas anderes zu denken als das Abstrakte, das Allgemeine und das Einfache«.[30]

Renan führt außerdem vor, wie sehr die institutionellen Bedingungen des Lehrbetriebs nach der Revolution die Neigung zur Selbstdarstellung in den Geisteswissenschaften noch verstärkt

28 Ebd., S. 277.

29 É. Durkheim, *L'évolution pédagogique en France*, Paris: Alcan, Bd. 2, 1938, S. 55.

30 Ebd., S. 128-132.

haben.[31] »Zweimal pro Woche musste der Professor eine Stunde lang vor einem zufällig zusammengesetzten Auditorium auftreten, das oft bei der nächsten Vorlesung aus ganz anderen Personen bestand. Er musste reden, ohne sich um die besonderen Bedürfnisse der Hörer zu kümmern, ohne sich erkundigt zu haben, was sie wissen und was nicht [...]. Lange wissenschaftliche Herleitungen, die verlangt hätten, dass man eine ganze Reihe von Argumenten verfolgt hätte, mussten wegbleiben [...]. Hätte Laplace an solchen Anstalten gelehrt, wären gewiss nicht mehr als ein Dutzend Hörer zu ihm gekommen. Für alle offen, zum Schauplatz einer Konkurrenz mit dem Ziel geworden, Publikum anzuziehen und zu behalten, was sind dann die so aufgefassten Vorlesungszyklen? Brillante Darstellungen, ›Vortragskunst‹ in der Art der Deklamatoren der römischen Verfallszeit [...]. Der Deutsche, der diese Vorlesungen besucht, ist sehr überrascht. Er kommt von seiner Universität, wo er gewohnt war, seinem Professor großen Respekt zu zollen. Dieser Professor ist ein *Hofrat*; an manchen Tagen begegnet er dem Fürsten! Er ist ein gewichtiger Mann, sagt nur Bemerkenswertes, nimmt sich sehr ernst. Hier ist alles anders. Diese knallende Tür, die während der ganzen Vorlesung unaufhörlich auf und zu geht, dieses ständige Hin und Her, diese müßige Haltung der Hörer, der fast nie lehrhafte, mitunter deklamierende Ton des Professors, diese Gewandtheit im Finden klangvoller Gemeinplätze, die nichts Neues lehren, aber unweigerlich Beifall ausbrechen lassen, das alles erscheint fremd und unerhört.«[32]

Und man kann sich Renan ebenfalls nur anschließen, wenn er mit Bezug auf ein Buch des deutschen Beobachters Ludwig Hahn[33] zeigt, dass ein Auswahlverfahren wie der Wettbewerb nur die Vorliebe für die formalen Qualitäten und ihre Bevorzugung verstärkt: »Es ist sehr bedauerlich, dass der Wettbewerb der einzige Weg zum

31 Weil es den Vorlesungszyklus zur angesehensten Form der Lehre macht, fördert das französische Unterrichtssystem einen bestimmten Typ von Werken und einen bestimmten Typ von Qualitäten. Dabei wird vorrangig Wert auf die darstellerischen Qualitäten gelegt. Man müsste untersuchen, ob eine Institution wie die englische *lecture* mit anderen Denkgewohnheiten und anderen Werten einhergeht.

32 E. Renan, *Questions contemporaines*, S. 90 f.

33 L. Hahn, *Das Unterrichtswesen in Frankreich, mit einer Geschichte der Pariser Universität*, Breslau 1848.

Lehramt an den höheren Schulen ist und dass die praktische Befähigung im Verein mit ausreichendem Wissen dort keinen Zutritt verschafft. Höchst erfahrene Erzieher, die für ihre schwierigen Aufgaben nicht brillante Veranlagungen, sondern einen soliden Verstand mitbringen und zugleich ein wenig langsam und schüchtern sind, werden in den öffentlichen Prüfungen immer hinter den jungen Leuten zurückstehen, die ihre Zuhörer und die Juroren zu amüsieren verstehen und sich schlagfertig aus der Patsche ziehen können, aber weder Geduld noch Festigkeit genug besitzen, um gut zu unterrichten.«[34]

Renan findet überall die Anzeichen dieser Tendenz, die Beredsamkeit über die Wahrheit, den Stil über den Gehalt zu stellen: »Die Einrichtung, der Frankreich die Rekrutierung des Lehrkörpers für sein höheres und sein Hochschulwesen anvertraut hat, die École Normale, war in der geisteswissenschaftlichen Abteilung eine Schule des Stils, nicht eine Schule, in der man Dinge lernt. Sie hat ausgezeichnete Publizisten, fesselnde Romanciers, Feingeister in sehr verschiedenen Genres, kurzum, alles nur Mögliche produziert außer Menschen, die eine solide Kenntnis der Sprachen und Literaturen besitzen [...]. Unter dem Vorwand, sich an allgemeine Wahrheiten der Moral und des Geschmacks zu halten, hat man die Geister auf den Gemeinplatz eingeengt.«[35]

Gerade in den Traditionen der Schule und in dem Verhältnis zu den Schulangelegenheiten, zu dem sie ermutigt, ist der Ursprung dessen zu finden, was Madame de Staël »die Pedanterie der

34 Ernest Renan, »L'instruction publique en France jugée par les Allemands«, in: *Questions contemporaines*, S. 266. Es wäre leicht zu zeigen, wie die im Auswahlverfahren beachteten Werte das gesamte intellektuelle Leben orientieren, weil sie zutiefst verinnerlicht werden und so das Verhältnis jedes Schaffenden zu seinem Werk dominieren. So ließe sich zum Beispiel die Entwicklung der Doktordissertation erklären: Von einem System geprägt, das von jedem Subjekt die unvergleichliche Perfektion verlangt, die den ersten Platz im Wettbewerb sichert, wird jeder Einzelne dazu getrieben, sich selbst immer höhere Anforderungen zu stellen; trotz des rituellen Charakters der eigentlichen Prüfung (der Verteidigung) suchen die Autoren der »Doktordissertationen« einander in intellektuellem Anspruch, Belesenheit und Länge zu überbieten, sodass sie zehn bis fünfzehn Jahre für die Produktion ihres professionellen Meisterwerks aufwenden.

35 Renan, *Questions contemporaines*, S. 94. Es wäre leicht zu zeigen, dass es Affinitäten zwischen den Werten, die das Handeln der Schule orientieren, und den Werten der gebildeten Klassen gibt (vgl. P. Bourdieu, J.-C. Passeron, *Les héritiers. Les étudiants et la culture*, Paris: Minuit, 1964).

Leichtigkeit« nannte. Zitieren wir nochmals Renan: »Der Name Pedanterie, der, wenn er nicht eindeutig definiert wird, so schlecht verwendet werden kann und der für leichtfertige Geister nahezu gleichbedeutend ist mit jeder ernsthaften und wissenschaftlichen Forschung, wurde so zum Schreckgespenst für alle anspruchsvollen Feingeister, die oft lieber oberflächlich bleiben, als Anlass zu dieser uns besonders empfindlich treffenden Attacke geben wollten. Diese Skrupel wurden so weit getrieben, dass man erlebt hat, wie äußerst geistvolle Kritiker sich absichtlich unvollständig ausgedrückt haben, um das schulmäßige Wort auch dort nicht zu verwenden, wo es passend gewesen wäre. Der scholastische Jargon ist fade und lächerlich, wenn kein Gedanke dahintersteckt oder wenn er nur beschränkten Geistern zur Parade dient. Will man aber den exakten und technischen Stil verbannen, der allein bestimmte sinnreiche und tiefe Nuancen des Denkens ausdrücken kann, so verfällt man in einen ebenso wenig vernünftigen Purismus. Kant und Hegel oder selbst so weit vom Schuldenken entfernte Geister wie Herder, Schiller und Goethe würden um diesen Preis keineswegs unserem fürchtenswerten Pedanterie-Vorwurf entgehen. Beglückwünschen wir unsere Nachbarn dazu, dass sie nicht diese Fesseln haben, die ihnen jedoch, das muss gesagt werden, weniger schaden würden als uns. Bei ihnen sind Schule und Wissenschaft in Fühlung; bei uns gilt jede Hochschul-Lehrveranstaltung, die in der Machart noch die Sekundarstufe anmerken lässt, als geschmacklos und unerträglich; man meint, feine Lebensart zu beweisen, wenn man sich über alles erhebt, was an den Schulunterricht erinnert. Jeder erlaubt sich diese kleine Eitelkeit und glaubt damit zu beweisen, dass er weit über seine Pädagogenzeit hinaus sei.«[36]

Weil sie die »intellektuelle Persönlichkeit« der Franzosen ständig mit den institutionellen Bedingungen ihrer Herausbildung verbinden, leisten die Analysen Renans und Durkheims einen entscheidenden Beitrag zur Soziologie der intellektuellen Persönlichkeit einer Nation. Obwohl die Schule nur eine Sozialisationsinstanz unter anderen ist, wird nämlich dieses ganze Ensemble von Merkmalen, das die »intellektuelle Persönlichkeit« einer Gesellschaft – oder, genauer gesagt, der gebildeten Klassen dieser Gesellschaft – prägt, von einem Unterrichtssystem konstituiert oder verstärkt, das

36 E. Renan, *L'avenir de la science*, Paris: Calmann-Lévy, 1890, S. 116.

selbst zutiefst von einer einzigartigen Geschichte gekennzeichnet und fähig ist, die Geisteshaltung der Lernenden und der Lehrenden sowohl durch den Inhalt und Geist der von ihm vermittelten Bildung als auch durch die Methoden, mit denen es diese Vermittlung ausführt, zu gestalten. Zum großen Teil könnten die trennenden Unterschiede zwischen den intellektuellen Welten – Unterschiede in den linguistischen und intellektuellen Mustern (wie den Abfassungs- und Darstellungstechniken) und vor allem im intellektuellen Bezugsrahmen (wie zum Beispiel an den impliziten oder expliziten, fakultativen oder obligatorischen Zitaten ersichtlich) – mit den universitären Traditionen der verschiedenen Nationen und speziell mit der Beziehung verbunden werden, die jeder Geistesschaffende zu seiner nationalen akademischen Tradition unterhält, einer Beziehung, die fundamental von seiner Schulbiographie abhängt: Sind viele Züge, an denen man den englischen »Positivismus« oder den französischen »Rationalismus« erkennt, etwas anderes als Tricks und Ticks der Institution Schule? Orientiert die Hierarchie der intellektuellen Tätigkeiten (nach dem Grad der Formalisierung, der Verständlichkeit, der Abstraktheit und Allgemeinheit oder auch nach der literarischen Qualität), die jede Schultradition vermittelt und heiligt und die sich konkret in der Hierarchie der akademischen Disziplinen zu einem gegebenen Zeitpunkt äußert, nicht die intellektuellen Produktionen ebenso wie die von denselben Werten geleiteten rhetorischen Vorschriften, die zum Beispiel für oder wider den abstrakten Diskurs ohne Beispiele, den begrifflichen und syntaktischen Esoterismus oder die stilistische Eleganz sprechen? Desgleichen bestimmt in jeder historischen Gesellschaft die Hierarchie der interessierenden »Fragen« eine Vielzahl von Entscheidungen, die als »Berufungen« erlebt werden, und lenkt die lebhaftesten intellektuellen Ambitionen zu den angesehensten Untersuchungsgegenständen. Die amerikanischen Soziologen betrachteten die Wissenssoziologie als »marginale Fachrichtung, der ein europäischer Geschmack anhaftet«,[37]

37 »Die Wissenssoziologie [sollte] für die Masse der Soziologen, die von den Problemen deutscher Denker der 1920er-Jahre unberührt war, ein peripheres Gebiet bleiben […]. Das gilt besonders für die amerikanischen Soziologen, die sie im Allgemeinen für eine Spezialität nach europäischem Gusto hielten. Noch wichtiger ist, daß diese Untrennbarkeit der Wissenssoziologie von ihrer Ausgangskonstellation zu einer theoretischen Schwäche für sie wurde, selbst da, wo man ihr

weil dieses Wissenschaftsgebiet weiter von einer »ursprünglichen Problemstellung« dominiert wird, von einer Tradition, die der Unterricht in Europa verstetigt hat; für die europäischen Soziologen bleibt sie lebendig, denn wegen ihrer philosophischen Ausbildung sind sie öfter geneigt, ein traditionelles Problem der Philosophie, dasjenige der Möglichkeitsbedingungen und der Grenzen des objektiven Wissens, in soziologischen Begriffen zu stellen. Nach derselben Logik wären gewiss auch viele der »Einflüsse« zu verstehen, die Literaturhistoriker gern zwischen Autoren, Schulen oder Epochen ausfindig machen; sie setzen Affinitäten auf der Ebene der Denkschemata und der Problemstellungen und auch in bestimmten Fällen eine kollektive Ausrichtung des Interesses auf Gruppen oder Nationen voraus, denen implizit Legitimität zuerkannt wird. Das Empfinden von Vertrautheit, das bestimmte Werke oder bestimmte intellektuelle Themen wecken und das deren Verbreitung fördert, beruht zweifellos zum großen Teil darauf, dass nach demselben Programm organisierte Gemüter »sich darin wiederfinden«. Hätte Heisenbergs Unschärferelation einen derartigen Erfolg in der Lehrbuchliteratur gehabt, wenn sie nicht genau zur rechten Zeit an der rechten Stelle zwischen dem Determinismus und der Freiheit in den philosophischen Dissertationen gelandet wäre?[38]

»Außerdem aber dachte ich, daß, weil wir doch alle Kinder waren, bevor wir Männer geworden sind, und wir uns lange durch unsere Neigungen und Lehrer haben leiten lassen – welche beiden häufig miteinander im Widerspruch waren und weder die einen noch die anderen uns vielleicht stets den besten Rat gaben –, es fast unmöglich ist, daß unsere Urteile so fest und so gegründet sind,

ein gewisses Interesse entgegenbrachte« (vgl, P. Berger, T. Luckmann, *The Social Construction of Reality*, New York: Doubleday & Co., 1966, S. 4 [*Die gesellschaftliche Konstruktion der Wirklichkeit*, Frankfurt: Fischer, 1969, S. 4]).

38 So groß die Affinitäten auch sein mögen, das Übernommene wird doch stets unter Bezugnahme auf die Empfangsstrukturen neu interpretiert, das heißt in diesem Fall entsprechend den eigenen Denkschemata jeder nationalen Tradition (man denke zum Beispiel an die Wandlungen der Hegelschen Philosophie in Frankreich), und das sogar dann, wenn wie in der phänomenologisch inspirierten philosophischen Literatur, die nach 1945 in Frankreich florierte, die einheimischen Denkformen und selbst die Sprachformen sich dermaßen bis ins Detail von den linguistischen und verbalen Schemata der importierten Philosophie leiten lassen, dass sie die mühsamen Ungeschicklichkeiten der eher buchstäblichen als literarischen Übersetzungen nachzuahmen scheinen.

wie sie gewesen wären, wenn wir seit unserer Geburt den vollen Gebrauch unserer Vernunft gehabt hätten und uns nie durch etwas anderes als durch sie hätten leiten lassen.«[39] Die cartesianische Utopie der angeborenen Bildung, der natürlichen Bildung, führt auf den Kern des Widerspruchs, der das Verhältnis zwischen dem Subjekt und seiner Bildung kennzeichnet. So wie sich die leichtgewichtige Taube einbilden könnte, dass sie im Vakuum besser fliegen würde, träumt das denkende Subjekt gern von einem Denken, das frei wäre von jenem Ungedachten, das sich unter der Fuchtel der Lehrer in ihm angesammelt hat und nun den Sockel seiner gesamten Gedanken bildet.

»Ich bin«, sagt Husserl, »als Deutscher erzogen, nicht als Chinese. Aber auch als Kleinstädter in einer kleinbürgerlichen Häuslichkeit und Schule, nicht als adeliger Großgrundbesitzer in einer Kadettenanstalt.«[40] Wie Descartes regt Husserl seine Leser an, über die Probleme der Endlichkeit nachzudenken. Dem Subjekt, das ein unmittelbares und konkretes Verständnis der heimischen Welt, des heimatlichen Umfelds erwirbt, in dem und für das es erzogen wurde, wird ebendadurch die Möglichkeit genommen, sich die Außenwelt unmittelbar und vollständig anzueignen. Bildung erwerben heißt stets nur *eine* Bildung erwerben, diejenige einer Klasse und einer Nation. Wer als auswärts Geborener das Universum der Chinesen oder der Junker verstehen will, kann zwar seine Erziehung in der Art der Chinesen oder der Junker umgestalten (»indem er zum Beispiel versucht«, wie Husserl sagt, »die an der Kadettenschule unterrichteten Fächer zu erlernen«), aber diese mittelbare und wissensmäßige Aneignung wird sich immer ebenso von der unmittelbaren Vertrautheit mit der heimatlichen Kultur unterscheiden, wie sich die verinnerlichte und nicht mehr bewusste Bildung des Ureinwohners von der objektivierten Kultur, die der Ethnologe rekonstruiert, unterscheidet.

39 R. Descartes, *Discours de la méthode*, 2. Teil [*Abhandlung über die Methode. Ausgewählte Schriften*, Leipzig: Reclam, 1980, S. 16].

40 E. Husserl, *Gesammelte Werke*, VII, Den Haag: Nijhoff, 1956, S. 13, zitiert in R. Toulemont, *L'essence de la société selon Husserl*, Paris: PUF, 1962, S. 191.

Abhängigkeit in der Unabhängigkeit

Die relative gesellschaftliche Autonomie des Bildungswesens

> Ein Prophet aber habe sie zuerst der Ordnung nach auseinandergestellt, dann aus der Lachesis Schoß Lose genommen und Grundrisse von Lebensweisen, dann sei er auf eine hohe Bühne gestiegen und habe gesagt: »Dies ist der Tochter der Notwendigkeit, der jungfräulichen Lachesis Rede. Eintägige Seelen! Ein neuer, todbringender Umlauf beginnt für das sterbliche Geschlecht. Nicht Euch wird der Dämon erlosen, sondern Ihr werdet den Dämon wählen. Wer aber zuerst gelost hat, wähle zuerst die Lebensbahn, in welcher er dann notwendig verharren wird. Die Schuld ist des Wählenden, Gott ist schuldlos.«
>
> *Platon, Politeia*

Ob man den Kommunikationsvorgang, die Studienorganisation und die Erfolgskontrolle, das heißt die pädagogische Arbeit, als fortgesetzten Lehr- und Assimilationsvorgang, in dem sich die eigentliche Funktion jedes Bildungssystems vollzieht, analysiert oder aber die offenen und geheimen Mechanismen, mit deren Hilfe das System die zum Dechiffrieren seiner Botschaft Befähigten ausliest, indem es technische Anforderungen stellt, die immer zugleich mehr oder minder soziale Anforderungen sind: Man kann, wie wir gesehen haben, nicht die *doppelte Wahrheit* eines Systems begreifen, das der ihm *äußerlichen Funktion*, die »Sozialordnung« zu erhalten, die *innere Logik* seines Funktionierens nutzbar zu machen versteht, solange man nicht sämtliche gegenwärtigen und früheren Charakteristika seiner Organisation und seines Publikums zum vollständigen System der Relationen, welche in einer gegebenen Gesellschaft zu einem gegebenen Zeitpunkt zwischen dem Bildungssystem und der Sozialstruktur bestehen, in Beziehung setzt. Wenn man dem Bildungssystem die von ihm beanspruchte absolute Unabhängigkeit zuerkennt oder wenn man es im Gegenteil nur als Funktion des jeweiligen Wirtschaftssystems oder als unmittelbaren Ausdruck des »gesamtgesellschaftlichen« Wertsystems ansieht, kann man nicht mehr erkennen, dass es gerade aufgrund seiner *relativen Autonomie* unter dem Anschein von Neutralität und Unabhängigkeit ihm äußerliche Funktionen erfüllen kann, das heißt, dass es seine sozialen Funktionen tarnt, um sie desto besser zu erfüllen.

Alle Bemühungen, die äußeren Funktionen des Bildungssystems und die Relationen zwischen diesem und anderen Subsystemen, zum Beispiel dem Wirtschafts- oder dem Wertsystem, zu beschreiben, müssen so lange fiktiv bleiben, wie die gefundenen Relationen nicht ihrerseits zu der Struktur der Machtverhältnisse, die zu einem gegebenen Zeitpunkt zwischen den sozialen Klassen bestehen, in Verbindung gebracht werden. So mussten wir die Bildungsorganisation (zum Beispiel die institutionellen Bedingungen der pädagogischen Kommunikation oder die Hierarchie der Grade und Fächer) mit den Sozialcharakteristika der Hörerschaft verbinden, um uns nicht in der empiristischen und damit abstrakten Alternative zu verfangen: Der gesunde Menschenverstand verurteilt immer abwechselnd ein Bildungssystem, das er allein für die ganze Ungleichheit, die es produziert, verantwortlich macht, und ein Gesellschaftssystem, dem allein er die Ungleichheit in einem an sich untadeligen Bildungssystem zur Last legt. Ebenso muss die unterschiedliche Form beschrieben werden, die die Relationen zwischen dem Bildungssystem und den verschiedenen Subsystemen für jede soziale Klasse in einer durch eine bestimmte Struktur von Klassenbeziehungen charakterisierten Gesellschaft annehmen, da man sonst der bei Wirtschaftswissenschaftlern häufigen Täuschung erliegt, das Bildungswesen sei von »der Gesellschaft« mit einer einzigen, ausschließlich technischen, und in diesem Fall ökonomischen Funktion betraut und stehe in einer einzigen eindeutigen Relation zur Wirtschaft dieser Gesellschaft. Gleichermaßen gefährlich ist die Hypothese, das Bildungswesen sei von »der Gesellschaft« mit einer einzigen, ausschließlich kulturellen Funktion der »Inkulturation« betraut und in seiner Organisation und seinem Funktionieren drücke sich ausschließlich die Werthierarchie der von einer Generation zur anderen überlieferten »Nationalkultur« aus.

Wenn man die Funktionen des Bildungssystems auf seine ökonomische Funktion reduziert und die Relation zwischen Bildungs- und Wirtschaftssystem auf die am Arbeitsmarkt gemessene »Rentabilität« des Systems, wird eine präzise Anwendung der *vergleichenden Methode*, die allein das System möglicher Funktionen eines Bildungssystems zu konstruieren in der Lage ist, unmöglich. Man sähe sich dann auf einen abstrakten Vergleich statistischer Reihen beschränkt, die des Sinnes, den die gemessenen Fakten aufgrund ihrer Position in einer besonderen Struktur im Rahmen eines besonderen Funktionssystems besaßen, völlig beraubt wären. Erst wenn man systematisch die Varianten in der Hierarchie möglicher Funktionen (das heißt Unterschiede des Gewichts jeder Funktion im gesamten Funktionssystem) zu den entsprechenden Varianten in der Organisation des Bildungssystems in Relation setzt, sind die Bedingungen für eine fruchtbare Anwendung der vergleichenden Methode erfüllt. Eine Kritik der beiden Verfahrensweisen, die diese Forderung – sei es im Namen einer postulierten Universalvergleichbarkeit, sei es im Namen des Glaubens an die Einmaligkeit von »Nationalkulturen« – ignorieren, könnte zumindest die Bedingungen für die Konstruktion eines Modells deutlich machen, mit dessen Hilfe alle historisch realisierten Fälle als Sonderfälle jener Transformationen verständlich werden, die im Relationssystem zwischen der Struktur der Funktionen und der Struktur der Organisation – beides wiederum Relationssysteme – möglich sind. Die verschiedenen Strukturtypen des Bildungssystems – das heißt die verschiedenen historischen Ausformungen der transhistorischen Funktion der Erzeugung dauerhafter und übertragbarer Haltungen (*Habitus*), die jedes Bildungswesen erfüllt – werden erst dann verständlich, wenn man sie zu den verschiedenen Strukturtypen des Funktionssystems in Beziehung setzt, die ihrerseits untrennbar mit den verschiedenen Strukturtypen der Machtverhältnisse zwischen den gesellschaftlichen Kräften verbunden sind, durch und für welche jene Funktionen realisiert werden.

Die besonderen Funktionen des »Allgemeinwohls«: Funktionen von Bildungssystemen und das Problem ihrer interkulturellen Vergleichbarkeit

Gewiss hat man auch zu anderen Zeiten nach dem Nutzen des Bildungswesens für »die Gesellschaft« und damit nach seinem Anteil an den Erfolgen oder Misserfolgen der »Nation« gefragt. Das Problem der »Erziehungsziele« ist jedoch niemals so ausschließlich wie heute mit dem Beitrag des Bildungswesens zum nationalen

Wirtschaftswachstum gleichgesetzt worden.[1] Auch scheinbar in ganz andere Richtung gehende Ansätze, wie die demonstrative Forderung nach »Demokratisierung der Bildungschancen«, bedienen sich immer häufiger der Sprache wirtschaftlicher Rationalität, wenn beispielsweise die »Vergeudung von Begabungsreserven« kritisiert wird. Sind aber wirtschaftliche Rationalisierung und Demokratisierung wirklich so automatisch miteinander verbunden, wie gutwillige Technokraten glauben machen wollen? Bildungssoziologie und Bildungsökonomie ließen sich nicht so leicht auf eine solche Fragestellung fixieren, hielten sie nicht jene Frage für geklärt, die objektiv in allen künstlichen Erwägungen über Erziehungsziele enthalten ist: die theoretische Frage nach den *objektiv möglichen* (das heißt nicht nur logisch, sondern auch sozio-logisch möglichen) Funktionen des Bildungssystems und, damit zusammenhängend, die methodologische Frage nach der Vergleichbarkeit von Bildungssystemen und ihren Produkten.

Das technokratische Denken übernimmt implizit die Geschichtsphilosophie der gesellschaftlichen Evolution und leitet vorgeblich aus der Realität selbst ein geradliniges und eindimensionales Modell für die Phasen des historischen Wandels ab. Auf diese billige Weise schafft es sich einen Index für den universalen Vergleich und kann so die verschiedenen Gesellschaften oder Bildungssysteme nach ihrem Entwicklungs- oder »Rationalitäts«-Stand eindeutig einstufen. In Wahrheit zerstört ein solches Vorgehen jedoch den Gegenstand des Vergleichs selbst, da es die verglichenen Elemente all jener Eigenschaften beraubt, die diese ihrer Zugehörigkeit zu Relationssystemen verdanken: Die Kennzeichen für die Rationalität eines Systems entziehen sich umso mehr einer

1 Allerdings ist auch diese Fragestellung nicht völlig neu, und es finden sich bereits im 19. Jahrhundert einschlägige Aussagen wie jene von Cavour (1850): »Die Berufsausbildung ist eine der obersten Notwendigkeiten unserer Zeit. Das Übermaß an klassischer Bildung führt zu einer Störung des geistigen Gleichgewichtes, das die schädlichsten Folgen nach sich zieht.« Solche häufiger von Politikern als von Intellektuellen vorgebrachten Überlegungen haben auf die Bildungsreformen jedoch keinerlei Einfluss gehabt. Diese waren vielmehr durch das Bestreben gekennzeichnet, mithilfe des Bildungswesens jene intellektuellen und moralischen Werte zu verbreiten, die sich am besten dazu eigneten, nationale *grandeur* und Prestige zu stützen. Typisch hierfür ist die nach der Niederlage von 1870 geübte französische Selbstkritik, in der die Mängel der französischen Hochschulen im Vergleich zu den deutschen eine große Rolle spielten.

vergleichenden Interpretation, je vollständiger sie der historischen und sozialen Besonderheit von Institutionen und Bildungsmethoden entsprechen. Hält man sich an abstrakte Kennzeichen für den Entwicklungsstand eines Bildungssystems (an die Analphabetenzahlen, den prozentualen Schul- oder Hochschulbesuch oder die Zahl der Lehrkräfte) oder berücksichtigt man spezifischere Indikatoren für die Leistung dieses Systems beziehungsweise den Grad, bis zu welchem es die virtuell vorhandenen intellektuellen Reserven nutzt (den Anteil des *enseignement technique*, den Prozentsatz der Diplomierten im Verhältnis zu den Studienanfängern oder die unterschiedliche Vertretung der Geschlechter und sozialen Klassen auf den verschiedenen Ausbildungsstufen), muss man diese Relationen immer wieder in die Relationssysteme einsetzen, von denen sie abhängen. Man vergleicht sonst, was unvergleichbar ist, oder vergleicht vielmehr gerade dort nicht, wo ein wirklicher Vergleich möglich wäre.

Letztlich beruhen alle diese Kennzeichen auf einer impliziten Definition für die »Produktivität« des Bildungssystems, die sich ausschließlich auf seine *formale und äußerliche Rationalität* bezieht und das System seiner Funktionen auf eine einzige reduziert, welche ihrerseits noch einmal durch Abstraktion reduziert wird: Der technokratische Maßstab für den Ertrag des Bildungswesens beruht auf dem verkümmerten Modell eines Systems, das keinem anderen Zweck als jenem des Wirtschaftssystems diente und quantitativ wie qualitativ dem technischen Bildungsbedarf, das heißt dem Arbeitsmarkt, in optimaler und kostensparendster Weise entspräche. Nach einer derartigen Rationalitätsdefinition wäre das (formal) rationalste Bildungswesen total den Forderungen der Berechenbarkeit und Vorausschaubarkeit unterworfen: Es liefert zu den geringsten Kosten auf spezifische Aufgaben unmittelbar vorbereitete Spezialisten, garantiert die im Wirtschaftssystem für eine gegebene Zeitspanne erforderlichen Qualifikationstypen und -grade und verwendet zu diesem Zweck ein in den adäquatesten pädagogischen Techniken geschultes Spezialpersonal; es ignoriert Klassen- und Geschlechtsschranken, um die »Begabungsreserven« möglichst vollständig auszuschöpfen (ohne jedoch die Grenzen der Rentabilität zu überschreiten), verbannt alle Reste von Traditionalismus und vermittelt statt einer zur Erziehung von »Gebildeten« bestimmten »Allgemeinbildung« eine Ausbildung, die auf Bestellung und zum gewünschten Termin Spezialisten nach Maß zu produzieren imstande ist.[2]

Die Simplifizierung, die das Funktionssystem durch eine solche Definition erfährt, wird schon daran deutlich, dass, soll ein Globalzusammenhang zwischen der formalen Rationalitätsstufe des Bildungssystems und dem Entwicklungsgrad des Wirtschaftssystems bewiesen werden, am häufigsten statistische Relationen verwendet werden, die erst dann ihren spezifischen Sinn erhalten, wenn sie wieder in das Relationssystem zwischen dem Bildungssystem und der Struktur der Klassenbeziehungen eingesetzt werden. Man denke beispielsweise an den verhältnismäßig hohen Prozentsatz der Mädchen in den Schulen und Hochschulen Portugals oder an die ganz unterschiedliche Rangstufe, die bestimmte Länder (Spanien, arabische Länder) in der Hierarchie der Bildungsentwicklung einnehmen, je nachdem, ob man die Zahlen in der Grundschule, der höheren Schule oder auf den Hochschulen oder den Mädchenanteil beziehungsweise die Zahl der Lehrkräfte auf den drei Stufen zugrunde legt.

Selbst ein scheinbar so eindeutiges Kennzeichen wie die Zahl der Abschlüsse pro Stufe und Fach darf nicht nach der formalen Logik eines Systems juristischer Äquivalenzen interpretiert werden. Der wirtschaftliche und soziale Wert eines Diploms ist durch die Position jeder Untergruppe von Diplomierten innerhalb des sozialen Systems und durch das Prestige bestimmt, welches die verschiedenen Abschlusstypen innerhalb des Wertsystems besitzen. So bedeutet in Ländern, in denen der Analphabetenanteil sehr hoch ist, die einfache Tatsache, lesen und schreiben zu können, und, mehr noch, der Besitz eines Grundschulabschlusses einen entscheidenden Vorteil im beruflichen Konkurrenzkampf.[3]

2 Man könnte gegen diese Definition der formalen Rationalität eines Bildungswesens einwenden, dass der Bedarf des Wirtschaftssystems heute keine enge Spezialisierung fordert, dass das Schwergewicht im Gegenteil auf der Fähigkeit zur beruflichen Umschulung liegt. Es handelt sich dabei jedoch um einen neuen Typus beruflicher Spezialisierung, der durch den neuen Bedarf des Wirtschaftssystems nötig wird. Trotz dieser erweiterten Definition bleibt die Fähigkeit zur Produktion beruflich einsetzbarer Fertigkeiten der Maßstab für die Rationalität des Bildungssystems.

3 Der Vergleich zwischen Algerien und Frankreich bietet aufgrund der formalen Äquivalenz der Systeme und Diplome hierfür ein besonders deutliches Beispiel: »In einer Gesellschaft, in der 57 Prozent der Bevölkerung kein Abschlusszeugnis

Weil die traditionellen Gesellschaften gewöhnlich die Frau von der Bildung ausschließen, weil außerdem die Nutzung sämtlicher intellektueller Reserven für die Entwicklung erforderlich ist und schließlich der Eintritt der Frau in Männerberufe eine der wesentlichen mit der Industrialisierung verbundenen Veränderungen darstellt, könnte man versucht sein, den Mädchenanteil der höheren Schulen und Hochschulen als Kennzeichen für den Rationalitäts- und Demokratisierungsgrad eines Bildungssystems zu halten. Das italienische und französische Beispiel zeigen jedoch, dass man sich durch einen sehr hohen Mädchenanteil nicht täuschen lassen darf und dass die Bildungsmöglichkeiten, wie sie die reichsten Nationen den Mädchen gewähren, oft nur eine teure und luxuriösere Variante der traditionellen Erziehung darstellen. Das sieht man an der Einstellung der Studentinnen zum Studium, der Fächerwahl und dem Prozentsatz der der Ausbildung entsprechenden Berufstätigkeit, die zugleich Ursache und Wirkung dieser Einstellung sind. Umgekehrt kann in einem islamischen Land, dessen gesamtes Wertsystem die Mädchen vollkommen von den Hochschulen ausschloss und in dem eine Umdeutung des Frauenstudiums nach dem tra-

einer allgemeinbildenden Schule und 98 Prozent kein Diplom der technischen Ausbildung besitzen, bedeutet der Besitz eines CAP oder eines CEP einen gewaltigen Vorteil im wirtschaftlichen Konkurrenzkampf; ein minimaler Niveauunterschied, ob man beispielsweise nur lesen oder lesen und schreiben kann, führt zu einem unverhältnismäßig großen Unterschied in den sozialen Erfolgschancen. Daraus ergeben sich verschiedene Konsequenzen. Erstens trennen die durch den verschiedenen Ausbildungsstand geschaffenen Barrieren brutaler als in unseren Gesellschaften; zweitens besitzen die Träger eines Diploms der technischen Ausbildung und überhaupt die Fach- und Spezialarbeiter ein unvergleichliches Privileg: Sie sind sofort aus der Masse der gänzlich unausgebildeten Bevölkerung herausgehoben und genießen mangels Konkurrenz eine Fülle von Garantien und Vorteilen. Die hauptsächlichen Nutznießer dieses Gefälles sind naturgemäß jene, die das Abschlusszeugnis einer höheren Schule besitzen und aufgrund ihrer kleinen Zahl mühelos alle ›höheren‹ Funktionen, und vor allem die Verwaltungsposten, besetzen, wobei das mit diesen Funktionen verbundene Prestige das in dieser Gesellschaft traditionelle Prestige des Gebildeten verdoppelt« (P. Bourdieu, *Travail et travailleurs en Algérie*, Paris, Den Haag: Mouton, 1962, S. 272 f.). »Analog hat der Besitz eines Abschlusszeugnisses für ein Mädchen – je nach der weiblichen Bildungsbeteiligung – einen ganz unterschiedlichen Wert: In Algerien beispielsweise übten siebzig Prozent der Mädchen mit Grundschulabschluss oder höherem Diplom 1960 einen nichtmanuellen Beruf aus, während der Anteil an Nichtberufstätigen sehr gering war« (ebd., S. 208).

ditionellen Modell der Arbeitsteilung zwischen den Geschlechtern unmöglich war, selbst ein ganz geringer Studentinnenanteil einen radikalen Bruch mit der traditionellen Mädchenerziehung bedeuten. Zudem hat der globale Mädchenanteil an den Hochschulen je nach der sozialen Herkunft der Studentinnen und dem jeweiligen Mädchenanteil der verschiedenen Fakultäten und Fächer eine ganz unterschiedliche Bedeutung. So sind in Frankreich die Bildungschancen für Jungen und Mädchen gleicher sozialer Herkunft heute annähernd gleich, ohne dass das traditionelle Modell der Arbeitsteilung zwischen den Geschlechtern und die Ideologie von den unterschiedlichen natürlichen »Begabungen« deshalb verschwunden wären. Die Mädchen sind weiterhin viel häufiger als die Jungen zu bestimmten Studienrichtungen verurteilt (vor allem der Philosophischen Fakultät), und dies umso mehr, je niedriger ihre soziale Herkunft ist. Auch scheinbar eindeutige Kennzeichen wie der Anteil der Studentinnen, die ihre Ausbildung beruflich nutzen, sind der Veränderung durch das System unterworfen. Um den sozialen Wert eines Diploms für eine Frau adäquat zu messen, muss man in Rechnung stellen, dass ein Beruf (wie der der Lehrer an Volksschulen und höheren Schulen in Frankreich) an »Wert« verliert, je mehr sein Frauenanteil steigt.

Und selbst ein scheinbar untrügliches Anzeichen für die Leistung des Bildungssystems wie die »Ausfallquote« von Studenten, die kein Abschlussdiplom erreichen, bleibt so lange sinnlos, wie man nicht die Wirkung der spezifischen Kombination sozialer und technischer Auslese erkennt, die jedes Bildungssystem immer gleichzeitig vollzieht. Der »Ausfall« ist hier ebenso Veredelungsprodukt wie die Fertigware; man denke nur an das für »Gescheiterte« typische System von Einstellungen zum Bildungswesen, zum Beruf und zur Existenz und ebenso an den technischen und vor allem sozialen Sekundärgewinn, den bereits ein unabgeschlossenes oder unterbrochenes Studium, in unterschiedlicher Weise je nach der Gesellschaft und der Klasse, gewährt. Der Vergleich zwischen dem Ausfall an 14 Prozent englischen und 40 Prozent amerikanischen oder französischen Universitäten bleibt so lange sinnlos, wie man nicht neben der in England und Frankreich oder den Vereinigten Staaten unterschiedlich strengen Auslese der Studienanfänger auf die ganz verschiedenen Methoden hinweist, mit denen die entsprechenden Systeme diese Auslese vollziehen und ihre Verinnerlichung durchsetzen; sie können vom unwiderruflichen Ausschluss durch das französische Examen und besonders durch den *concours* bis zur »sanften Eliminierung« (*cooling out*) reichen, wie sie durch das gleitende Gefälle zwischen den Institutionen in den Vereinigten Staaten ermöglicht wird.[4] Da jedes Bildungssystem die, die es weiht, und die, die es ausschließt, von der Legitimität der Weihe oder des Ausschlusses und damit der sozialen Hierarchien immer bis zu einem gewissen Grade überzeugt, kann ein geringer technischer Ertrag deshalb häufig gerade der Preis dafür sein, dass das System seine Funktion der Legitimierung der »Sozialordnung« besonders erfolgreich erfüllt. Dies gilt auch dann, wenn die Technokraten sich damit brüsten – höchstes Privileg der Ahnungslosigkeit der herrschenden Klasse –, dass sie eine Vergeudung verurteilen, die sie doch nur unter der Bedingung beziffern können, dass sie den dazugehörigen Profit in einer Art nationaler Bilanzfälschung eskamotieren.

4 Was für die statistischen Merkmale gilt, gilt ebenso für die scheinbar spezifischsten Merkmale der Organisation und Funktionsweise des Bildungssystems: Wollte man den Inhalt von Programmen und Lehrbüchern analysieren, ohne die realen Bedingungen ihrer Herstellung zu berücksichtigen, oder die staatliche Kontrolle der Universitäten, ihre Dezentralisierung, die Herkunft des Verwaltungspersonals und des Lehrkörpers untersuchen und sich dabei ausschließlich auf die juristischen Texte verlassen, ginge man ebenso in die Irre wie mit dem Versuch, in einer Studie über das religiöse Verhalten von den kanonischen Texten auf die tatsächliche Praxis zu schließen. Obwohl die »akademische Freiheit« in formal häufig sehr ähnlichen Texten festgelegt ist, hängt sie in Wahrheit von den Beziehungen zwischen dem Bildungssystem und der politischen oder kirchlichen Macht ab. In Frankreich obliegt die Ernennung eines Universitätsprofessors theoretisch dem Ministerium. Tatsächlich jedoch wird automatisch der Kandidat ernannt, der vom Fakultätsrat vorgeschlagen ist. Das Berufungswesen besteht also eigentlich in einem Kooptationssystem, das eine regelrechte Wahlkampagne bei den Kollegen erfordert. Umgekehrt sind diese Wahlen in anderen Ländern oft nur formelle Bestätigungen schon gefallener Entscheidungen. In Italien vollzieht sich die Berufung offiziell durch einen *concours*, aber dieses Verfahren verhüllt nur unzureichend die Cliquen- und Einflussrivalitäten innerhalb und außerhalb der Universität. In Frankreich, wo keine Vorschrift den Universitätsprofessor zur Lehre verpflichtet (da er juristisch nur zur Erteilung der Universitätsgrade verpflichtet ist), ist die Abwesenheit von Professoren statistisch selten; in Italien dagegen, wo die Aufgaben eines *incaricato*-Professors juristisch genau festgelegt sind und er ausdrücklich wöchentlich mindestens drei Stunden unterrichten und seine Lehrtätigkeit auf drei Tage verteilen soll, ist eine erhebliche Zahl von Ordinarien nur selten oder überhaupt nicht in der Hochschule anzutreffen.

Der technokratische Begriff des »Ertrags« verbietet also eine Analyse des gesamten Funktionssystems, welche, konsequent durchgeführt, die implizite oder explizite Berufung auf das Postulat des »Allgemeinwohls« unmöglich machen müsste, indem sie zeigt, dass keine Funktion des Bildungswesens unabhängig von einem gegebenen Zustand der Struktur der Klassenbeziehungen bestimmt werden kann. Studenten verschiedener sozialer Herkunft akzeptieren die Verdikte des Bildungssystems nicht mit gleicher Bereitwilligkeit und sind schon gar nicht in gleichem Maße bereit, widerspruchslos zweitrangige Studien und Berufe einzuschlagen (das heißt die Lehrberufe oder die mittleren Angestellten, auf die die Fakultäten und Fächer vorbereiten, in die die einen abgedrängt werden, während die anderen in ihnen ein Refugium finden), weil selbst für intellektuelle Lehrlinge die Relationen zwischen Bildungs- und Wirtschaftssystem, und das heißt hier: dem Arbeitsmarkt, mit der Situation und Position der sozialen Herkunftsklasse verbunden bleiben, welche durch das Klassenethos als dem Prinzip der Berufsziele vermittelt werden. Wenn man diese Relationen beiseitelässt, reduziert man das gesamte Relationssystem, das die Einstellung einer Gruppe von Individuen zu ihren Berufschancen bestimmt, auf die mechanischen Auswirkungen von Angebot und Nachfrage auf dem Arbeitsmarkt. Schumpeter vollzieht eine solche Reduktion, wenn er zwischen der an den Berufschancen gemessenen relativen Überproduktion von Diplomierten und dem Auftreten revolutionärer Tendenzen bei den Intellektuellen eine unmittelbare und einfache Relation herstellen will.[5] Ebenso beschränkt Vermot-Gauchy in seinem Versuch, eine »Bildungspolitik« zu formulieren, seinen eigenen Anspruch von vornherein auf den Ehrgeiz, »Art und Ausmaß der Berufsaussichten festzustellen, die für die kommenden Generationen und die jetzt aktive Bevölkerung bestehen«.[6] Um diesen »Qualifikationsbedarf« zu berechnen, schließt er von der wahrscheinlichen Produktion in den verschiedenen Wirtschaftsbereichen auf die hierfür notwendigen Arbeitskräfte, von der Vorausberechnung der in einem Bereich erforderlichen Arbeitskräfte auf seinen »Qualifikationsbedarf«, von diesem auf das

5 J. Schumpeter, *Capitalisme, socialisme et démocratie*, Paris: Payot, 1961, S. 254-259 [*Kapitalismus, Sozialismus und Demokratie*, Bern: Francke, 1950, S. 235-251].

6 M. Vermot-Gauchy, *L'éducation nationale dans la France de demain*, Monaco: Rocher, 1965, S. 75.

zu seiner Befriedigung notwendige Ausbildungsniveau und den Inhalt der erforderlichen Qualifikationen.

Eine solche formal untadelige Ableitung (wenn man die Näherungen und Stabilitätshypothesen berücksichtigt, die für jede »Projektierung« notwendig sind) beruht auf einer Definition des »Bedarfs«, die nur dank einer oberflächlichen Analogie glaubwürdig erscheint. Entweder man bezeichnet nur das als »Bedarf«, was man im Hinblick auf ein technokratisches Ideal wirtschaftlicher Nationalehre als der Befriedigung würdig erachtet, oder man erkennt sämtliche Formen von Bildungsnachfrage als »Bedarf« an.[7] Nichts verbietet, die erste Möglichkeit dieser Alternative zu wählen und den gegebenen Stand eines Bildungssystems mit dem reinen Modell eines Systems zu vergleichen, das ausschließlich und eindeutig durch seine Fähigkeit definiert wäre, den Erfordernissen der Wirtschaftsentwicklung zu genügen. Da es aber keine Gesellschaft gibt, in der das Bildungswesen ausschließlich die Rolle eines rein ökonomischen Zwecken gehorchenden Industriebetriebes spielt, da die Produktion für den Bedarf der Wirtschaft nicht überall das gleiche Gewicht im Funktionssystem besitzt, da sich die Besonderheit des Bildungssystems und seiner »Produktionstechniken« in der Besonderheit seiner Produkte reproduziert, während die Besonderheit des kapitalistischen oder sozialistischen Systems sich keineswegs in kapitalistischem oder sozialistischem Stahl ausdrückt, kann man den »Bedarf der Wirtschaft« oder der »Gesellschaft« nur

7 Eine Bildungsnachfrage existiert auf zwei Ebenen: zunächst beim Eintritt ins Bildungssystem als Nachfrage nach Ausbildungsplätzen; der Bedarf des Arbeitsmarktes, der das Überangebot an Diplomierten mit Arbeitslosigkeit oder Unterbeschäftigung straft, zeigt sich erst viel später. Die Bildungsnachfrage, die in der stärkeren Bildungsbeteiligung aller sozialen Klassen und der Verlängerung der Schulzeit zum Ausdruck kommt, gehorcht Gesetzen, welche zum Teil von den Bedarfszahlen und Ausbildungserfordernissen, die wirtschaftsorientierte Bildungsplanung befriedigen soll, ganz unabhängig sind. In seiner Vorausberechnung der Schülerzahlen geht der Robbins-Report von dieser Art der Nachfrage (die eng mit der Hebung des Lebensstandards und einer veränderten Einstellung der sozialen Klassen zur Bildung zusammenhängt) aus und verlässt sich weniger als Vermot-Gauchy auf die Möglichkeit einer genauen Vorausberechnung des technischen Bedarfs auf dem Arbeitsmarkt (der langfristig von den Zufällen des Wachstums und unvorhersehbaren technischen Neuerungen abhängt), vgl. Great Britain Committee on Higher Education (Hg.), *Higher Education Report of the Committee Appointed by the Prime Minister under the Chairmanship of Lord Robbins, 1961-1963*, London: HMSO, 1963.

durch einen ideologischen Gewaltakt als die einzig rationale und vernünftige Grundlage eines Konsens über Art und Hierarchie der Funktionen ausgeben, die das Bildungssystem undiskutiert übernehmen soll. Die technokratische Ideologie verurteilt die »Motivationen« oder »Berufungen«, die einen Teil der Studenten heute zu »unproduktiven« Studien und Karrieren veranlassen, als irrational, ohne zu merken, dass sie das Produkt des schulischen Einflusses und sozialer Wertvorstellungen sind. Sie verrät damit, dass sie keine anderen rationalen Ziele kennt als die objektiv durch die Strukturen eines bestimmten Wirtschaftstyps gegebenen Zwecke.[8] Die sozio-logisch unmögliche Idee eines auf seine bloße ökonomische Funktion reduzierten Bildungssystems wäre nicht so verbreitet, wenn sie nicht unter dem Deckmantel der technischen Funktion die sozialen Funktionen des Bildungssystems und vor allem jene der Perpetuierung und Legitimierung der Struktur der Klassenbeziehungen in aller Unschuld wieder ins Spiel brächte. Verschweigt man die Relation zwischen dem Wirtschaftssystem, dem das Bildungssystem unterworfen wird, und der gegebenen Struktur der Klassenbeziehungen und setzt einen bestimmten Zustand der Wirtschaft als selbstverständlich voraus, dann bestätigt man die gegebenen sozialen Machtverhältnisse, indem man sie in die Form eines von den sozialen Machtverhältnissen angeblich unabhängigen wirtschaftlichen Bedarfs kleidet. Es ist nicht verwunderlich, dass diesem Idealismus des »Allgemeinwohls« die Struktureigenschaften und Funktionscharakteristika entgehen, die jedes Bildungssystem der Gesamtheit seiner Relationen mit den anderen Subsystemen, und das heißt: dem Funktionssystem, verdankt, das seine spezifische Struktur in einer gegebenen historischen Situation durch die Struktur der Klassenbeziehungen erhält; umso weniger ist es verwunderlich, dass dieser panökonometrische Monismus die spezifischen Eigenschaften übersieht, die Struktur und Funktionsweise des Bildungssystems seiner ihm eigenen Funktion der Tradierung der Kultur verdanken; und schließlich ist es nicht verwunderlich,

8 Nur eine wissenschaftliche Erkenntnis der Funktionsprinzipien des Bildungssystems und der in den verschiedenen sozialen Klassen bestehenden Einstellungen zu Bildung und Bildungswesen bietet also eine verlässliche Basis, wenn man nicht voraussagen will, wie die wünschenswerte Verteilung der Bildungspopulation auf die verschiedenen Bildungszweige und Schultypen aussehen sollte, sondern wie sie in einer gegebenen Frist wahrscheinlich aussehen wird.

dass die naive Allianz zwischen kalkulatorischem Evolutionismus und reformatorischem Voluntarismus zu einer negativen Soziologie verurteilt, die nichts anderes als Mängel und Verstöße gegen eine exemplarische Rationalität (»Archaismus«, »Restbestände«, »Verspätung«, »Hindernis« oder »Widerstand«) feststellen und die pädagogische Besonderheit und historische Einzigartigkeit von Bildungssystemen infolgedessen nur *ex negativo* darstellen kann.

Undifferenziertheit der Funktionen und Indifferenz gegenüber Differenzen: Die Unzulänglichkeit vorliegender interkultureller Vergleiche

Man möchte annehmen, dass eine Forschungsrichtung, die die Originalität einer Kultur in der Einheit ihrer Elemente zu beschreiben sucht und, wie die konfigurationistische Schule, durch ihr Interesse für Erziehungsformen bekundet, dass sie die Analyse einer Kultur nicht von der Analyse ihrer Vermittlung trennen will, von der Abstraktionsgefahr frei ist, die die Ausblendung der »Konfigurationen« darstellt. Wenn man die Kultur als konkrete Totalität postuliert, die unteilbar ihre eigene Kausalität hervorbringt, gibt man sich zwar die Möglichkeit, die verschiedenen Aspekte einer Kultur auf eine Art Urformel – »Zeitgeist« oder »Nationalcharakter« – zurückzuführen, läuft aber Gefahr, die Besonderheit der verschiedenen Subsysteme zu vernachlässigen, indem man jedes einzelne so behandelt, als gehorchte es nur der einen immer gleichen ursprünglichen Dynamik, welche in jeder ihrer Erscheinungsformen unmittelbar und total gegenwärtig sei. Reduziert sich die Forderung nach totaler Erfassung der besonderen Relationen auf eine Totalitätsphilosophie, der zufolge alles in allem sei, führt sie ebenso unweigerlich in die Irre wie die technokratische Ideologie: Besonderheit und relative Autonomie des Bildungssystems werden übersehen, damit wird die *Systemwirkung* vernachlässigt, die einer Funktion im Funktionssystem oder einem Element (Organisation, Bevölkerung) in der Struktur und ihrer Entstehung Bedeutung und funktionales Gewicht verleiht. Während die einen die relativ autonome Geschichte des Bildungssystems auf das abstrakte Schema einer einzigen, geradlinigen und universalen Evolution reduzieren, die nur Stadien eines morphologischen Wachstums oder Etappen im Prozess formaler und äußerlicher Rationalisierung kennt, reduzieren die anderen die Besonderheit, die das Bildungssystem seiner relativen Autonomie verdankt, auf die »Originalität« einer »Nationalkultur«. Auf diese Weise lassen sich willkürlich entweder die letzten Werte einer Gesellschaft in ihrem Bildungssystem oder die Auswirkungen des Bildungswesens in den diversesten Eigenschaften seiner Kultur wiederfinden. So hält Jessie R. Pitts die als »Bande« beschriebene »Gruppe der Schulkameraden« für den »Prototyp der in Frankreich außerhalb der Kern- und Großfamilie bestehenden Solidaritätsgruppen« und erkennt beispielsweise in der »Verschwörung des Schweigens gegenüber der Obrigkeit« die »Aggressivität gegenüber Eltern und Lehrern« wieder.[9] Zugleich aber sieht er auch die pädagogische Beziehung als bloße Spiegelung der »kulturellen Themen« des ewigen Frankreichs: »In seiner Beziehung zum Lehrer sieht sich das Kind vor einer der typischsten Inkarnationen der französischen doktrinär-hierarchischen Werte.«[10] Überall, in der Schule wie in der Familie, in bürokratischen Organisationen wie in der wissenschaftlichen Welt, soll als »charakteristische Konstante der französischen Gesellschaft« oder des »französischen Kultursystems« eine Art der Einstellung zum Nächsten und zur Welt vorherrschen, die dogmatisch durch eine Fülle abstrakter Schlüsselbegriffe charakterisiert wird: »Autoritarismus«, »Dogmatismus«, »Abstraktheit«. Da die »kulturalistische« Soziologie die spezifischen Mechanismen ignoriert, mit deren Hilfe das Bildungswesen zur Reproduktion der Sozialstruktur beiträgt, indem es die ungleiche Verteilung des kulturellen Kapitals zugleich perpetuiert und legitimiert, verfällt sie immer wieder ihrer Vorliebe für tautologische Entsprechungen, geheimnisvolle Parallelen und willkürliche Gleichsetzungen, die sich selbst als Erklärungen dienen. Der Anspruch, mit einem intuitiven Gewaltakt sofort in das Grundprinzip des kulturellen Systems vorzustoßen, ist nirgends so unhaltbar wie im Fall einer Klassengesellschaft, wo er die Weigerung beinhaltet, die unterschiedlichen Verhaltensstufen und -typen und die unterschiedlichen Einstellungen der verschiedenen Klassen zu ihrem

9 J. R. Pitts, »Continuité et changement au sein de la France bourgeoise«, in: *A la recherche de la France*, Paris: Seuil, 1963.
10 Ebd., S. 288.

Verhalten zu analysieren.[11] Tatsächlich verdankt ja das Bildungssystem seine besondere Struktur sowohl den mit seiner Funktion der Tradierung eines kulturellen Wertsystems verbundenen transhistorischen Notwendigkeiten als auch dem Stand des Funktionssystems, durch den die unterschiedlichen historischen Bedingungen, in denen es seine Funktion erfüllt, charakterisiert sind. Wenn man die in Frankreich unter Studenten und Professoren weitverbreitete »Begabungs«- und Virtuositätsideologie als bloßes Relikt eines »aristokratischen Kults der Heldentat« ansieht, verbietet man sich die Einsicht darein, dass diese Ideologie (und die mit ihr notwendig verbundene Praxis) im Bildungswesen dazu dient, dass mit der pädagogischen Arbeit selbst die Anerkennung der Legitimität der pädagogischen Arbeit bewirkt wird. Diese Anerkennung ist zugleich die notwendige Vorbedingung für ihre Wirksamkeit und, sofern sie wirksam ist, ihre Wirkung. Diese Ideologie entspricht zweifellos am besten der besonderen Form des Bedarfs nach Reproduktion und Legitimierung der Struktur der Klassenbeziehungen. Aber es müssen auch die Varianten dieser Ideologie je nach der unterschiedlichen Stellung ihrer Träger in der Struktur des Bildungswesens (Professoren oder Studenten, Lehrende an Hochschulen oder höheren Schulen, Studenten der Philosophischen oder Naturwissenschaftlichen Fakultät) und nach der Einstellung untersucht werden, die die Betroffenen entsprechend ihrer Stellung oder sozialen Herkunft zu ihrer Position haben. Man würde sonst eine »soziologische« Abstraktion durch eine »historische« Abstraktion erklären und beispielsweise den akademischen Kult für verbale Heldentaten mit dem nationalen Kult für künstlerische oder kriegerische

11 So haben die japanischen Spezialisten in ihrer Kritik am Werk von Ruth Benedict, *The Chrysanthemum and the Sword*, vor allem die Leichtfertigkeit und den Mangel an Präzision angegriffen, zu denen eine solche Verwendung der »Gesamtschau« führt: Wer ist, fragen sie, jener Japaner, der einmal als »proverbial man in the street« und ein andermal als »everyone« oder »anybody« bezeichnet wird? Minami wendet ein, dass »die meisten Schemata nur für die militärischen und faschistischen Cliquen des letzten Krieges zutreffen«, und Watsuyi bemängelt, dass »ihre Schemata keiner identifizierbaren Gruppe innerhalb der japanischen Gesellschaft entsprechen«. Die meisten Kritiker werfen die Frage auf, wie derartig exzessive Verallgemeinerungen »mit der offenkundigen Heterogenität der japanischen Gesellschaft zu vereinbaren sind«, vgl. J. Bennett, M. Nagai, The Japanese Critique of the Methodology of Benedict's Chrysanthemum and the Sword, *American Anthropologist* 55, 1953, S. 405-410.

Heldentaten verbinden, nicht ohne gleichzeitig zu insinuieren, dass die Ontogenese die Phylogenese, die Biographie die Geschichte erklärt: »Ursprünglich galt als Heldentat, wenn man aufgrund einer spontanen und unvorhersehbaren Entscheidung eine durch ihre Tapferkeit ausgezeichnete Handlung vollbrachte, die zugleich klaren und von alters her bekannten Prinzipien gehorchen musste. In Roncevaux hatte Roland, getragen vom Glauben an die Prinzipien des Rittertums, Gelegenheit, eine denkbar schlechte Situation in einen glänzenden Triumph des Geistes umzuwandeln [...]. Heldentaten können auf allen sozialen Ebenen vollbracht werden. Die Juwelierarbeit eines Pariser Goldschmieds, das sorgfältige Brennen eines Likörs durch den Bauern, die stoische Haltung eines Zivilisten in der Gestapofolter oder die gesellige Galanterie Marcel Prousts im Salon der Madame de Guermantes sind alles Beispiele für Heldentaten im modernen Frankreich.«[12] Um aus dem *circulus vitiosus* der Themenanalyse auszubrechen, jener touristischen Rundreise durch »gemeinsame Themen«, die schließlich bei »Allgemeinplätzen« landen muss, bleibt, wie man sieht, kein anderer Ausweg, als die impliziten Werte der Geschichtsbücher durch die Geschichte der Geschichtsbücher zu erklären.

Man könnte glauben, dass die Untersuchung von Michel Crozier, der seine Theorie des »bürokratischen Phänomens« auf das französische Bildungssystem anzuwenden versucht, nicht jenem ganzheitlichen Synkretismus kulturalistischer Vogelflugbeschreibungen verfällt. Leider reichert diese Untersuchung, indem sie die Abstraktheit der systematischen Bürokratieanalyse durch »konkrete« Anleihen bei den kulturalistischen Schilderungen der »französischen Kultur« zu korrigieren vorgibt, nur die theoretischen Irrtümer des technokratischen Denkens mit jenen des Kulturalismus an. Sie ignoriert die relative Autonomie der verschiedenen Subsysteme und kann deshalb in ihnen allen und vor allem im Bildungssystem nur die Projektion der allgemeinsten Charakteristika der französischen Bürokratie sehen, welche ihrerseits durch eine Kreuzung zwischen den allgemeinsten Tendenzen der modernen Gesellschaften und den allgemeinsten Tendenzen des Nationalcharakters gewonnen sind. Wenn man von Anfang an behauptet, dass »das Bildungssystem einer Gesellschaft ihr soziales System spiegelt«,

12 Pitts, »Continuité et changement«, S. 273 f.

reduziert man die Bildungsinstitutionen allzu leichtfertig auf ihre Grundfunktion der »sozialen Kontrolle«, gemeinsames Residuum aller ihrer spezifischen Funktionen; muss man all das ignorieren, was das Bildungssystem seiner besonderen Funktion und vor allem der spezifischen Art verdankt, mit der es die ihm äußerlichen Funktionen unter bestimmten historischen und gesellschaftlichen Gegebenheiten erfüllt.[13] Charakteristische Züge der Bildungsinstitutionen wie die Ritualisierung der Lehre oder die Distanz zwischen Lehrer und Schüler sind für Crozier nur insofern fassbar, als er Kennzeichen bürokratischer Logik an ihnen wahrnehmen kann. Er verkennt damit spezifisch pädagogische Tendenzen und Erfordernisse, wie es sie in allen institutionalisierten Bildungssystemen gibt, selbst wenn diese wenig oder gar nicht bürokratisiert sind. Die Tendenz zur pädagogischen »Routine«, die unter anderem in der Produktion eigens durch und für das Bildungswesen geschaffener intellektueller und materieller Instrumente – Handbücher, Lehrkörper, Topik usw. – zum Ausdruck kommt, taucht mit den ersten Anzeichen der Institutionalisierung bereits in traditionellen Schulsystemen auf, die, wie die antiken Rhetoren- und Philosophenschulen oder die Koranschulen, keinerlei Züge der bürokratischen Organisation tragen. Erinnert man sich außerdem an die *epideixis* der Sophisten, die als kleine Privatunternehmer im Bildungssektor noch gezwungen waren, das Publikum mit Prophetenpraktiken einzufangen, um eine pädagogische Beziehung herzustellen, oder an die Verwirrungstechniken, mit deren Hilfe die japanischen Zenmeister ihre geistige Autorität bei einem Aristokratenpublikum durchsetzten, erscheint es zweifelhaft, ob sich die verbalen »Heldentaten« des Professors und ihr Distanzierungseffekt durch das »Vorhandensein eines Grabens zwischen Schüler und Lehrer, der die Klassentrennung des bürokratischen Systems reproduziert«, oder nicht vielmehr durch die spezifisch pädagogische Notwendigkeit erklären, im Unterricht die pädagogische Autorität des Lehrers durchzusetzen, sei diese nun persönlich oder durch eine Institution

13 M. Crozier, *Le phénomène bureaucratique*, Paris: Seuil, 1963, S. 309. Dort liest man auch: »Wenn unsere Hypothesen zutreffen, müssten wir im französischen Bildungssystem die charakteristischen Elemente des bürokratischen Systems wiederfinden, da diese Elemente um das Problem der sozialen Kontrolle organisiert sind und nur fortbestehen können, wenn sie durch die Erziehung tradiert und gestärkt werden.«

delegiert. Analog vermischt Crozier zwei Tatsachen, die so unvereinbar sind wie die Relationssysteme, zu denen sie gehören, wenn er die institutionellen Garantien für die »Unabhängigkeit« der Hochschulen nur als eine Form bürokratischer Statusgarantien ansieht: Auf der einen Seite steht die Autonomie, welche die Professoren als der gemeinsamen staatlichen Verwaltungsgesetzgebung unterworfene Beamte gefordert und erhalten haben, auf der anderen Seite die pädagogische Autonomie, die von der mittelalterlichen »Korporation« übernommen ist. Nicht etwa mechanische Trägheit oder verbohrte Beharrlichkeit, sondern nur die für jedes bürokratisierte oder nichtbürokratisierte Bildungssystem charakteristische Tendenz, äußere Forderungen umzudeuten und sie der eigenen Funktion anzupassen, erklären den Widerstand der Professorenschaft gegen jede fremde Definition ihrer Aufgaben. Sie mobilisiert ihren Widerstand im Namen der Ideologie von der Freiheit der Lehre, die sich auf Autonomietraditionen beruft, welche sie einer relativ autonomen Geschichte verdankt.[14]

Kurz, wenn man nicht zugibt, dass ein besonderes Bildungswesen durch einen besonderen Typ und eine besondere Stufe von Autonomie gekennzeichnet ist, simplifiziert man alle besonderen Charakteristika des Bildungswesens zu einfachen Modalitäten spezifischer Prozesse wie der allgemeinen Tendenz zur Bürokratisierung, während diese Charakteristika der Institution und der Unterrichtspraxis aus der Macht des Bildungswesens herrühren, die ihm fremden Funktionen entsprechend den ihm eigenen Prinzipien seiner Lehrpraxis zu erfüllen. Wenn man alle Relationen zwischen Systemen mit dem metaphorischen Schema der »Spiegelung« oder, schlimmer noch, der sich gegenseitig spiegelnden Spiegelungen beschreibt, löst man die unterschiedlichen Funktionen der verschiedenen Systeme in ihren Relationen zu den sozialen Klassen in allgemeiner Undifferenziertheit auf. Nicht zufällig fehlt jeder Verweis auf die Struktur der Klassenbeziehungen sowohl in den meisten Bürokratiestudien als auch in den Untersuchungen über das Verhältnis zwischen Bürokratie und Bildungssystem. Häufig werden Verhalten und Werte der *grands corps* unvermittelt mit der in den

14 »Die französischen Lehrkräfte haben als Erste Statusgarantien erhalten, die sie vor jeder Willkür schützen. Sie müssen zwar im Allgemeinen noch recht strenge Programme befolgen, besitzen aber im übrigen völlige persönliche Unabhängigkeit« (ebd., S. 311).

verschiedenen Grandes Écoles erteilten Ausbildung in Verbindung gebracht, wobei hartnäckig verschwiegen wird, dass aufgrund der durch das System der Grandes Écoles vollzogenen sozialen Auslese die ehemaligen Schüler dieser Institutionen in den Staatsapparat – für den sie dank des Systems der Grandes Écoles das Monopol besitzen – nur das Verhalten und Wertsystem importieren, das sie ihrer Zugehörigkeit zu bestimmten Gruppen der herrschenden Klassen verdanken (Distanz gegenüber der eigenen Rolle, Flucht in die Abstraktion usw.). Die gleichen Soziologen sehen im typischen Verhalten des unteren Verwaltungspersonals (Tendenz zum Formalismus, zum Pünktlichkeitsfetischismus oder zur sturen Befolgung des Reglements) oft nur das bloße Produkt der bürokratischen Organisation. Dabei ließe sich ganz einfach zeigen, dass diese Charakteristika, die auch außerhalb der bürokratischen Situation auftreten können, dem System von Einstellungen (*Ethos*) entsprechen, das die Kleinbürger als Anständigkeit, peinliche Genauigkeit, Strenge und Bereitschaft zu moralischer Entrüstung ihrer Klassenlage verdanken, und sich hier nur gemäß der Logik der bürokratischen Situation ausdrücken. Das Kleinbürgertum ist deshalb besonders darauf vorbereitet, die Wertvorstellungen des öffentlichen Dienstes und die von der bürokratischen Ordnung geforderten »Tugenden« zu übernehmen; hinzu kommt, dass die Verwaltungslaufbahn einen der wichtigsten Wege zum sozialen Aufstieg darstellt. Analog ließe sich zeigen, dass Studenten aus den Mittelklassen oder dem Lehrermilieu und erst recht Studenten, die Kinder von Volksschullehrern sind, eine Einstellung zur Bildung besitzen (Bildungsbeflissenheit und Arbeitsmoral beispielsweise), die nur verständlich ist, wenn man das schulische Wertsystem, welches an der Wurzel des Wertes liegt, den die mittleren Klassen Bildungswerten zuschreiben, zum *Ethos* der mittleren Klassen in Relation setzt. Man kann die wahren Homologien zwischen Bürokratie und Bildungssystem also nur fassen, wenn man, statt banale Ähnlichkeiten zu konstatieren, die Relationen zwischen den Subsystemen mit der Struktur der Klassenbeziehungen verbindet und die Homologie ihrer Relationen zu den sozialen Klassen zeigt. So wie die technokratische Interpretation mit dem Begriff »Ausbildungsbedarf der Wirtschaft« alles verdeckte, was in den Relationen zwischen Wirtschaftssystem und Bildungssystem auf eine gegebene Struktur von Klassenbeziehungen – und im vorliegenden Sonderfall heißt das, auf eine bestimmte Konfiguration pädagogischer Klasseninteressen – zurückgeht, suggeriert der Allzweckfunktionalismus mit dem amorphen Begriff der »sozialen Kontrolle«, dass das Bildungssystem gegenüber der »Gesamtgesellschaft« eine unsichtbare und undifferenzierte Funktion erfüllt, und verbirgt, dass dieses System, indem es dazu beiträgt, die bestehende Struktur der Klassenbeziehungen zu reproduzieren, tatsächlich der »Gesellschaft« im Sinne der »Sozialordnung« dient und damit den pädagogischen Interessen der Klassen, die von dieser Ordnung profitieren.

Der Erfolg all dieser Ganzheitsphilosophien, die sämtlich für Unterschiede indifferent sind und besonders für Klassenunterschiede, wird aber nur dann verständlich, wenn man die eigentlich intellektuellen Funktionen ihres Schweigens und ihrer Scheu, ihrer Auslassungen, Präteritionen und *lapsus* in Betracht zieht oder wenn man jene Verschiebungen und Übertragungen untersucht, mit deren Hilfe sie die »Vereinheitlichung«, »Vermassung« und »Planetarisierung« als Themen konstruieren. Die Gefügigkeit gegenüber den Prinzipien der herrschenden Ideologie setzt sich bei den Intellektuellen nur über die Anpassung an die Konventionen und Schicklichkeiten der intellektuellen Welt durch. Dabei gilt der Verweis auf Klassengegensätze heute in Frankreich, je nach Gruppe und Situation, als ideologisches Vorurteil, das die Hüter der wohlanständigen Objektivität mit einer mondänen Grimasse abtun – Schnitzer eines rückständigen Provinzlers, der die patentierten Repräsentanten einer importierten Soziologie bekümmert. Für die Seiltänzer der »Modernität« gibt es da nur die Flucht nach vorn. In ihrer Panik, eine ideologische Revolution zu verpassen, sind sie immer eifrig dabei, die allerneueste »neue Klasse«, »neue Entfremdungen« oder »neue Widersprüche« zu erspähen.

Die Berufung auf Klassenunterschiede gilt als Philistersakrileg oder böotische Taktlosigkeit, die bei den gläubigen Anhängern der jeweils neuesten künstlerischen und kulturellen Mysterien nur ethischen und ästhetischen Unwillen erregt; sie kann auch als indiskutable und des Spiels der Paradoxe unwürdige Plattitüde erscheinen, die nur jene geschmacklosen Meinungsverschiedenheiten wieder heraufbeschwört, welche mithilfe der »anthropologischen« Meditation über die Tiefen des gemeinsamen Fundus so herrlich ausgeklammert worden waren. Wüsste man nicht, dass die bei intellektuellen Gruppen gängigen Ideologien ihre intellektuelle und sogar politische Bedeutung niemals unmittelbar aus der Position einer Gruppe in der Struktur der Klassenbeziehungen erhalten, sondern immer zugleich aus ihrer Position im intellektuellen Feld, müsste diese Indifferenz gegenüber Klassenunterschieden unverständlich bleiben. Ihre konservative Funktion ist offenbar, und doch kann sie widerspruchslos mit Ideologien einhergehen, die mit rituellen Zauberformeln den Klassenkampf beschwören. Gewisse besonders radikale »Kritiker« des Bildungssystems vernebeln durch ihren »Protest« gegen das als Indoktrinierungsinstrument angesehene Bildungssystem gerade den Klassencharakter seiner spezifischen Funktion: Indem sie die mit jeder Sozialisation verbundenen Frustrationen und vor allem die sexuelle Frustration hervorheben und außer Acht lassen, dass selbst die elementarsten Zwänge und Entbehrungen in ihrer spezifischen Form für die verschiedenen sozialen Klassen unterschiedlich schwer wiegen, führen solche Ideologien nur zu einer einhelligen Verurteilung der Pädagogik überhaupt als undifferenzierter Repression. All das soll unmittelbar zu einer Weltrevolte gegen die »repressive Gesellschaft« führen, welche in einer Art impressionistischer Faszination unmittelbar mit den politischen, wirtschaftlichen, bürokratischen, kulturellen und familiären Hierarchien gleichgesetzt wird. Allein dass alle diese Ideologien nach der *elementaren Entfremdung* suchen, die mit dem pathetischen Hinweis auf die »Modernität« nur fiktiv spezifiziert und verurteilt wird, zeigt, dass sie auf einer synkretistischen Vorstellung von Herrschaftsverhältnissen beruhen. Die undifferenzierte Revolte gegen den Professor-Mandarin gilt ihnen als Prinzip für den allgemeinen Umsturz der Hierarchien. Sie verkennen also ebenso wie das technokratische und kulturalistische Denken die relative Autonomie des Bildungssystems und seine Abhängigkeit von den sozialen Klassen.[15]

15 Diese kritischen Ideologien teilen die Indifferenz für Differenzen mit ihrem Lieblingsfeind, der Technokratie, und unterscheiden sich von dieser nur in der Anwendung; sie fixieren die Soziologie auf die Suche nach der Elementarentfremdung und stellen ein ideologisches System auf, dessen beliebteste und am häufigsten zitierte Elemente soziologische Kategorien sind, die unmittelbar die Illusion der Einheitlichkeit schaffen (»Zeitungsleser«, »Altersklasse«, »Jugend« oder Benutzer von »Krankenhäusern, Wohnblocks und öffentlichen Verkehrsmitteln«). Das faszinierte Interesse für Vereinheitlichungs- und/oder Entfremdungswirkungen des Fernsehens oder der *Massenmedien*, der Automation oder der technischen Objekte und, allgemeiner, der »technischen Zivilisation« oder der »Konsumgesellschaft« gehorcht dem gleichen Mechanismus.

Eigenfunktion und ideologische Funktion der Verschleierung äußerer Funktionen der Eigenfunktion: Die Selbsterhaltung des Bildungssystems und seine sozialkonservative Funktion

Wenn man feststellt, dass Studien über das Bildungswesen, die auf scheinbar gegensätzlichen Sozialphilosophien wie dem evolutionistischen Ökonomismus oder dem kulturalistischen Relativismus beruhen, die gleichen methodischen Fehler begehen, ist man verpflichtet, den Ansatz zu einer theoretischen Konstruktion zu suchen, die diese Fehler korrigieren könnte. Zwar gibt die kulturalistische Methode vor, jene Elemente, die die technokratische Methode aus dem Relationszusammenhang reißt, der das Bildungssystem als solches und seine Verbindung zu den anderen Systemen konstituiert, in den ursprünglichen kulturellen Kontext zurückzuversetzen. Dennoch ignorieren beide Ansätze die relative Autonomie des Bildungssystems. Vor allem verschleiern sie, indem sie sich einerseits auf den undifferenzierten Begriff der Nationalökonomie und andererseits auf den synkretistischen Begriff der Nationalkultur berufen, wie stark das Bildungssystem durch seine Abhängigkeit von der Struktur der Klassenbeziehungen bestimmt ist. Die Kritik an dem gemeinsamen Fehler beider Ansätze liefert aber noch nicht den Schlüssel zu der eigentlichen Relation zwischen der relativen Autonomie des Bildungssystems und seiner Abhängigkeit von der Struktur der Klassenbeziehungen. Wie kann man die Möglichkeit zur Autonomie, die das Bildungswesen seiner Eigenfunktion verdankt, darstellen, ohne den Klassencharakter seiner Funktion zu übersehen, der ihm in einer Klassengesellschaft unweigerlich anhaftet? Wenn man es unterlässt, die spezifischen Charakteristika zu analysieren, die jedes Bildungssystem seiner Eigenfunktion des Lehrens verdankt, verbietet man sich paradoxerweise, nach den äußeren Funktionen zu fragen, die das Bildungssystem gleichzeitig mit seiner Eigenfunktion erfüllt. Man verbietet sich dann auch die Frage nach der äußeren Funktion, die die Verschleierung der Relation zwischen der Eigenfunktion und den äußeren Funktionen der Eigenfunktion erfüllt. Es ist nicht leicht, gleichzeitig die relative Autonomie des Bildungssystems und seine Abhängigkeit von der Struktur der Klassenbeziehungen in den Blick zu bekommen, schwieriger noch, die Form ihrer Relationen vollständig darzustellen, da die Frage nach der Klassenfunktion des Bildungssystems das Verständnis seiner relativen Autonomie fast automatisch ausschließt; fest sitzt jene theoretische Tradition im Sattel, die sich Beziehungen zwischen dem Bildungssystem und den herrschenden Klassen nur instrumentell vorstellen kann. Umgekehrt ging die Analyse der durch die Eigenfunktion bedingten Charakteristika fast immer mit totaler Blindheit für die Relationen zwischen dem Bildungswesen und den sozialen Klassen einher, so als sei die Feststellung der Autonomie des Bildungswesens untrennbar mit der Illusion seiner Neutralität verbunden. Solange man annimmt, der Sinn eines beliebigen Elements einer Bildungsinstitution sei erschöpft, wenn man es mit dem eng definierten Interesse der herrschenden Klassen unmittelbar in Beziehung setzt, ohne nach seiner Relation zu den anderen Elementen des Bildungssystems zu fragen und zu untersuchen, inwieweit dieses System als solches zur Reproduktion der Struktur der Klassenbeziehungen beiträgt, verlässt man sich in einer Art finalistischem Pessimismus auf eine billige Erklärung *ad hoc* und *omnibus*. Wenn man sich weigert, die relative Autonomie des Staatsapparates anzuerkennen, verbietet man sich die Erkenntnis der geheimen Dienste, die der Staatsapparat den herrschenden Klassen leistet, indem er dank seiner Autonomie die Vorstellung vom Staat als über den Interessen stehendem Schiedsrichter verbreitet. Ebenso verhindern die schematischen Angriffe gegen die »Klassenuniversität«, die von vornherein die »letztliche Identität« zwischen Bildung und Kultur der herrschenden Klassen, kultureller Schulung und ideologischer Indoktrinierung, pädagogischer Autorität und politischer Macht behaupten, gerade die Analyse der Mechanismen, durch die indirekt und vermittelt Übereinstimmungen zustande kommen, die durch strukturelles Gefälle, Doppelspiel der Funktionen und ideologische Verschiebungen ermöglicht werden.

Durkheim geht von der relativen Autonomie des Bildungssystems und seiner Fähigkeit aus, die äußeren Forderungen im Sinne seiner eigenen Logik umzudeuten und die historischen Gelegenheiten zu nutzen. Damit schafft er sich zumindest die Möglichkeit, das besondere Beharrungsvermögen von Bildungsinstitutionen zu erklären. Er zeigt die transhistorische Permanenz der zur Erfüllung der Eigenfunktionen verwendeten Methoden und die spezifischen Tendenzen jeder professionellen Lehrerschaft.[16]

In seiner Einleitung zu *L'évolution pédagogique en France* hebt Halbwachs hervor, dass eines der Verdienste des Werkes darin liegt, dass die Langlebigkeit der Bildungstraditionen mit dem »Eigenleben« des Bildungssystems erklärt wird: »In jeder Epoche stehen die Bildungsorgane in enger Beziehung zu den anderen Institutionen der Gesellschaft, ihren Sitten, Vorstellungen und herrschenden Ideen. Sie besitzen aber außerdem ein Eigenleben, eine Entwicklung, die relativ autonom verläuft und in deren Fortgang sie viele Züge ihrer alten Struktur bewahren. Sie wehren sich gelegentlich gegen äußere Einflüsse, indem sie sich auf ihre Vergangenheit berufen. Die Aufteilung der Universitäten in Fakultäten, das System der Examina und Diplome, Internate und Schulstrafen bleiben beispielsweise unverständlich, wenn man nicht bis zu dem Zeitpunkt in die Vergangenheit zurückgeht, an dem die Institution errichtet wurde; einmal entstanden, bleiben diese Formen – sei es aufgrund einer Art Trägheit, sei es, weil sie sich neuen Bedingungen anpassen können – immer weiter bestehen. Die pädagogische Organisation scheint uns deshalb jedem Wandel noch stärker abgeneigt,

16 Amerikanische Soziologen werfen ihrem eigenen Bildungswesen beispielsweise Traditionen oder Dysfunktionen vor, die viele französische Autoren – häufig gestützt auf eine idyllische Vision des amerikanischen Systems – am französischen Bildungswesen kritisieren und auf vermeintlich nationale Eigenheiten der französischen Geschichte zurückführen: Auch die amerikanischen Universitäten weisen, obwohl sie nicht mit den Spuren einer mittelalterlichen Vergangenheit behaftet sind und nicht mit den Überbleibseln staatlicher Zentralisierung zu kämpfen haben, einige der typischen Charakteristika des französischen Bildungssystems auf (wenn auch weniger vollkommen), wie die Paukerei (*boning*); das institutionalisierte »Hindernisrennen«, auf das sich der Studiengang des Studenten reduziert; die Examensangst, die in dem Maße zunimmt, wie die Examina auch in den Vereinigten Staaten eine immer größere Rolle für den sozialen Erfolg spielen; der verbissene Konkurrenzkampf um Titel und Prädikate (*honours*), die den Einzelnen, vor allem, wenn er in die Hochschullaufbahn eintritt, sein ganzes Leben begleiten; die »intellektuelle Sklaverei« der Assistenten und Hilfskräfte, die unglaublich kümmerlichen (*unbelievably picayunish*) Doktorarbeiten, die in irgendeinem Bibliotheksregal ihre letzte Ruhestätte finden, die Unproduktivität der Professoren, die, einmal arriviert, den Platz besetzt halten, ohne weiter etwas zu tun (*who ease up*), die akademische Ideologie der Verachtung für Verwaltung und Pädagogik (vgl. L. Wilson, *The Academic Man. A Study in the Sociology of a Profession*, New York: Oxford University Press, 1942).

noch konservativer und traditionalistischer als sogar die Kirche. Es mag darauf zurückzuführen sein, dass ihre Funktion darin besteht, neuen Generationen eine Kultur weiterzugeben, deren Wurzeln in ferner Vergangenheit liegen.« Wenn man es unterlässt, die relative Autonomie des Bildungssystems und seiner Geschichte in die Analyse mit einzubeziehen und zu fragen, wie diese Autonomie und ihre besondere Form möglich waren, wenn man also nicht die Bedingungen untersucht, unter denen das Bildungssystem seine Eigenfunktion erfüllt, bleibt man, wie der Text von Halbwachs und sogar der Durkheimsche Versuch bezeugen, in einem Zirkelschluss befangen: Man erklärt die relative Autonomie des Systems aus der relativen Autonomie seiner Geschichte und umgekehrt.

Dass die Bildungsinstitutionen, wie Durkheim beobachtet, eine relativ autonome Geschichte aufweisen und sich institutionell ebenso langsam verändern wie die von ihnen vermittelte Bildung, erklärt sich aus fünf Umständen: Erstens besteht die pädagogische Arbeit (sei es im Rahmen des Bildungswesens, einer Kirche oder einer Partei) darin, Individuen zu produzieren, die durch einen längeren Transformationsvorgang mit dem Ziel einer identischen, dauerhaften und übertragbaren Schulung, die sie mit gemeinsamen Denk-, Auffassungs-, Beurteilungs- und Handlungsschemata ausstattet (Habitus), systematisch und dauerhaft verändert worden sind. Zweitens verlangt und erzeugt die Serienproduktion identisch programmierter Individuen die Produktion ihrerseits identisch programmierter Programmierer sowie Standardinstrumente der Konservierung und Vermittlung. Drittens ist der für eine systematische Veränderung des Transformationsvorganges nötige Zeitraum mindestens ebenso lang wie jener, der erforderlich ist, um serienmäßig veränderte Reproduzenten, das heißt Agenten hervorzubringen, die den Transformationsvorgang, der die von ihnen selbst erhaltene Ausbildung reproduziert, auch wirklich durchführen können. Viertens besitzt die Bildungsinstitution aufgrund ihrer Eigenfunktion als einzige Institution das Recht, die, denen sie die Aufgabe ihrer eigenen Perpetuierung überträgt, während des gesamten Ausbildungsganges allein auszulesen und zu schulen; sie befindet sich damit in der besten Ausgangsposition, um die Normen ihrer Selbstperpetuierung durchzusetzen, sei es auch nur in der Form, dass sie von ihrer Fähigkeit, äußere Normen umzudeuten, Gebrauch macht. Fünftens endlich bilden die Lehrenden das perfekteste Produkt des Produktionssystems, das zu reproduzieren unter anderem ihre Aufgabe ist.

Die spezifischen Charakteristika, die jedes Bildungssystem der ihm eigenen Lehrfunktion und seiner relativen Autonomie verdankt, welche zugleich Ergebnis und Vorbedingung dieser Funktion ist, wären nur unvollständig erklärt, ließe man die historischen und sozialen Bedingungen unberücksichtigt, die es dem Bildungssystem zu einem gegebenen Zeitpunkt gestatten, einen besonderen Typ und Grad von Autonomie zu realisieren. Es ist also notwendig, das System der Relationen zwischen dem Bildungssystem und den anderen Subsystemen zu konstruieren und diese Relationen in ihrem Verhältnis zur Struktur der Klassenbeziehungen zu bestimmen; dabei zeigt sich, dass die relative Autonomie des Bildungssystems immer die andere Seite einer Abhängigkeit ist, die durch die Besonderheit der Praxis und Ideologie, über welche diese Autonomie gebietet, mehr oder minder erfolgreich getarnt wird. Einem gegebenen Grad und Typ der Autonomie, das heißt einer bestimmten Form der Entsprechung von Eigenfunktion und äußeren Funktionen, entspricht demnach immer ein bestimmter Grad und Typ der Abhängigkeit gegenüber den anderen Systemen, das heißt, in letzter Instanz, gegenüber der Struktur der Klassenbeziehungen.[17] Durkheim konnte das von ihm beobachtete Bildungssystem für noch konservativer als die Kirche halten (während diese immer nur den Grenzfall der im Bildungssystem wirksamen Tendenzen darstellt), da es sein transhistorisches Autonomiestreben aufgrund der Tatsache, dass der pädagogische Konservatismus eine sozial konservative Funktion erfüllte, so weit treiben konnte, und zwar umso wirksamer, als diese Funktion verborgen blieb. Da Durkheim die sozialen und historischen Bedingungen nicht analysierte, welche die für das

17 Jedes Bildungssystem erfüllt in unterschiedlichem Maß und in einer jeweils durch die Struktur der Klassenbeziehungen bestimmten Form sämtliche Funktionen, die sämtlichen möglichen Relationen zu den anderen Systemen entsprechen. Seine Struktur und Arbeitsweise ist also immer im Hinblick auf eine bestimmte Struktur der möglichen Funktionen organisiert. Die Konstruktion des Systems der im Funktionssystem möglichen Konfigurationen wäre eine bloße Schulübung, könnte man die historischen Verbindungen nicht mit ihrer Hilfe als Sonderfälle aus der idealtypischen Gesamtheit möglicher Funktionsverbindungen darstellen und damit alle Relationen zwischen dem Bildungssystem und den anderen Subsystemen sichtbar machen, angefangen von den nicht vorhandenen oder negativen Relationen, die per definitionem am besten versteckt sind.

traditionelle Bildungswesen typische Harmonie zwischen der Form des Lehrens und dem Inhalt des Gelernten ermöglichten, musste er »die Bewahrung einer aus der Vergangenheit überkommenen Kultur« als Eigenfunktionen jedes Bildungssystems definieren und übersehen, dass es sich dabei nur um eine besondere Verbindung von Eigenfunktion und äußeren Funktionen handelt.[18] Wenn Kultur und Bildung, die zu lehren, zu bewahren und durch die pädagogische Autorität und den Lehrvorgang zu legitimieren die objektive Funktion des Bildungswesens ist, sich tendenziell auf eine Einstellung zu Kultur und Bildung reduzieren, welche als Monopol der oberen Klassen soziale Unterscheidungsfunktion besitzt, ist der *pädagogische Konservatismus*, der in seiner Extremform kein anderes Ziel des Bildungswesens kennt als das identischer Selbsterhaltung, der beste Verbündete des *sozialen und politischen Konservatismus*: denn er trägt unter dem Vorwand, die Interessen einer besonderen Berufsschicht und die autonomen Ziele einer besonderen Institution zu verfechten, in seinen direkten und indirekten Auswirkungen zur Erhaltung der Sozialordnung bei. Die Illusion, das Bildungswesen besitze gegenüber allen äußeren Anforderungen und besonders den Interessen der herrschenden Klassen absolute Autonomie, herrschte niemals so vollkommen wie in Zeiten, in denen zwischen seiner eigentlichen pädagogischen Funktion, seiner Funktion der

18 Durkheim bezieht also Charakteristika in die Definition der Eigenfunktion, das heißt der transhistorischen Funktion des Bildungssystems, ein, welche eigentlich nur einem bestimmten historischen Stand der Beziehungen zwischen Bildungssystem und Struktur der Klassenbeziehungen entsprechen. Er bezeichnet damit implizit eine historische Relation als transhistorisches Gesetz und vollzieht so erkenntnistheoretisch nichts anderes als eine »zufällige Verallgemeinerung«: Es handelt sich um eine historisch regelmäßig auftretende Erscheinung, für die es bis heute noch keine Ausnahme gegeben hat, deren Gegenteil aber sozio-logisch möglich bleibt. Wenn wir uns weigern, die Produkte der Geschichte, so allgemein verbreitet sie auch sein mögen, als Ausdruck einer historischen Natur (»es gibt keine bekannte Gesellschaft, in der nicht …«), wenn nicht gar der Natur des Menschen (»die Menschen werden immer Menschen bleiben«) zu begreifen, akzeptieren wir damit nicht vorbehaltlos jene pädagogischen Utopien, die glauben, die Eigenfunktion des Bildungswesens sei mit beliebigen äußeren Funktionen vereinbar. Da das konservative Denken nur allzu bereit ist, die bestehende Ordnung durch den Hinweis auf »die Natur der Dinge« zu rechtfertigen, kommt die Verewigung der bestehenden Relationen zwischen Pädagogik und Konservatismus zugleich jenen pessimistischen Geschichtsdeutungen entgegen, die das historisch Übliche zum Naturgesetz erheben.

Bewahrung der Kultur und seiner Funktion der Erhaltung der Sozialordnung eine so vollständige Übereinstimmung bestand, dass seine Abhängigkeit von den objektiven Interessen der herrschenden Klassen in der glücklichen Ahnungslosigkeit prästabilierter Harmonie unbemerkt bleiben konnte. Solange diese Harmonie nicht gestört wird, kann sich das System gleichsam der Geschichte entziehen und sich in der Produktion seiner Reproduzenten wie in einem Kreislauf ewiger Wiederkehr abkapseln, da es paradoxerweise dann am wirkungsvollsten zur Reproduktion der Sozialordnung beiträgt, wenn es jede andere Forderung als die seiner eigenen Reproduktion ignoriert.[19] Nur die funktionale Relation zwischen dem pädagogischen Konservatismus eines vom Zwang zur Selbstperpetuierung beherrschten Systems und dem sozialen Konservatismus (der paradoxerweise im Namen der Leistungssteigerung »pädagogische Innovation« fordern kann) erklärt, weshalb in Frankreich die konservativsten Kräfte des Bildungswesens bei den konservativsten Kreisen in Gesellschaft und Politik schon immer Unterstützung gefunden haben, seien es die Verteidiger des Latein, der *agrégation* oder der geisteswissenschaftlichen Habilitation, jener institutionellen Stützen der gebildeten Einstellung zur Kultur und der für die humanistische Vermittlung der »Humaniora« charakteristischen negativen Pädagogik.

Da die Grenzen der relativen Autonomie, die ein Bildungssystem seiner Eigenfunktion verdankt, immer durch die historischen und sozialen Bedingungen festgelegt sind, welche zugleich die äußeren Funktionen der Eigenfunktion bestimmen, ist jedes Bildungssystem durch eine *funktionale Duplizität* charakterisiert. Sie tritt vor allem in traditionellen Systemen auf, in denen der Tendenz zur Bewahrung des Systems und der von ihm bewahrten Kultur ein äußerer Wunsch nach sozialer Bewahrung entspricht. Gerade aufgrund seiner relativen Autonomie kann das traditionelle

19 Zweifellos stellt kein anderes System die pädagogischen Entscheidungen hinsichtlich der Programme, der Arbeitsweise und der Examina so ausschließlich auf die Ausbildung traditionellen Normen entsprechender Lehrer ab wie das französische: Es liegt in der Logik eines ganz auf die Vorbereitung zum Lehramt eingerichteten Bildungswesens, dass die französischen Professoren in ihren Urteilen und ihrer pädagogischen Praxis alle Studenten zumindest unbewusst am Idealbild des Studenten messen, der sie selbst gewesen sind: der »gute Schüler«, der »verspricht«, Professor zu werden.

Bildungssystem seinen spezifischen Beitrag zur Reproduktion der Struktur der Klassenbeziehungen leisten, da es nur seinen eigenen Regeln zu gehorchen braucht, um auch den äußeren Ansprüchen zu gehorchen, die seine Funktion der Legitimierung der bestehenden Ordnung bestimmen. Dadurch, dass das Bildungssystem eine Kultur und die gebildete Einstellung zur Kultur einübt und bestätigt, sorgt es für die Weitervererbung des kulturellen Kapitals und erfüllt gleichzeitig mit seiner sozialen Funktion der Reproduktion der Klassenbeziehungen seine ideologische Funktion der Verschleierung dieser Reproduktionsfunktion, indem es die Illusion der absoluten Autonomie hervorbringt. Eine vollständige Definition der relativen Autonomie des Bildungssystems in Bezug auf die Interessen der herrschenden Klassen muss die spezifischen Dienste in Rechnung stellen, die diese Autonomie zur Perpetuierung der Klassenbeziehungen leistet. Gerade weil das Bildungswesen die besondere Fähigkeit besitzt, sich selbst autonom zu setzen und sich, indem es die Vorstellung von seiner Neutralität verbreitet, Legitimität zu verschaffen, ist es in der Lage, den Beitrag, den es zur Reproduktion der bestehenden kulturellen Ordnung leistet, zu tarnen. Die Verschleierung dieser Leistung stellt selbst einen nicht geringen Dienst dar, den das Bildungssystem aufgrund seiner relativen Autonomie zur Erhaltung der Sozialordnung leistet.[20] Das Bildungssystem kann seine ideologische Funktion der Legitimierung der bestehenden Ordnung nur deshalb so vollkommen erfüllen, weil dieses Meisterstück an sozialer Mechanik, wie durch eine Verschachtelung doppelbödiger Schachteln, die Relationen verbirgt, die in einer Klassengesellschaft die Lehrfunktion, das heißt die Funktion der intellektuellen und moralischen Integration, mit der Funktion der Bewahrung der für diese Gesellschaft

20 Man darf in der relativen Autonomie des Bildungssystems eine notwendige und spezifische Bedingung zur Erfüllung seiner Klassenfunktion sehen, weil der Erfolg bei der Vermittlung einer legitimen Bildung und ihrer Legitimierung von der Anerkennung der spezifisch pädagogischen Autorität der Institution und ihrer Agenten abhängt. Die Struktur der sozialen Beziehungen, auf denen diese Autorität beruht, muss zu diesem Zweck unerkannt bleiben. Die pädagogische Legitimität setzt die Delegierung einer ihr vorgelagerten Legitimität voraus; indem die Institution aber die Anerkennung der Schulautorität und damit die Verkennung der sie tragenden sozialen Autorität bewirkt, legitimiert sie, in einer Art Kreislauf wechselseitigen Vorranges, die Perpetuierung der Klassenbeziehungen.

charakteristischen Struktur der Klassenbeziehungen verbinden.[21] So stellt die Lehrer- und Professorenschaft die moralische Autorität ihres pädagogischen Amts in den Dienst der Ideologie akademischer Freiheit und schulischer Gerechtigkeit (die Autorität ist umso größer, als sie der Bildungsinstitution, welche ihrerseits vom Staat oder der Gesellschaft völlig unabhängig scheint, scheinbar in nichts verpflichtet ist), und sie tut es noch weit perfekter als die Beamten, die Engels im Zusammenhang seiner Theorie der Verselbstständigung des Staates als »Organe der Gesellschaft *über* der Gesellschaft« bezeichnet. Das pädagogische Verhalten und die Berufsideologie der Lehrenden lassen sich nie ganz auf ihre Herkunft und Klassenzugehörigkeit zurückführen, aber auch nicht restlos von ihnen ablösen. Die Polysemie und die funktionale Polyvalenz des pädagogischen Verhaltens und der Berufsideologie entsprechen, wie die Geschichte des französischen Bildungssystems zeigt, der strukturellen Koinzidenz zwischen dem *Ethos*, das die Lehrenden ihrer Klassenherkunft und -zugehörigkeit verdanken, und den objektiven Bedingungen, unter denen sich dieses *Ethos* aktualisiert, das heißt der Arbeitsweise der Institution und der Struktur ihrer Beziehungen zu den herrschenden Klassen.

Aus diesem Grund können die Volksschullehrer ihre jakobinische Neigung zur ethischen Forderung nach formaler Chancengleichheit, die sie ihrer Herkunft und Klassenzugehörigkeit verdanken, in die Universalideologie von der befreienden Wirkung der Bildung und des Bildungswesens umsetzen. In der Sozialgeschichte Frankreichs ist diese Verbindung tief in die schulische Ideologie des sozialen Heils durch schulische Leistung eingegangen. In den höheren Schulen (auch denen naturwissenschaftlichen Typs) orientiert sich die pädagogische Praxis noch immer an einer Vorstellung von schulischer Leistung und Verdienst und damit einer sozialen Norm für intellektuelle und menschliche Vollkommenheit, die zwar vielfach die Spuren kleinbürgerlicher oder akademischer Umdeutungen trägt, im Wesentlichen aber den Stil und den Stilkult der privilegierten Klassen sowie die Normen aristokratischer Eleganz und literarischen guten Geschmacks reproduziert, wie sie von einem

21 Viele von denen, die den Begriff der relativen Autonomie verwenden, übersehen die heuristische Fruchtbarkeit des Paradoxes, dass man die Konsequenzen der Autonomie bis zu Ende durchdenken muss, um die Abhängigkeit, die sich mit ihrer Hilfe realisiert, vollständig zu erfassen.

durch jesuitische Wertvorstellungen geprägten Bildungssystem perpetuiert worden sind. Analog zur Skala der herrschenden Werte organisiert sich die schulische Begabungshierarchie dichotom in die Gegensätze »brillant« und »ernsthaft«, »elegant« und »bemüht«, »gepflegt« und »vulgär«, »Allgemeinbildung« und »Borniertheit«, kurz, in den Gegensatz von polytechnischer Gewandtheit und technischer Spezialisierung.[22] Dieses Klassifizierungsprinzip kann an sämtliche Situationen und Gegebenheiten angepasst werden und ist so mächtig, dass es alle Hierarchien und hierarchischen Verkettungen der akademischen Welt organisiert und die sozialen Unterschiede bestätigt, indem es sie als Bildungsunterschiede hinstellt. Der Gegensatz zwischen »Bildung« und »Ausbildung« ist auch das Unterscheidungsprinzip zwischen den Spezialisten für das Allgemeine aus den Grandes Écoles (ENS, École Polytechnique, ENA) und den bloßen Fachspezialisten aus zweitrangigen Hochschulen, das heißt zwischen Groß- und Kleinbürgertum, zwischen der »großen« und der »kleinen Tür«.[23] Leistet das Bildungswesen (und damit das Kleinbürgertum) nicht den herrschenden Klassen einen letzten und besonders paradoxen Dienst dadurch, dass es die sozia-

22 Dieses System schulmäßiger Gegensätze wäre sicher nicht so erfolgreich und von einer solch klassifikatorischen und symbolischen Tragweite, erinnerte es nicht indirekt an den Gegensatz von Theorie und Praxis, in dem sich die fundamentale Arbeitsteilung zwischen manueller und nichtmanueller Arbeit ausdrückt. Das Bildungssystem privilegiert (mit dem Vorrang der theoretischen Fächer, dem literarischen Kult der Form, der Vorliebe für mathematischen Formalismus und der totalen Abwertung der technischen Ausbildung) systematisch den einen der beiden Pole und damit jene, die das Privileg hatten, einer Familie zu entstammen, die vom pragmatischen Zwang ökonomischer Notwendigkeiten verhältnismäßig frei war. Diese Freiheit erlaubt den Privilegierten, eine symbolische, und das heißt verbale Beziehung zur Praxis zu haben, und damit die distanzierte, gelöste und »unabhängige« Einstellung zur Welt, zum Nächsten und zu Sprache und Kultur, die im Bildungswesen honoriert wird. Dies wirkt sich ebenso auf den Sinn für Ästhetik wie auf die wissenschaftliche Haltung aus.

23 Dem entspricht der Gegensatz zwischen *fort en thème* und *en français.* In Flauberts *Wörterbuch der Allgemeinplätze* liest man: »*Thème:* Die Übersetzung in die Fremdsprache beweist in der Schule Fleiß, so wie die Übersetzung in die eigene Sprache Intelligenz beweist. Aber in der Welt lacht man über die, die gut im *thème* sind.« Es ließe sich leicht zeigen, dass der *normalien,* welcher das Bildungsideal der Schulideologie verkörpert, gegenüber dem Absolventen der ENA, als Inkarnation der modernen Form mondäner Kultur, in den Augen der Großbourgeoisie etwa dem entspricht, was der *fort en thème* gegenüber dem Gebildeten im traditionellen Bildungswesen darstellt.

len Qualitäten, die es hervorbringen kann, selbst abwertet und sich so zum Dienstboteneingang degradiert? Die Hochschullehrer sind entweder Kinder von Kleinbürgern und verdanken dann ihren außergewöhnlichen sozialen Aufstieg einzig der Fähigkeit, den gefügigen Fleiß des guten Schülers mit viel Fleiß und Gefügigkeit in natürliche Sicherheit umzuwandeln, oder sie entstammen dem mittleren Bürgertum und dem Großbürgertum; dann mussten sie, um ihre akademische Ernsthaftigkeit zu beweisen, zumindest so tun, als verzichteten sie auf die durch ihre Herkunft verheißenen Vorteile. Das Verhalten beider Gruppen gehorcht der Spannung zwischen den aristokratischen Wertvorstellungen, die im französischen Bildungssystem sowohl aufgrund seiner besonderen Tradition als auch seiner Relationen zu den privilegierten Klassen existieren, und den kleinbürgerlichen Wertvorstellungen, die durch den subalternen Rang, den die Lehrerschaft aufgrund der Eigenfunktion des Bildungssystems und seiner Beziehung zur Macht innerhalb der Hierarchie der Führungsschichten einnimmt, gegeben sind und die nicht nur von denen geteilt werden, die sie ihrer Herkunft verdanken. Da die Institution vor allem in den höchsten Positionen einen auswechselbaren Lehrkörper dazu berechtigt und ermutigt, die Autorität der Institution zur Vorspiegelung einzigartiger Kreativität zu missbrauchen, begünstigt sie das Spiel sich kreuzender und kumulierender Werturteile, die sich abwechselnd und manchmal sogar gleichzeitig auf den Kult genialischen Schwunges und die schulmäßige Vorliebe für Maß und Mittelmaß berufen. Die Zweideutigkeiten einer Ideologie, in der die Qualität der sozialen Rekrutierung der Hochschullehrer und die Doppeldeutigkeit der objektiven Definition ihres Berufs zum Ausdruck kommen, bieten den Hochschullehrern also ein ideales Instrument, um widerspruchslos alle Abweichungen von den beiden in vieler Hinsicht widersprüchlichen Normsystemen zu unterdrücken; denn die souveräne Verachtung für den mühsamen Fleiß der intellektuellen Arbeiter – akademische Form des Begabungsaristokratismus, der seinerseits die aristokratische Geburtsideologie auf die Erfordernisse bürgerlicher Erbfolge überträgt – lässt sich im praktischen Verhalten und seiner Beurteilung ohne Weiteres mit moralischer Abwertung des Erfolgs verbinden, der sofort als mondäne Kompromittierung ausgelegt wird: Gegen Qualität wehrt man sich durch hartnäckige Verteidigung von Statusrechten. Diese Einstellung ist die akademische Form der kleinbürgerlichen Neigung, in der apotropäischen Behauptung allgemeiner Mediokrität Trost und Rückhalt zu suchen. Alle akademischen Normen, die der Auslese der Studenten, der Kooptation der Lehrenden, den Vorlesungen, Dissertationen und sogar der wissenschaftlichen Forschung zugrunde liegen, beruhen auf der Verbindung der widersprüchlichen Anforderungen der Institution mit den widersprüchlichen Einstellungen der verschiedenen Gruppen der Lehrerschaft zur Institution. Sie begünstigen deshalb zumindest innerhalb der Institution den Erfolg eines modalen Menschen- und Leistungstyps, für den die doppelte Verleugnung zweier Negationen charakteristisch ist: Brillanz ohne Originalität und Schwerfälligkeit ohne wissenschaftliches Gewicht oder, wenn man will, »Pedanterie der Leichtigkeit« und Koketterie der Gelehrsamkeit.

Obwohl die großbürgerliche Ideologie der Begnadung und Begabung noch immer vorherrscht, kann die kleinbürgerliche Ideologie der mühevollen Askese die schulische Praxis und ihre Beurteilung auf allen Stufen des Bildungswesens so stark prägen, weil sie ethische Rechtfertigung durch Verdienst verspricht und dadurch einer der bürgerlichen Ideologie inhärenten, wenn auch verdeckten oder verdrängten Tendenz entgegenkommt. Der Synkretismus der bürgerlichen Moral wird jedoch erst dann verständlich, wenn man begreift, dass sich die kleinbürgerliche Ideologie der großbürgerlichen Ideologie nur deshalb so bereitwillig unterordnet und sie ergänzt, weil hier, gemäß der relativ autonomen Logik des Bildungswesens, ein antagonistisches Bündnis re-produziert wird (im doppelten Sinn des Wortes), welches in anderen Bereichen, vor allem im politischen Leben, zwischen dem Kleinbürgertum und den herrschenden Fraktionen der Bourgeoisie besteht. Das Kleinbürgertum ist durch seinen doppelten Gegensatz zu den unteren Klassen und zu den herrschenden Klassen dazu prädestiniert, der Aufrechterhaltung der moralischen, kulturellen oder politischen Ordnung zu dienen und damit denen, die von dieser Ordnung profitieren. Durch die Arbeitsteilung ist es dazu verurteilt, in den unteren und mittleren Positionen der Bürokratien, die mit der Aufrechterhaltung der Ordnung betraut sind, zu dienen, und zwar indem es die Ordnung einübt oder die zur Ordnung ruft, die sie noch nicht verinnerlicht haben.[24]

24 Die Funktion dieser Arbeitsteilung in der Herrschaftsausübung zwischen Klein- und Großbürgertum und vor allem die der Rolle des Sündenbocks und

Erst wenn man die Struktureigenschaften untersucht, die ein Bildungssystem seiner Eigenfunktion und den äußeren Funktionen dieser Eigenfunktion verdankt, und sie zu den sozial bedingten Einstellungen in Relation setzt, die die am Bildungssystem als Sender oder Empfänger Beteiligten sowohl ihrer Herkunft und Klassenzugehörigkeit wie ihrer Zugehörigkeit zur Institution und ihrer Position in derselben verdanken, kann man die Relationen zwischen dem Bildungssystem und der Struktur der Klassenbeziehungen adäquat erfassen. Dann erst kann man, ohne in eine Art Metaphysik der Sphärenharmonie oder der schicksalhaften Vorsehung zu verfallen, Entsprechungen, Homologien und Koinzidenzen darstellen, die in letzter Instanz auf Interessengleichheit, auf ideologische Bündnisse und Verwandtschaft im *Habitus* zurückzuführen sind. Es ist unmöglich, eine vollständige – endlose – Darlegung zu entfalten, die an jedem Einzelfall das gesamte Netz aller Relationen, in dem jede Einzelrelation erst ihren vollen Sinn erhält, aufzeigt. Es genügt jedoch, anhand einer Einzelrelation das System des Relationszirkels zu analysieren: Er verbindet die *Strukturen* mit der *Praxis* durch Vermittlung des *Habitus* als Produkt der Strukturen, welche Praxis produzieren und Strukturen reproduzieren. Eine solche Analyse offenbart die Grenzen der Gültigkeit der abstrakten Formel vom »Relationssystem zwischen dem Bildungssystem und der Struktur der Klassenbeziehungen« und erlaubt, sie innerhalb dieser Grenzen zu validieren und damit den theoretischen Ansatz für die empirische Arbeit zu entwickeln sowie die fiktive mondäne Alternative zwischen mechanischem Panstrukturalismus und affirmativer Behauptung der unverzichtbaren Rechte des schöpferischen oder historischen Subjekts zu überwinden.[25]

der »Drecksarbeit«, die die subalternen Funktionäre (beauftragt, stellvertretend physischen oder symbolischen Zwang auszuüben) übernehmen, wird bereits deutlich, wenn man einige der für diesen Gegensatz der Funktionen besonders typischen Gegensatzpaare aufzählt: Oberst (»Vater des Regiments«) und Feldwebel (»Wachhund«); Richter und Polizist; Direktor und Vorarbeiter; hoher Beamter und kleiner Beamter mit Publikumsverkehr; Arzt und Krankenpfleger oder Psychiater und Irrenhauswärter; und schließlich innerhalb des Bildungswesens: Schuldirektor und Schulaufseher, Lehrer und Aufsichtspersonal.

25 Über die Rolle des Habitusbegriffs für die Überwindung dieser vorwissenschaftlichen Alternative, die selbst in ihren avantgardistischen Formen nur die alte Debatte über gesellschaftliche Bedingtheit und individuelle Freiheit reproduziert,

Da die Struktur der Beziehungen zwischen den sozialen Klassen als Kräftefeld zugleich in unmittelbar wirtschaftlichen oder politischen Antagonismen und in einem System symbolischer Positionen und Oppositionen zum Ausdruck kommt und die Bedingungen für das Entstehen von unterschiedlichem *Habitus* schafft, liefert sie das Erklärungsprinzip für die systemeigenen Charakteristika, die das Verhalten von Mitgliedern der gleichen Klasse in den verschiedensten Lebens- und Arbeitsbereichen prägen, selbst wenn dieses Verhalten seine spezifische Form den Eigengesetzen der jeweiligen Subsysteme verdankt.[26] Solange man nicht erkennt, dass die Relation zwischen den verschiedenen Subsystemen sich nur vermittelt durch die Klassenzugehörigkeit herstellt, das heißt durch das Verhalten von Personen, die in den verschiedensten Handlungsbereichen (Familienplanung, Eheschließung, ökonomisches, politisches oder kulturelles Verhalten) gleichen Grundtypen eines *Habitus* gehorchen, läuft man Gefahr, abstrakte Strukturen zu verdinglichen, indem man die Relation zwischen diesen Subsystemen auf die logische Formel reduziert, mit deren Hilfe sich von einem Subsystem aus beliebige Relationen zwischen allen anderen herstellen lassen. Noch schlimmer ist es, wenn man, um das Scheinbild des realen Funktionierens des »Sozialsystems« wiederherzustellen, wie Parsons es tut, den Subsystemen die anthropomorphe Gestalt von Handlungsträgern zuschreibt, die untereinander Dienste austauschen

siehe P. Bourdieu, »Postface«, in: E. Panofsky, *Architecture gothique et pensée scolastique*, Paris: Minuit, 1967, S. 135-167.

26 So deutet beispielsweise alles darauf hin, dass der Familienplanung und dem Bildungsverhalten gewisser Gruppen der mittleren Klassen das gleiche asketische *Ethos* des sozialen Aufstiegs zugrunde liegt: Während bei den geburtenstärksten Gruppen – Landarbeitern, Bauern, Arbeitern – die Chancen zum Eintritt in die höhere Schule regelmäßig sinken, wenn die Familie um eine Einheit zunimmt, beobachtet man bei den geburtenschwächsten Gruppen – Handwerkern und Einzelhändlern, Angestellten und mittleren Angestellten – ein sprunghaftes Absinken in Familien mit vier und mehr Kindern, das heißt in den Familien, die sich von ihrer Gesamtgruppe durch hohe Geburtenzahlen unterscheiden. Statt in der Anzahl der Kinder die Kausalerklärung für das sprunghafte Sinken der Bildungsbeteiligung zu suchen, muss man also vermuten, dass der Wille, die Geburtenzahl zu beschränken, und der Wille, seine Kinder auf die höhere Schule zu schicken, in den Gruppen, in denen beides zusammentrifft, auf einer gleichen Bereitschaft zur Askese beruhen. Zur Analyse des Verhältnisses von Klassenethos und Familienplanung siehe P. Bourdieu, A. Darbel, »La fin d'un malthusianisme?«, in: P. Bourdieu u. a., *Le partage des bénéfices*, Paris: Minuit, 1966, S. 134-154.

und damit zum guten Funktionieren eines Systems beitragen, das das bloße Produkt ihres abstrakten Verhältnisses ist.[27]

Im besonderen Fall der Relationen zwischen dem Bildungswesen und den sozialen Klassen scheint die Harmonie vollkommen, weil die objektiven Strukturen selbst den *Klassenhabitus* und vor allem Einstellungen produzieren, die, indem sie diesen Strukturen angepasste Verhaltensweisen erzeugen, für das Funktionieren und die Perpetuierung der Strukturen bürgen. So entsprechen beispielsweise die Bereitschaft, sich des Bildungswesens zu bedienen, und die Möglichkeiten, dort auch Erfolg zu haben, den objektiven Bildungs- und Erfolgschancen der verschiedenen sozialen Klassen; dies wiederum ist der wichtigste Faktor für die Perpetuierung der Struktur der Bildungschancen als objektiv greifbarem Ausdruck der Relationen zwischen dem Bildungssystem und der Struktur der Klassenbeziehungen. Selbst mangelnde Möglichkeiten und negative Einstellungen wie der soziale Minderwertigkeitskomplex, die Abwertung des Bildungswesens und seiner Sanktionen oder die vorweggenommene Hinnahme des Scheiterns und Ausgeschlossenseins, die zur Selbsteliminierung führen, sind nur als unbewusste Vorwegnahme der Sanktionen verständlich, die das Bildungswesen objektiv über die unterprivilegierten Klassen verhängt. Nur eine adäquate Theorie des *Habitus* als Ort der Verinnerlichung der äußeren Ansprüche und der Veräußerlichung der inneren Ansprüche kann die sozialen Bedingungen erhellen, aufgrund deren das Bildungswesen die von allen seinen ideologischen Funktionen am besten getarnte Funktion der Legitimierung der Sozialordnung erfüllen kann. Das traditionelle Bildungssystem verbreitet erfolgreich die Illusion, der gebildete *Habitus* sei ausschließlich das Ergebnis seiner Lehrtätigkeit und damit von allen sozialen Determinanten unabhängig, während es im Extremfall nur einen *Klassenhabitus*, der außerhalb des Bildungswesens entstanden ist und die Grund-

27 Die strukturalistischen Marx-Leser behaupten zwar, die Struktur der Klassenbeziehungen sei auf allen Stufen des gesellschaftlichen Lebens immanent wirksam. Sie lassen sich aber in einer objektivistischen Reaktion gegen alle idealistischen Formen der Philosophie des Handelns dazu hinreißen, Handlungsträger ausschließlich als Träger der Struktur anzusehen. Die Frage nach der Vermittlung zwischen Struktur und Praxis muss ihnen entgleiten, solange sie den Strukturen keinen anderen Inhalt zuschreiben als jene im Grunde recht mysteriöse Macht, andere Strukturen zu determinieren oder zu überdeterminieren.

lage alles schulischen Lernens bildet, benutzt und sanktioniert. Es trägt deshalb entscheidend zur Perpetuierung der Struktur der Klassenbeziehungen bei und legitimiert sie, indem es verbirgt, dass die von ihm produzierten Bildungshierarchien soziale Hierarchien reproduzieren.[28]

Um zu verstehen, warum das traditionelle Bildungswesen dazu ausersehen ist, eine sozial konservative Funktion auszuüben, genügt es, auf die Affinität zwischen der vom Bildungswesen vermittelten Bildung, der Art ihrer Vermittlung und der Art ihres Besitzes, die durch die Art und Weise des Erwerbs vorausgesetzt und produziert wird, hinzuweisen. Man muss auch die Affinität zwischen allen diesen Charakteristika und den sozialen Charakteristika des Publikums, dem die Bildung vermittelt wird, berücksichtigen, wobei der in die Institution eingebrachten gebildeten Einstellung und Bereitschaft zu ihrer Pflege entscheidende Bedeutung zukommt. Die Beachtung dieser Charakteristika ist umso wichtiger, als zwischen ihnen und der pädagogischen und kulturellen Einstellung, die die Lehrerschaft ihrer sozialen Herkunft, ihrer Ausbildung, ihrer Stellung in der Institution und ihrer Klassenzugehörigkeit verdankt, Übereinstimmung herrscht. Das Relationsnetz, mit dessen Hilfe sich die Legitimierung der Sozialordnung vollzieht, ist so komplex, dass man sich vergeblich bemühen würde, wollte man diese Funktion in einem einzelnen Mechanismus oder Bildungssektor lokalisieren. In einer Klassengesellschaft jedoch, in der sich das Bildungswesen mit Familien, die in ungleichem Maße über kulturelles Kapital und die Möglichkeiten verfügen, es produktiv zu machen, in die Aufgabe teilt, dieses Produkt der Geschichte, das zu einem gegebenen Zeitpunkt das legitime Modell der gebildeten Einstellung darstellt, zu reproduzieren, dient dem pädagogischen Interesse der herrschenden Klassen nichts besser als das pädagogische *laisser faire* des traditionellen Erziehungswesens, weil sein mangelnder

28 Wie stark Auslese und Lehrerfolg des Bildungswesens die Wirkungen der außerschulischen Erziehung reproduzieren, die, selbst wenn sie sich in der pädagogischen Autorität einer Familiengruppe aktualisiert, anonym von den Lebensbedingungen ausgeht, lässt sich bereits daraus schließen, dass – von der Sexta bis zur École Polytechnique – die Hierarchie der Institutionen (entsprechend ihrem akademischen Prestige) und die soziale Rentabilität ihrer Abschlüsse mit der Hierarchie der Institutionen (entsprechend der sozialen Zusammensetzung ihres Publikums) übereinstimmt.

Eingriff, unmittelbar wirksam und ungreifbar, dazu ausersehen scheint, die Funktion der Legitimierung der Sozialordnung zu erfüllen. Es ist also naiv, alle ideologischen Funktionen des Bildungssystems auf seine Indoktrinierungsfunktion zu reduzieren. Sie ist immer offensichtlicher als die Legitimierungsfunktion, kann sich aber je nach Art des Lehrverfahrens in mehr oder minder getarnter Weise vollziehen (religiöse oder politische Rechtgläubigkeit können zum Beispiel mithilfe offenen Zwangs unmittelbar eingeübt oder im Gegenteil unmerklich assimiliert werden, bis sie in eine allgemeine und übertragbare Einstellung gegenüber Autorität und Autoritäten übergehen).

Dieses den meisten Analysen der politischen Funktion des Bildungswesens zugrunde liegende Missverständnis ist umso gefährlicher, als die demonstrative Ablehnung der Indoktrinierungsfunktion oder zumindest der offensten Formen politischer Propaganda und staatsbürgerlicher Unterweisung ihrerseits eine ideologische Funktion erfüllen kann, indem sie die Funktion der Legitimierung der Sozialordnung verschleiert. In der französischen Tradition des laizistischen, liberalen oder libertären Bildungswesens dient die vorgebliche Neutralität gegenüber allen ethischen und politischen Glaubensartikeln oder die zur Schau gestellte Feindseligkeit gegenüber der politischen Macht dazu, jeglichen Verdacht von dem Beitrag abzulenken, den allein das Bildungssystem zur Erhaltung der bestehenden Ordnung leisten kann. Um die keineswegs illusionären sozialen Auswirkungen jener auch in der Bildungsforschung verbreiteten Illusionen zu verstehen, die sozio-logisch im Relationssystem zwischen dem Bildungssystem und der Struktur der Klassenbeziehungen angelegt sind, muss man von dem Prinzip ausgehen, dem dieses Relationssystem gehorcht: Die pädagogische Legitimation der bestehenden Ordnung setzt die soziale Anerkennung der pädagogischen Legitimität voraus. Diese Anerkennung beruht ihrerseits auf der Verkennung der Tatsache, dass die Autorität, die diese Legitimität begründet, objektiv delegiert ist oder, genauer, auf der Missachtung der sozialen Bedingungen der Harmonie zwischen den Strukturen und dem Habitus, einer Harmonie, deren Vollkommenheit verhindert, dass der Habitus als Produkt erkannt wird, welches seine Produktionsbedingungen reproduziert, und die damit für die Anerkennung der auf diese Weise reproduzierten Sozialordnung sorgt. Das Bildungssystem muss sowohl aufgrund der objektiven Wahrheit seines Funktionierens als auch aufgrund der Verkennung dieser objektiven Wahrheit objektiv die ideologische Rechtfertigung für die Ordnung hervorbringen, die es reproduziert. Es ist kein Zufall, dass so viele Soziologen, indem sie die Einstellungen und die Bildungsfähigkeit von ihren sozialen Produktionsbedingungen trennen (»Erwartung«, »Zielsetzung«, »Motivation«, »Willen«), der Logik der *Soziodizee* verfallen, die im Bildungswesen wirksam ist. Wenn sie den *Habitus* als Naturgegebenheit und absoluten Anfang behandeln, vergessen sie, dass die Zielsetzungen ebenso durch die objektiven Bedingungen wie den Grad ihrer möglichen Verwirklichung bestimmt sind; wenn sich am Ende einer Längsschnittuntersuchung verschiedener Bildungsgänge zeigt, dass die Individuen wie in einer Art prästabilierter Harmonie nur das erhofft hatten, was sie auch erreicht, und nichts erreicht, was sie nicht erhofft hätten, preisen sie die beste aller Welten. Vermot-Gauchy zieht gegen jene Akademiker, die »angesichts der Statistiken über die soziale Herkunft der Studenten immer Schuldgefühle empfinden«, zu Felde. »Es ist ihnen nicht aufgefallen, dass die wirkliche Demokratisierung vielleicht darin bestand, die Entwicklung jener Bildungsgänge zu fördern, die den Charakteristika und Wünschen der Kinder bescheidener oder wenig gebildeter Herkunft entsprechen«, und er fügt hinzu: »Diese Kritiker übersehen, dass ein intellektuell brillanter Arbeitersohn aufgrund der sozialen Tradition, der in seinem Milieu erworbenen Fähigkeiten usw. oft lieber auf eine der herkömmlichen Berufs- oder Fachschulen geht, um, wenn seine Fähigkeiten es zulassen, ein Technikerdiplom oder ein Fachschulingenieurdiplom zu erwerben, ein Arztsohn dagegen lieber das humanistische Gymnasium besucht, um später an der Universität zu studieren.«[29] Glücklich die »Bescheidenen«, die in ihrer Bescheidenheit im Grunde nicht mehr erstreben als das, was sie haben, und gepriesen sei die »Sozialordnung«, die sich hütet, sie ins Unglück zu stoßen, indem sie sie zu allzu ehrgeizigen Bildungsgängen verlockt, die weder ihren Fähigkeiten noch ihren Wünschen entsprechen!

Ist der Bildungsplaner Pangloss weniger erschreckend als der Metaphysiker Pangloss in Voltaires *Candide*? In der Überzeugung, dass man nur ordentlich zu rechnen brauche, um in der besten

29 Vermot-Gauchy, *L'éducation nationale*, S. 62 f.

aller denkbaren Gesellschaften auch das beste aller Bildungswesen zu schaffen, verfallen die neuen optimistischen Philosophen der Sozialordnung in die alte Sprache aller Soziodizeen, die zu beweisen versuchen, dass die Sozialordnung so ist, wie sie sein soll, weil man ihre scheinbaren Opfer nicht einmal mehr zur Ordnung rufen muss, da sie ohnehin bereitwillig das sind, was sie sein sollen. Diese Bildungsforscher dienen stillschweigend der Funktion der Legitimierung und Bewahrung der Sozialordnung, die das Bildungswesen erfüllt, wenn es die Klassen, die es ausschließt, von der Legitimität ihres Ausschlusses überzeugt, indem es sie hindert, die Prinzipien, aufgrund deren es sie ausschließt, zu erkennen und anzufechten. Die Urteile der Bildungsinstanzen sind deshalb so definitiv, weil sie mit der Verurteilung zugleich Vergessen über die sozialen Implikationen des Urteils verhängen. Damit soziales Schicksal in freie Berufung und persönliches Verdienst umgedeutet werden kann – wie im platonischen Mythos, wo die Seelen, nachdem sie ihr Los gezogen haben, aus dem Fluss des Vergessens trinken müssen, ehe sie auf die Erde zurückkehren und das ihnen auferlegte Schicksal antreten –, muss das Bildungswesen als »Oberster Priester der Göttin Notwendigkeit« die Individuen erfolgreich davon überzeugen, dass sie ihr Schicksal, das durch die soziale Notwendigkeit längst über sie verhängt war, selbst gewählt oder verdient haben. Besser als die politischen Religionen, deren konstanteste Funktion, wie Max Weber gezeigt hat, darin bestand, die herrschenden Klassen mit einer Theodizee ihres Privilegs auszustatten, besser als die Heilslehren vom Jenseits, die zur Perpetuierung der Sozialordnung durch das Versprechen beitrugen, diese Ordnung werde nach dem Tode umgestürzt, besser als die Doktrin vom *Karma*, die Weber für die vollkommenste soziale Theodizee hielt, da sie den sozialen Rang jedes Individuums im Kastensystem aus dem Grad seiner religiösen Vollkommenheit im Kreislauf der Seelenwanderung ableitete, vermag es heute das Bildungswesen mit seiner Ideologie der »natürlichen Begabung« und der »angeborenen Neigungen«, den Kreislauf der Reproduktion der sozialen Hierarchien und der Bildungshierarchien zu legitimieren.

Will man sich davon überzeugen, dass die verborgenste und spezifischste Funktion des Bildungssystems in der Tarnung seiner objektiven Funktion, das heißt der objektiven Wahrheit seiner Relation zur Struktur der Klassenbeziehungen, besteht, braucht man nur einem konsequenten Bildungsplaner zuzuhören, wenn er nach dem sichersten Mittel fragt, um von vornherein die Schüler auszulesen, die schulischen Erfolg versprechen, und dadurch die technische Rentabilität des Bildungssystems zu steigern. Er muss sich die Frage nach den Charakteristika der betreffenden Kandidaten stellen: »In einer Demokratie können die mit öffentlichen Mitteln unterhaltenen Institutionen nicht unmittelbar und offen aufgrund bestimmter Charakteristika auslesen. Sinnvollerweise müsste man Charakteristika wie Geschlecht, soziale Herkunft, Dauer der Schulzeit, Aussehen, Aussprache und Intonation, den sozio-ökonomischen Status der Eltern und das Prestige der zuletzt besuchten Schule berücksichtigen [...]. Aber selbst wenn man zeigen könnte, dass die Studenten niederer sozialer Herkunft mit großer Wahrscheinlichkeit schlechte Studienresultate erzielen, wäre eine offen und unmittelbar gegen diese Kandidaten gerichtete Auslesepolitik untragbar. Dennoch weiß man, dass dieser Faktor indirekt einen Einfluss ausübt, der in den schlechten Ergebnissen der Abschlussexamina oder in anderen Eigenschaften zum Ausdruck kommt.«[30]

Kurz, die vergeudete Zeit (und das vergeudete Geld) ist zugleich der Preis für die Verschleierung der Relation zwischen sozialer Herkunft und Studienerfolg, denn wollte man billiger und schneller vollziehen, was das System ohnehin leistet, würde man eine Funktion offenlegen und damit hinfällig machen, die nur im Verborgenen wirken kann. Das Bildungswesen legitimiert die Machtübergabe von einer Generation auf die andere immer um den Preis einer Vergeudung von Geld und Zeit, indem es die Relation zwischen dem sozialen Ausgangs- und Endpunkt des Bildungsgangs mittels eines Berechtigungseffekts kaschiert, der durch die demonstrative und oft hyperbolische Länge des Bildungsgangs ermöglicht wird. Die verlorene Zeit ist kein bloßes Verlustgeschäft, da sie einer Transformation der Einstellung zum System und seinen Sanktionen dient, die unerlässlich ist, damit das System funktionieren und alle seine Funktionen erfüllen kann. Die hinausgeschobene Selbsteliminierung unterscheidet sich von der unmittelbaren Eliminierung, die auf der Basis der geschätzten objektiven Eliminierungswahrschein-

30 R. Kelsall, »University Student Selection in Relation to Subsequent Academic Performance. A Critical Appraisal of the British Evidence«, in: P. Halmos (Hg.), *Sociological Studies in British University. The Sociological Review Monograph*, 7, 1963, S. 99.

lichkeit vorgenommen wird, nur durch den Zeitraum, der nötig ist, um die Ausgeschlossenen von der Legitimität ihres Ausschlusses zu überzeugen. Die Erziehungssysteme eliminieren die Klassen, die am weitesten von der akademischen Bildung entfernt sind, mehr und mehr auf »sanfte Weise«; das kostet zwar mehr Zeit und Mittel, aber jedes Bildungswesen ist als symbolische Kontrollinstanz, die bei einigen die Erwartungen enttäuschen muss, die sie bei allen weckt, darauf angewiesen, die Anerkennung der Legitimität seiner Sanktionen und ihrer sozialen Auswirkungen zu erwirken. Wenn der Ausschluss allein nicht mehr genügt, die Verinnerlichung seiner Legitimität herbeizuführen, werden andere Instanzen und Techniken zur organisierten Manipulation der Ausgeschlossenen geschaffen.[31] Mit den durch seine relative Autonomie bedingten Ideologien und Auswirkungen ist das Bildungssystem für die bürgerliche Gesellschaft in ihrer heutigen Phase das, was andere Formen der Legitimierung der Sozialordnung und der Vererbung der Privilegien für Gesellschaften waren, die sich in der Form ihrer Klassenbeziehungen und Antagonismen und in der Art des vererbten Privilegs unterschieden: Trägt es nicht dazu bei, jede soziale Gruppe davon zu überzeugen, dass es das Beste für sie ist, an dem Platz zu

31 Das traditionelle französische Bildungswesen verlangte und erhielt die unmittelbare Anerkennung seiner unwiderruflichen Verdikte, die sich in einer stets eindeutigen Hierarchie ausdrückten (auch wenn sich diese in einer Verzahnung von Hierarchien verbarg). In dieser Hinsicht unterscheidet es sich zum Beispiel radikal vom amerikanischen System. Das amerikanische Bildungswesen löst die Spannungen, die sich aus dem Gefälle zwischen den zum Teil von ihm selbst geweckten Erwartungen und den sozialen Möglichkeiten ihrer Erfüllung ergeben, institutionell: Im Extremfall könnte man sich Universitäten denken, die sich selbst als eine besondere Institution innerhalb des Systems der symbolischen Kontrollinstitutionen verstehen und sich mit allen institutionalisierten Instrumenten (Tests, Orientierungs- und Sackgassensysteme, die unter dem Anschein der Vielfältigkeit ein subtil hierarchisiertes Universitätssystem schaffen) und spezialisiertem Personal ausstatten (Psychologen, Psychiater, Berufs- und Studienberater, Psychoanalytiker), um diskret und lächelnd jene zu manipulieren, die die Institution verurteilt, ausschließt oder abdrängt. Diese Utopie zeigt, dass die »Rationalisierung« der technischen und institutionellen Instrumente, die den Ausschluss, die Orientierung und die Verinnerlichung von Orientierung und Ausschluss besorgen, dem Bildungswesen erlauben würde, die Funktionen, die es heute erfüllt, wenn es ausliest und dadurch, dass es die Auslesekriterien verbirgt, die Verinnerlichung der Auslese und ihrer Kriterien herbeiführt, noch wirksamer, weil untadeliger zu erfüllen.

bleiben, der ihr *von Natur* zukommt, und sich daran zu halten, *ta heautou prattein*, wie Platon sagte?

Der Erbe bürgerlicher Privilegien kann sich nicht auf das Recht der Geburt berufen – das seine Klasse der Aristokratie historisch aberkannt hat –, noch kann er sich auf das Naturrecht berufen – diese früher gegen aristokratische Unterscheidung gerichtete Waffe könnte sich nur allzu leicht auch gegen die bürgerliche »Distinktion« richten –, ebenso wenig kann er sich auf die asketischen Tugenden berufen, die den Unternehmern der ersten Generation erlaubten, Erfolg durch Verdienst zu rechtfertigen. Er kann sich also nur auf seine Schulerfolge berufen, die zugleich seine Fähigkeiten und seinen Verdienst bescheinigen, das heißt auf eine gebildete Natur, Bildung gewordene Natur, Gnade, die Verdienst und Verdienst der Gnade ist, auf einen nicht erworbenen Verdienst, der das unverdient Erworbene rechtfertigt. Die widernatürliche Vorstellung einer angeborenen Bildung setzt voraus und produziert Blindheit für die Funktionen der Bildungsinstitution, die die Rentabilität des Bildungskapitals garantiert und seine Weitergabe legitimiert, indem sie verschleiert, dass sie diese Funktion wahrnimmt. In einer Gesellschaft, in der der Erwerb sozialer Privilegien immer enger vom Besitz eines akademischen Diploms abhängt, hat das Bildungswesen nicht nur die Funktion, auf diskrete Weise die Erbfolge bürgerlicher Rechte, die man nicht mehr direkt und offen weitergeben kann, abzusichern. Als privilegiertes Instrument der bürgerlichen Soziodizee, das den Privilegierten jenes höchste Privileg verschafft, nicht als Privilegierte zu erscheinen, überzeugt sie die Unterprivilegierten umso leichter davon, dass ihr soziales Schicksal und ihr Bildungsschicksal auf ihrem Mangel an Fähigkeiten oder Verdienst beruhen, als absolute Besitzlosigkeit im Bereich der Bildung das Bewusstsein der Besitzlosigkeit ausschließt.

Das System der Funktionen des Bildungssystems

1. Die Aufgaben, die das Bildungssystem für eine bestimmte Sozialordnung erfüllt, lassen sich in ihrer spezifischen, das heißt in ihrer eigentlich schulischen Form nicht vollständig begreifen, wenn man nicht auch die spezifischen Struktur- und Funktionscharakteristika berücksichtigt, die jedes Bildungssystem der Tatsache verdankt, dass es eine *Funktion der Kommunikation* und der (sozial sanktionierten) Kontrolle der Kommunikationseffekte erfüllt.

1.1. Seiner besonderen Funktion verdankt das Schulsystem eine *spezifische Tendenz zur Autonomie* und damit auch ein besonders ausgeprägtes Beharrungsvermögen. Genau wie die Kirche hat die Schule die spezifische Aufgabe, die Bewahrung und Vermittlung eines aus der Vergangenheit ererbten Kulturkorpus zu organisieren und darüber hinaus die Individuen durch eine anhaltende »Indoktrinierung« dauerhaft zu prägen. Dazu vermittelt sie einen Bildungs*habitus*, das heißt Schemata des Denkens, Bewertens, Wahrnehmens und Handelns (die all jenen Menschen gemeinsam sind, die dieselbe Erziehung durchlaufen haben, und die daher dazu geeignet sind, deren intellektuelle und moralische Integration zu gewährleisten). Wenn die Schule, wie Durkheim bereits anmerkte, zuweilen konservativer als die Kirche erscheint, dann deshalb, weil es ihr gelingt, sich institutionelle Ressourcen zu sichern, über die die Kirche nur in jenen Gesellschaften und zu jenen Zeiten eine umfassende Verfügungsgewalt besaß, in denen sie das Unterrichtsmonopol innehatte, das heißt, als das religiöse und schulische Systems in ihrer Wirkungsmacht zusammenfielen: In den meisten Gesellschaften besitzt die Institution Schule heute als einzige – durch eine über den gesamten Bildungsweg anhaltende Wirkung – die vollständige Verfügungsgewalt über die Auswahl und Ausbildung all jener, denen sie die Aufgabe ihrer Bestandssicherung anvertraut.

1.2. In jeder Gesellschaft zeigt sich die Autonomietendenz des Bildungssystems in seiner mehr oder weniger beharrlichen Weigerung, sich auf andere Regeln einzulassen als auf die, die sich aus der pädagogischen Kommunikationssituation ergeben, oder, genauer gesagt, in seiner Neigung, Form und Inhalt der pädagogischen Botschaft auf der alleinigen Basis jener Werte zu definieren, die die Bildungsvermittlung durch den Lehrer produziert (um eine Formulierung aufzugreifen, die Max Weber zur Charakterisierung der Priestertätigkeit benutzte). Jedes Schulsystem tendiert dazu, die aus der Vergangenheit ererbte Kultur, die es bewahrt, weitergibt und allein durch diesen Vermittlungsprozess sakralisiert, nach den standardisierten Regeln der schulischen Routine umzudeuten und umzugestalten. Darüber hinaus zielt es darauf ab, die Kontinuität dieser Wirkung dadurch zu garantieren, dass es seinen eigenen Bestand sichert.

1.3. Insofern jedes Bildungssystem dazu bestimmt ist, eine aus der Vergangenheit ererbte Kultur zu pflegen und zu vermitteln, zeichnet es sich durch die besondere Neigung aus, die Organisation, die seiner Funktionsweise zugrunde liegt, unverändert zu belassen. In seiner traditionellen Form ist das Bildungssystem durch das nahezu absolute Privileg charakterisiert, das es der *Funktion der Selbsterhaltung* zugesteht; infolgedessen zeigt es deutlicher als jedes andere die Tendenz, die jedes pädagogische System dazu veranlasst, sich zu verstetigen, indem es sich unverändert reproduziert und indem es die generationenübergreifende Kulturvermittlung in einen Zyklus der ewig gleichen Wiederkehr verwandelt. Das französische Bildungssystem ist dafür ein besonders typisches Beispiel, insofern es darauf abzielt, die Lehrprogramme, Übungen oder Prüfungen mit Blick auf die traditionelle Aufgabe der Ausbildung des sich zu den traditionellen Normen konform verhaltenden Lehrpersonals pädagogisch auszurichten.

1.4. Gerade weil sie es ihrer *relativen Autonomie* verdanken, externe Anforderungen uminterpretieren bzw. historische Gelegenheiten im Sinne ihrer eigenen Logik nutzen zu können, haben die Schulsysteme hinsichtlich der Geschichte der anderen Subsysteme eine relativ autonome Geschichte. Die Geschichte der schulischen Institution hängt nicht nur von Stärke und Art der äußeren Einflussfaktoren ab, sondern auch von der Kohärenz ihrer Strukturen, das heißt sowohl von ihrem Widerstandsvermögen, mit dem sie sich gegen den Einfall äußerer Ereignisse zur Wehr setzt, als auch von ihrem Vermögen, die äußeren Begebenheiten und Einflüsse gemäß einer Logik auszuwählen und umzudeuten, deren allgemeine Prinzipien von dem Moment an gegeben sind, da die Funktion der

Kulturvermittlung von einer zu diesem Zweck eigens eingerichteten Institution übernommen wird. Folglich erweist sich die Geschichte des Bildungssystems im Sinne eines relativ autonomen Systems als die Geschichte jener (sich aus den Selektionen und Uminterpretationen ergebenden) Systematisierungen, mit denen das System den Normen entsprechend, die es als solches definieren, die Zwänge und Neuerungen beeinflusst, auf die es stößt. Dass das französische Bildungssystem Abschlussprüfungen beispielsweise eine derart dominante Bedeutung beimisst, rührt daher, dass es eine generische Anforderung der Industriegesellschaften gemäß einer aus seiner eigenen Geschichte ererbten Logik uminterpretiert hat.[1] Demographische, ökonomische oder politische Begebenheiten können das Schulsystem nur gemäß seiner eigenen Logik beeinflussen, weil es seine Strukturen unter dem Eindruck dieser Begebenheiten eben nicht nur ab- und umbaut, sondern sie auch einem Wandlungsprozess unterzieht, indem es der Wirksamkeit, die es ihnen zugesteht, eine spezifische Form und Bedeutung gibt. Wenn man in der Krise der Hochschule beispielsweise nichts weiter sieht als eine Folge der wachsenden Zahl der Schulabgänger, übersieht man, dass das Schulsystem die morphologischen Veränderungen nur in Gestalt pädagogischer Erschwernisse wahrnimmt. In Wahrheit müssen die Auswirkungen des Absolventenzuwachses mit Bezug auf die spezifische Funktion der schulischen Institution gedeutet werden, die einen Kommunikationsbezug einzurichten hat, dessen Form und Leistung davon abhängt, wie gut die gesellschaftlich bedingten Niveaus der Wissensausgabe und Wissensaufnahme, das heißt konkret, wie gut eine bestimmte Art des Lehrinhalts und eine bestimmte Art des gesellschaftlich charakterisierten Lernpublikums aufeinander abgestimmt sind. Kurz, die Veränderung und selbst noch die Krise des Bildungssystems vollziehen sich nach einem Muster, in dem sich die systemeigene Struktur und Form immer noch niederschlägt.

1.5. Und auch weil sie es ihrer relativen Autonomie verdanken, die externen Anforderungen uminterpretieren zu können, erzeugen Schulsysteme in völlig verschiedenen nationalen Kontexten ihrer Wirkung nach sowohl bei den Lehrenden als auch bei den Lernen-

1 Vgl. detaillierter P. Bourdieu, J.-C. Passeron, L'examen d'une illusion, *Revue française de sociologie*, 9, 1968, S. 230-238.

den transkulturelle und transhistorische *generische Praktiken und Einstellungen*. Es ließe sich eine Vielzahl verschiedenster Beispiele für Übereinstimmungen anführen, die mehr sind als zufällige Überschneidungen zwischen Bildungssystemen aus grundverschiedenen Epochen und Ländern. Dass die pädagogische Kommunikation stets als eine ihrer objektiven Potentialitäten die Versuchung der charismatischen Wirkung in sich birgt, hängt daher vermutlich auch damit zusammen, dass sie stets mehr oder weniger vollständig – vor allem abhängig von der vorherigen Akkulturation der Rezipienten – für die Akzeptanz der in der pädagogischen Botschaft enthaltenen Werte sorgen muss, das heißt für die Akzeptanz der Bedeutung der pädagogischen Botschaft und der Bedeutung des Senders.

2. Nur wenn man bei der Konstruktion des Systems der Beziehungen zwischen dem Bildungs- und den anderen Subsystemen diese Beziehungen mit Blick auf das System der gesellschaftlichen Klassen spezifiziert, erkennt man die Kehrseite der relativen Autonomie des Bildungssystems, das heißt einen gewissen Grad der Abhängigkeit gegenüber dem gesellschaftlichen Klassensystem.

2.1. Jedes Schulsystem erfüllt mehr oder weniger die Gesamtheit der Funktionen, die der Gesamtheit der möglichen Beziehungen zwischen dem Bildungssystem und den anderen Subsystemen entspricht, sodass seine Struktur und seine Funktionsweise sich objektiv auf eine je spezifische Struktur des Systems der möglichen Funktionen beziehen, das heißt

der internen Funktionen:

- Funktion der Weitergabe und Pflege (und in bestimmten Fällen auch der Mehrung) des Kulturerbes, insbesondere durch die Produktion eines Habitus im Sinne eines übertragbaren Dispositionsgefüges,
- Funktion der Selbstverstetigung, im Wesentlichen durch die standardisierte oder auch nicht standardisierte Produktion von Reproduzenten,

der externen Funktionen:

- technische Funktion der Produktion, Selektion und Hierarchisierung von Akteuren, die dazu imstande sind, ihre Stellung innerhalb der Arbeitsteilung zu erfüllen,

– gesellschaftliche Funktion der intellektuellen und moralischen Integration,[2]
– Funktion der Legitimierung und Bestandserhaltung der gesellschaftlichen Ordnung (unter anderem durch die Ausstellung von Abschlussdiplomen).

Folglich zeichnet sich jedes System durch seine *je spezifische Form der Gewichtung* nicht nur zwischen den externen, sondern auch zwischen den externen und internen Funktionen aus. Die Konstruktion des Systems der verschiedenen Typen der möglichen Gewichtung zwischen den unterschiedlichen Funktionen, das heißt das System der Konfigurationen des Systems der Funktionen, wäre eine rein akademische Übung, wenn damit nicht auch jede spezifische Konfiguration als ein Sonderfall des idealen Gesamtgefüges der möglichen Fälle behandelt werden könnte und wenn damit nicht auch alle möglichen Beziehungsformen zwischen dem Bildungssystem und den anderen Subsystemen, natürlich angefangen bei den nicht bestehenden beziehungsweise negativen Beziehungen, aufgedeckt werden könnten, die per definitionem am wenigsten leicht sichtbar sind. Durch diese Art der imaginären Variationsbildung lässt sich beispielsweise feststellen, dass eine der Besonderheiten des französischen Bildungssystems darin besteht, dass es noch bis hinauf in die höchsten Ebenen darauf ausgerichtet ist, der Selbsterhaltungsfunktion zulasten aller anderen Funktionen, einschließlich der Forschung, den Vorrang zu geben, um in letzter Konsequenz nichts weiter zu sein als ein auf den Unterricht vorbereitender Unterricht.

2.2. Sobald man den *zwangsläufig multifunktionalen* Charakter des Bildungssystems berücksichtigt, zeigt sich, dass die Frage nach der globalen Effizienz oder Leistung einer schulischen Institution jeder Grundlage entbehrt: Insofern die ihrer Funktionsweise zugrunde liegenden Werte und die objektiven (bzw. expliziten) Zielsetzungen, die ihre Ausrichtung bestimmen, zwangsläufig vielfältig und nicht gegeneinander aufwiegbar sind, lassen sich ihre Effekte nicht einfach widerspruchslos zu einer uniformen Leistungsbilanz addieren. Es wäre sinnlos, wollte man die globale Effizienz des Schulsystems in einem autoritären Staat oder einer theokratischen

2 Vgl. zu diesen beiden Begriffen P. Bourdieu, Systèmes d'enseignement et systèmes de pensée, *Revue internationale des sciences sociales*, 19, 1967, S. 367-388.

Gesellschaft, bei dem die Funktion der intellektuellen und vor allem moralischen Integration des politischen und gesellschaftlichen Körpers im Vordergrund steht, mit dem Schulsystem in einer von wirtschaftlichen Entwicklungsimperativen beherrschten Gesellschaft vergleichen, das die Funktion der beruflichen Ausbildung auf Kosten aller anderen Funktionen privilegiert, einschließlich der Funktion der Weitergabe und Pflege der traditionellen Kultur.

2.3. Aus den vorstehenden Aussagen ergibt sich, dass kein Bildungssystem völlig ineffizient sein kann, wenn man sich nur dazu zwingt, seine Leistung auf das Funktionssystem zu beziehen, das in Wahrheit die Prinzipien seiner Funktionsweise bestimmt, anstatt auf irgendein ideelles Funktionssystem oder – schlimmer noch – auf eine einzelne Funktion. Selbst Bildungssysteme, die einer einseitigen Beobachtung völlig ineffizient erscheinen, vermitteln stets irgendetwas (insbesondere Werte und unbewusste Denk-, Wahrnehmungs- und Bewertungsmuster des Lehrpersonals), auch wenn es etwas ganz anderes ist als das, was sie vermitteln wollen bzw. zu vermitteln glauben. Die Weigerung, die Multifunktionalität des Bildungssystems anzuerkennen, führt zu zwei Irrtümern, die zumeist miteinander zusammenhängen. Der erste Fehler besteht darin, dass man alle Funktionen des Bildungssystems auf eine einzige reduziert, die selbst wiederum oftmals auf ihre dürftigste Variante reduziert wird (zum Beispiel die Funktion der beruflichen Ausbildung), während der zweite Fehler darin besteht, dass man es für möglich hält, gleichzeitig alle Formen der Produktivität des Bildungssystems im Namen des impliziten Postulats, die Funktionen seien automatisch miteinander kompatibel, zu maximieren. Die technokratische Leistungsbewertung eines bestimmten historischen Bildungssystems bezieht sich etwa ausschließlich auf die formale und externe Rationalität des Bildungssystems, das heißt auf das stark verkürzte Modell eines Bildungssystems, das keinen anderen Zweck kennt als den ihm von dem Wirtschaftssystem zugewiesenen und das daher scheinbar qualitativ und quantitativ optimal und mit dem geringsten Aufwand der wirtschaftlichen Bildungsanforderung entspricht, das heißt den Bedürfnissen des Arbeitsmarktes.

2.4. Dadurch, dass jede Funktion ihren Sinn und ihre funktionale Bedeutung aus ihrer Stellung innerhalb des Funktionsgefüges bezieht, hat eine Gewichtsverschiebung zugunsten einer der Funktionen des Bildungssystems eine Neustrukturierung des Funktionssystems zur Folge (die sich nur dann nachvollziehen und vorhersagen lässt, wenn man die verschiedenen Zustände des Funktionssystems als Beziehungssysteme begreift), und sie führt außerdem dazu, dass die Erfüllung bestimmter Funktionen geopfert wird. Dabei ist die Wahrscheinlichkeit umso größer, dass diese Opfer unbemerkt bleiben, je mehr sie die nicht wirtschaftlichen Funktionen und vor allem die am besten verborgenen gesellschaftlichen Funktionen betreffen. Die Akzeptanz oder Ablehnung einer Verlängerung der durchschnittlichen Ausbildungsdauer über die Mindestausbildungszeit hinaus, die zur Produktion von qualifizierten Akteuren, wie sie das Wirtschaftssystem verlangt, notwendig ist, lässt sich unterschiedlich bewerten, je nachdem, welche relative Bedeutung man der beruflichen Ausbildungsfunktion und der allgemeinen Bildungsfunktion beimisst, das heißt der Funktion der Produktion von Individuen mit einem bestimmten Typus kultureller Dispositionen: Die Kosten einer verlängerten Ausbildungszeit liegen auf der Hand. Allerdings sind die Kosten einer gegenteiligen Entscheidung allein aus wirtschaftlichen Rentabilitätserwägungen heraus nicht minder real, insofern diejenigen, die direkt, das heißt ohne den Umweg über die weiterführende Schule, in die Produktion gehen, kaum eine Chance haben, sich die erhabensten Formen kultureller Praxis anzueignen, die ja bekanntlich eine durch das Erziehungssystem produzierte Bildungsdisposition voraussetzen.[3]

3. Alle Beziehungen zwischen dem Bildungssystem und den anderen Subsystemen müssen mit Blick auf *die Beziehung zwischen dem Bildungssystem und dem System der gesellschaftlichen Klassen* spezifiziert werden: Aufgrund seiner relativen Autonomie kann das Bildungssystem den Forderungen nachkommen, die von außen – und insbesondere von den privilegierten Klassen – herangetragen werden, indem es die Funktionen der gesellschaftlichen Bestandsbewahrung, denen es in Wahrheit nachkommt, hinter dem Deckmantel der Neutralität verschleiert.

3.1. Die Beziehungen, die man zwischen dem Bildungssystem und dem Wirtschafts- bzw. Wertesystem herstellt, bleiben immer dann fiktiv, wenn die Charakteristika des Schulsystems nicht mit

3 Vgl. P. Bourdieu, A. Darbel, *L'amour de l'art. Les musées européens et leur public*, Paris: Minuit, 2. Aufl. 1969.

den spezifischen Merkmalen in Bezug gesetzt werden, die sich für die verschiedenen Systeme aus der Struktur der Beziehungen ergeben, die zu einem bestimmten Zeitpunkt in einer bestimmten Gesellschaft zwischen den sozialen Klassen bestehen. Die spezifische Form, die die Beziehungen zwischen dem Schulsystem und einem Subsystem für jede einzelne Gesellschaftsklasse innerhalb einer durch eine bestimmte Struktur der Klassenbeziehungen gekennzeichneten Gesellschaft annehmen, muss mithin differenziert betrachtet werden, wenn man sich nicht der Illusion hingeben möchte, die Schule sei von der »Gesamtgesellschaft« mit einer einzigen und unmissverständlichen, entweder wirtschaftlichen oder gesellschaftlichen Funktion betraut worden. Der Anspruch, die Gesamtleistung des Erziehungssystems zu messen, beruht folglich auf einer falschen Grundannahme, insofern die unterschiedlichen Funktionen, die das Bildungssystem für die verschiedenen gesellschaftlichen Klassen erfüllt, durch eine undifferenzierte, einzige und unteilbare Funktion ersetzt werden, die es angeblich der »Gesamtgesellschaft« gegenüber erfülle. Vorausgesetzt wird dabei jedoch, dass das, was dem Ganzen nutzt, auch allen seinen Teilen nutzt.

3.2. In allen Gesellschaften erfüllt das Bildungssystem mehr oder weniger eine *Funktion der Bewahrung und Legitimierung der »gesellschaftlichen Ordnung«* im Sinne der bestehenden Ordnung, indem es die Kinder der verschiedenen Gesellschaftsklassen mehr oder weniger stark aussondert und diejenigen von der Legitimität ihres Ausscheidens überzeugt, die aus dem System und damit auch von den gesellschaftlichen Vorteilen der schulischen Weihen (das heißt des Abschlusses) ausgeschlossen werden. Die Aufgabe der Religion, deren konstanteste Funktion Max Weber zufolge darin besteht, den privilegierten Klassen eine Theodizee ihrer Vormachtstellung an die Hand zu geben, wird heute von der Institution Schule übernommen. Diese garantiert die Weitergabe des Bildungskapitals und die mit dessen Besitz einhergehenden Vorteile, indem sie den Individuen ziemlich genau nach ihrem kulturellen Erbe bemessene Titel verleiht, und sie legitimiert darüber hinaus die Kapitalweitergabe, indem sie diese Funktion vor allem mittels der Ideologie der naturgegebenen »Begabung« verschleiert und die von ihr ausgeschlossenen Gesellschaftsklassen mehr oder weniger vollständig daran hindert, die Prinzipien, die ihrem Ausschluss zugrunde liegen und bei denen es sich selbst noch im schulischen Gewand stets um soziale Prinzipien handelt, zu erkennen und infrage zu stellen. Insofern die Bildungssysteme die kulturelle Vormachtstellung garantieren und durch die Verschleierung dieser Garantie absegnen, wird deutlich, dass die Rede von *der* Funktion der Schule für die »Gesamtgesellschaft« ohne nähere Erläuterungen entweder völlig inhaltsleer ist oder aber im Sinne einer bezeichnenden Fehlleistung genau das Gegenteil von dem bedeutet, was man sagen will oder zu sagen glaubt. Man braucht nämlich dem Begriff Funktion nur seine exakte Bedeutung als objektive Funktion zu unterlegen, um zu erkennen, dass ein System, das zur Bewahrung der gesellschaftlichen Ordnung beiträgt, objektiv den Interessen derjenigen Klassen dient, denen diese Ordnung unmittelbar zugutekommt.

3.3. Die historisch variable Möglichkeit des Bildungssystems, einen besonderen Typus von Autonomie in einem bestimmten Maße umzusetzen, hängt von seinen Beziehungen zu den anderen Systemen und insbesondere von seinen Beziehungen zum System der sozialen Klassen ab. Das traditionale Bildungssystem weist in höchstem Maße alle Struktur- und Funktionsmerkmale auf, die man durch schlichte Deduktion (so wie Max Weber gewissermaßen die Strukturmerkmale der Kirche aus den kirchlichen Funktionen im religiösen Feld ableitet) einem Bildungssystem zuschreiben könnte, das sich ausschließlich über seine ihm eigene Funktion der Produktion von Individuen mit einem bestimmten *Habitus* definiert, in dem eine Gesellschaft die perfekte Verkörperung ihrer Kultur erkennt: In diesem Fall deckt sich seine pädagogische Funktion mit seiner sozialen Funktion der Bewahrung der gesellschaftlichen Ordnung. Und gerade weil es zu dem System der gesellschaftlichen Klassen in einem derartigen Verhältnis steht, wird ihm die Freiheit gelassen, seine Autonomie gegenüber den rein technischen Anforderungen des Wirtschaftssystems nach dieser Maßgabe und in dieser Form zu gestalten. Das französische Bildungssystem beispielsweise hat nie stärker den Eindruck absoluter Autonomie gegenüber allen Anforderungen des Wirtschaftssystems erweckt als zu dem Zeitpunkt, da die Übereinstimmung zwischen diesen Anforderungen und den Prädispositionen seines Publikums, diesen Anforderungen zu genügen, so vollständig gegeben war, dass seine Abhängigkeit von der Nachfrage der privilegierten Klassen in der glückseligen Unbewusstheit einer prästabilierten Harmonie zwischen den schulischen Unterrichtscharakteristika und den sozialen Eigenschaften seines Publikums ignoriert werden konnte.

3.4. In einer gegebenen Gesellschaft bilden zu einem bestimmten Zeitpunkt die Empfänger der pädagogischen Botschaft den geometrischen Schnittpunkt aller Beziehungen zwischen dem Schulsystem und dem System der sozialen Klassen, die unter dem hier betrachteten Aspekt durch eine ungleiche Distanz zur Bildung und Schulsprache und ganz allgemein zur Gesamtheit der Anforderungen gekennzeichnet sind, die umso stärker wirken, je impliziter sie bleiben. Nur wenn man das Publikum einer Bildungsinstitution als *eine Schnittmenge des Schulsystems und des sozialen Klassensystems* betrachtet, kann man im klassischen Studium der gesellschaftlichen Bedingungen für den Schulerfolg bzw. die Aussonderung der Kinder aus den verschiedenen Gesellschaftsklassen einen Weg finden, die verborgenen Mechanismen zu erkennen, durch die das Schulsystem die Verstetigung eines bestimmten Strukturzustands des sozialen Klassensystems fördert. Dann und nur dann vermeidet man alle verkürzenden Abstraktionen, die zum Beispiel dazu führen, dass man die Population einer schulischen Institution oder deren Organisation an und für sich untersucht, anstatt sie in ihrer Wechselbeziehung zueinander in den Blick zu nehmen. Die Soziologie der Hochschulorganisationen oder einer bestimmten Population von Akteuren des Bildungssystems (Lernende, Lehrende, Verwaltungspersonal) und insbesondere die Analyse der gesellschaftlichen Faktoren, die der mehr oder weniger starken Aussiebung von Kindern aus den verschiedenen Gesellschaftsklassen zugrunde liegen, beruhen auf einer unbewussten Autonomisierung, die immer dann zu einer fiktiven Erklärung mittels substantieller Eigenschaften der Handelnden bzw. Gruppen zwingt wie etwa dem »Konservatismus« der Lehrer, den »Motivationen« der Eltern oder den »Bestrebungen« der Kinder, wenn dabei nicht gleichzeitig die eigentlich schulischen Ausscheidungsmechanismen berücksichtigt werden (Art der pädagogischen Beziehung, implizite Werte bei der Wissensvermittlung, Art und gesellschaftliche Funktion des vermittelten Wissens usw.). Da die Eigenheit der pädagogischen Situation in einer Kommunikationsbeziehung besteht, zeigt sich deutlich, dass die Besonderheit der pädagogischen Beziehung im Sinne eines Ineinandergreifens von Bildungssystem und sozialem Klassensystem, das heißt von einer bestimmen Art der pädagogischen Botschaft und Empfängern, die den sprachlichen und kulturellen Kode dieser Botschaft je nach Klassenzugehörigkeit mehr oder weniger gut beherrschen, völlig aus dem Blick gerät, wenn man die Ausscheidung der Kinder aus kulturell benachteiligten Klassen als eine Folge der mechanischen Wirkung mehrerer sozialer Faktoren beschreibt. So lässt sich beispielsweise der Einfluss der innerhalb einer Familie gesprochenen Sprache auf den Schulerfolg nur dann angemessen einschätzen, wenn man die Sprachkompetenz, die die Kinder aus verschiedenen Milieus in der Familie erwerben, mit den expliziten und vor allem auch den impliziten Sprachanforderungen eines bestimmten Schulsystems in Zusammenhang bringt.[4] Eine Analyse des Bildungspublikums, das die Institution Schule durch institutionalisierte oder nichtinstitutionalisierte Selektionsverfahren für sich gewinnt, ist eines der bevorzugten Mittel, um dem Schulsystem die Wahrheit über seine Funktionen zu entlocken, das heißt die Wahrheit über seine Beziehungen zum System der gesellschaftlichen Klassen, die sich etwa (wie beispielsweise im französischen Bildungssystem in der ersten Hälfte des 20. Jahrhunderts) in seiner grundsätzlichen Übereinstimmung mit einem gesellschaftlich qualifizierten Publikum zeigt sowie in seiner Fähigkeit, dessen Anerkennung zu bekommen.

3.5. In seiner Eigenschaft als Kräftefeld, das auch in einem System symbolischer Oppositionsbildungen zum Ausdruck kommt,[5] bedingt das System der gesellschaftlichen Klassen ursprünglich die Ausdifferenzierung verschiedener *Habitusformen* und – unter dem hier betrachteten Aspekt – insbesondere auch verschiedener Einstellungen gegenüber der Schule und unterschiedlicher Fähigkeiten, den Bildungsanforderungen zu genügen: Solange man darüber hinwegsieht, dass nur vermittelt über das System der Gesellschaftsklassen, das heißt durch das Handeln der Akteure, die in den unterschiedlichsten Bereichen (Kinderzahl, Verhalten in Wirtschaft, Politik, Schule usw.) dieselben grundlegenden *Habitusformen* aktualisieren, sich ein Zusammenhang zwischen den verschiedenen Subsystemen ausbildet, läuft man Gefahr, abstrakte

4 Vgl. dazu P. Bourdieu, J.-C. Passeron, M. de Saint Martin, *Rapport pédagogique et communication*, Paris, Den Haag: Mouton, 1965.

5 Vgl. P. Bourdieu, Condition de classe et position de classe, *Archives européennes de sociologie*, 7, 1966, S. 201-223.

Strukturen zu verdinglichen und dabei die Beziehungen zwischen den Subsystemen auf eine logische Formel zu reduzieren, mit der man von einem dieser Subsysteme zu jedem beliebigen anderen gelangt. Mehr noch, man läuft Gefahr, den Anschein des realen Funktionszusammenhanges eines Systems nur dadurch wiederherzustellen, dass man den Subsystemen – wie Parsons es tut – die anthropomorphe Gestalt von Handelnden gibt, die untereinander durch einen Austausch von Dienstleistungen miteinander verbunden sind und letztlich zur Bestandserhaltung eines Gesellschaftssystems beitragen, das demnach nichts anderes wäre als das Produkt ihres abstrakten Zusammenspiels.

Die Besucher der Universitätsbibliothek von Lille

Als Folge der (durch die Bedingungen des Forschungsvorhabens notwendigen) Entscheidung, alle Besucher der Universitätsbibliothek Lille mittels eines geschlossenen Fragebogens zu befragen,[1] mussten wir Ziele aufgeben, die andere Methoden und andere Techniken erfordert hätten. Beispielsweise hätte nur mit einer größer angelegten Befragung festgestellt werden können, welchen Anteil die Lektüre in den Bibliotheksräumen jeweils an dem gesamten Lektürepensum ausmacht, und ganz allgemein hätten die Einstellungen der verschiedenen Studentenkategorien gegenüber dem Bibliotheksangebot (Uni- und Institutsbibliotheken) ermittelt werden können. Dadurch, dass wir unser Untersuchungsobjekt auf die Ermittlung der Nutzereinstellungen bezüglich der Unibibliothek und des dazugehörigen Leistungsangebots beschränkt haben, konnte auch keine objektive Information in Erfahrung gebracht werden, wozu nur eine methodische und systematische Verhaltensbeobachtung in der Lage gewesen wäre.[2]

1 Bei der Untersuchung wurden 880 Studenten befragt, die die Bibliothek zwischen Montag, dem 16. März und Samstag, dem 21. März 1964 zumindest einmal besucht haben. Die Fragebögen wurden von den Studenten des soziologischen Seminars der Philologischen Fakultät von Lille verteilt, die ihre Kommilitonen nachdrücklich um eine Beantwortung baten (nur einmal, bei ihrem ersten Bibliotheksbesuch). Um die Untersuchungsergebnisse zu überprüfen und der Frage nachzugehen, inwiefern die Bibliotheksnutzung von dem jeweiligen Zeitpunkt im Laufe des Jahres und von der Nähe der Prüfungstermine abhängt, wurde ein zweiter, sehr knapper Fragebogen am 21. Mai verteilt und die 255 Antworten separat analysiert.
Wir danken an dieser Stelle Frau Bruchnet, Bibliotheksdirektorin der Universitätsbibliothek Lille, die uns die Durchführung dieser Untersuchung ermöglicht hat, sowie Herrn Béghinet und Herrn Lacascade, die die Beobachtungen im Vorfeld angestellt und sowohl die Voruntersuchung als auch die Untersuchung organisiert haben.

2 Die systematische Verhaltensbeobachtung der Studenten in der Universitätsbibliothek im Vorfeld der Befragung konnte nur allgemeine Hinweise zutage fördern. Um einen Zusammenhang zwischen den verschiedenen Einstellungen und den gesellschaftlichen Merkmalen der Probanden herzustellen, war ein Fragebogen notwendig.

Aufgrund ihres vielseitigen Leistungsangebots bietet die Universitätsbibliothek ein sehr breit angelegtes Nutzungsspektrum, sodass sich die unterschiedlichen Beziehungen der Studenten zu den Nutzungsmöglichkeiten, die ihnen die Universität bietet, beschreiben lassen. In ihrer spezifischen Funktion stellt die Bibliothek den Studenten nicht nur Hilfsmittel (Bücher, Nachschlagwerke, Kataloge, bibliographische Informationen) zur Verfügung, zu denen sie sonst keinen Zugang hätten, sondern dient auch als Studienraum für akademische Arbeiten, Lektürenotizen oder Vorbereitung von Hausarbeiten, ohne dass dazu das eigentliche Leistungsangebot der Bibliothek genutzt werden müsste. Hinter diesen offensichtlichen und leicht zu bestimmenden Funktionen verbergen sich jedoch noch andere, damit zumeist zusammenhängende Funktionen. So dient sie etwa auch als Ort der Begegnung und des Zusammenseins.

Die tatsächliche Funktion der Universitätsbibliothek lässt sich am zuverlässigsten durch die Definition ermitteln, wie sie objektiv in der studentischen Nutzung zutage tritt. Befragt man die Studierenden nach der Art ihrer Tätigkeiten in der Bibliothek am Tag der Befragung, geben 38 Prozent an, dass sie für ihre studentische Arbeit keinerlei Hilfsmittel der Bibliothek (Kataloge, Handbücher, Werke) haben nutzen müssen. 24,5 Prozent sagen, dass sie Nachschlagwerke benutzt haben, während nur 25,5 Prozent die Unibibliothek als solche genutzt haben, indem sie Bücher zur Lektüre vor Ort oder bei sich zu Hause ausgeliehen haben.[3] Die allermeisten Studenten tun in der Bibliothek nichts, was sie nicht auch zu Hause genauso gut oder sogar besser tun könnten, insofern die Bibliothek nach Meinung aller kaum eine geeignete Umgebung für ein konzentriertes Arbeiten bietet. Dass die meisten Besucher der Universitätsbibliothek dort eher so tun, als würden sie arbeiten, als dass sie tatsächlich arbeiteten, bestätigt im Zweifelsfall auch die Beobachtung. Von 33 Verhaltensbeobachtungen bei der Voruntersuchung zeigten sich in 22 Fällen Anzeichen der Zerstreuung und

3 Die Ausleihstelle ist so gelegen, dass die Studenten Bücher ausleihen können, ohne dafür die Bibliothek betreten zu müssen. Insofern ist der tatsächliche Anteil der Studenten, die Bücher ausleihen, die sie dann zu Hause lesen, sicherlich höher als der in der Befragung ermittelte Wert. Die Studenten, die nur wegen einer Ausleihe kamen, für die sie nicht im Katalog recherchieren mussten, haben den Fragebogen, der am Eingang des Lesesaals ausgehändigt wurde, nicht ausgefüllt.

der Unkonzentriertheit. Die einen schauten ständig auf die Uhr, wann sie denn endlich gehen könnten, andere unterhielten sich mit ihren Nachbarn oder interessierten sich mehr für das, was um sie herum geschah, als dass sie sich auf ihr eigenes Tun konzentrierten.[4] Das deutet darauf hin, dass die Studenten in der Bibliothek etwas suchen, was ihnen zu Hause fehlt, unabhängig davon, ob es sich dabei um einen realen oder eingebildeten Antrieb zum Arbeiten durch die »Atmosphäre« in der Bibliothek handelt oder um psychologische Befriedigungen, die aus dem Kontakt mit anderen, ihnen bekannten oder unbekannten Kommilitonen entstehen, oder um diffuse, mit diesen Kontakten verbundene Erwartungen.

Nichts unterscheidet sich also mehr von einer rationalen Nutzung der Möglichkeiten, die eine Bibliothek bietet, als das Verhalten der großen Mehrzahl der Studenten: Alles – sowohl die Tatsache, dass diese gar nicht wissen, wozu das ausgebildete Bibliothekspersonal oder die Kataloge[5] da sind, als auch die Art der Arbeit, die sie dort leisten, und die Zeit, die sie durch Plaudereien und ständiges Hin- und Hergehen vergeuden – deutet darauf hin, dass die eigentliche Funktion der Bibliothek von den Studenten, die sie zumeist als Treffpunkt oder bestenfalls als Arbeitsraum benutzen, verkannt wird. Bestätigt wird dies zusätzlich dadurch, dass die Studenten, die sich zu ihren Erwartungen in Bezug auf die Bibliotheksorganisation äußern sollten, nur sehr selten (12 Prozent) den Wunsch nach konkreten technischen Verbesserungen der spezifischen Hilfsmittel der Universitätsbibliothek (Kataloge, Ausleihstelle usw.) äußerten. Insofern sich die Einstellungen mehr oder weniger explizit mit Bezug auf die allgemeine Vorstellung der Bibliotheksarbeit als einer Pseudotätigkeit definieren, zeigt sich der Wunsch, wirklich zu arbeiten (genau wie im Gegensatz dazu das vorgetäuschte Arbeiten), entweder darin, dass man sich weigert, in der Bibliothek

4 Unzählige Verhaltensweisen geben einen realen oder fingierten Dilettantismus zu erkennen: Quellenangaben werden auf Streichholzschachteln oder auf einem Briefumschlag notiert; riesige Bücherstapel werden angeschleppt und wieder an ihren Platz gebracht, ohne die Zeit gehabt zu haben, sie auch nur aufzuschlagen, usw.

5 Die Studenten wenden sich nur ungern an das Bibliothekspersonal. Sie fragen nur selten nach Erklärungen. »Damit haben sie große Schwierigkeiten. Man muss durch eine Tür. Sie wissen das gar nicht. Sie trauen sich nicht« (eine Bibliothekarin).

zu arbeiten, oder aber darin, dass man die Bibliotheksarbeit als ein rationales Unterfangen entschlossen angeht.

Sicherlich liegt die Versuchung nahe, die beobachteten Verhaltensweisen vorwiegend den objektiven Arbeitsbedingungen und insbesondere der unzureichenden oder fehlenden universitären Ausstattung (zum Beispiel gibt es nur wenige Arbeitsräume) zuzuschreiben. Damit würde man allerdings – wie es tatsächlich oft der Fall ist – davon ausgehen, dass die Einstellungen sich direkt an den objektiven Bedingungen ausrichten oder dass sie nur deren Produkt sind, sodass man, um auf sie einzuwirken, lediglich das materielle Umfeld verändern müsste. Diese Illusion der Spontansoziologie verkennt jedoch, dass »die materiellen Bedingungen die Entwicklung der entsprechenden Verhaltensrichtungen in einem hohen Maße fördern oder verhindern können, aber nur bei einem schon zuvor bestehenden Trend, weil die Art ihrer Nutzung von den Menschen abhängt, die sie benutzen werden«.[6] In der Tat ist zu bezweifeln, dass die Studierenden ohne äußere Eingriffe die Fähigkeiten entwickeln, aus neuen Einrichtungen gleichermaßen einen möglichst großen Nutzen zu ziehen, und dass es genügen würde, den Mangel zu beheben, damit sich neue Verhaltensweisen herausbilden. Anders gesagt: Verstellen die materiellen Hindernisse (die die Studenten aus den verschiedenen Milieus unterschiedlich stark beeinträchtigen) nicht (gerade bei jenen, die auf sie hinweisen) den Blick auf die kulturellen Barrieren? Wenn die Studenten sich etwa über den Büchermangel beklagen, hat das nicht vor allem damit zu tun, dass sie unzureichend auf die Bibliographierecherche vorbereitet sind, sich bei ihrer Lektüre streng an die Dozentenempfehlungen halten[7] und gleichzeitig nach denselben Grundlagenwerken suchen, sodass eine Bibliothek, die für sie die wichtigsten Werke bereitstellt (wie etwa Fachbereichsbibliotheken), ihren Erwartungen besser entsprechen würde als eine forschungsorientierte Universitätsbibliothek?

6 W. Thomas, F. Znaniecki, *The Polish Peasant in Europe and America*, New York: Dover Publications, 1958, S. 13.

7 Von denjenigen Bibliotheksbesuchern, die den Ausleihservice in Anspruch nehmen, orientieren sich 59 Prozent an rein akademischen Vorgaben, das heißt, entweder wurde das ausgeliehene Buch ausdrücklich von einem Dozenten empfohlen, oder aber es steht in einer Dozentenbibliographie. Nur 11 Prozent der Ausleihen gehen auf eine Empfehlung eines Kommilitonen zurückt.

Möglicherweise zeigt sich im Bibliotheksverhalten jedoch darüber hinaus eine Grundeinstellung gegenüber der Intellektuellentätigkeit schlechthin. Was die meisten Studenten bewusst oder unbewusst ablehnen, ist die Bibliotheksarbeit als methodisches Unternehmen, das eine bewusst rationale Zeitorganisation und den Willen voraussetzt, sich mehrere Stunden nacheinander einer kontinuierlichen Arbeit zu widmen. Derartige Verhaltensmuster stehen allerdings in komplettem Gegensatz zu der weit verbreiteten Vorstellung der Intellektuellenarbeit, bei der eine häppchenweise Lektüre zu einer Art Ideal erhoben wird. Fast alle Studenten, die bei vorherigen Untersuchungen befragt wurden, gaben an, bevorzugt zu Hause oder in Situationen zu lesen, die ihnen Freiraum für Improvisationen lassen und bei denen sie die Lektüre nicht als eine Lerntätigkeit erleben können, in einem Café, »in der Natur«, beim Spazierengehen, auf dem Bett liegend, bei Freunden.

Die romantische Vorstellung der Intellektuellenarbeit, bei der man nur »in geeigneten Momenten« liest und bei der die Arbeit selbst zu einer Art Freizeitbeschäftigung wird, führt dazu, dass das Erlernen der intellektuellen Tätigkeit durch Übungen an einem eigens dafür vorgesehenen Ort als langweilig abgelehnt wird. »Ich mag die Atmosphäre in den Bibliotheken nicht.« »Was mich bei der Bibliothek abstößt, ist das Institutionelle und Langweilige. Wenn man ein Buch besitzt, ist das, als hätte der Autor es eigens für mich geschrieben. Wenn ich es ausleihe, habe ich den Eindruck, dass es nicht für mich bestimmt ist.« »Für die Prüfung habe ich immer dreißig Bücher zu lesen. Ich müsste jeden Tag ein neues lesen. Jeden Tag, eigentlich fast schon stündlich! Ich sage mir, dass ich das jetzt lesen muss. Also nehme ich ein Buch. Ich lese drei, vier Seiten, und am Abend interessiere ich mich plötzlich für ein anderes Buch. Und dann nehme ich ein anderes.«

Diese kulturellen Hindernisse sind eine umso größere Belastung für die Studierenden, je weniger sie auf eine rationale Bibliotheksnutzung vorbereitet sind. Manche Studierende in höheren Semestern wissen beispielsweise gar nicht, wie man die Bibliothek in ihrer eigentlichen Funktion nutzt. »Ich gehe oft in die Unibibliothek, wenn ich Übersetzungen machen muss, wegen der Wörterbücher und auch wegen anderer Sachen, aber ich habe noch nie ein Buch ausgeliehen. Ich weiß nicht einmal, wie das funktioniert, das mit dem Katalog und so. Das Angebot habe ich nie in Anspruch genommen« (Studentin, Vater auf mittlerer Leitungsebene, 12. Hochschulsemester). Und in der Tat sind zu keinem Zeitpunkt auch nur rudimentäre Techniken der Bibliographierecherche Teil des Lehrplans.[8]

Bezeichnenderweise scheinen die Studenten sich umso mehr von einer Modalhaltung zu entfernen, je besser sie die Methoden und Techniken des akademischen Arbeitens beherrschen und je mehr sie dazu fähig sind, die Bibliotheksarbeit als Teil eines methodischen Unterfangens zu betrachten: So haben etwa 35 Prozent der *ipessiens** den Bestandskatalog konsultiert oder Bücher ausgeliehen. Dasselbe gilt für 27 Prozent der Stipendiaten und nur für 24 Prozent der normal eingeschriebenen Studenten. Außerdem sehen die *ipessiens* in der Bibliothek auch häufiger als die normal eingeschriebenen Studenten ausschließlich einen Ort des Arbeitens und nicht einen Ort des Arbeitens und Zusammenseins.[9] Alles deutet also darauf hin, dass durch das Fehlen einer methodischen Einführung in die Techniken des intellektuellen Arbeitens tendenziell das Gesetz der natürlichen Selektion ungehindert walten kann, sodass nur diejenigen Studenten, die das notwendige akademische Rüstzeug mitbringen, in sich selbst die Ressourcen finden, die die Institution eigentlich allen an die Hand geben sollte.

So dienen die am meisten verbreiteten Verhaltensweisen zur Definition der objektiven Bedeutung der Bibliotheksarbeit, zu der sich subjektiv und objektiv die individuellen Haltungen definieren lassen, auch wenn die Studenten gerade aufgrund ihres ambiva-

8 Bei der Einschreibung im Oktober bekommen die Studenten eine Broschüre, die zwar allgemeine Erklärungen über den Bibliotheksbetrieb enthält, aber nicht als Einführung in die bibliographischen Techniken geeignet ist. Es genügt nämlich nicht, den Studenten eine Beschreibung des Systems in die Hand zu drücken, damit sie es auch zu benutzen wissen. Man muss ihnen darüber hinaus die Techniken zur Nutzung dieser Hilfsmittel beibringen.

* Die *Instituts Préparatoires à l'Enseignement du Second Degré* (IPES) bildeten in Frankreich bis 1978 Lehrkräfte für weiterführende Schulen aus. Studenten, die aufgenommen werden wollten, mussten eine Zugangsprüfung ablegen und hatten danach während ihres dreijährigen Studiums Anspruch auf ein Gehalt. Im Gegenzug verpflichteten sie sich, zehn Jahre lang im staatlichen Lehrdienst zu arbeiten. Diese Studenten wurden gemeinhin *ipessiens* oder *ipésiens* genannt. [*A. d. Ü.*]

9 Die wenigen Jurastudenten, die die Universitätsbibliothek in unmittelbarer Nähe der Philologischen Fakultät besuchen, müssen dazu ihren gewohnten Lebensraum verlassen. Insofern überrascht es nicht, dass die meisten von ihnen zum Bücherausleihen gekommen sind.

lenten Verhältnisses zur Bibliotheksnutzung die tatsächliche Bedeutung ihres Verhaltens kategorisch gar nicht erklären können. Es ist also durchaus beachtenswert, dass sich allein auf der Basis indirekter Fragen systematische Verhaltensvariationen feststellen lassen, die sowohl die Ernsthaftigkeit beim Arbeiten betreffen als auch die Fähigkeit, das Serviceangebot der Bibliothek zu nutzen, und die Bedeutungen, die die Studenten der Bibliotheksarbeit subjektiv oder objektiv je nach Semesterzahl, Geschlecht bzw. sozialer Herkunft zuschreiben.

Für Studienanfänger und Erstsemester ist das Arbeiten in der Universitätsbibliothek einer der sichersten und leichtesten Wege, um sich ein studentisches Image zu geben. Die Bibliothek erinnert nicht nur an die Arbeitsatmosphäre bei der Hausaufgabenbetreuung in den weiterführenden Schulen, sondern bietet sich auch als spezifischer und bekannter studentischer Treffpunkt an. Das erklärt auch, warum die Erstsemester die hauptsächlichen Nutzer sind: Dass den Studierenden im sechsten Hochschulsemester in manchen Fachbereichen Seminarbibliotheken zur Verfügung stehen, erklärt für sich genommen nämlich nicht, dass die Studienanfänger 45 Prozent der Bibliotheksnutzer ausmachen, obwohl sie in demselben Jahr nur 30,6 Prozent der Studenten der philologischen Fakultät stellen.

Die ambivalente Haltung gegenüber der Universitätsbibliothek ist bei weiblichen Studierenden besonders ausgeprägt. Da sie öfter als ihre männlichen Kommilitonen angeben, gewöhnlich zu Hause zu arbeiten, öfter noch bei ihren Eltern wohnen und sich dem Bild des häuslichen Arbeitens stärker verbunden fühlen, hätte man erwarten können, dass sie unter den Nutzern der Unibibliothek weniger stark vertreten sind als die männlichen Studenten. Hat ihre stärkere Präsenz vielleicht mit ihrer studentischen Strebsamkeit zu tun?[10] In Wirklichkeit geben sie häufiger als ihre männlichen Kommilitonen zu, dass ihr Bibliotheksbesuch sowohl dem Wunsch entspringt, sich nicht allein zu fühlen und so »eine zusätzliche Arbeitsmotivation zu erhalten«, als auch dem Bedürfnis, sich dort mit anderen Studenten zu treffen. Die Bibliothek erscheint ihnen als »ein Ort, wo man sich bei der Arbeit nicht allzu isoliert fühlt«, der

10 Die weiblichen Studierenden machten siebzig Prozent der Bibliotheksnutzer der Philologischen Fakultät aus, obwohl ihr Anteil an der Gesamtzahl der in dieser Fakultät eingeschriebenen Studenten im selben Jahr nur bei sechzig Prozent lag.

ihnen die Befriedigung konzentrierten Arbeitens vermittelt und gleichzeitig zerstreuende Kontaktmöglichkeiten zu den Mitstudierenden bietet. »Ich mag es, wenn ich sehe, wie die Leute kommen und gehen.« »Ich gehe nicht gern allein dahin. Das ist nämlich sterbenslangweilig.« Während die männlichen Studierenden ein realistischeres und weniger ambivalentes Bild von der Bibliothek haben und oft in der »Bahnhofsvorhalle« als Durchgangsstation und Treffpunkt das Bild sehen, das ihrer Vorstellung der Bibliothek am besten entspricht, verwerfen die Studentinnen diese Analogie und vergleichen die Bibliothek zumeist mit einem Bienenstock, einem Ort mit einer wimmelnden kollektiven Aktivität, wodurch sie einen Ausgleich finden zwischen hochschulischer Strebsamkeit und ihrem Kontaktbedürfnis. Häufiger wählen sie auch zwei gegensätzliche Bilder wie etwa Kloster und Bahnhofsvorhalle, Bienenstock und Wartesaal. An diesem Bemühen, Gegensätzliches zu versöhnen, erkennt man die ambivalente Funktion, die sie ihrem Bibliotheksbesuch tatsächlich zuschreiben.[11] Beispielsweise geben sie an, dass sie gerne arbeiten, wenn es um sie herum etwas lauter zugeht, während sie ihre geringe Arbeitsleistung gleichzeitig auf den Lärm zurückführen. Außerdem sagen viel mehr weibliche als männliche Studierende, dass es sie nicht nur der Arbeit wegen in die Bibliothek zieht, sondern auch, um Kommilitonen zu treffen. Und auch bei der Wahl zwischen mehreren Idealbildern der Bibliothek entscheiden sie sich häufiger für Bienenstock oder Seminarraum, während die männlichen Studierenden dabei an ein Kloster denken. Der Wunsch nach einem ausgleichenden Miteinander, der aus diesen Haltungen spricht, lässt sich auch an anderen Indika-

11 Auf die Frage nach ihren Beobachtungen zu der Bibliothek gaben 24 Prozent der weiblichen Studierenden an, dass sie sowohl die Möglichkeit erwarteten, dort arbeiten als auch andere Kommilitonen treffen zu können. Bei den männlichen Studierenden belief sich der Anteil auf 12 Prozent. 56 Prozent der Studentinnen betrachten als Idealbild den »Bienenstock« oder den »Seminarraum« gegenüber 37 Prozent der männlichen Kommilitonen, die umgekehrt im Verhältnis häufiger (33 Prozent gegenüber 18 Prozent der Studentinnen) »Kloster« angeben. Außerdem lässt sich feststellen, dass 29 Prozent der männlichen und 13 Prozent der weiblichen Studierenden in der »Bahnhofsvorhalle« das zutreffendste Bild der Bibliothek in ihrer jetzigen Form sehen und dass 10 Prozent der Studentinnen disparate Bilder nennen, wenn sie gleichzeitig von einem Arbeitsraum und einem Treffpunkt sprechen, was bei den männlichen Studierenden so gut wie nie der Fall ist.

toren ablesen: Die Studentinnen sagen häufiger, dass sie gerne in der Nähe von Bekannten sitzen, dass sie wissen wollen, was ihre Tischnachbarn tun, und dass sie häufig ihre Arbeit unterbrechen, um mit ihnen zu sprechen.

Vielleicht müssen diese widersprüchlichen Haltungen als eine Reaktion auf die »Drucksituation« gedeutet werden, die durch die Diskrepanz zwischen der traditionellen Rollendefinition der Frau und der Situation als Studentin auf den jungen Frauen lastet. Das gilt insbesondere für jene, die aus gehobeneren Gesellschaftsschichten stammen und in ihrem Studium möglicherweise einen gesellschaftlichen Übergangsstatus sehen, wohl wissend, dass ihre aktuelle Beschäftigung nur scheinbar auf ein zukünftiges Leben vorbereitet, in dem es dafür keinen Platz gibt.[12] In der Tat reagieren manche Studentinnen auf widersprüchliche Erwartungshaltungen (von Seiten ihrer Familie, ihrer männlichen Kommilitonen und durch die gesamte Situation an der Universität) mit Verhaltensweisen, die von denen der männlichen Studierenden in zwei gegensätzlichen Richtungen abweichen: Die konforme Verhaltensausrichtung an den überaus traditionellen Rollenmodellen der Frau bietet ihnen die Möglichkeit, in Bildungsbeflissenheit und schulischer Fügsamkeit eine Form der Anpassung zu finden (das zeigt zum Beispiel die Tatsache, dass sie häufiger als ihre männlichen Kommilitonen den Lektüreempfehlungen ihrer Dozenten folgen). Dass sie stärker als die männlichen Studierenden, die besser in ein schlecht integriertes Milieu integriert sind, (bewusst oder unbewusst) nach Kommunikation und Kontakten suchen, ist andererseits ebenfalls einer gewissen Art der unbewussten Verbundenheit mit traditionellen gesellschaftlichen Erwartungen geschuldet.

Insofern das Arbeiten in der Bibliothek, das dank einer Art doppelten Spiels mit sich selbst einen scheinbaren Ausgleich zwischen den Gegensätzen gestattet, den Studentinnen – und insbesondere den Studentinnen aus höheren Sozialmilieus – die Möglichkeit bietet, ihr ambivalentes Verhältnis zu ihrer Lebenssituation auszudrücken, zeigt sich bei ihnen wohl unverfälschter eine Haltung, die in

12 Die weiblichen Studierenden aus den unteren Klassen unterscheiden sich durch eine strebsamere und kohärentere Haltung deutlich von der Gesamtheit der Studentinnen: Nicht nur nutzen mehr von ihnen die Bibliothek im Sinne ihrer eigentlichen Funktion, sondern sie setzen sich abseits der geschäftigen Betriebsamkeit auch an die ruhigeren Plätze, dorthin, wo die Nachschlagwerke stehen.

unterschiedlichen Abstufungen bei den meisten Bibliotheksbesuchern zu beobachten ist. Wie ließe sich sonst erklären, dass Studenten aus einfachem Elternhaus, die bekanntlich weniger Bücher kaufen, über eine weniger komfortable Wohnsituation verfügen und an der Universität fleißiger studieren, eine etwas niedrigere Besucherquote in der Universitätsbibliothek aufweisen als die anderen Studentenkategorien, solange man sich nicht eingesteht, dass sie ein ausgeprägteres Bewusstsein für das Illusorische einer bestimmten Bibliotheksnutzung haben und deswegen lieber bei sich zu Hause lernen? Da sich ihre Haltung, aus der eine größere Studienmotivation spricht, in Bezug auf die objektive Definition der Bibliothek als einem Ort des nur vorgetäuschten Arbeitens definiert, wobei ihnen diese Definition klarer vor Augen steht und sie sie in den Interviews bereitwilliger ansprechen,[13] neigen sie stärker als die anderen Studenten dazu, sich aus eigenem Antrieb zurückzuziehen. Ein Beweis dafür lässt sich darin sehen, dass ihr Anteil unter den Bibliotheksbesuchern zu einem Zeitpunkt, da die Prüfungen näher rücken und ihnen damit mehr Arbeitseifer abverlangt wird, noch niedriger ist als im Laufe des Studienjahres.[14] Außerdem lässt sich darauf hinweisen, dass sie bei einer Reihe von Indikatoren eine größere Ernsthaftigkeit zu erkennen geben, wenn sie doch in der Bibliothek arbeiten: Im Unterschied zu den Studenten höherer Gesellschaftsschichten sitzen sie häufiger in der Nähe ihrer Bekannten. Da sie wohl aber weniger von dem Wunsch beseelt sind, »neue Bekanntschaften zu machen«, sprechen sie weniger mit ihnen.[15] Kurzum: Die Studenten neigen umso mehr dazu, die Bibliothek in einen Ort des nur vorgetäuschten Arbeitens zu verwandeln, wenn

13 »Es ist völlig unmöglich, in der Bibliothek konzentriert zu arbeiten und zu lesen« (Sohn eines Angestellten). »Ich mag die Unibibliothek nicht. Man kann da einfach nicht am Stück arbeiten. – Wenn ich arbeite, mag ich es nicht, gestört zu werden« (Sohn eines Landwirts). »In der Unibibliothek arbeitet niemand. Die tun alle so, als würden sie arbeiten. – Ich arbeite lieber zu Hause« (Sohn eines Arbeiters).

14 Während die Studenten aus den unteren Klassen 23 Prozent der Studenten der Philologischen Fakultät Lille ausmachen, liegt ihr Anteil an den Studenten der Philologischen Fakultät, die die Universitätsbibliothek »während des normalen Semesterbetriebs« bzw. während der Prüfungsphasen besuchen, bei nur 15 Prozent bzw. unter 12 Prozent.

15 Es konnte bereits gezeigt werden, dass sich die Studentinnen aus den unteren Schichten durch ihre Haltung von den anderen Studentinnen unterscheiden.

sie einem höheren Sozialmilieu angehören. »Meine Arbeit ist nicht unangenehm. Sie ist nicht mit Zwängen verbunden. Fast würde ich sagen, dass meine Arbeit für mich Hobbycharakter hat.« »Für mich gibt es keinen Unterschied zwischen Arbeitszeit und Freizeit. Für mich gibt es eigentlich nur eine Zeit des Nichtstuns, um die herum sich verschiedene Dinge organisieren.« »Das Jahr über ist die Arbeit für mich eine Art Freizeit und die Freizeit eine Art Arbeit. Das geht alles nahtlos ineinander über« usw.

Dem Dilettanten sind alle Mittel recht, um die Grenze zwischen Freizeit und Arbeit niederzureißen: So wie er sich einreden kann, dass manche Freizeitbeschäftigungen Teil eines kulturellen Bildungsunternehmens sind, so kann ihm auch die Arbeit in der Bibliothek oder in einem Café als Arbeitsnachweis dienen, ohne deswegen auf seine Freizeitbefriedigungen verzichten zu müssen.

Anhang 1

Charakteristika der befragten Grundgesamtheit

	Studienanfänger geisteswissenschaftliche Fächer	6. Fachsemester geisteswissenschaftliche Fächer	Naturwissenschaften	Jura	Medizin und Pharmazie	Fachhochschulen
Landbevölkerung n = 48	10	17	13	5	–	3
Arbeiter n = 87	36	30	17	2	–	2
Dienstpersonal n = 41	10	21	6	2	1	1
Einfache Angestellte n = 96	30	40	19	3	2	2
Handwerker und Kaufleute n = 153	53	58	30	6	1	5
Mittlere Angestellte n = 145	59	52	26	5	2	1
Leitende Angestellte n = 244	75	104	44	9	11	1
Andere (Pensionäre, Rentner) n = 66	13	27	21	3	1	1
Insgesamt n = 880	286	350	175	35	18	16

Anhang 2

Centre de Sociologie Européenne
10, rue Monsieur-le-Prince
75006 Paris

Datum ______________

1. Zeit bei Besuchsbeginn ____________ Zeit bei Besuchsende ____________

2. Geschlecht __________________ 3. Geburtsdatum ______________________

4. Beruf des Vaters____
(Bitte möglichst genaue Angaben; statt der Angabe »Lehrer«, schreiben Sie »Grundschullehrer« oder »Lehrer in einer weiterführenden Schule«; statt »Arbeiter«, schreiben Sie bitte »Hilfsarbeiter« oder »Facharbeiter«)

5. Fakultät (bzw. Fachhochschule) ______________________________________

6. In welcher Art Schule haben Sie Ihre Schulzeit hauptsächlich absolviert?
staatliche Schule – private Schule

Lebten Sie in Ihrer Schulzeit
zu Hause – im Internat?

7. Wie viele Prüfungen haben Sie dieses Jahr abgelegt? __________________

8. Wie viele Jahre studieren Sie schon an einer Hochschule
(einschließlich des laufendes Jahres)? __________________________________

9. Wohnort während des Hochschulsemesters: _________________________

10. Wohnen Sie:
- bei Ihren Eltern?
- in einem eigenen Zimmer (alleine, zu zweit, zu mehreren)?
- bei Privatleuten?
- in einem Studentenheim?
- im Hotel?
- anderswo (bitte genauere Angaben)?

11. Sind Sie:
- normal eingeschrieben
- Stipendiat
- *ipessien*

Gehen Sie einer Berufstätigkeit nach?
- Lehrberuf (bitte genauere Angaben)
- außerhalb des Lehrberufs (bitte genauere Angaben)

12. Wie viel Zeit verbringen Sie wöchentlich (ungefähr) in der Universitätsbibliothek? ______________________________

13. Was haben Sie heute in der Universitätsbibliothek getan (bitte möglichst genaue Angaben)? ______________________________

14. Falls Sie ein Buch ausgeliehen oder vor Ort konsultiert haben, taten Sie es:
- weil ein Dozent es Ihnen empfohlen hat?
- weil es in Ihrer Bibliographie stand?
- weil ein Kommilitone Ihnen davon erzählt hat?
- weil jemand anderes es Ihnen empfohlen hat (bitte genauere Angaben)?
- oder aus anderen Gründen (und wenn ja, welche)?

15. Arbeiten Sie gewöhnlich ununterbrochen? Ja – Nein

Wenn nicht, unterbrechen Sie Ihre Arbeit,
- um vor sich hinzuträumen?
- mit Ihren Nachbarn zu reden?
- allein oder zusammen mit anderen eine Zigarette zu rauchen?
- allein oder zusammen mit anderen ins Café zu gehen?
- oder aus anderen Gründen (bitte genauere Angaben)?

16. Wo arbeiten Sie meistens? (Antwortvorgaben bitte durchnummerieren)
- zu Hause
- im Café
- in der Universitätsbibliothek
- in anderen Bibliotheken (bitte genauere Angaben)
- an anderen Orten (bitte genauere Angaben)

17. Sitzen Sie am liebsten in der Nähe Ihrer Freunde und Bekannten? Ja – Nein

18. Hatten Sie in der Universitätsbibliothek dieses Jahr Gelegenheit, andere Leute kennenzulernen? Ja – Nein

Wenn ja, studieren diese Personen:
- dasselbe Fach?
- an derselben Fakultät?
- an anderen Fakultäten (bitte genauere Angaben)?

19. Versuchen Sie herauszufinden, was Ihre Nachbarn tun? Ja – Nein

Wenn ja, versuchen Sie herauszufinden:
- in welchem Semester sie studieren?
- welches Fach sie studieren?
- anderes (bitte genauere Angaben)?

20. Haben Sie einen bevorzugten Platz? Ja – Nein

Wenn ja, würden Sie bitte den Platz auf diesem Plan der Universitätsbibliothek ankreuzen?

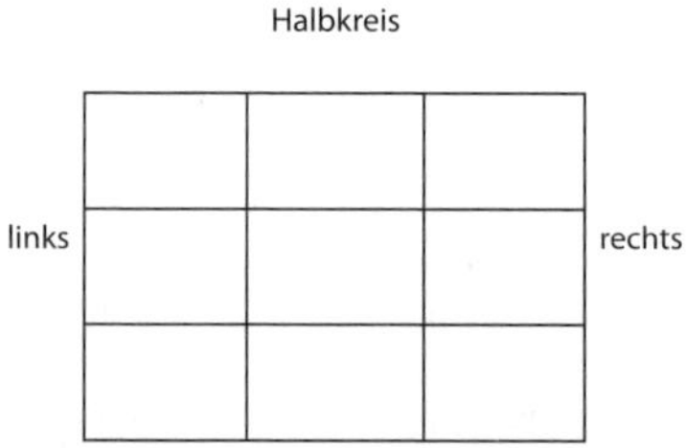

Halbkreis

links

rechts

Können Sie den Grund dafür nennen? ______________________________

21. Welches von den untenstehenden Bildern eignet sich am besten zur Bezeichnung dessen, was die Universitätsbibliothek Ihrer Meinung nach *ist*?
- eine Kirche
- ein Bienenstock
- ein Seminarraum
- ein Wartesaal
- eine Bahnhofsvorhalle

– ein Kloster
– ein anderes Bild (bitte genauere Angaben) ______________________

Begründen Sie bitte Ihre Wahl ___________________________________

22. Welches von den untenstehenden Bildern eignet sich am besten zur Bezeichnung dessen, was die Universitätsbibliothek Ihrer Meinung nach sein *sollte*?
– eine Kirche
– ein Bienenstock
– ein Seminarraum
– ein Wartesaal
– eine Bahnhofsvorhalle
– ein Kloster
– ein anderes Bild (bitte genauere Angaben) ______________________

23. Was bedeutet die Bibliothek für Sie, und was erwarten Sie von ihr?

____
____
____
____
____

24. Notieren Sie an dieser Stelle bitte völlig frei Ihre Beobachtungen und Wünsche:

____
____
____
____
____

Nachweise

Die konservative Schule
Soziale Ungleichheit gegenüber Schule und Kultur
L'école conservatrice
Revue française de sociologie, 7, 1966, S. 325-347.
Zuerst deutsch in: Pierre Bourdieu, *Wie die Kultur zum Bauern kommt*, Hamburg: VSA, 2001, S. 25-52.
Mit freundlicher Genehmigung.
Übersetzt von Jürgen Bolder.

Auslese und Gnadenwahl
Bildungsgsprivileg und Bildungschancen an der Hochschule
Le choix des élus (mit Jean-Claude Passeron)
in: Pierre Bourdieu, Jean-Claude Passeron, *Les héritiers. Les étudiants et la culture*, Paris: Minuit, 1964, S. 9-44 und Appendice 2 – Quelques documents et résultats d'enquêtes, ebd., S. 143-182.
Zuerst deutsch in: Pierre Bourdieu, Jean-Claude Passeron, *Die Illusion der Chancengleichheit*, Stuttgart: Klett, S. 19-45 und Anhang 2 – Dokumente und Umfrageergebnisse, S. 253-280.
Mit freundlicher Genehmigung.
Übersetzt von Barbara und Robert Picht.

Gegner und Komplizen
Das Missverständnis in der pädagogischen Kommunikation
Langage et rapport en langage dans la situation pédagogique (mit Jean-Claude Passeron)
Pierre Bourdieu, Jean-Claude Passeron, Monique de Saint Martin, *Rapport pédagoqique et communication*, Paris: Centre de Sociologie Européenne, 1965, S. 9-36.
Als Überarbeitung zuerst deutsch in: Pierre Bourdieu, Jean-Claude Passeron, *Die Illusion der Chancengleichheit*, Stuttgart: Klett, 1971, S. 93-129.
Mit freundlicher Genehmigung.
Übersetzt von Barbara und Robert Picht.

Die verstimmten Partner
Ergebnisse einer empirischen Untersuchung zum Verhältnis von pädagogischer Kommunikation und Sprache
Les étudiants et la langue d'enseignement
(mit Jean-Claude Passeron, Monique de Saint Martin)
in: Pierre Bourdieu, Jean-Claude Passeron, Monique de Saint Martin, *Rapport pédagoqique et communication*, Paris: Centre de Sociologie Européenne, 1965, S. 37-57.
Als Überarbeitung zuerst deutsch in Pierre Bourdieu, Jean-Claude Passeron, *Die Illusion der Chancengleichheit*, Stuttgart: Klett, 1971, S. 129-161.
Mit freundlicher Genehmigung.
Übersetzt von Barbara und Robert Picht.

Prüfung einer Illusion
L'examen d'une illusion (mit Jean-Claude Passeron)
Revue française de sociologie, 8/9, 1968, Sonderheft *Sociologie de l'éducation*, Paris: Centre National de la Recherche Scientifique, S. 227-253.
Als Überarbeitung zuerst deutsch in: Pierre Bourdieu, Jean-Claude Passeron, *Die Illusion der Chancengleichheit*, Stuttgart: Klett, 1971, S. 161-189.
Mit freundlicher Genehmigung.
Übersetzt von Barbara und Robert Picht.

Plädoyer für eine rationale Hochschuldidaktik
Conclusion (mit Jean-Claude Passeron)
in: Pierre Bourdieu, Jean-Claude Passeron, *Les héritiers. Les étudiants et la culture*, Paris: Minuit, 1964, S. 103-115.
Zuerst deutsch in: Pierre Bourdieu, Jean-Claude Passeron, *Die Illusion der Chancengleichheit*, Stuttgart: Klett, S. 82-91.
Auch in: Pierre Bourdieu, *Wie die Kultur zum Bauern kommt*, Hamburg: VSA, 2001, S. 144-152.
Mit freundlicher Genehmigung.
Übersetzt von Barbara und Robert Picht.

Exzellenz in der Schule und die Werte des französischen Unterrichtssystems

L'excellence scolaire et les valeurs du système d'enseignement français (mit Monique de Saint Martin)
Annales. Economies, Sociétés, Civilisations, 25, 1970, S. 147-175.
Zuerst deutsch in: Pierre Bourdieu, *Wie die Kultur zum Bauern kommt*, Hamburg: VSA, 2001, S. 53-83.
Mit freundlicher Genehmigung.
Übersetzt von Franz Hector.

Unterrichtssysteme und Denksysteme

Systèmes d'enseignement et systèmes de pensée
Revue internationale des sciences sociales, 19, 1967, S. 367-388.
Zuerst deutsch in: Pierre Bourdieu, *Wie die Kultur zum Bauern kommt*, Hamburg: VSA, 2001, S. 84-110.
Mit freundlicher Genehmigung.
Übersetzt von Joachim Wilke.

Abhängigkeit in der Unabhängigkeit
Die relative gesellschaftliche Autonomie des Bildungswesens

La comparabilité des systèmes d'enseignement (mit Jean-Claude Passeron)
in: Robert Castel, Jean-Claude Passeron (Hg.), *Education, démocratie et développement*, Paris: Centre de Sociologie Européenne, 1967, S. 21-58.
Als Überarbeitung zuerst deutsch in: Pierre Bourdieu, Jean-Claude Passeron, *Die Illusion der Chancengleichheit*, Stuttgart: Klett, 1971, S. 190-228.
Mit freundlicher Genehmigung.
Übersetzt von Barbara und Robert Picht.

Das System der Funktionen des Bildungssystems

Le système des fonctions du système d'enseignement
in: Mathias Matthijssen, Cornelis Vervoort (Hg.), *Education in Europe*, Paris, Den Haag: Mouton, 1968, S. 181-189.
Deutsche Erstveröffentlichung.
Übersetzt von Michael Tillmann.

Die Besucher der Universitätsbibliothek von Lille
Les utilisateurs de la bibliothèque universitaire de Lille
(mit Monique de Saint Martin)
in: Pierre Bourdieu, Jean-Claude Passeron, Monique de Saint Martin, *Rapport pédagoqique et communication*, Paris: Centre de Sociologie Européenne, 1965, S. 109-120.
Deutsche Erstveröffentlichung.
Übersetzt von Michael Tillmann.

Markus Rieger-Ladich
Klassenkämpfe
Pierre Bourdieu über Bildung
Originalbeitrag

Editorische Anmerkungen

Selbst wenn man sich angesichts eines Werks, dessen thematische Vielfalt fast ebenso charakteristisch wirkt wie seine theoretische Geschlossenheit, vor einseitigen Zurechnungen hüten sollte, besteht doch kaum ein Zweifel, dass Bourdieus Soziologie ganz entscheidend nicht nur als »Kultursoziologie« im engeren Sinne, als eine Soziologie der kulturellen »Phänomene« begriffen werden kann, sondern dass diesen Phänomenen des »Überbaus« dort gleichzeitig ein zentraler, »systematischer« Stellenwert eingeräumt wird. Und dass dabei Bourdieus »Bildungssoziologie« wesentliche Bedeutung zukommt, als einem der strategischen Impulse, über den der Weg schließlich bis zu seiner in vieler Hinsicht monumentalen Arbeit *La distinction*, zu den »feinen Unterschieden«, führt, ist gleich schwer von der Hand zu weisen – allein die schiere Masse an Publikationen bezeugt das Gewicht dieses »Themas«, seine kontroverse Rezeption ist dazu mehr als nur eine Fußnote. Aber vor allem wird dabei ein ständig wiederkehrender Komplex von theoretischen Motiven entfaltet, die den regelrechten Take-off der Bourdieuschen Soziologie markieren – es geht hier um nicht weniger als das Verhältnis von »Bildung« und sozialer Reproduktion.

Sehen wir uns kurz den werkbiographischen Kontext an. Die »Bildungssoziologie« Bourdieus scheint auf den ersten Blick in die 1960er Jahre zu fallen, als eine Art Vorläufer seiner späteren Soziologie des »Lebensstils«. Bei genauerem Hinsehen wird dort aber ein motivischer Einschlag deutlich, der noch weiter zurückreicht. Bourdieu beginnt seine wissenschaftliche Arbeit während des algerischen Unabhängigkeitskrieges, Ende der 1950er Jahre erscheint *Sociologie de l'Algérie*, ein Buch, in dem es vor allem um einen »clash of cultures« geht, um die Beschreibung der rapiden und irreversiblen Transformationen einer traditionellen Subsistenzökonomie unter dem Druck der französischen Kolonialherrschaft. Die Gesellschaft der algerischen Berber zeigt sich ihm als eine Form der »Ökonomie«, die im »symbolischen Kapital«, der Ehre, dem guten Namen und guten Ruf, eine durch kollektive Arbeit erzwungenen Reproduktionsweise verdichtet, die auf Verwandtschaftsbeziehungen zurückgreift und mit Heirat ihr Erbe sichert.

Diese ganz eigene Logik der Reproduktionsstrategien beschäftigen Bourdieu dann weiter, als er nach Frankreich zurückkehrt. Anfang der 1960er Jahre untersucht er in seiner Heimat, dem Béarn, die Heiratsstrategien in einer ländlichen Gesellschaft, die damals in ähnlicher Weise von massiven Transformationen erfasst wird. Dort zeigt sich am »Drama« der Ehelosigkeit der Hoferben in einer Welt, die für ihr verbissenes Festhalten am Erstgeburtsrecht bekannt ist, ein Markt »symbolischer Güter«, dessen nationale Vereinheitlichung die Bauern, ihre Umgangsformen, ihre Kleidung, selbst ihren Körper, einer brutalen Entwertung aussetzt – Bourdieu wird diese Studien sehr viel später in *Le bal des célibataires* zusammenfassen. Was hier aber aufzuscheinen beginnt, ist, abgesehen von der allmählichen theoretischen Konzentrierung dieses Zusammenhangs, eine gleichzeitig einsetzende »Exzentrizität« der gesamten Fragestellung: In die bäuerliche Welt bricht damals eine ganz andere »Kultur« ein, die Kultur einer Gesellschaft, deren massiver ökonomischer Strukturwandel gleichzeitig einen Wandel der Reproduktionsmöglichkeiten und Reproduktionsnotwendigkeiten des sozialen Erbes mit sich bringt – im Zuge der Ausweitung des staatlichen Bildungswesens und der dort vergebenen Titel und Diplome gewinnen »schulische« Strategien als Mittel der Produktion und Reproduktion sozialer Gruppen immer mehr an Bedeutung. Und genau an dieser ungewöhnlichen Stelle, ungewöhnlich deshalb, weil hier nicht in erster Linie »ökonomische«, sondern »symbolische« Güter die Fragestellung bestimmen, vollzieht sich auch Bourdieus Sprung von der traditionellen in die »Klassengesellschaft«: Nicht nur Wirtschaft und Erwerb, sondern auch Bildung und Kultur gehören zu ihren ureigenen Reproduktionsmitteln.

Diese Rückkehr Bourdieus in die zeitgenössische Gegenwart und ihre »Kultur« wird durch eine ganze Reihe von Untersuchungen dokumentiert, die nicht nur in gedrängter zeitlicher Folge erscheinen, sondern auch inhaltlich eng miteinander in Beziehung zu sehen sind: *Les héritiers* (1964) macht den Anfang, es folgt *Un art moyen* (1965) über die »minderwertige« Kunst der Photographie und ihre sozialen Gebrauchsweisen, schließlich *L'amour de l'art* (1966), eine Studie zu den Praktiken sozialer Klassen in ihrem Umgang mit musealer, »legitimer« Kunst. Und immer geht es dabei um das Mysterium, durch das sich Unterschiede der Herkunft in Unterschiede der Bildung und Kultur und von dort aus in Unterschiede des »Wertes« sozialer Klassen und ihrer Angehörigen verwandeln, darum also, wie sich nicht nur die Reproduktion des Zusammenhangs von sozialer Herkunft und sozialer Stellung in modernen Klassengesellschaften, sondern auch die Legitimierung dieses Reproduktionsprozesses vollzieht.

Wenn dann mit *La distinction*, den »feinen Unterschieden«, gute zehn Jahre später eine Art Summe aus diesen und vielen anderen Forschungen gezogen wird, der ausgedrückte Umgang mit und wahrgenommene Ausdruck von Kultur, ihre klassenspezifischen Gebrauchsweisen bis zum »elementaren Schmecken von Zunge und Gaumen«, die Arten des Umgangs mit dem Körper, sogar der unbewussten Körperhaltung, auch der politische »Geschmack« derart schonungslos vermessen wird, dann nehmen *Les héritiers*, die »Erben«, bei dieser radikalen Ausweitung der Fragestellung sicher eine Schlüsselstellung ein. Denn als feststand, dass die moderne »Kultur« vor allem eine durch »Bildung« vermittelte ist, sich das Bildungswesen in modernen Gesellschaften unter dem Schutz des Staates zu einer entscheidenden Ordnung der Aneignung und Weitergabe, der »Vererbung«, der Reproduktion gesellschaftlicher Chancen entwickelt hatte, war nun zu untersuchen, wie diese Weitergabe denn praktisch erfolgte, und eben hier wirkt die Argumentation von Bourdieu und Passeron bis heute ungemein provokant. Schon im ersten Abschnitt des Buches wird gezeigt, dass der Zugang zu den Universitäten und Grandes Écoles trotz einer damals beginnenden »Öffnung« der Hochschulen für Kinder aus bescheidenen Verhältnissen praktisch ein Monopol der »besseren Kreise« geblieben war – einige nackte Zahlen genügen, um diesen exklusiven, eben alles andere als »demokratischen« Charakter des höheren Bildungswesens für jedermann sichtbar zu machen.

Die eigentliche Provokation war aber eine andere. Denn die Untersuchung des Verhältnisses von gesellschaftlicher Herkunft und Bildungserfolg hatte gleichzeitig erkennen lassen, dass nicht nur der subtile Prozess der »Bildungsvermittlung« – ganz abgesehen von den materiellen Begünstigungen, die hier immer mit hineinspielen – einen gehobenen »kulturellen« Hintergrund schon voraussetzt, um seine volle Wirksamkeit zu entfalten, sondern auch, dass Schule und Hochschule als solche, so, wie sie verfasst sind, die Rolle naiver Komplizen bei der Durchsetzung dieses bürgerlichen Bildungsmonopols übernehmen, weil sie selbst, in ihrer zwar unbewussten, gleichwohl strukturell verankerten Ehrfurcht gegenüber der bürgerlichen »Kultur«, an einer Verklärung sozial vermittelter Fähigkeiten zu individuellen »Gaben«, an der Legitimation des Bildungsprivilegs, wesentlich mitwirken. Daran, und das ist eine bis heute bestehende weitere Provokation dieses Buches, werden institutionelle »Reformen«, auch mittelfristig, nichts ändern können. Es wirkt dieses Buch wie eine beklemmende Prophetie, wenn man sich die anschließenden Entwicklungen ansieht. Denn tatsächlich haben die Studienreformen der 1960er Jahre, die Studentenunruhen, die Umstrukturierung der Universitäten und das rapide Wachstum der Studentenzahlen es nicht vermocht, die Behauptung zu widerlegen, dass das Bildungswesen der gesamten modernen Klassenstruktur ihren Rückhalt verleiht und gleichzeitig weitgehend resistent gegenüber echten Veränderungen bleibt. Wer sich heute, fast fünfzig Jahre nach *Les héritiers*, die Mühe macht, die Wahrscheinlichkeit des Hochschulbesuchs eines Kindes aus »einfachen Verhältnissen« zu berechnen, wird zu kaum erfreulicheren Ergebnissen kommen. Und in *La reproduction*, kurz nach der scheinbar grundlegenden Wende in der Bildungspolitik erschienen, wird die These von der Stabilität dieses Reproduktionszusammenhangs, einer »Aufrechterhaltung der Ordnung«, noch einmal wiederholt: Es besteht weiter die Umdeutung sozialer Zugangschancen in individuelle Bildungsqualifikationen, besteht weiter die Verschleierung der durchgreifenden und nachhaltigen Eliminierung benachteiligter Schichten – das Sozialsystem gewährt dem Bildungssystem nur dann relative Autonomie, wenn es grundsätzlich geneigt und fähig ist, seinen Bestand abzusegnen. Die emanzipatorische Wirkung von »Bildung« ist aufs Ganze gesehen eine Illusion, verschleiert ihre grundlegend konservativen Züge.

Mit diesen Studien haben Bourdieu und Passeron auch in der deutschen Bildungsforschung starken Eindruck hinterlassen. Ein Beleg dafür ist *Die Illusion der Chancengleichheit*, eine zu Beginn der 1970er Jahre publizierte Zusammenstellung, in der die Übersetzung von *Les héritiers* durch vier längere, im Umfeld dieses Buches entstandene und später in *La reproduction* eingegangene Arbeiten ergänzt wird. Schon dies lässt erahnen, wie komplex die editorische Ausgangslage hier ist: Bourdieus Schriften zur »Bildung« sind – noch sehr viel ausgeprägter als thematisch anders gelagerte Werkteile – von einer massiven Überarbeitungstätigkeit gekennzeichnet, die bei genauerem Hinsehen derart eklatant ausfällt, dass von »Originaltexten« fast nicht mehr gesprochen werden kann. Denn im Prinzip gehen sämtliche Publikationen zunächst von zwei »Heften« des Centre de Sociologie Européenne aus, die verschiedene Untersuchungen Anfang der 1960er Jahre – Befragungen, Auswertungen von Sekundärdaten, Tests, Interviews – präsentieren. Die erste, *Les étudiants et leurs études*, eigentlich nur eine kommentierte, meist tabellarische Darstellung der Untersuchungsergebnisse, bildet weitgehend die Grundlage für *Les héritiers*. Aber schon der zweite Abschnitt wird dann überarbeitet als ein Text in *Rapport pédagogique et communication*, dem folgenden »Heft«, erscheinen, dessen beide Teile dann wiederum nicht nur zu verschiedenen, anderweitig publizierten Aufsätzen umgearbeitet werden, sondern nach erneuter Überarbeitung schließlich das zweite Buch von *La reproduction* bilden – anderen Ursprungs sind nur wenige Texte der Bourdieuschen »Bildungssoziologie«.

Schon die »Genealogie« der Schriften Bourdieus zur Bildung ist also derart komplex, dass in diesem Fall von der editorischen Linie abgewichen werden musste, möglichst »Originalversionen« der Bourdieuschen Arbeiten anzubieten – die vorliegende Situation macht dies praktisch unmöglich, schon die beiden *cahiers* des Centre de Sociologie Européenne sind keine Publikationen im engeren Sinne, sondern »Drucksachen« der École Pratique des Hautes Études. Zudem bestand insofern ein Problem, als mit *Rapport pédagogique et communication* zwar eine »sprachkritische« Argumentationslinie entfaltet wird, die auch in *Les héritiers* auftaucht, aber der Kern des Buches, nämlich die Selektionsprozesse in der Hochschulbildung, in keinem anderen Artikel derart ausführlich thematisiert ist. Es wäre also eine Lücke vorhanden gewesen, hätte man an der editorischen Maßgabe festgehalten, nur »echte« und tatsächlich publizierte »Aufsätze« zu versammeln. Diese thematische Leerstelle schien uns aber zu groß. Deshalb wird hier – als »Auslese der Auserwählten« in leichter Abwandlung der ursprünglichen Übersetzung – der erste Abschnitt aus *Les héritiers* samt Anhang nochmals abgedruckt, ebenso Bourdieus *Plädoyer für eine rationale Hochschuldidaktik*, der Schluss des Buches – beide Texte sind derart zentral, dass auf sie nicht verzichtet werden konnte.

Damit wird nun die »genealogisch« einfachste, wenn auch editorisch nicht völlig »saubere« Lösung plausibel, nämlich eine Präsentation der als Vorstudien zu *Les héritiers* entstandenen Untersuchungen in einem Stadium der Bearbeitung, das nach diesem

Pierre Bourdieus Schriften zur Bildung

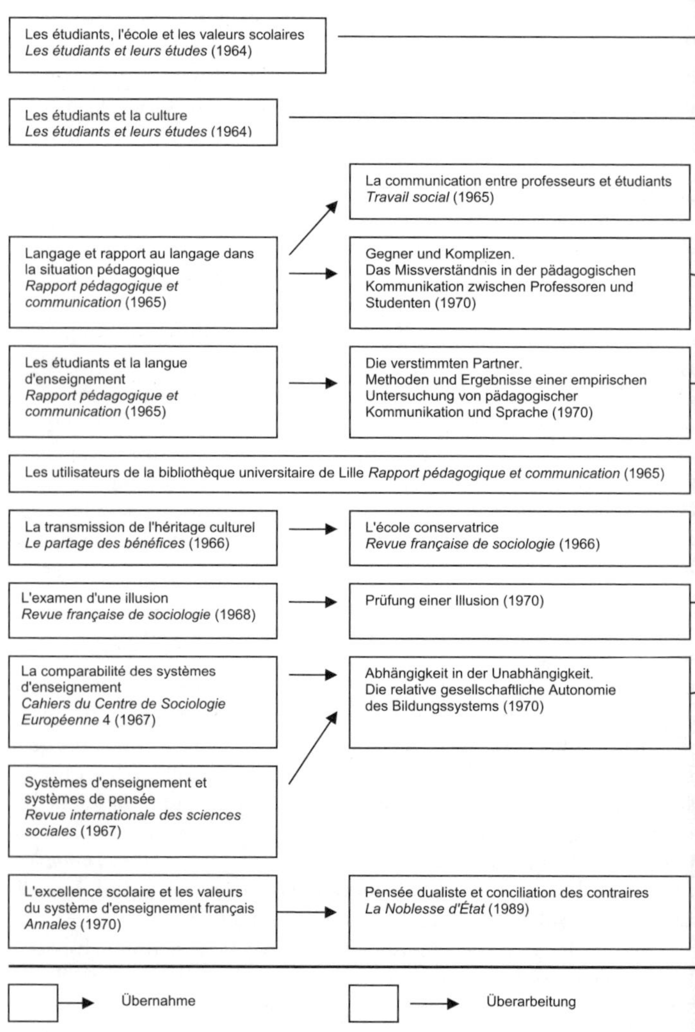

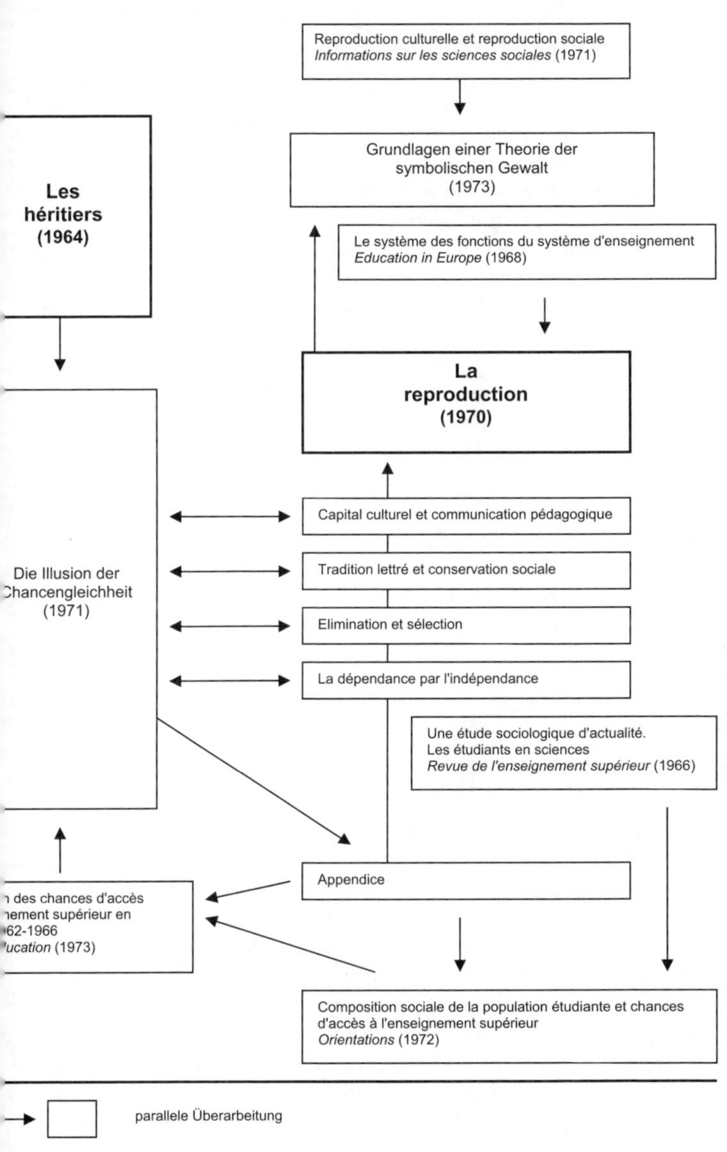

Reproduction culturelle et reproduction sociale
Informations sur les sciences sociales (1971)
Grundlagen einer Theorie der symbolischen Gewalt (1973)
Les héritiers (1964)
Le système des fonctions du système d'enseignement
Education in Europe (1968)
La reproduction (1970)
Capital culturel et communication pédagogique
Tradition lettré et conservation sociale
Elimination et sélection
La dépendance par l'indépendance
Die Illusion der
Chancengleichheit
(1971)
Une étude sociologique d'actualité.
Les étudiants en sciences
Revue de l'enseignement supérieur (1966)
Appendice
des chances d'accès
ement supérieur en
62-1966
ucation (1973)
Composition sociale de la population étudiante et chances d'accès à l'enseignement supérieur
Orientations (1972)
parallele Überarbeitung

entscheidenden Buch, aber noch kurz vor *La reproduction* anzusiedeln ist: Bourdieu und Passeron haben für die deutsche Zusammenstellung ihrer Schriften zur Bildung, *Die Illusion der Chancengleichheit*, vier maßgebliche Texte in einer Weise neu gestaltet, dass wir hier eindeutig eine Vorstufe des zweiten Teils von *La reproduction* erkennen können – diese Studien bilden, im Anschluss an *Les héritiers*, den ausgereiften Kern der Bourdieuschen Bildungssoziologie. Alles andere sind mehr oder weniger knappe Zusammenfassungen des »Ganzen« wie *L'école conservatrice*, spezifische Kontextualisierungen wie in *L'excellence scolaire* oder interkulturelle Vergleiche wie in *Systèmes d'enseignement*, bis hin zur konkreten Fallstudie *Les utilisateurs de la bibliothèque universitaire de Lille*, die damals den Abschluss des frühen *Rapport pédagogique* bildete und auch den vorliegenden Band beschließt – als ein Beispiel unter vielen, wie das Bourdieusche Unternehmen schon früh nicht nur »theoretische« Einsichten im Angebot hatte, sondern dabei auch eine enorme empirische Aktivität entfaltet, die mit methodisch beispiellos differenzierten »Versuchsanordnungen« die ganze Plastizität ihrer Forschungsgegenstände einzufangen in der Lage war. Sämtliche Ergebnisse der Produktionstätigkeit dieses Unternehmens nur für diesen seinen »bildungssoziologischen« Zweig darzustellen hätte die Absichten dieser Publikation schon deshalb überschritten, weil die zentralen »theoretischen« Botschaften damit in einer »Philologie des Empirischen« unterzugehen drohten.

Ein letztes Problem bestand im Hinblick auf die thematische Eingrenzung des Bandes. Wie immer bei Bourdieus Schriften sind glatte inhaltliche Trennungen nur schwer zu bewerkstelligen, und »Bildung« macht hier nicht nur keine Ausnahme, sondern ist besonders einschlägig: Würde man den bei Bourdieu eigentlich mit »Bildung« gemeinten Zusammenhang, nämlich den der »sozialen Reproduktion« – als Kriterium für die hier vorliegende Zusammenstellung angelegt – und zudem noch seine Studien zu den Grandes Écoles einbezogen haben, müsste sich ihr Umfang mehr als verdoppeln. Diese zwar prinzipiell mögliche Variante wird aber dann unstimmig, wenn man sich Kontextualität und Intentionalität dieser Texte ansieht. Dass etwa *La transmission de l'héritage culturel* erstmals in einem von Bourdieu konzipierten Sammelband zu den Transformationen der Klassenstrukturen im Nachkriegsfrankreich erscheint und Bourdieu dann im gleichen Jahr einen langen

Auszug als *L'école conservatrice* veröffentlicht, zeigt schon die größere Dimensionierung eines Gegenstandes, der letztlich in Bourdieus Schriften zur »Klassensoziologie« gehört, auch wenn er von »Bildung« praktisch nicht zu trennen ist – für Arbeiten wie *Reproduction culturelle et reproduction sociale*, *Les stratégies de reconversion* oder *Le titre et le poste* gilt dies in ähnlicher Weise. Und die beiden umfangreichen Studien zu den Grandes Écoles, *Agrégation et ségrégation* und *Variations et invariants* lassen sich zwar als Arbeiten zur »Bildung« wie auch zur »sozialen Reproduktion« lesen, gehören aber letztlich zu Bourdieus Projekt der empirischen Erschließung eines »Feldes der Macht«, in eine neuartige »Elitensoziologie«, die an anderer Stelle besser aufgehoben schien.

Das bedeutet am Ende, dass sich der vorliegende Textkorpus auf das Bildungssystem im engeren Sinne konzentrieren will, ohne den schon in seiner theoretischen Anlage völlig unverzichtbaren und überall vorhandenen Durchgriff auf »Klassen« und »soziale Reproduktion« dabei vernachlässigen zu können – er gehört konstitutiv zu Bourdieus soziologischem Denken. Dass dabei keine einfachen Kausalitäten in Anschlag gebracht werden, sondern eine hochdifferenzierte, habituell verankerte, praktisch vermittelte und biographisch angereicherte »Geschichte« sozialer Reproduktion erzählt wird, macht die Zeitlosigkeit des theoretischen Entwurfs aus. Auch dies behält ein Nachwort im Blick, das Markus Rieger-Ladich am Lehrstuhl für Erziehungswissenschaften in Tübingen beigesteuert hat. Doch nicht zuletzt dort bestätigt Bourdieus »Bildungssoziologie« ihre ungebrochene Aktualität, wo sich diese »Verhältnisse« kaum geändert haben: In unserer Zeit beschämt konstatierter »Bildungslücken« und zunehmend forcierter »Bildungsstandards«, in einer Zeit der »Bildungsökonomie«, die von Fragen nach dem Verhältnis von gesellschaftlicher Herkunft und Bildung, von Bildung und gesellschaftlicher Stellung nur noch ihre technokratische Bewirtschaftung übrig lässt, sieht man bei Bourdieu schon damals all die Illusionen aufgezeigt, die mit der Verschwiegenheit dieses Verhältnisses einhergehen – und das Schweigen darüber wirkungsvoll gebrochen.

St. Gallen, im Oktober 2017

Stephan Egger
Franz Schultheis

Markus Rieger-Ladich

Klassenkämpfe

Pierre Bourdieu über Bildung

> Bildung war der neue Gott,
> der neue Plantagenbesitzer.
> *Charles Bukowski, Women*

Pierre Bourdieu zählt zu den wenigen Soziologen, deren Arbeiten ein ungewöhnlich breites thematisches Spektrum abdecken. Ähnlich wie vielleicht nur noch Max Weber, Georg Simmel oder Émile Durkheim hat er sich mit ganz unterschiedlichen Gegenstandsbereichen befasst; sein Interesse reichte von ökonomischen Praktiken in traditionellen Gesellschaften über die Heiratsstrategien im agrarisch geprägten Frankreich bis hin zu den Autonomiebestrebungen in Malerei und Literatur am Ende des 19. Jahrhunderts. Während seiner langjährigen Forschungstätigkeit befasst er sich mit Sprache, Kunst und Religion, mit Wissenschaft, Politik und Ökonomie. So unterschiedlich diese »Sachgebiete« auf den ersten Blick erscheinen mögen, es spricht doch manches dafür, dass seine Studien ein Gravitationszentrum besitzen, ein Thema, das Bourdieu mit besonderer Hartnäckigkeit und Ausdauer verfolgt hat, das auch auf andere Gebiete ausstrahlt und sich hier widerspiegelt. Es sind – und das suche ich im Folgenden zu zeigen – seine Analysen des Bildungswesens, die genau jenes Zentrum darstellen.

Und dies gleich in zweierlei Hinsicht. Zunächst lässt sich leicht plausibilisieren, dass Bourdieu Bildungseinrichtungen, die Mächte der »Erziehung«, auch deshalb zum Gegenstand macht, weil sich hier, wie unter einem Brennglas, besonders anschaulich die »Kämpfe« studieren lassen, von denen die kapitalistischen, klassenförmig verfassten Gesellschaften der westlichen Welt geprägt werden. Hier – in Kindertagesstätten, Schulen und Hochschulen, aber auch in Bibliotheken, Volkshochschulen und Museen – treffen Angehörige unterschiedlicher sozialer Klassen aufeinander, und es kommt dabei, der dominanten Selbstbeschreibung dieser Einrichtungen zum Trotz, die zumeist eine Semantik der Partizipation pflegen, zu erbitterten Kämpfen um »kulturelles Kapital«, um Bildungsabschlüsse, Zugangsberechtigungen und geprüfte Zertifikate. Gerade in Bildungseinrichtungen, so Bourdieus Beobachtung, prägen sich symbolische Gewaltverhältnisse aus und wird unter Aufbietung aller Kräfte um soziale Chancen, gesellschaftliche Partizipation und berufliche Perspektiven gerungen.[1]

Bildungseinrichtungen sind freilich nicht nur ein bevorzugter Gegenstandsbereich seiner machtkritischen und herrschaftssoziologischen Analysen, sie sind in seinem Fall in gewisser Hinsicht selbst theoriegenerierend. Anders formuliert: Die Erfahrungen, die Bourdieu in jungen Jahren in Bildungseinrichtungen gemacht hat, insbesondere als Internatsschüler, haben maßgeblich dazu beigetragen, dass er die Welt des Sozialen auf eine bestimmte, unverkennbare Weise in den Blick nimmt. Die Verletzungen, die er hier erfahren hat, die Demütigungen, denen er ausgesetzt war, begünstigten augenscheinlich die Ausbildung einer charakteristischen Form der Empfindlichkeit und Wachsamkeit. Weit davon entfernt, hier mit einer schlichten biographischen Ableitung zu operieren, gehe ich von der Annahme aus, dass es Bourdieu gelungen ist, diese schmerzhaften Erfahrungen als *epistemologische Chance* zu begreifen: Ähnlich wie er Frauen attestierte, den »Scharfblick der Ausgeschlossenen« zu besitzen und dafür prädestiniert zu sein, die Eigenarten einer patriarchalen Kultur schonungslos in den Blick zu nehmen,[2] muss bei Bourdieu damit gerechnet werden, dass er, der in der Schule schon früh mit den Praktiken der Herabwürdigung, Beschämung und Ausgrenzung konfrontiert wurde, selbst über ein entsprechendes Beobachtungsvermögen verfügte. Wer seine Jugend in einem Internat verbracht habe, so hält er einmal nüchtern

1 Vgl. im Überblick Stephan Egger u. a., »Bildungsforschung in einer Soziologie der Praxis: Pierre Bourdieu«, in: Axel Bolder u. a. (Hg.): *Die Wiederentdeckung der Ungleichheit*. Jahrbuch Bildung und Arbeit, Opladen: Leske + Budrich, 1996, S. 312-339, ausführlich Rolf-Torsten Kramer, *Abschied von Bourdieu? Perspektiven ungleichheitsbezogener Bildungsforschung*, Wiesbaden: Springer, 2011, auch Frank Hillebrandt, »Der praxistheoretische Ansatz Bourdieus zur Soziologie der Bildung und Erziehung«, in: Ullrich Bauer u. a. (Hg.), *Handbuch Bildungs- und Erziehungssoziologie*, Wiesbaden: Springer, 2012, S. 437-453,.

2 Vgl. Pierre Bourdieu, »Die männliche Herrschaft«, in: Irene Dölling, Beate Krais (Hg.), *Ein alltägliches Spiel. Geschlechterkonstruktion in der sozialen Praxis*, Frankfurt/M.: Suhrkamp, 1997, S. 153-215, hier S. 196.

fest, mache schon früh Bekanntschaft mit den unterschiedlichsten Varianten des »Klassenrassismus«.[3]

Wenn ich mich deshalb zunächst Bourdieus eigener Schulkarriere zuwende, geschieht dies ausdrücklich nicht in der Absicht, »biographische Daten« zu referieren. Stattdessen wird hier Anschluss an Überlegungen gesucht, die nicht nur jedes Wissen als »situiert« begreifen, sondern auch das Erkenntnissubjekt selbst – es tritt seinem Erkenntnisgegenstand nicht neutral gegenüber, vielmehr ist es auf vielfältige Weise in ihn verstrickt.[4] Und wenn Bourdieu, der um die unterschiedlichen Spielarten des wissenschaftlichen Narzissmus wusste, dennoch die eigene Person zum Gegenstand gemacht hat, geschah dies stets in erkenntnisstiftender Absicht. Im Wissen darum, gegen eine Konvention zu verstoßen,[5] gab er in seiner Abschiedsvorlesung am Collège de France Einblicke in seine persönlichen Erfahrungen mit dem französischen Bildungssystem. Bourdieu, der aus der fernen Provinz stammte und als veritabler Bildungsaufsteiger gelten muss, betreibt hier nicht das übliche Spiel der Dethematisierung der eigenen Person. Statt sich als souveräner Meisterdenker zu inszenieren, schildert er sein Elternhaus, den Wechsel in das erste *lycée*, später die Ankunft in Paris und gibt Einblicke in einzelne Etappen seiner akademischen Karriere – mit dem Ziel, die eigene Forschungspraxis zu reflektieren und Schlüsse aus der Selbstkritik der wissenschaftlichen Vernunft zu ziehen.

3 Vgl. Pierre Bourdieu, *Ein soziologischer Selbstversuch*, Frankfurt/M.: Suhrkamp 2002, S. 110.

4 Vgl. einschlägig Ludwik Fleck, *Entstehung und Entwicklung einer wissenschaftlichen Tatsache*, Frankfurt/M.: Suhrkamp, 1980, auch Donna Haraway, *Die Neuerfindung der Natur*, Frankfurt/M.: Campus, 1995, dort S. 73-97, dazu Markus Rieger-Ladich, »Situierte Subjekte. Wissenschaft als soziale Praxis«, in: Olaf Dörner u. a. (Hg.), *Biographie – Lebenslauf – Generation*, Opladen, Berlin, Toronto: Budrich, 2017, S. 21-35.

5 Diese systematische Dethematisierung des Erkenntnissubjekts ist unlängst sehr treffend beschrieben worden. »Die meisten, die Theorie treiben, fassen das eigene Leben mit spitzen Fingern an und tun sich mit dem Reden und Schreiben darüber schwer. Viele Theoretiker reden gern über die Welt, wie sie ist, oder über das, was der Fall ist, aber ungern über sich. Sie sind wortgewaltig und wortkarg zugleich. Sie sehen ihre Aufgabe darin, Allgemeingültiges zu sagen und Persönliches auszublenden«, vgl. Dieter Thomä u. a., *Der Einfall des Lebens. Theorie als geheime Autobiographie*, München: Hanser, 2015, S. 7.

Schulung des Wirklichkeitssinns

Dass sich mit Bourdieu einer der renommiertesten Sozialwissenschaftler in der Öffentlichkeit seinem eigenen Bildungsgang zuwendet, ist in Frankreich durchaus nicht so ungewöhnlich, wie es das hierzulande wäre. Es gibt dort eine weit zurückreichende Tradition der Selbstthematisierung, in der sich Intellektuelle exponieren und bisweilen auch mit sehr persönlichen Betrachtungen an die Öffentlichkeit treten. Autobiographische Reflexionen können dabei, in den besten Fällen, als Beiträge zu einer Form der Geschichtsschreibung gelesen werden, die zwischen Mentalitäts- und Wissenschaftsgeschichte angesiedelt ist.[6]

Ungewöhnlich ist schon eher die Art, in der Bourdieu dies tut: In seiner Abschiedsvorlesung, die er im März 2001 hält und deren ausgearbeitete Fassung in der deutschen Übersetzung den Titel *Ein soziologischer Selbstversuch* trägt, verzichtet er darauf, unmittelbar mit der Schilderung von Erfahrungen seiner Schulzeit einzusetzen. Stattdessen schaltet er eine umfangreiche Skizze vor, in der er die Struktur des wissenschaftlichen Feldes – die Beziehungen, die zwischen dominanten Polen, relevanten Themen und prägenden Namen existieren – ausführlich erläutert. Diese Bestandsaufnahme der Kämpfe innerhalb der Philosophie und Sozialwissenschaften schickt er den Passagen voraus, in denen er jene sozialen Kräfte in den Blick zu nehmen versucht, die daran beteiligt sind, dass er einen spezifischen Habitus ausprägt, also besondere Dispositionen, Neigungen und Idiosynkrasien ausbildet. Bourdieu wendet sich daher den sozioökonomischen Bedingungen seines Aufwachsens zu, ruft sich Familienkonstellationen, Schlüsselerlebnisse seiner Schullaufbahn und des Studiums ins Gedächtnis, um die eigene wissenschaftliche Praxis zu verstehen. Er unternimmt – und dies *coram publico* – den ehrgeizigen Versuch, den unterschiedlichen Prägekräften auf die Spur zu kommen, die seine Durchquerung des wissenschaftlichen Feldes, das schmerzhaft-lustvolle Spiel von Anziehung und Abstoßung, maßgeblich bestimmt haben.

6 Vgl. hierzu Carlos Spoerhase, »Politik der Form. Autosoziobiographie als Gesellschaftsanalyse«, *Merkur*, 71, 2017, S. 27-37. In Deutschland ist dieses Genre kaum verbreitet, vgl. allerdings Ulrich Raulff, *Wiedersehen mit den Siebzigern. Die wilden Jahre des Lesens*, München: Hanser, 2015, auch Karl Heinz Bohrer, *Jetzt. Geschichte meines Abenteuers mit der Phantasie*, Berlin: Suhrkamp, 2017.

Die Schule erweist sich für Bourdieu von Beginn an als ein Ort zwiespältiger Erfahrungen. Er wächst auf in einem Dorf im bäuerlich geprägten Béarn, dem äußersten Südwesten Frankreichs – und das in einer Familie, deren Vater sich den Bauern des Dorfes zwar in besonderer Weise verbunden weiß, von diesen aber durch seine berufliche Position, er ist zunächst Briefträger, steht dann dem örtlichen Postamt vor, auf eigentümliche Weise getrennt bleibt. Die schmerzhafte Erfahrung seines Vaters, ein »Überläufer« zu sein, bleibt auch Pierre Bourdieu nicht fremd: Früh fällt er durch seine außergewöhnlichen Leistungen auf und entfernt sich infolgedessen von den Gleichaltrigen seines Heimatdorfs: »Selbst wenn ich mich von meinen Kameraden in der Grundschule [...] kaum unterschied, außer vielleicht durch den schulischen Erfolg, war ich doch durch eine Art unsichtbare Mauer von ihnen getrennt, die dann manchmal in bestimmten Beleidigungen [...] greifbar wurde, ähnlich wie mein Vater unter den Bauern und Arbeitern, in deren Mitte er sein Leben als kleiner armer Beamter fristete, ein Außenseiter blieb.«[7]

Als er an das Internat im nahegelegenen Pau wechselt, macht er ähnliche Erfahrungen. In der autoritär geführten Einrichtung leidet er freilich nicht allein an den gewaltförmigen Konflikten und den männlichen Dominanzspielen, sondern auch an der »Erfahrung des sozialen Unterschieds«: Jugendliche aus bürgerlichen Familien lassen ihn, den Jungen aus dem Dorf, der starken Dialekt spricht, ihre Herablassung und Verachtung deutlich spüren. Schmerzhaft ist zudem die Erfahrung, dass die Schule diese Konflikte nicht einzuhegen vermag, sie nicht einmal zum Gegenstand macht und damit ihren eigenen Ansprüchen in keiner Weise gerecht wird. Auch weil diese Scheinheiligkeit mit Händen zu greifen ist – die »Not des Überlebenskampfes«, der Grausamkeit, Verrat und Devotheit freisetzt, trifft auf einen Unterricht, der weiter unverdrossen die höchsten Werte beschwört –, wird ihm das Internat zu »einer furchtbaren Schule des Wirklichkeitssinns«.[8]

Dies ändert sich nicht grundlegend, als er nach Paris wechselt, um das hochrenommierte Internat *Louis-le-Grand* zu besuchen. Auch wenn der Alltag hier weniger rigide reglementiert ist und das

7 Bourdieu, *Selbstversuch*, S. 96.
8 Ebd., S. 103.

pädagogische Personal durchaus eine gewisse Liberalität erkennen lässt, sind die Auseinandersetzungen, die sich an sozialen Differenzen entzünden, doch nicht weniger scharf. Der Klassenkonflikt, mit dem sich Bourdieu schon im Internat von Pau konfrontiert sah, erhält hier nur eine andere Form. In dem berühmten Internat, dessen Gründung auf das Jahr 1563 datiert, treffen Interne auf Externe, unbedarfte Jugendliche aus der Provinz auf den distinguierten Nachwuchs der Pariser Elite.[9] Hier wird Bourdieu nicht nur zum ersten Mal mit der machtvollen Wirkung konfrontiert, die von der Welt der Kultur, von vornehmen Umgangsformen, klangvollen Namen und einer stilsicheren Kleidung ausgeht, hier findet er sich zudem in symbolische Gewaltverhältnisse unterschiedlicher Art verstrickt: Nicht nur sind manche Lehrer, die selbst aus weniger begüterten Verhältnissen stammen, von den selbstsicher auftretenden Sprösslingen alter Familien beeindruckt, er selbst wird von diesem Aristokratismus der Gelehrsamkeit angezogen und ist gleichzeitig davon abgestoßen. Bourdieu beschreibt sich selbst als ehrgeizig, »wissensdurstig und hungrig nach Anerkennung«, fühlt sich in dem respekteinflößenden Gebäude mit seinem imposanten Treppenhaus aber auch fremd und deplatziert. Und so ist es das Aufeinandertreffen ausgeprägter Gegensätze – die bescheidene soziale Herkunft und die hohe Anerkennung für seine schulischen Leistungen, das ungelenke Auftreten und die herausragende Qualität seiner Arbeiten, die Bescheidenheit und der Stolz auf das Erreichte –, das nicht nur eine hochambivalente, lebenslang virulente Beziehung zu den Bildungseinrichtungen ausprägt, sondern

9 Benoit Peeters hat in seiner Derrida-Biographie festgehalten, dass hier diese Differenz ähnlich erlebt wurde: »Innerhalb des Lycée Louis-le-Grand verlief damals eine deutliche Grenze zwischen den Internen und den Externen. In den sehr zahlreichen Khâgne-Klassen bildeten sie zwei voneinander sehr verschiedene Gruppen, die lediglich eines verband: die Verachtung jenen gegenüber, die auf der anderen Seite der Rue Saint-Jacques, an der Sorbonne studierten [...]. Was die Externen anbetrifft, so hat Derrida kaum Gelegenheit, sie kennenzulernen: Die meisten gehen zum Mittagessen nach Hause und verlassen nachmittags das Lycée, sobald der Unterricht beendet ist. [...] Die Internen wie Michel Serres, Jean Bellemin-Noel und Pierre Bourdieu stammen häufig aus bescheidenen provinziellen Verhältnissen. Das graue Hemd, das sie ständig tragen, macht sie auf den ersten Blick kenntlich. In vielerlei Hinsicht sind sie die Proletarier der Khâgne« (Benoit Peeters, *Derrida. Eine Biographie*, Berlin: Suhrkamp, 2013, S. 61).

auch einen »gespaltenen, von Spannungen und Widersprüchen beherrschten Habitus«.[10]

Diese innere Zerrissenheit schlägt sich allerdings nicht in seinem Curriculum Vitae nieder: Nach dem erfolgreichen Besuch des Lycée *Louis-le-Grand* schreibt er sich an der nur wenig hundert Meter entfernt gelegenen École Normale Supérieure ein, studiert hier Philosophie – und schlägt damit den vorgezeichneten Weg ein, den jene beschreiten, die sich auf eine außergewöhnliche akademische Karriere vorbereiten. Gleichwohl erlebt er sein Studium an der Eliteeinrichtung wie ein Privileg, das ihm nicht zusteht: Er wird von Schuldgefühlen heimgesucht und hat Sorge, sich des staatlichen Stipendiums, in dessen Genuss die *normaliens* kommen, nicht würdig zu erweisen. Diese Erfahrung hinterlässt dann freilich doch Spuren: Als er bereits nach drei Jahren alle Studienleistungen erbracht und das Examen erfolgreich absolviert hat, verzichtet er auf die Möglichkeit, ein viertes Jahr finanziert zu bekommen – und beginnt als Lehrer zu unterrichten. Er war, so in der Rückschau seiner Abschiedsvorlesung, nicht frei von »einem heimlichen Schuldgefühl, den Müßiggang junger Bürgersöhne geteilt zu haben«, und wollte sich nun endlich »nützlich« machen.[11]

Reproduktionsstrategien untersuchen

Auch wenn diese Erfahrungen mit Eliteeinrichtungen des französischen Bildungssystems Bourdieu schon sehr früh für die Konflikte sensibilisiert haben, die sich an sozialen Differenzen entzünden können, wäre es doch falsch anzunehmen, dass er sich in seinen ersten Forschungen nun genau diesen Phänomenen zuwendet. Er ist zu jenem Zeitpunkt noch »Philosoph«, hat sich intensiv mit der Phänomenologie befasst und beabsichtigt, eine Dissertation zur Zeitstruktur des Gefühlslebens zu verfassen. Nach einer kurzen Lehrtätigkeit, die sich an das Studium an der École Normale gewöhnlich anschließt, tritt er seinen Militärdienst an und versieht diesen in Algerien.

Seine Arbeit in der Schreibstube lässt ihm hier Zeit genug, sich intensiv mit den Gegebenheiten vor Ort vertraut zu machen. Er

10 Bourdieu, *Selbstversuch*, S. 113.
11 Ebd., S. 47 f.

ist, wie viele andere Augenzeugen auch, schockiert von der brutalen Gewalt der französischen Kolonialmacht und unternimmt es schon bald, die verheerenden Folgen der Besatzung systematisch zu erforschen. Um sich die ökonomischen, politischen und sozialen Strukturen Algeriens zu erschließen und die Dimensionen der gesellschaftlichen Verwerfungen zu verstehen, wird er zum »Ethnologen« und studiert gleichzeitig intensiv Max Webers *Protestantische Ethik*.[12] Er wendet sich, mit der Kolonialgewalt und dem allgegenwärtigen Rassismus konfrontiert, allmählich von der Philosophie ab – und realisiert, dass es gerade seine frühen Kindheitserfahrungen sind, die ihm einen Zugang zur Welt der Kabylei verschaffen können. Es sind also genau jene Erfahrungsbestände, welche von den elitären Bildungsrichtungen systematisch entwertet wurden, die sich nun als ein Erkenntnismittel erweisen, ja ihm gleichsam zum Türöffner werden; es ist die verwandte Lagerung innerhalb des von Verteilungskämpfen geprägten sozialen Raumes, die ihm bei seinen Verstehensbemühungen in Algerien zugutekommt. »In Frankreich« – so erläutert er in einem Interview mit Loïc Wacquant – »trägt einem die Tatsache, dass man aus einer entlegenen Provinz kommt, vor allem wenn sie südlich der Loire liegt, bestimmte Merkmale ein, die durchaus Ähnlichkeiten mit der Kolonialsituation aufweisen.«[13] Mindestens so wertvoll wie die anspruchsvolle akademische Ausbildung, die er erhalten hat, erweist sich daher die Vertrautheit mit der Logik agrarisch geprägter Gesellschaften, aber eben auch die Erfahrung der Stigmatisierung und die Konfrontation mit dem Ressentiment, die damit einhergehen – wenigstens dann, wenn man im fernen Paris renommierte Bildungseinrichtungen besucht und hier zu bestehen versucht hat.[14]

Als sich Bourdieu zu Beginn der 1960er-Jahre dann dem Bil-

12 Vgl. dazu Franz Schultheis, *Bourdieus Wege in die Soziologie*, Konstanz: UVK, 2007.

13 Pierre Bourdieu, Loïc Wacquant, *Reflexive Anthropologie*, Frankfurt/M.: Suhrkamp, 1996, S. 121.

14 »Die subjektive wie objektive Außenseiterposition, die daraus resultiert, fördert ein ganz besonderes Verhältnis zu den zentralen Institutionen der französischen Gesellschaft […]. Es gibt mehr oder weniger subtile Formen von sozialem Rassismus, die eine bestimmte Form von Hellsichtigkeit geradezu provozieren müssen; wenn man ständig an seine Fremdheit erinnert wird, fordert das geradezu dazu auf, Dinge wahrzunehmen, die andere vielleicht gar nicht sehen oder spüren« (ebd.).

dungswesen zuwendet, hat das durchaus etwas von einer provokativen Geste – und dies gleich in dreifacher Hinsicht. Zunächst galten Bildung und Schule in jener Zeit, daran hat der französische Soziologe Christian Baudelot erinnert, für Vertreter seiner Zunft als ein »illegitimes Objekt«: Nicht nur fielen sie in den Zuständigkeitsbereich von Erziehungswissenschaft und Psychologie, die Soziologie interessierte sich seinerzeit »für weitaus ›würdigere‹ Objekte«; man erforschte die Arbeitswelt, befasste sich mit Organisationen oder untersuchte die Entwicklung der Städte.[15] Nicht weniger anstößig war Bourdieus Methodenwahl. Er griff bei der Analyse der unterschiedlichen Funktionen und Indienstnahmen von Bildungseinrichtungen auf jene Erkenntniswerkzeuge zurück, die er zuvor in Algerien entwickelt hatte. Bourdieu setzte also Reproduktionsstrategien in der nordafrikanischen Kabylei mit solchen im südwestfranzösischen Béarn in Beziehung, unterstellte zwischen diesen eine Strukturanalogie – und behauptete damit letztlich, dass die Erforschung eines kolonialisierten Landes von heuristischem Interesse sein könnte, um das Bildungssystem der hochentwickelten französischen Gegenwartsgesellschaft zu verstehen. Die größte Provokation bestand jedoch darin, der Selbstthematisierung der französischen Schulen nicht länger zu vertrauen – und diese als Einrichtung in den Blick zu nehmen, die von gesellschaftlichen Eliten auf »raffinierte« Weise »instrumentalisiert« wird. Diesen Verdacht zu formulieren kam in Frankreich auch deshalb einem Eklat gleich, weil hier doch die Einrichtungen des Bildungswesens als Garanten der Ziele der Revolution galten: »Die Schule an sich war Trägerin von *Freiheit, Gleichheit, Brüderlichkeit*. Schule machte frei, sie trug zur moralischen und geistigen Emanzipation der Einzelnen und zum sozialen Aufstieg der Besten ungeachtet ihrer sozialen Herkunft bei.«[16]

Warum dieses Narrativ eine hohe Überzeugungskraft besaß, zeigen Studien zur Entwicklung des französischen Bildungssystems. Wie in vielen anderen europäischen Ländern auch wurde zu Beginn der 1950er-Jahre der gezielte Ausbau von Schulen und Hoch-

15 Christian Baudelot, »Das Bildungswesen, ein neues wissenschaftliches Objekt, ein Feld neuer Kämpfe«, in: Catherine Colliot-Thélène u. a. (Hg.), *Pierre Bourdieu. Deutsch-französische Perspektiven*, Frankfurt/M.: Suhrkamp, 2005, S. 165-178, hier S. 165 f.

16 Ebd.

schulen eingeleitet. Das Gymnasium öffnete sich seinerzeit für eine neue Klientel, das Bildungswesen wurde nun in seiner Bedeutung für gesellschaftliche Modernisierung und ökonomische Prosperität gesehen und mit höheren Mitteln ausgestattet. Der französische Staat engagierte sich hier deutlich stärker als in der Vergangenheit, unter seiner Obhut entwickelten sich die Bildungseinrichtungen mehr und mehr zu Agenturen sozialer Chancen.[17]

Es ist dieser ökonomische und gesellschaftliche Modernisierungsdruck, der dazu führt, dass sich nun auch die herrschenden Klassen dazu genötigt sehen, immer stärker in Bildung zu »investieren«. Sie reagieren damit auf die schleichende Entwertung ihrer traditionellen Reproduktionsstrategien und den Bedeutungszuwachs, den Bildungstitel erfahren. Zu der Zeit, als Bourdieu und Jean-Claude Passeron sich dem französischen Bildungswesen zuwenden und ihre ersten empirischen Studien vorbereiten, prägen sich dort erhebliche Spannungen aus: Der Staat baut das Bildungswesen aus, seine »Öffnung« hat viele Fürsprecher; es entsteht ein stetig wachsender Markt, auf dem Abschlüsse und Titel gehandelt werden. Dieser Markt gewinnt freilich so rasch an Bedeutung, dass er schon bald auch jene anlockt, die lange Zeit den Einrichtungen des Bildungswesens nur mit vornehmer Verachtung begegneten – die Angehörigen der sozialen Klassen, die nicht nur über die größten Ressourcen verfügen, sondern bei einer grundlegenden Umstellung der Reproduktionsstrategien eben auch am meisten zu verlieren haben. Die Inhaber gesellschaftlicher Privilegien müssen nun aber insofern ein besonderes strategisches Geschick beweisen, als der gesellschaftsstrukturellen Modernisierung auch eine Öffnung auf der Ebene der Semantik korrespondiert: Die Kämpfe um Titel und Stellen müssen offiziell unter der Bedingung der Fairness und Chancengleichheit ausgetragen werden – das gilt für die Hochschulen wie auch die Schulen, deren Giebel mit den Zielen der Französischen Revolution geschmückt sind.[18]

17 Vgl. hier etwa Walter Müller u. a., »Bildung in Europa«, in: Stefan Hradil, Stefan Immerfall (Hg.), *Die westeuropäischen Gesellschaften im Vergleich*, Wiesbaden: VS, 1997, S. 177-245.

18 Vgl. Baudelot, *Bildungswesen*, S. 165. Wie rasch sich die Verhältnisse geändert hatten, illustriert vielleicht der Hinweis auf einen Vortrag, den Helmut Schelsky im Jahr 1958 hielt. Mit Blick auf die wachsenden Bildungsambitionen neuer gesellschaftlicher Gruppen hielt er kühl fest, dass das zunehmende »Aufstiegs-

Deshalb müssen die Einrichtungen des Bildungswesens zu Beginn der 1960er-Jahre in den Fokus einer Soziologie geraten, die an der Aufdeckung von Herrschaftsverhältnissen interessiert ist. Hier, in Schule und Hochschule, kommen bei den Kämpfen um Besitzstandswahrung subtile Strategien zum Einsatz. Und dies aus einem einfachen Grund: Unterstellt man, dass die Gebote der Fairness als sakrosankt gelten und die gesellschaftlichen Eliten einen robusten Selbsterhaltungstrieb besitzen – mithin das Interesse daran, das eigene Kapital weitgehend krisensicher an die nächste Generation zu übertragen und die wertvollen Privilegien an die Nachkommen zu vererben –, gilt es, diese Transaktionen von nun an möglichst diskret zu betreiben. Die damit verbundene Herausforderung ist in den Zeiten der »Bildungsexpansion« auch hierzulande treffend charakterisiert worden: »Das Dilemma, in dem sich in einer demokratischen Gesellschaft die herrschende Klasse befindet, liegt darin, formal jedem Menschen einen gleichen politischen Status zuzugestehen, material, das heißt ökonomisch, kulturell und sozial, den unteren Klassen diesen Status aber zu verwehren. Wie vermag vor diesem Hintergrund die herrschende Klasse in der bürgerlichen Gesellschaft ihren Machtanspruch zu legitimieren?«[19]

Klassenkampf statt Chancengleichheit

Berücksichtigt man nun, dass die Einrichtungen des Bildungssystems in Frankreich lange Zeit als Garanten eines Emanzipationsprozesses galten, sie fraglos zu jenen ausgezeichneten Orten gezählt wurden, an denen die viel beschworene Trias von Freiheit, Gleichheit und Brüderlichkeit tatsächlich praktiziert wurde, lässt sich leichter ermessen, weshalb die ersten empirischen Arbeiten, die Bourdieu und Passeron zu Beginn der 1960er-Jahre veröffentli-

streben« der Mittelschicht durch eine »gewisse Dauererfahrung des Scheiterns« systematisch gebrochen und deren »unberechtigte Sozialansprüche« konsequent abgewiesen werden müsste. Schon kurz darauf wäre ein solch offener Verstoß gegen die Semantik der gesellschaftlichen Teilhabe fraglos als skandalös erlebt worden, vgl. Helmut Schelsky, *Schule und Erziehung in der industriellen Gesellschaft*, Würzburg: Werkbund, 1959, S. 29.

19 Vgl. Sebastian Müller-Rolli (Hg.), *Das Bildungswesen der Zukunft*, Stuttgart: Klett-Cotta, 1987, S. 341.

chen, von vielen Verantwortlichen der Bildungspolitik als überaus schmerzhafte Zäsur erlebt wurden. Ihre Befunde, etwa zur Wahrscheinlichkeit des Hochschulbesuchs in Abhängigkeit von der sozialen Herkunft, straften nicht nur die Rhetorik der Gleichheit Lügen. Sie zeigten überdies auf, dass die Reproduktion sozialer Ungleichheit gleichsam vor aller Augen geschah – aber von den beteiligten Akteuren weder in der alltäglichen Praxis verstanden noch in ihrer sozialen Tragweite begriffen wurde. Der Klassenkampf, der doch traditionell in den Fabrikhallen ausgetragen wurde (und bisweilen auch auf den Straßen), zeigte nun ein völlig anderes, bislang unbekanntes Gesicht. Die bildungssoziologischen Studien Bourdieus und Passerons weisen nach, dass er längst auf den unterschiedlichsten Bühnen zur Aufführung kam. Baudelot hat diesen Einschnitt festgehalten: »Während man dem Schauspiel der jahrhundertealten Konfrontation von Bourgeoisie und Proletariat von ferne zusehen konnte, blieb mit der Einbeziehung des Kulturellen und Symbolischen in die Klassenverhältnisse niemand mehr unberührt. Damit war der Klassenkampf etwas, das sich im Alltag und auf den trivialsten Bühnen des täglichen Lebens abspielte: bei Tisch, im Unterricht, beim Einkaufen und in Restaurants, auf Bällen und bei Tanzveranstaltungen, auf Tennis- oder Fußballplätzen, ja bis hinein in die Kernfamilie.«[20]

Als bahnbrechend muss die 1964 publizierte Studie *Les héritiers* gelten. Das empirische Material über den Zusammenhang von sozialer Herkunft und Hochschulzugang – der Sohn eines leitenden Angestellten hatte demnach eine achtzigmal (!) höhere Chance auf ein Universitätsstudium als der Sohn eines Landarbeiters[21] – nehmen sie zum Anlass, jene sozialen Praktiken systematisch zu erforschen, die zur Eliminierung der unterprivilegierten Klassen (nicht nur) in den Hochschulen führen. Ihre Erhebungen, von denen sie einige auch mit Studierenden der Soziologie durchführen, rühren an Tabus und decken Zusammenhänge auf, an denen jene nicht interessiert sein können, die das Bildungswesen für eigene Zwecke instrumentalisieren. Ein erster, zentraler Befund lautet, dass der wichtigste Erklärungsfaktor eben nicht allein das »Geld« ist: »Ökonomische Faktoren jedenfalls reichen nicht aus, um zu erklä-

20 Baudelot, *Das Bildungswesen*, S. 170.

21 Vgl. Pierre Bourdieu, Jean-Claude Passeron, *Die Erben. Studenten, Bildung und Kultur*, Konstanz: UVK, 2007, S. 11 f.

ren, weshalb die ›Bildungsmortalität‹ in den verschiedenen sozialen Klassen so unterschiedlich ausfällt.«[22] Ungleich bedeutsamer ist die »Passung«, die zwischen den kulturellen Praktiken einer sozialen Klasse und der schulischen Ordnung existiert.[23] Ist diese Passung sehr hoch, werden die Schüler aus den fraglichen Klassen dadurch belohnt, dass ihnen im Umgang mit den schulischen Anforderungen eine typische »Mühelosigkeit« und »Lässigkeit« attestiert wird, eine »Souveränität«, die als besondere Charaktereigenschaft gilt – und sie zuverlässig von jenen abgrenzt, die besondere Anstrengungen dabei erkennen lassen, die Prüfungen zu bestehen, die hierfür deutlich mehr Zeit und Energie aufwenden müssen.

Die Affinität zwischen der familiären und der schulischen Ordnung erweist sich auch deshalb als überaus folgenreich, weil sie nur schwer aufzudecken ist. Sie ist eben nicht Ausdruck eines strategischen Kalküls; sie kann auch deshalb nicht einfach entzaubert werden, weil die Passung zumeist gar nicht aktiv betrieben wird. Das kulturelle Erbe wird kaum einmal über besondere ökonomische Investitionen weitergegeben, es geschieht, so Bourdieu und Passeron, »viel diskreter«; es wird »viel indirekter übertragen, ohne methodische Bemühungen, ohne manifestes Handeln«.[24] Die Angehörigen der privilegierten Klassen wissen die »Umstände« für eigene Interessen sehr geschickt zu nutzen, lassen Dinge einfach geschehen und müssen kaum aktiv eingreifen. Das gilt auch für eine Unterrichtspraxis, die es versäumt, darauf zu achten, dass ausnahmslos alle Fertigkeiten, die zu einem erfolgreichen Besuch von Schule und Hochschule nötig sind, genau dort auch systematisch vermittelt werden. Stattdessen kultivieren viele Lehrer eine »aristokratische Vorstellung von Bildung«,[25] werten also beiläufig genau das ab, was das Stigma des »bloß« schulischen Lernens trägt, und honorieren stattdessen, was das Gütesiegel eines »freien« und »spielerischen« Umgangs mit jenen Sachverhalten erkennen lässt, die im Curriculum verzeichnet sind.

Der Effekt dieses unheilvollen Zusammenspiels von sozialer Herkunft, kultureller Praxis und schulischer Ordnung, von pri-

22 Ebd., S. 19.

23 Zum Begriff der schulischen Ordnung vgl. Werner Helsper, Schulkulturen – Die Schule als symbolische Sinnordnung, *Zeitschrift für Pädagogik*, 54, 2008, S. 63-80.

24 Bourdieu/Passeron, *Die Erben*, S. 31.

25 Ebd., S. 37.

vilegierter Stellung, Unterrichtsstil und Bewertungspraxis ist eine folgenreiche *Naturalisierung sozialer Differenzen*: Soziale Privilegien werden der Kritik entzogen, weil sie nun im Kleid individueller Begabungen und persönlicher Fähigkeiten auftreten und den Blick auf die unterschiedlichen Voraussetzungen verstellen. Fatal ist diese charismatische Ideologie, weil sie nicht allein die Gewinner des ungleichen Wettkampfs um Zeugnisse und Zertifikate mit der Aura der Bestenauslese versieht, sondern auch die Verlierer dazu bringt, als Ursache der Niederlage die eigenen Unzulänglichkeiten zu identifizieren. Dies gilt für schulisches Versagen wie auch für das Scheitern in der Hochschule: »Aber auch die Studenten aus den unteren Klassen müssen ihre eigenen Leistungen nach der charismatischen Ideologie beurteilen und können das, was sie tun, nur als eine Folge dessen sehen, was sie sind, während eine dunkle Vorahnung ihres gesellschaftlichen Schicksals die Wahrscheinlichkeit des Scheiterns gemäß der Logik einer sich selbst erfüllenden Prophezeiung weiter erhöht.«[26]

Im Unterschied zur Studie *Les héritiers*, die zwar in Frankreich auf große Resonanz traf – Baudelot spricht davon, dass sie »wie der Blitz aus heiterem Himmel« einschlug –, aber nicht hierzulande, wurden die Arbeiten, die Bourdieu und Passeron zu Beginn der 1970er-Jahre unter dem Titel *Die Illusion der Chancengleichheit* zusammenfassen, im deutschsprachigen Raum von einer Fachöffentlichkeit schon bald sehr intensiv diskutiert.[27] Sie wenden sich hier auch didaktischen Fragen zu – und führen damit die Arbeit weiter, die sie mit der Untersuchung der sozialen Praktiken der Ver-

26 Am Beispiel der Mutter eines Schülers, die ihrem Sohn attestiert, im Unterrichtsfach Französisch schlecht zu sein, erläutern Bourdieu und Passeron, dass sie damit einen »Kategorienfehler« begeht: »Weil sie erstens nicht weiß, dass die Leistungen ihres Sohnes unmittelbar durch die kulturelle Atmosphäre innerhalb der Familie bedingt ist, deutet sie dies in ein individuelles Schicksal um, was eigentlich Ergebnis einer Erziehung ist, die vielleicht durch pädagogische Maßnahmen noch etwas korrigiert werden könnte; zweitens zieht sie aus einer schlichten Schulnote voreilige und endgültige Schlüsse, weil sie keine Informationen über das Schulwesen besitzt und der Autorität des Lehrers nichts entgegenzusetzen hat; drittens schließlich bestärkt sie durch ihre Billigung derartiger Einschätzungen das Kind in seinem Gefühl, von Natur aus so und nicht anders zu sein« (ebd., S. 100 f.).

27 Vgl. Pierre Bourdieu, Jean-Claude Passeron, *Die Illusion der Chancengleichheit*, Stuttgart: Klett, 1971.

erbung von Privilegien Mitte der 1960er-Jahre begonnen hatten. Im Schlusskapitel der erwähnten Studie zu den »Erben«, die an der Universität Lille entstand, hatten sie sich nachdrücklich für eine weitergehende Demokratisierung der Bildungseinrichtungen ausgesprochen und als deren Ziel gefordert, »einer möglichst großen Zahl von Menschen in kürzester Zeit Gelegenheit zum möglichst vollständigen Erwerb einer größtmöglichen Zahl jener Fähigkeiten zu geben, die zu einer bestimmten Zeit Bildung ausmachen«.[28]

Für die Publikation aus dem Jahr 1971 ist nun charakteristisch, dass der Fluchtpunkt der hier zusammengestellten Texte eben nicht die wortreiche Begründung dieses hehren Ziels darstellt, sondern die Erforschung der Widerstände, auf welche die Bemühungen um eine rationale Pädagogik immer wieder treffen. Bourdieu und Passeron wenden sich daher Fragen des Unterrichts zu, werten Studien zur Kommunikation im Klassenzimmer aus, untersuchen unterschiedliche Sprachstile und gehen Missverständnissen in der Begegnung von Hochschullehrern und Studierenden nach. Dabei gehen sie insbesondere auf die Bedeutung des kulturellen Privilegs und die Rolle der Familialisierung ein – »da das System nicht explizit liefert, was es verlangt, verlangt es implizit, dass seine Schüler bereits besitzen, was es nicht liefert« – und erläutern, inwiefern das französische Instrument des *concours*, der in unterschiedlichen Varianten zum Einsatz kommt, besonders geeignet ist, die charismatische Ideologie und den Mythos der Bestenauslese abzusichern.[29]

In systematischer Hinsicht ist der Beitrag »Abhängigkeit in der Unabhängigkeit« von besonderer Bedeutung.[30] Er geht über eine Variation der in den *Héritiers* bereits behandelten Themen deutlich hinaus und lässt bei der Analyse der Reproduktion sozialer Ungleichheit eine interessante Weiterentwicklung erkennen. Dies beginnt damit, dass die beiden Autoren hier für eine strikt *relationale* Betrachtungsweise plädieren: Statt entweder das Bildungssystem von aller Schuld freizusprechen und die Gesellschaftsstrukturen in

28 Bourdieu, Passeron, *Die Erben*, S. 105.

29 Vgl. Bourdieu, Passeron, »Gegner und Komplizen. Das Missverständnis in der pädagogischen Kommunikation«, in: *Die Illusion der Chancengleichheit*, S. 93-129.

30 Vgl. Bourdieu, Passeron, Abhängigkeit in der Unabhängigkeit. Die relative gesellschaftliche Autonomie des Bildungswesens, in: *Die Illusion der Chancengleichheit*, S. 190-228.

Haft zu nehmen oder aber die Verantwortlichkeiten genau spiegelverkehrt zuzuweisen, sprechen sie sich dafür aus, das »System der Relationen« als Ausgangspunkt der Analyse zu wählen. Dabei zeigt sich, dass die Rhetorik der Unabhängigkeit, die von vielen Vertretern des Bildungssystems bemüht wird, gerade nicht als Indiz für die tatsächliche Unabhängigkeit von Schule und Hochschule verstanden werden sollte. Weil es sich frei wähnt und eine besondere Sensibilität für die verdeckten Formen der Abhängigkeit häufig genug vermissen lässt, erweist sich das pädagogische Personal als Komplize der herrschenden Verhältnisse: Insofern »das Bildungswesen die besondere Fähigkeit besitzt, sich selbst autonom zu setzen und sich [...] Legitimität zu verschaffen, ist es in der Lage, den Beitrag, den es zur Reproduktion der bestehenden kulturellen Ordnung leistet, zu tarnen«.[31] Schließlich greifen sie nun ganz gezielt auf das Konzept des Habitus zurück, das Bourdieu in einer Auseinandersetzung mit Studien des Kunsthistorikers Erwin Panofsky zu entwickeln beginnt.[32] Erst mit diesem Instrument, so ihre Einschätzung, lasse sich die Inkorporierung gesellschaftlicher Ansprüche und Erwartungen systematisch überzeugend erklären – und damit auch das fatale Zusammenspiel der unterschiedlichen sozialen Klassen erhellen. In der Folge verliert auch die »prästabilierte Harmonie«, von der Leibniz sprach, ihren geheimnisvollen Charakter. Sie lässt sich nun über die wechselseitige Stabilisierung verstehen, die sich dem Zusammenspiel von einem Habitus der Bescheidenheit und einem Habitus des Anspruchs verdankt. Sarkastisch halten Bourdieu und Passeron fest – und könnten dabei nicht weiter von Helmut Schelsky entfernt sein, der mehr Zurückhaltung von den depravierten Klassen eingefordert hatte: »Glücklich die ›Bescheidenen‹, die in ihrer Bescheidenheit im Grunde nicht mehr erstreben als das, was sie haben, und gepriesen sei die ›Sozialordnung‹, die sich hütet, sie ins Unglück zu stoßen, indem sie sie zu allzu ehrgeizigen Bildungsgängen verlockt, die weder ihren Fähigkeiten noch ihren Wünschen entsprechen!«[33]

31 Ebd., S. 215.
32 Vgl. dazu Beate Krais, Gunter Gebauer, *Habitus*, Bielefeld: transcript, 2002.
33 Bourdieu, Passeron, Abhängigkeit in der Unabhängigkeit, S. 224.

Bildung des Geschmacks

Nachdem Bourdieu Mitte der 1970er-Jahre in einer Reihe kleinerer Studien die bereits erwähnte Aufwertung akademischer Abschlüsse zum Gegenstand macht und herausarbeitet, dass damit nicht nur die Weitergabe sozialer Privilegien an den Erwerb akademischer Titel gebunden, sondern auch die Hoffnung genährt wird, über deren Erwerb entsprechende Stellen besetzen und damit die eigene gesellschaftliche Position verbessern zu können, veröffentlicht er 1979 jene Studie, die ihn auch hierzulande einem breiten Publikum bekannt machte. *La distinction* geht hervor aus empirischen Studien, theoretischer Arbeit und konzeptionellen Überlegungen.[34] Bourdieu liefert hier die Umrisse einer ambitionierten Gesellschaftstheorie, die weit ausgreift und schon bald von Vertretern der unterschiedlichsten wissenschaftlichen Disziplinen rezipiert wird. Seit dem Erscheinen dieser großen Arbeit, die das zeitgenössische Frankreich in den Blick nimmt, wird Bourdieu auch innerhalb der Philosophie und Literaturwissenschaft, der Kunst- und Geschichtswissenschaft, aber auch der Erziehungswissenschaft gelesen und intensiv diskutiert.

Wirft man einen Blick in das Inhaltsverzeichnis der Arbeit, die in der deutschen Fassung den etwas unscharfen Titel *Die feinen Unterschiede* trägt, wird deutlich, wie zentral auch hier die Bildungsthematik ist – und wie viel sie in dieser Hinsicht den kleineren, hierzulande kaum bekannten bildungssoziologischen Studien verdankt. Im ersten Teil betreibt Bourdieu eine »Sozialkritik des Geschmacksurteils« und wendet sich zu diesem Zweck dem »Bildungsadel« zu und den in ihrer Bedeutung stetig wachsenden Bildungstiteln. Im zweiten Teil macht er jene Generation zum Gegenstand, die ebendiese Titel zu erstreben unternimmt und an deren Erwerb große Hoffnungen knüpft. Und auch im dritten Teil wird Bildung thematisch: Sie wird hier als Bildung des »Geschmacks« interpretiert – und damit nicht nur als Ausbildung individueller Vorlieben und persönlicher Präferenzen, sondern auch als Vermögen der Unterscheidung, als »Sinn für Distinktion«.[35]

Ist man mit *Les héritiers* vertraut und weiß daher um die hohe

34 Pierre Bourdieu, *Die feinen Unterschiede. Kritik der gesellschaftlichen Urteilskraft*, Frankfurt/M.: Suhrkamp, 1982.

35 Ebd., S. 405.

Bedeutung der kulturellen Passung für den Erfolg in Schule und Hochschule, muss es nicht sonderlich verwundern, dass Bourdieu, der längst schon in Paris lehrt, sich hier nun ganz gezielt dem Geschmack zuwendet. Er verfolgt dabei mindestens zweierlei Ziele: Zum einen lässt er einen besonderen Ehrgeiz dabei erkennen, mit seiner »Kritik der gesellschaftlichen Urteilskraft«, so der Untertitel, die Unzulänglichkeiten der dritten Kritik Immanuel Kants aufzudecken und damit den Nachweis zu erbringen, dass auch eine der berühmtesten philosophischen Ästhetiken auf eine soziologische Korrektur angewiesen bleibt. Im Zentrum seiner Kritik steht Kants Fassung des ästhetischen Urteils, für das Interesselosigkeit charakteristisch sei.[36] Zum anderen sucht er zu demonstrieren, dass eine herrschaftskritische Gesellschaftstheorie, die an der Analyse und Kritik des Status quo interessiert ist, kaum umhinkann, sich der Bildung des Geschmacks zuzuwenden. Die Untersuchung der Geschmacksbildung, interpretiert als Vermögen der Differenzierung und Positionierung, der Auf- und Abwertung, der Distanzierung und Ausgrenzung, führt mitten hinein in die Klassenkämpfe der modernen Gesellschaften; sie stößt uns auf die unterschiedlichen Spielarten der aktuellen Verteilungs- und Verdrängungskämpfe, die für die eklatante Ungleichverteilung der Ressourcen verantwortlich sind und der sozialen Ordnung ihr spezifisches Gepräge verleihen.

Der Bildung des »Geschmacks« kommt auch deshalb eine besondere Bedeutung zu, weil sich im Zuge der gesellschaftlichen Modernisierung, darauf hatte Bourdieu bereits in früheren Studien hingewiesen, die herrschenden Klassen dazu genötigt sehen, ihre Reproduktionsstrategien umzustellen. Die wachsende Bedeutung von Bildungstiteln führt zu einer Transformation der Sozialstruktur und zwingt jene, die hier eine privilegierte Stellung innehaben, diese nun unter den veränderten Bedingungen abzusichern. In der Folge treten sie ebenfalls in den »Wettlauf und in die Konkurrenz um Schulabschlüsse«[37] ein, verstärken die Nachfrage nach Bildungstiteln – und setzen damit insbesondere diejenigen Klassenfraktionen unter erhöhten Druck, deren einzige erfolgversprechende Reproduktionsstrategie der Erwerb von Bildung ist. Unter diesen Vorzeichen ist es nun von kaum zu überschätzender Bedeutung,

36 Vgl. dazu die Einleitung wie auch das Nachwort, in dem sich Bourdieu mit Derrida auseinandersetzt, Bourdieu, *Die feinen Unterschiede*, S. 23-27 und S. 768-783.

37 Bourdieu, *Die feinen Unterschiede*, S. 222.

einen – Bourdieu spricht hier mit Wittgenstein – entsprechenden »Spielsinn« zu entwickeln, also das Vermögen, die Konjunktur von Bildungstiteln zu antizipieren, die Entwicklung von Berufsfeldern verlässlich einzuschätzen und ein feines Gespür für lohnende Investitionen auszubilden. Diesen untrüglichen »Anlage-Sinn« beschreibt Bourdieu als ein Vermögen, das deshalb unverzichtbar sei, weil es das weite Feld der Möglichkeiten und Optionen mit den eigenen Ressourcen und Fähigkeiten verrechnet – es gleicht ab, schärft den »Wirklichkeitssinn« und lässt dergestalt ein Gespür für solche »Einsätze« entstehen, welche auf dem Markt der Bildungstitel eine entsprechende Rendite abzuwerfen versprechen.[38]

Mit Blick auf Bourdieus frühe bildungssoziologische Studien muss es nicht weiter verwundern, dass die Gruppe derer, die ohnehin nur über geringe Ressourcen verfügen, auch nur über einen schwach entwickelten »Spielsinn« verfügt. Sie schätzt Entwicklungsverläufe falsch ein, tätigt häufig die falschen Investitionen – und wird zum Opfer des Bildungssystems, in dem schon sehr früh richtungsweisende, später nicht mehr revidierbare Entscheidungen getroffen werden müssen. Und so kommt es zur Herausbildung einer Generation, die auf den ersten Blick von der Bildungsexpansion der 1960er-Jahre profitiert, die nicht nur das Gymnasium besucht, sondern häufig genug im Anschluss auch noch die Hochschule sowie entsprechende akademische Titel erwirbt – am Ende aber doch um den ersehnten Erfolg gebracht wird. Der Eintritt immer weiterer sozialer Kreise in das Wettrennen um akademische Titel hat eben nicht nur die Nachfrage drastisch erhöht, sondern auch deren inflationäre Vermehrung nach sich gezogen. Auf diese Entwicklungen waren, das muss kaum verwundern, gerade jene am wenigsten vorbereitet, die doch die größten Hoffnungen gehegt hatten.

Weshalb diese »geprellte und frustrierte Generation«[39] nicht häufiger protestiert und aufbegehrt, weshalb sie augenscheinlich dazu neigt, die Ursachen des Scheiterns in der eigenen Person zu suchen, erläutert Bourdieu im Rückgriff auf die Bildung des Geschmacks und das Konzept des Habitus, das nun, ergänzt um das des sozialen Feldes, mehr und mehr an Bedeutung gewinnt. Der Geschmack gilt ihm nicht nur als ein bevorzugtes Medium der Abgrenzung, er »paart« überdies »die Dinge und Menschen, die zueinander passen,

38 Ebd., S. 150 ff.

39 Ebd., S. 243.

die aufeinander abgestimmt sind, und macht sie verwandt«.[40] Auf diskrete Weise sorgt er dafür, dass alle, die – von der Hoffnung getrieben, die eigene Position zu verbessern – an dem Wettlauf um Titel teilnehmen, ein Gespür für jenen Platz entwickeln, der ihnen vorherbestimmt erscheint. Der Geschmack, der doch von den Beteiligten zumeist als hochgradig individuell und persönlich erlebt wird, tritt damit an die Stelle eines Platzanweisers; er vermittelt zwischen objektiven Möglichkeiten und subjektiven Hoffnungen – und wirkt dabei auf eigentümliche Weise »befriedend«. Indem er allen Akteuren den *sense of one's place* vermittelt, von dem Goffman spricht, wirkt er Konflikten entgegen und sorgt insbesondere bei den Verlierern der Kämpfe um Ressourcen, Macht und Anerkennung dafür, dass diese den Glauben an die Fairness des Wettstreits nicht vollständig einbüßen und die Rechtmäßigkeit des Ergebnisses nicht ernsthaft anzweifeln: »Der Geschmack ist *amor fati*, Wahl des Schicksals, freilich eine unfreiwillige Wahl, durch Lebensumstände geschaffen, die alles außer der Entscheidung für den ›Notwendigkeits-Geschmack‹ als pure Träumerei ausschließen.«[41]

Zu einer Gesellschaftstheorie wird *La distinction* nun auch dadurch, dass Bourdieu am Beispiel Frankreichs der empirische Nachweis gelingt, dass der (vermeintlich) individuelle Geschmack einem Klassenhabitus geschuldet ist, der auf überindividuelle Konfliktfelder verweist – eben auf konkurrierende soziale Klassen. Um diese Klassenkämpfe, die eine neue Gestalt angenommen haben, hinreichend komplex einfangen und präzise abbilden zu können, entwickelt er – im Anschluss an Marx – eine Kapitaltheorie und skizziert überdies ein dreidimensionales Modell des sozialen Raumes. Auch weil die Kämpfe zwischen den konkurrierenden sozialen Klassen kaum einmal offen ausgetragen werden, wirkt diese Perspektive bisweilen etwas statisch. Denn trotz der Konflikte, die 1968 aufgebrochen waren, hat es den Anschein, dass die stillen Platzanweiser ihre Aufgabe überaus zuverlässig und diskret erledi-

40 In der Einleitung führt Bourdieu mit einem Seitenblick auf Kants *Kritik der Urteilskraft* aus: »Die sozialen Subjekte, Klassifizierende, die sich durch ihre Klassifizierungen selbst klassifizieren, unterscheiden sich voneinander durch die Unterschiede, die sie zwischen schön und hässlich, fein und vulgär machen und in denen sich ihre Position in den objektiven Klassifizierungen ausdrückt oder verrät« (ebd., S. 25).

41 Ebd., S. 290.

gen. Und auch hier kommt dem Geschmack wieder eine besondere Bedeutung zu: »Als eine Art gesellschaftlicher Orientierungssinn« lenkt er »die Individuen mit einer jeweiligen sozialen Stellung sowohl auf die auf ihre Eigenschaften zugeschnittenen Positionen als auch auf die praktischen Handlungen, Aktivitäten und Güter, die ihnen als Inhaber derartiger Positionen entsprechen, zu ihnen ›passen‹«.[42]

Kritik und veränderte Forschungsstrategien

Genau hieran entzündet sich schon bald die Kritik. Obwohl *La distinction* fraglos ganz entscheidend zum Ruhm Bourdieus beiträgt und ihn auch jenseits Frankreichs rasch zu einem der bekanntesten Intellektuellen werden lässt, provoziert die Studie doch eine vehement geführte Debatte um das Projekt einer kritischen Sozialtheorie, die bis in die Gegenwart hinein andauert. Als einer der prominentesten Kritiker Bourdieus hat sich der französische Philosoph Jacques Rancière profiliert. Nur wenige Jahre nach der Veröffentlichung von Bourdieus großer Studie widmet er diesem in seinem Buch *Le philosophe et ses pauvres* ein eigenes Kapitel, dessen Stil von einer beispiellosen Schärfe gekennzeichnet ist.[43] Rancière, der in den 1960er-Jahren ein enger Mitarbeiter Louis Althussers war und sich an dessen Projekt einer Erneuerung der Ideologietheorie intensiv beteiligt hatte, konfrontiert Bourdieu hier mit dem Vorwurf, diese Tradition der Kritik letztlich nie überwunden zu haben. Rancières Kritik besitzt, näher betrachtet, zwei Stoßrichtungen: Bourdieu überakzentuiere die gesellschaftlichen Beharrungskräfte und verlege seinen ganzen theoretischen Ehrgeiz auf den Nachweis der reibungslosen Reproduktion sozialer Ungleichheit. Letztlich zahle er dafür einen sehr hohen Preis – nämlich die Unfähigkeit, individuelle wie auch gesellschaftliche Transformationsprozesse zu erklären. Sein statisches Habituskonzept, dies der zweite Vorwurf, unterschätze nicht nur die Reflexionsfähigkeit der Individuen auf fatale Weise, es trage auch zu deren latenter Entmündigung bei und bilde so erst die Kontrastfolie für den Auftritt des kritischen Intellektuellen, als der er sich inszeniere. Aller klassenkämpferischen

42 Ebd., S. 728.

43 Jacques Rancière, *Der Philosoph und seine Armen*, Wien: Passagen, 2010.

Rhetorik zum Trotz fessle er damit die gesellschaftlichen Akteure gleichsam an ihren Habitus. Der einmal erworbene Habitus gleiche fortan einem Käfig, aus dem sie letztlich nicht mehr ausbrechen könnten. Dies zeige sich auch in Bourdieus eigentümlicher Kant-Lektüre: Indem er die bereits erwähnte »Interesselosigkeit« des ästhetischen Urteils als unpolitisch zu entzaubern suche, betreibe er – unbemerkt und ungewollt – das Geschäft seiner politischen Gegner: Den Angehörigen der weniger privilegierten Klassen die Fähigkeit zu einer eigenständigen ästhetischen Erfahrung zu bestreiten und sie auf ihren klassenspezifischen Geschmack zu verpflichten bedeute gerade nicht, wie behauptet, »die Herrschaft zu demaskieren«, sondern »ihr ältestes Axiom [zu] festigen, nämlich dasjenige, das den Beherrschten vorschreibt, auf ihrem Platz zu bleiben«.[44]

Rancière wirft Bourdieu also nicht nur vor, subsumptionslogisch und überdies noch tautologisch zu argumentieren – »Jedes Erkennen ist ein Verkennen, jede Entschleierung eine Verschleierung. Wenn die Schulmaschine aussondert, dann deshalb, weil man nicht weiß, wie sie aussondert, weil sie verdeckt, wie sie aussondert, indem sie verdeckt, wie sie verdeckt«[45] –, sondern auch noch jene zu denunzieren, die große Hoffnungen an den Besuch von Bildungseinrichtungen knüpfen. Die pathetische Geste des vermeintlich aufklärerischen Soziologen erzeuge daher gegenteilige Effekte: Sie befördere weder die Emanzipation der Unterworfenen, noch diene sie der Befreiung der Beherrschten; letztlich vergrößere sie nur die Kluft zwischen diesen und der kritischen Intelligenz, statt etwas zu deren Überwindung beizutragen.

Der Frage, was an dieser Kritik der Sache nach berechtigt ist und was zumindest auch den Konkurrenzverhältnissen innerhalb des wissenschaftlichen Feldes (und zwischen benachbarten Disziplinen) geschuldet scheint, bin ich bereits an anderer Stelle nachgegangen.[46] Ohne die Konturen dieser Debatte hier nachzuzeichnen, lässt sich aber doch erkennen, dass Bourdieu in der Folgezeit seinen Forschungsstil überdenkt. In der Studie *La noblesse d'État*, die 1989

44 Ebd., S. 297.

45 Ebd., S. 232.

46 Vgl. Markus Rieger-Ladich, »Emanzipation als soziale Praxis«, in: Markus Rieger-Ladich, Christian Grabau (Hg.), *Pierre Bourdieu. Pädagogische Lektüren*, Wiesbaden: Springer, 2017, S. 335-362.

erscheint und der Rekrutierungspraxis gesellschaftlicher Eliten mit Blick auf die Hochschulen nachgeht, wird dies allerdings noch nicht deutlich. Diese Arbeit geht der Verflechtung zwischen dem Feld der Bildung und dem Feld der Ökonomie nach und orientiert sich in methodischer Hinsicht an dem Zusammenspiel von Positionen und Dispositionen, von sozialen und mentalen Strukturen, das bereits im Zentrum von *La distincion* stand.[47] Bourdieu erforscht hier die verdeckten Mechanismen der Reproduktion, über die jene ausgewählt werden, deren Bestimmung es zu sein scheint, verantwortungsvolle und bestens alimentierte Ämter an der Spitze des Staates zu bekleiden. Diese universitären Rekrutierungspraktiken, die augenscheinlich dem Motto »Werde, was du bist« folgen und sich kaum einmal direkt beobachtet lassen, werden von der Ideologie der Begabung wirkungsvoll abgesichert. In der Folge hat es den Anschein, dass etwa die Absolventen der École Normale Supérieure und der École Normale d'Administration lediglich ihrer eigenen Bestimmung nachgehen. Obwohl diese elitären Einrichtungen als ein Feld gelten müssen, »dessen Funktionsweise zur Reproduktion des sozialen Raumes und zur Struktur des Machtfeldes beiträgt«,[48] gerät es nach Bourdieu doch kaum einmal als solches in den Blick. Allen Nachweisen der Benachteiligung der Angehörigen ressourcenschwacher Klassen zum Trotz haben sie von der Aura der Bestenauslese kaum etwas eingebüßt. Und so tritt an die Stelle des alten Adels, der sich im *Ancien Régime* noch der Herkunft verdankte, nun ein neuer Adel – der »Staatsadel«, der in modernen Demokratien sich allein der Leistung zu verdanken vorgibt.

Innerhalb von Bourdieus bildungssoziologischen Studien besitzt der *Staatsadel* einen hohen Stellenwert. Kaum weniger wichtig aber ist eine groß angelegte Gemeinschaftsstudie, die zu Beginn der 1990er-Jahre erscheint. Vom französischen Kultusministerium darum gebeten, die soziale Malaise Frankreichs zu erheben, stellt Bourdieu ein großes Team zusammen und knüpft bei den konzeptionellen Überlegungen an seine frühere Forschungspraxis an. Sowohl in Algerien als auch in Lille hatte er besonderen Wert darauf gelegt, mit jenen in direkten Kontakt zu treten, die zum Opfer kolonialer Gewalt oder des elitären Bildungswesens geworden waren. Er hatte sich hier nicht auf die Auswertung statischer Daten

47 Pierre Bourdieu, *Der Staatsadel*, Konstanz: UVK, 2004.

48 Ebd., S. 164.

beschränkt, sondern auf eine breite Palette von Methoden der empirischen Sozialforschung zurückgegriffen. An diese Praxis erinnert er sich offenkundig, als es ein Forschungsdesign zu entwerfen gilt, das die beträchtlichen gesellschaftlichen Verwerfungen Frankreichs nicht nur präzise abzubilden erlaubt, sondern diese auch in ihrer Logik zu erklären vermag.

Mit Blick auf die hier erhobenen Befunde lässt sich *La misère du monde* als gewichtiger Beitrag zu Bourdieus Bildungssoziologie interpretieren, auch wenn die umfangreiche Studie in den einschlägigen Beiträgen kaum einmal erwähnt wird.[49] Das überrascht insofern, als sich in dieser gemeinschaftlichen Arbeit eine Weiterentwicklung seiner Forschungspraxis erkennen lässt, in deren Folge Bildungseinrichtungen auf neue Weise in den Blick geraten. Von theoretischen Annahmen über die Ursachen der beträchtlichen Verwerfungen geleitet und mit empirischen Studien zum Bildungswesen aufs Intimste vertraut, sucht Bourdieu gemeinsam mit seinem Forschungsteam nun gezielt das Gespräch mit unterschiedlichen Akteuren des pädagogischen Feldes. Sie besuchen zu diesem Zweck derangierte Schulen in den Banlieues und hospitieren im Unterricht von Schulen, die als »vorrangige pädagogische Problemzonen« klassifiziert werden; sie spüren den verdeckten Formen der Ausgrenzung nach, interessieren sich für Praktiken der institutionellen Diskriminierung wie auch für die Effekte der zunehmenden Autonomisierung der Schule.[50]

Die Interviews mit überforderten Lehrerinnen und Lehrern, mit desillusionierten Schülerinnen und Schülern, mit ernüchterten Schulleitern und entnervten Hausmeistern entfalten ihre ganze analytische Kraft in der Zusammenschau und über eine kontrastierende Lektüre: Liest man sie nicht länger als isolierte Fallstudien schicksalhafter Einzelfälle, sondern bezieht sie systematisch aufeinander, geraten mit den strukturellen Widersprüchen und den symbolischen Gewaltverhältnissen, welche die Einrichtungen des Bildungswesens prägen, jene Kräfte in den Blick, die von vielen Betroffenen zwar deutlich gespürt, aber häufig noch nicht präzise identifiziert werden können. Eine besondere Qualität der Interviews besteht nun darin, dass sie einen Perspektivenwechsel

49 Pierre Bourdieu u. a., *Das Elend der Welt. Zeugnisse und Diagnosen alltäglichen Leidens an der Gesellschaft*, Konstanz: UVK, 1997.

50 Ebd., S. 627.

ermöglichen: Sie machen uns, die Leserinnen und Leser, mit der Innensicht der handelnden Akteure vertraut; sie zeigen uns, wie pädagogische Einrichtungen erlebt werden, wie schulischer Unterricht von den einen – den Lehrkräften – als Zumutung, von den anderen – den Schülerinnen und Schülern – bisweilen als Beschämung erfahren wird. Erst in der Gesamtschau freilich wird deutlich, dass nahezu alle um die Früchte ihrer Bemühungen gebracht werden: Die schulischen Titel sind weitgehend entwertet, was die Absolventen bald begreifen, nachdem sie die Zeugnisse in Händen halten; die Lehrkräfte leiden unter den Arbeitsbedingungen und darunter, die eigenen pädagogischen Ziele kaum einmal verwirklichen zu können; schließlich beklagt das leitende pädagogische Personal die Ressourcenknappheit und dass die Schule kaum eines jener Versprechen einhalten kann, die sie doch immer wieder aufs Neue gibt. Die Institution Schule wird – so Pierre Bourdieu und Patrick Champagne in ihrer Einleitung zum Kapitel »Die intern Ausgegrenzten« – daher zur »Quelle einer immensen kollektiven Enttäuschung: Je mehr man sich auf sie zubewegt, um so mehr weicht diese Art von gelobtem Land, dem Horizont gleich, zurück.«[51]

Interpretiert man nun die Interviews, denen stets eine knappe Rahmung vorangestellt ist, vor allem aber auch die methodischen und erkenntnistheoretischen Reflexionen auf das wissenschaftstheoretische Selbstverständnis hin, das hier zum Ausdruck kommt, lässt sich nicht nur Bourdieus Bemühen erkennen, die Sozialforschung weiterzuentwickeln, es zeichnen sich überdies Konturen einer neuen Form der Bildungsforschung ab. Insbesondere in den Beiträgen, die um Fragen des Verstehens und Erkennens, der Repräsentation und Emanzipation kreisen, wird deutlich, dass sich Bourdieu und seine Mitstreiter hier nicht nur vom Ideal des souveränen Beobachters verabschieden, sondern auch vom Bild des »gleichsam göttlichen Standpunkt[s]«. Stattdessen sprechen sie sich dafür aus, bei den Schilderungen individueller Schicksale und sozialer Konflikte konsequent der »Pluralität der Perspektiven« den Vorzug zu geben.[52] Im Schlusskapitel geht Bourdieu schließlich noch einen Schritt weiter und entwirft die Praxis des Interviews als

51 Pierre Bourdieu, Patrick Champagne, Die intern Ausgegrenzten, in: Bourdieu u. a., *Elend der Welt*, S. 530.

52 Bourdieu, Position und Perspektive, ebd., S. 17.

eine »geistige Übung«,[53] in welcher der Interviewer den Interviewten dabei unterstützt, die eigene Situation sukzessive aufzuklären und den Blick für jene Kräfte zu schärfen, die sein Handeln und Erleben maßgeblich prägen. Der Sozialforscher wird hier ersichtlich nicht länger als Experte entworfen, der aufgrund seines Wissensvorsprungs dem Befragten stets die entscheidenden Hinweise zu geben vermag, sondern als Teil eines Arbeitsbündnisses gefasst: Sie bleiben aufeinander angewiesen und können die »Selbstaufklärung« mit Aussicht auf Erfolg nur gemeinsam betreiben.[54] Ohne explizit auf den Vorwurf des Paternalismus in der Sozialkritik einzugehen, wird deutlich, dass Bourdieu und seine Mitarbeiter ein besonderes Interesse daran haben, jenen eine Stimme zu verleihen und Gehör zu verschaffen, die sonst kaum wahrgenommen werden – Theoriearbeit wird nun eine emanzipatorische Praxis eigener Art.[55]

In diesem Zusammenhang fällt auch ein neues Licht auf seine Abschiedsvorlesung, die ich zu Beginn bereits erwähnt habe. Bourdieus Rückwendung auf die Erfahrungen, die er in Bildungseinrichtungen gemacht hat, gerät damit selbst in die Nähe der »geistigen Übungen«, von denen er in *La misère du monde* spricht – hier wird sie allerdings alleine betrieben, und dies vor Zeugen. Dass seine letzte Vorlesung am Collège de France die Gestalt einer Sozioanalyse annimmt, ist denn auch nicht einem besonders schweren Fall von Narzissmus geschuldet, sondern kann als neue Spielart einer sich immer weiter radikalisierenden reflexiven Form der Bildungssoziologie interpretiert werden. In einem bemerkenswerten Akt der *Parrhesia*[56] nutzt einer der renommiertesten Soziologen die

53 Bourdieu, Verstehen, ebd., S. 788.

54 Um dies tatsächlich zu erreichen, gelte es, eine »Demokratisierung der hermeneutischen Haltung« zu betreiben und sich zu diesem Zweck auch von Schriftstellern anregen zu lassen. Von Gustave Flaubert etwa lasse sich lernen, »der Heirat einer Gymnasiallehrerin mit einem Postangestellten dieselbe Aufmerksamkeit und dasselbe Interesse entgegenzubringen wie der literarischen Erzählung von einer Missheirat, den Äußerungen eines Metallarbeiters die gleiche andächtige Aufnahme zu gewähren, wie sie eine bestimmte Lektüretradition den vollendetsten Formen der Poesie oder Philosophie vorbehält« (ebd., S. 801).

55 Vgl. dazu etwa Luc Boltanski, *Soziologie und Sozialkritik*, Berlin: Suhrkamp, 2010.

56 Vgl. Michel Foucault, *Die Regierung des Selbst und der Anderen*, Frankfurt/M.: Suhrkamp, 2009.

öffentliche Bühne der Abschiedsvorlesung, um die Entmystifizierung des wissenschaftlichen Feldes voranzutreiben, die Entzauberung des wissenschaftlichen Personals zu forcieren – und begeht den vielleicht größten Tabubruch ebendadurch, dass er sich zu diesem Zweck der eigenen Person zuwendet.[57]

Konturen einer neuen Bildungsforschung

Didier Eribon, Soziologe und Bourdieu eng verbunden, teilt dessen Interesse an einer materialistischen Theorie der Erkenntnis und bedauert es daher, dass dieser in seiner Abschiedsvorlesung nicht noch detaillierter vom eigenen Bildungsgang berichtet hat. In seiner eigenen autobiographischen Reflexion *Retour à Reims* lässt er erkennen, dass er sich dessen Selbstporträt, das fraglos in erkenntnisstiftender Absicht unternommen wurde, noch facettenreicher gewünscht hätte. Den langen und mühsamen Weg, der Bourdieu aus einer kleinen Gemeinde im Béarn schließlich an das renommierte Collège de France geführt habe, hätte Bourdieu noch sehr viel deutlicher ausleuchten können. So bleibe die Schilderung des persönlichen Bildungsprozesses manche Antworten schuldig: »Welche Metamorphosen muss dieses Kind aus einem Dorf im Béarn durchlaufen haben, das in der Schule von ›bestimmten kulturellen Gepflogenheiten‹ verwirrt und verunsichert wurde, später jedoch die Aufnahmeprüfung für eine äußerst elitäre Vorbereitungsklasse in Paris und schließlich sogar für die École Normale Supérieure in der Rue d'Ulm erfolgreich bewältigte? Wie war diese Verwandlung möglich? […] Was war mit dem provinziellen Akzent, den der Junge, der sich in Paris für seine soziale und geographische Herkunft schämte, unbedingt ablegen wollte und den man noch Jahre später gelegentlich heraushören konnte?«[58]

So problematisch es mir nun erscheint, einem – sei es auch befreundeten – Wissenschaftler eine bestimmte Form des Zeugnisablegens und der Selbsterklärung abzufordern, so berechtigt sind doch die Fragen inhaltlicher Art, die Eribon hier aufwirft. Dass

57 Vgl. aber schon Pierre Bourdieu, »Leçon sur la leçon«, in: *Sozialer Raum und Klassen. Leçon sur la leçon. Zwei Vorlesungen*, Frankfurt/M.: Suhrkamp, 1985, oder auch *Homo academicus*, Frankfurt/M.: Suhrkamp, 1988.

58 Didier Eribon, *Rückkehr nach Reims*, Berlin: Suhrkamp, 2016, S. 155.

weitgehend ungeklärt bleibt, welche Bücher Bourdieu in jener Zeit las, welche Mitschüler und Lehrer ihn bei seinem sozialen Aufstieg womöglich unterstützten und unter welchen Umständen er schließlich auch seinen Dialekt ablegte, um sich auf dem glatten Parkett der Pariser Bildungseinrichtungen weitgehend unfallfrei zu bewegen, verweist auf einen blinden Fleck seiner Bildungssoziologie – mindestens aber auf einen Typ von Fragestellung, die er vernachlässigt hat. Mit Blick auf die große Bedeutung, die Bourdieus Arbeiten für den *practical turn* in den Sozial- und Kulturwissenschaften besitzen, und mit Blick auch auf seine gewichtigen Beiträge zur Bildungssoziologie, sieht man sich daher mit einem erstaunlichen Befund konfrontiert: »Auch wenn es paradox klingt: Dem Theorieprojekt, das die Praxistheorie in der soziologischen Forschung prominent machte, fehlt der Fokus auf das konkrete soziale Geschehen, das die Ordnung hervorbringt, die es analysieren will. [...] Die Lücke, die Bourdieu hinterlässt, ist somit der Vollzug des schulischen Alltags selbst.«[59]

Diese Beobachtung lässt sich freilich auch als Hinweis darauf lesen, wie es Bourdieus Projekt einer reflexiven Bildungssoziologie weiterzuentwickeln gilt. Ohne die Untersuchung des Zusammenspiels sozialer Felder zu vernachlässigen, wären die Einrichtungen des Bildungswesens stärker als in der Vergangenheit nun auch auf jene Mikropraktiken hin zu erforschen, über die soziale Ordnungen erzeugt werden. Es gilt also, das Augenmerk auch auf die sozialen Praktiken und die unterschiedlichen Akteure zu lenken, die das »pädagogische Feld« konstituieren und ihm ein bestimmtes, sich immer wieder veränderndes Gepräge verleihen. Dabei geraten nicht nur die beteiligten Körper in den Fokus, sondern auch die zeitlich-räumlichen Arrangements und die zahllosen Dinge und Artefakte, die dabei involviert sind.[60]

Aber auch für die Untersuchung der Formen, über die das Bildungswesen in die Produktion und Reproduktion sozialer

59 Herbert Kalthoff, »Social Studies of Teaching and Education. Skizze einer soziomateriellen Bildungsforschung«, in: Daniel Sûber, Sophie Prinz, Hilmar Schäfer (Hg.), *Pierre Bourdieu und die Kulturwissenschaften. Zur Aktualität eines undisziplinierten Denkens*, Konstanz: UVK, 2011, S. 115.

60 Vgl. dazu Thomas Alkemeyer u. a. (Hg.), *Selbst-Bildungen. Soziale und kulturelle Praktiken der Subjektivierung*, Bielefeld: transcript, 2013, auch Thomas Alkemeyer u. a. (Hg.), *Bildungspraxis. Körper, Räume, Objekte*, Weilerswist: Velbrück, 2015.

Ungleichheit verstrickt ist, eröffnen sich dadurch interessante forschungspraktische Optionen. In den Fokus einer herrschaftskritischen, interdisziplinär organisierten Bildungsforschung, die sich um die Aufklärung symbolischer Gewaltverhältnisse bemüht, geraten dann die alltäglichen, zumeist verdeckt betriebenen »Praktiken der Privilegierung« und »Praktiken der Unterprivilegierung«.[61] Diese Praktiken gilt es künftig auch deshalb noch intensiver zu erforschen, als dies bislang geschehen ist, weil nichts dafür spricht, dass Bildung den hohen Stellenwert, der ihr als Ressource in den gesellschaftlichen Positionierungskämpfen zukommt, in naher Zukunft einbüßen wird. Ungleich wahrscheinlicher ist der gegenteilige Effekt: Neuere soziologische Studien haben überzeugend dargelegt, dass die sozialstrukturelle Bedeutung von Bildung weiter zunehmen und sich der Wettstreit um akademische Titel künftig noch verschärfen wird. Die Bildungsexpansion der vergangenen Jahrzehnte, auch das ist nüchtern festzuhalten, hat in den westlichen Ländern eben nicht zu einer Angleichung der Lebensverhältnisse geführt, sondern gesellschaftliche Spaltungen vertieft.

61 Vgl. Hillebrandt, *Der praxistheoretische Ansatz Bourdieus*, S. 448.